ZHONGGUO TESE SHEHUIZHUYI
ZHENGZHIJINGJIXUE

中国特色社会主义
政治经济学

逄锦聚 景维民 何自力 刘凤义 周云波 / 主编

中国财经出版传媒集团
经济科学出版社
Economic Science Press

图书在版编目（CIP）数据

中国特色社会主义政治经济学/逄锦聚等主编．—北京：经济科学出版社，2020.12（2023.1重印）
ISBN 978-7-5218-2119-2

Ⅰ.①中… Ⅱ.①逄… Ⅲ.①中国特色社会主义-社会主义政治经济学-高等学校-教材 Ⅳ.①F120.2

中国版本图书馆CIP数据核字（2020）第234942号

责任编辑：刘战兵
责任校对：靳玉环
责任印制：李　鹏　范　艳

中国特色社会主义政治经济学
逄锦聚　景维民　何自力　刘凤义　周云波　主编
经济科学出版社出版、发行　新华书店经销
社址：北京市海淀区阜成路甲28号　邮编：100142
总编部电话：010-88191217　发行部电话：010-88191522
网址：www.esp.com.cn
电子邮箱：esp@esp.com.cn
天猫网店：经济科学出版社旗舰店
网址：http://jjkxcbs.tmall.com
北京季蜂印刷有限公司印装
787×1092　16开　18.5印张　400000字
2021年1月第1版　2023年1月第3次印刷
ISBN 978-7-5218-2119-2　定价：69.00元
（图书出现印装问题，本社负责调换。电话：010-88191510）

前　言

中华人民共和国成立特别是改革开放以来，经过几十年的社会主义革命、建设、改革和发展，我国取得了世所罕见的经济快速增长和社会长期稳定发展的成就，中国特色社会主义进入新时代，中华民族迎来了从站起来、富起来到强起来的伟大飞跃，迎来了实现中华民族伟大复兴的光明前景。

新中国成立以来成就的取得，是中国共产党领导中国人民实践探索的结果，也是理论探索、创新并以科学理论指导实践的结果。

以毛泽东为代表的第一代中国共产党人不仅创造了把马克思主义基本原理与中国的实际相结合的科学方法论，同时也提出了一系列符合中国实际的经济理论，例如，搞好国民经济综合平衡的理论，处理好沿海与内地、城市与农村、中央与地方等若干重大关系的理论，发展商品生产、商品交换，发挥价值规律作用的理论，自力更生建设社会主义现代化国家的理论等，这些理论对今天仍然有重要指导意义。

毛泽东之后的一代代中国共产党人，在改革开放和现代化建设进程中，领导中国人民创立了社会主义初级阶段理论、改革开放理论、社会主义基本经济制度理论、分配理论、社会主义市场经济理论、科学发展理论等，这些理论不仅指导了实践发展，也为创立中国特色社会主义政治经济学提供了丰富的滋养。

党的十八大以来，习近平多次强调要学好用好政治经济学，立足我国国情和我国发展实践，发展当代中国马克思主义政治经济学，坚持中国特色社会主义政治经济学的重大原则。[①] 2016 年5月17 日，习近平主持召开哲学社会科学工作座谈会并发表重要讲话，又强调要

① 《习近平主持召开经济形势专家座谈会强调　更好认识和遵循经济发展规律　推动我国经济持续健康发展》，载于《人民日报》2014 年7月9日，第1版；《习近平在中共中央政治局第二十八次集体学习时强调　立足我国国情和我国发展实践　发展当代中国马克思主义政治经济学》，载于《人民日报》2015 年11月25日，第1版；《中央经济工作会议在北京举行　习近平李克强作重要讲话》，载于《人民日报》2015 年12月22日，第1版。

结合中国特色社会主义伟大实践，加快构建中国特色哲学社会科学。[①]这些重要讲话，不仅提出了中国特色社会主义政治经济学的范畴，而且把构建和发展中国特色社会主义政治经济学的重要性提高到了空前的高度。在提出主张的同时，习近平身体力行，集全党全国人民的智慧，把马克思主义基本原理同新时代中国实际相结合，创立了习近平新时代中国特色社会主义思想，经济思想是其重要组成部分。这些思想是当代中国马克思主义政治经济学的最新成果，是指导建设社会主义现代化强国和进一步构建、完善中国特色社会主义政治经济学的根本指针。

中国特色社会主义政治经济学的创立是改革开放最重大的理论成就之一，它以事实证明，中国共产党领导中国人民不仅可以创造世所罕见的经济发展奇迹，而且可以创造与之相匹配的理论成果。它也以事实否定了一种非科学的主张，这种主张认为：世界上只有一种经济学，那就是西方现代主流经济学。这种主张不仅否定了马克思创立的政治经济学的存在和当代价值，也否定了后发国家创建适合本国国情和时代要求的政治经济学的必要性和可能性，其实质就是要维护西方现代主流经济学在世界的垄断地位。

中国特色社会主义政治经济学是发展的科学。构建中国特色社会主义政治经济学不易，发展和完善中国特色社会主义政治经济学任重道远。经济学工作者的责任，就是要把构建和发展完善中国特色社会主义政治经济学的使命担当起来，开拓当代中国马克思主义政治经济学、21世纪马克思主义政治经济学的新境界。

出于这样的使命感，我和我的学术团队在长期从事经济学教学和人才培养的同时，一直开展科学研究，并于2017年出版了专著《中国特色社会主义政治经济学通论》（简称《通论》），2019年出版了《中国特色社会主义政治经济学概论》（简称《概论》）。学校的根本任务是立德树人，教学是人才培养的中心，教材是教学之本。为了把《通论》和《概论》中取得的研究成果转化为人才培养的内容，我和我的学术团队又在《通论》和《概论》基础上，进一步吸收近年来理论界在中国特色社会主义经济理论研究和中国特色社会主义政治经济学教材建设中取得的成果，编写了这部中国特色社会主义政治经济学教科书。

本教科书力求在以下一些方面有所创新：

第一，立足中国实践，坚持问题导向，反映时代进步。政治经济

① 习近平：《在哲学社会科学工作座谈会上的讲话》（2016年5月17日），载于《人民日报》2016年5月19日，第2版。

学本质上是一门历史的科学。时代和实践的发展是政治经济学最根本的源泉。聆听时代和实践的声音，适应时代和实践发展的关切，坚持问题导向，讲好中国故事，揭示中国经济特殊运行规律和人类经济发展的一般规律，是中国特色社会主义政治经济学的使命。基于这样的认识，在本教科书的编写过程中，我们着力对中国改革开放现代化建设和世界经济发展中提出的重大课题进行分析，对于已经取得的经验进行理论阐释和总结，力求揭示经济发展的规律性。

第二，充分利用三种理论资源，广泛继承借鉴前人成果。政治经济学的创新发展离不开对前人成果的继承和借鉴。本教科书的理论来源主要包括三个方面：一是马克思主义政治经济学基本原理和中国化马克思主义政治经济学理论成果，特别是习近平新时代中国特色社会主义经济思想，这是本教科书的指导思想和理论基础。二是中华民族五千年文明中的经济思想，这是本教科书的历史文化底蕴。三是国内外理论界已经取得的经济学理论成果，这是本教科书的重要借鉴。对于上述第一方面的资源，本教科书旗帜鲜明地坚持、继承和发展；对于第二方面的资源，本教科书努力加以挖掘，使之与时代相结合，与现代社会相协调；对于第三方面的资源，本教科书不拘泥于对某个大国而是对多个国家，包括发展中国家、新兴经济体经济学成果的吸收和借鉴，取其精华，弃其糟粕，但绝不照抄照搬。

第三，努力阐释一些新的范畴。创新的理论需要创新的范畴加以表达。经过长期的理论探索，我国政治经济学创新提出了若干新的经济范畴，如社会主义初级阶段、社会主义基本经济制度、社会主义市场经济、以人民为中心、满足人民需要、发展经济、新发展理念、经济发展新常态、供给侧结构性改革、人类命运共同体等。在这些范畴中，本教科书认为，满足人民需要和经济发展新理念等具有核心地位。以这些核心范畴为基础，对中国特色社会主义经济建设、改革、发展实践经验进行抽象和凝练，使之不仅具有鲜明的中国特色，而且反映人类经济发展的基本要求和共同规律，这是本书要达到的重要目标。

第四，着力提炼、阐释一些系统学说。在长期探索中，我国政治经济学形成了一些新理论，本书从学理上多角度、多层次地阐释这些新理论，力求使之形成一些系统的经济学说。这些理论和学说包括：社会主义本质和以人民为中心的理论，社会主义初级阶段的理论，社会主义基本经济制度的理论，逐步实现全体人民共同富裕的理论，发展社会主义市场经济、使市场在资源配置中起决定性作用和更好发挥政府作用的理论，全面深化改革、完善和发展社会主义基本制度、推进国家治理体系和治理能力现代化的理论，企业改革和建立完善中国特色现代企业制度的理论，宏观经济运行和调控的理论，“创新、协调、绿色、开放、共享”新发展理念，我国经济发展进入新常态的理论，推动新型工业化、信息化、城镇化、农业现代化相互协调的理论，用好国际国内两个市场、两种资源的理论，推动经济全球化健康发展，推动世界经济和平、发展、合作、共赢理论等。这些理论成果，是适应当代中国国情和时代特点的中国特色社会主义政治经济学的重大理论，不仅有力地指导了我国经济改革和发展的实践，而且为世界贡献了中国智慧。这些理论构成本教科书的主要内容。

第五，尝试构建新的体系结构。由于我国的社会主义尚处于初级阶段，正在不断发展和完善，所以要形成成熟的政治经济学体系结构是困难的，但不能因此而放弃构建体系结构的努力。本教科书立足我国社会主义发展已经达到的程度，探索建立与我国社会主义发展阶段相适应的中国特色社会主义政治经济学体系结构。全书除导论外分为六篇十八章。导论从总体上阐释了构建中国特色社会主义政治经济学的一些重大问题，包括中国特色社会主义政治经济学的对象、任务，理论来源和主要范畴，研究方法和体系结构等。第一篇“经济制度与经济改革”，对社会主义经济制度的建立、基本特征和本质，社会主义初级阶段及其根本任务，社会主义初级阶段的基本经济规律，公有制为主体、多种所有制经济共同发展，按劳分配为主体、多种分配方式并存，社会主义市场经济体制等基本经济制度，社会主义改革等进行了阐述。第二篇“居民与企业”，对社会主义的微观经济基础和市场主体进行了阐述。第三篇“区域经济与产业结构”，对区域经济、经济结构特别是产业结构进行了阐述。第四篇“宏观经济与政府职能”，对国民经济的总量关系、政府和市场的关系、宏观调控的目标和政策手段进行了阐述。第五篇“经济发展与改善民生”，这是社会主义初级阶段经济的中心和重点。第六篇“开放发展与全球治理”，把中国经济放在时代发展和经济全球化的大潮流中加以分析，提出了全球治理的思路，力图阐明中国特色社会主义政治经济学不仅具有中国特色，而且具有世界性，不仅属于中国，也属于世界。这样的体系结构可能不够成熟、不够完善，还要随着实践的发展不断发展，但对于中国特色社会主义政治经济学理论的阐释则是有益的。

第六，在体例上，突出教科书的特点。为便于教学中使用本教科书，书中各章开始都提出教学目的要求和教学要点，各章的结尾列出思考题，为避免各章重复，阅读书目则在全书的最后一并列出。按照教学规律要求，本教科书力求简明，对于一些重要文献、理论界争议较大的问题和大量的资料、数字等，采取“二维码”的方式，供学生学习时自主阅读。在出版纸质教科书的同时，将提供电子课件，供教师和学生教与学时使用。

最后，借该教科书出版之际，我想就加强政治经济学教学和中国特色社会主义政治经济学教材建设提出一些建议。在过去高校的经济学人才培养和教学中，总体来说政治经济学的教学是得到许多高校和学者重视的。就我亲身经历而言，从1998年开始，经教育部批准，全国高校第一届经济学教学指导委员会就把政治经济学作为经济学类各专业八门核心课程之一，对课程设置和教学都提出了明确要求。2004年中央实施马克思主义理论研究和建设工程以后，《马克思主义政治经济学概论》被列入工程建设，该教材出版发行后被要求在全国高校经济学教学中使用。党的十八大以来，中国特色社会主义政治经济学教材建设取得重要进展，一批新的教材出版发行。但是不可否认，在一段时间里，以西方经济制度为根基的西方现代主流经济学被大量引进，在实际工作中，马克思主义政治经济学被边缘化、空洞化、标签化，在一些学科中“失语”、教材中“失踪”、论坛上“失声”。这种现象误导了作为社会主义建设者和接班人的青年一代，在一定程度上削弱了中国特色社会主义经济思想作为我国改革开放和现代化建设指导思想的地位。近几年，经过各方面共同努力，这种局面有所改变，但要从根本上扭转还要做出进一步努力，为此建议：

一是加强对习近平新时代中国特色社会主义经济思想的学习和学理研究，并按照人才培养的要求和教学规律，将其作为经济学人才培养的指导思想和重要内容。二是将中国特色社会主义政治经济学作为经济类学科专业的基础理论课、核心课、必修课，保证学时学分，纳入学科专业国家标准。三是将中国特色社会主义政治经济学的教学研究和教材建设作为高校经济学科“双一流”建设的重要内容，并将其成效纳入学科专业评估的指标体系，作为有关学科专业建设的重要标准。

本书是集体劳动的成果。参与初稿写作的学者有：逄锦聚（负责前言、导论和第二章部分内容、第十六章的写作）、景维民（负责第一章的写作）、王璐（负责第二章部分内容的写作）、何自力（负责第三章、第五章的写作）、郭金兴（负责第四章的写作）、张海鹏（负责第六章的写作）、安虎森（负责第七章的写作）、杜传忠（负责第八章、第十四章的写作）、刘凤义（负责第九章、第十章、第十一章部分内容的写作）、冯志轩（负责第十一章部分内容的写作）、周云波

（负责第十二章、第十三章的写作）、荆克迪（负责第十五章的写作）、张兵（负责第十七章的写作）、乔晓楠（负责第十八章的写作）。全书由我统稿定稿。

本书在写作过程中，得到中国特色社会主义经济建设协同创新中心、南开大学政治经济学研究中心和经济学院的大力支持，在出版过程中得到经济科学出版社的大力支持，在此表示衷心的感谢！

本书是对构建中国特色社会主义政治经济学教科书的尝试，尽管作者们付出了努力，但由于中国特色社会主义正在发展中，作者能力、水平有限，所以书中阐释的理论有些肯定不够成熟，有些地方也可能存在缺点甚至错误，敬请广大读者批评指正。

逄锦聚

2020年5月1日

CONTENTS 目录

第二篇　居民与企业

第三篇　区域经济与产业结构

第四篇 宏观经济与政府职能

第五篇 经济发展与改善民生

导论

构建中国特色社会主义政治经济学

教学目的和要求

学习和掌握什么是中国特色社会主义政治经济学，为什么要构建中国特色社会主义政治经济学；中国特色社会主义政治经济学的研究对象、任务、方法、主要来源、范畴和主线、结构；增强学好用好中国特色社会主义政治经济学的自觉性和运用中国特色社会主义政治经济学基本立场、观点和方法分析问题解决问题的能力。

教学要点

1. 中国特色社会主义政治经济学与马克思主义政治经济学。
2. 中国特色社会主义政治经济学的对象和方法。
3. 中国特色社会主义政治经济学的主要来源。
4. 中国特色社会主义政治经济学的基本范畴和主线。
5. 如何学好用好中国特色社会主义政治经济学。

本书研究的是处于社会主义初级阶段的中国特色社会主义经济制度、经济运行、改革开放和经济发展，旨在揭示社会主义初级阶段的经济发展规律，并尽可能揭示在中国特殊经济规律中包含的人类经济运动的一般规律。

第一节　中国特色社会主义政治经济学的研究任务、对象和方法

一、中国特色社会主义政治经济学

中国特色社会主义政治经济学是马克思主义政治经济学时代化、中国化的成果，是当代中国马克思主义政治经济学、21世纪马克思主义政治经济学。

中国特色社会主义政治经济学是适应时代和实践发展要求，在继承马克思主义政治经济学基本原理的基础上，立足当代中国国情和中国发展实践，同时又充分继承和弘扬中华民族优秀文化传统，借鉴世界上其他国家有益成果而形成的政治经济学。

在中华人民共和国成立后的长期革命、建设、改革和发展中，中国共产党领导中国人民把马克思列宁主义基本原理与中国实际相结合，丰富和发展了毛泽东思想，创立了中国特色社会主义理论体系和其最新成果——习近平新时代中国特色社会主义思想。政治经济学是其中重要的组成部分。中国特色社会主义政治经济学与马克思创立的，后为列宁、毛泽东等继承发展的马克思主义政治经济学一脉相承，是当代中国马克思主义政治经济学，是进行社会主义现代化建设、改革开放的必修课。

中国特色社会主义政治经济学具有科学性、人民性、实践性、发展性和开放性的鲜明特点与本质要求。

按照科学性的要求，中国特色社会主义政治经济学坚持和运用辩证唯物主义与历史唯物主义的根本方法论，分析中国特色社会主义赖以建立和发展的基本国情、特殊发展阶段、特殊经济制度，揭示中国特色社会主义经济的特殊规律和其中包含的人类经济社会发展的一般规律。

按照人民性的要求，中国特色社会主义政治经济学坚持一切为了广大人民群众的根本利益，满足人民美好生活的需要，“始终坚持人民立场，坚持人民主体地位”①。

按照实践性的要求，中国特色社会主义政治经济学站在时代和实践发展前沿，以改革开放进程中提出的重大问题为导向，在实践的基础上认真总结经验，上升为系统学说，为建设现代化强国、实现中华民族伟大复兴提供理论指导和支撑。马克思说：“全部社会生活在本质上是实践的。”② 中国特色社会主义政治经济学不是书斋里的学问，而是在人民的实践中形成的，也是在人民的实践中丰富和发展的，同时又为人民认识世界、改造世界提供了强大的理论指南。

按照发展性的要求，中国特色社会主义政治经济学不教条，不僵化，不封闭，不保守，始终站在时代前沿，不断根据时代、实践、认识的发展而发展，不断探索时代发展提出的新课题、回应人类经济社会面临的新挑战。

按照开放性的要求，中国特色社会主义政治经济学紧跟世界多极化、经济全球化、社会信息化、文化多样化的潮流，反映和平、发展的时代要求，在揭示中国特色社会主义经济建设、改革发展特殊规律的同时，揭示人类经济社会发展的一般规律，为中国也为世界、为全人类的经济发展和经济学建设贡献中国智慧。

这五项基本要求，是构建和发展中国特色社会主义政治经济学所必须坚持的，也是本书所要努力做到的。

---

① 习近平：《在第十三届全国人民代表大会第一次会议上的讲话》，载于《人民日报》2018 年 3 月 21 日。

② 马克思：《关于费尔巴哈的提纲》，引自《马克思恩格斯文集》（第 1 卷），人民出版社 2009 年版，第 501 页。

中国特色社会主义政治经济学与中国经济学既有联系又有区别。从广义上说，中国经济学包括以中国经济为研究对象的一切经济学科。从狭义上说，中国经济学特指中国特色社会主义政治经济学。中国特色社会主义政治经济学为中国经济学一切学科提供根本的理论基础，其他经济学科为中国特色社会主义政治经济学提供理论滋养并以中国特色社会主义政治经济学为指导展开分门别类的研究。

恩格斯说："一个民族要想站在科学的最高峰，就一刻也不能没有理论思维。"① 一个国家一定要有适合本国国情的处于指导地位的根本经济理论和根本经济思想，没有根本理论和根本思想的国家，充其量只能跟在别国后面走，不可能自立于世界强国之林。

构建中国特色社会主义政治经济学的必要性，是由以下因素决定的：

第一，经济学有共性也有特殊性。作为研究社会化大生产和市场经济一般规律的社会科学，经济学在全世界范围具有共同性，正是这种共同性，决定了各国发展经济的实践经验和在此基础上形成的经济理论可以互相借鉴；但作为既研究生产方式又研究生产关系、利益关系的社会科学，政治经济学则具有历史性、人文性，并由于各国经济制度、经济发展阶段的差异而具有特殊性。正是这种特殊性，决定了各国经济和经济理论的差异性及"本土化"的必要性。

第二，由中国特殊国情（包括特殊的经济制度、特殊的发展阶段等）所决定的许多经济现象，是其他国家的经济学没有解释也解释不了的，建设中国特色社会主义经济必须以中国特色社会主义政治经济学为指导。如中国为什么一定要选择社会主义经济制度而没有选择其他经济制度，为什么一定要走社会主义道路而没有走其他道路，为什么要实行社会主义市场经济而不能实行其他的市场经济等，这些问题是西方国家经济学至今没有回答也不可能做出科学回答的问题，只能由中国特色社会主义政治经济学做出回答。

第二，实践证明，只有以中国特色社会主义政治经济学为指导，才能够更好地发展中国特色社会主义经济。我国社会主义经济建设历经艰辛探索，取得了世所罕见的成就，今天经济总量已居世界第二位，人民生活水平大幅提高，对世界经济增长的贡献越来越大。这些成就是在中国特色社会主义政治经济学的指导下才取得的。这是不可否认的事实。

当然，中国特色社会主义在不断发展，与之相适应，中国特色社会主义政治经济学也要不断发展和完善。发展和完善中国特色社会主义政治经济学是我们的长期任务。

构建和发展中国特色社会主义政治经济学的三个重大问题

二、中国特色社会主义政治经济学的研究任务和对象

（一）中国特色社会主义政治经济学的研究任务

任何政治经济学的研究任务都是由它产生的那个时代的需要提出的。如果从

① 恩格斯：《自然辩证法》，引自《马克思恩格斯文集》（第9卷），人民出版社2009年版，第437页。

1615 年法国重商主义代表人物蒙克莱田（Antoine de Montchrétien）第一次使用政治经济学概念算起，政治经济学在世界存在、发展，至今已有 400 多年的历史。如果从 1662 年英国古典政治经济学创始算起，① 政治经济学在世界存在、发展，至今已有 350 多年的历史。如果从 19 世纪 40 年代马克思主义诞生算起，② 作为马克思主义重要组成部分的政治经济学在世界产生、发展，至今已有 170 多年的历史。从政治经济学创立、发展的历史看，政治经济学是时代和实践发展的产物，不同的时代赋予政治经济学不同的使命。

中国特色社会主义政治经济学的任务和对象

历史发展到当代，和平与发展成为时代的两大主要问题。一方面，人类正处在大发展大变革大调整时期。世界多极化、经济全球化深入发展，社会信息化、文化多样化持续推进，新一轮科技革命和产业革命正在孕育成长，各国相互联系、相互依存，全球命运与共、休戚相关，和平力量的上升远远超过战争因素的增长，和平、发展、合作、共赢的时代潮流更加强劲。另一方面，人类也正处在一个挑战层出不穷、风险日益增多的时代。金融危机阴云不散，逆经济全球化潮流兴起，世界经济增长乏力，发展鸿沟日益突出，兵戎相见时有发生，冷战思维和强权政治阴魂不散，恐怖主义、难民危机、气候变化等非传统安全威胁持续蔓延。特别是新冠肺炎疫情的蔓延，不仅严重威胁着人类的生命安全，而且给世界经济造成了严重冲击。这些都说明，世界正处于百年未有之大变局之中，和平与发展仍然是时代主题，同时国际环境日趋复杂，不稳定性、不确定性明显增强。

中国正处于并将长期处于社会主义初级阶段，经济建设是整个工作的中心。经过几十年建设、改革和发展，中国特色社会主义进入新时代，在实现了中华民族从站起来到富起来的伟大飞跃的基础上，中国迎来了从富起来到强起来的伟大飞跃，开启了社会主义现代化建设的新征程，社会主要矛盾已经由人民日益增长的物质文化需要与落后的生产之间的矛盾转化为人民日益增长的美好生活需要与不平衡不充分发展之间的矛盾。③ 新时代，经济建设、政治建设、文化建设、社会建设、生态文明建设全面推进，工业化、信息化、城镇化、农业现代化深入发展，人口、资源、环境压力日益加大，改革经济体制、转变发展方式、实现高质量发展的要求更加迫切。在这样的时代和实践条件下，中国特色社会主义政治经济学的历史使命主要是为社会主义经济建设、改革发展和全面建设社会主义现代化强国提供理论指南，同时也为世界经济发展提供中国智慧。具体包括：

第一，适应中国特色社会主义进入新时代的新要求，揭示我国社会主义经济发展的特殊历史、发展所处的特殊阶段、面临的国际环境和社会主义初级阶段的经济制度及经济发展的规律，为改革开放和现代化建设提供理论支持与指导。

第二，适应和平与发展成为时代两大主要问题和世界多极化、经济全球化、

---

① 威廉·配第是英国古典政治经济学的创始人，他最著名的经济学著作《赋税论》出版于 1662 年。

② 对于马克思主义诞生的标志，理论界有不同观点，本书同意把 1848 年《共产党宣言》的问世作为马克思主义诞生的重要标志。

③ 习近平：《决胜全面建成小康社会 夺取新时代中国特色社会主义伟大胜利——在中国共产党第十九次全国代表大会上的报告（2017 年 10 月 18 日）》，人民出版社 2017 年版。

科技进步日新月异的世界发展潮流，研究和揭示经济全球化条件下人类经济社会发展的特点、规律和趋势，为促进我国和世界经济的发展做出应有的贡献。

第三，适应经济学繁荣发展的需要，在根本方法论和最基本理论的层次上，为其他经济学科提供方法论和基本的理论基础。

第四，归根结底，要为“经世济民”服务。中国特色社会主义政治经济学要反映时代和实践发展的要求，回答时代和实践发展的关切，为有效地推进中国特色社会主义制度不断完善、实现国家治理能力和治理体系现代化服务，为推进全球共同治理服务，为推进中国和全球经济社会的发展、促进民众福祉的不断提高提供理论的指导和支持。

（二）中国特色社会主义政治经济学的研究对象

一门科学的研究对象是由其担负的任务决定的。由中国特色社会主义政治经济学的使命所决定，中国特色社会主义政治经济学的研究对象，就是中国社会主义初级阶段的生产方式及与之相适应的生产关系和交换关系。具体来说，就是要研究社会主义初级阶段的经济制度、经济运行、经济改革、经济发展、对外经济关系、政府职能等，研究它们的相互关系及其在社会再生产中表现出的规律性。在研究这些问题的同时，要联系政治、文化、社会等上层建筑，联系人与环境的关系。显然，与马克思、恩格斯创立的马克思主义政治经济学相比，中国特色社会主义政治经济学的研究对象明显拓宽了。

三、中国特色社会主义政治经济学的方法

关于历史唯物主义方法

关于辩证唯物主义方法

辩证唯物主义和历史唯物主义是马克思主义政治经济学的根本方法论，也是中国特色社会主义政治经济学的根本方法论。

马克思运用辩证唯物主义和历史唯物主义，花费几十年的时间研究了资本主义生产方式和与它相适应的生产关系、交换关系，揭示了资本主义产生、发展的规律，撰写了不朽的巨著《资本论》，建造了马克思主义政治经济学的宏伟大厦。今天，我们发展中国特色社会主义政治经济学，历史唯物主义和辩证唯物主义依然是最根本的方法论。

辩证唯物主义和历史唯物主义的方法论贯彻在经济学研究中，可以具体表现为许多方法，如矛盾分析的方法、抽象法、历史与逻辑统一的方法、人是历史主体的分析方法、以实践为基础的分析方法等。

第一，矛盾分析的方法。辩证法认为，事物内在矛盾的对立统一推动事物的发展。在经济社会发展中，矛盾无处不在、无处不有，其中生产力和生产关系、经济基础和上层建筑之间的矛盾是最基本的矛盾。人类经济社会的发展是由生产力与生产关系、经济基础与上层建筑的矛盾运动决定的。马克思揭示了这一矛盾运动的规律，并把这一矛盾运动规律用于对社会经济现象的分析，从而揭示了人类社会经济制度发展的根本规律，使矛盾分析方法成为经济学分析的根本方法。今天我们分析中国特色社会主义现代化进程中的种种矛盾，进行经济社会改革，

也必须运用这种根本方法。

第二，抽象法。马克思认为："分析经济形式，既不能用显微镜，也不能用化学试剂。二者都必须用抽象力来代替。"① 马克思主义经济学的抽象法包含相互联系的两个科学思维过程：一是从具体到抽象的过程，这是抽象法的基础和前提。科学的抽象是以客观存在的具体事物为依据的，因而具体存在的事物是理论研究的出发点，经过科学的抽象，对普遍存在的具体的经济现象进行分析，撇开次要的因素，从中找出最基本、最简单的东西，并综合它的各种发展形式及其内在的必然联系，阐明经济范畴，揭示经济规律。二是从抽象到具体的过程。也就是依据前一过程的结果，从最简单、最基本抽象的范畴开始，循着由简单上升到复杂的思维过程，对客观存在的事物及其内在联系进行理论阐释，建立逻辑体系。上述两个过程归结起来就是马克思所说的："在第一条道路上，完整的表象蒸发为抽象的规定；在第二条道路上，抽象的规定在思维行程中导致具体的再现。"② "在形式上，叙述方法必须与研究方法不同。研究必须充分地占有材料，分析它的各种发展形式，探寻这些形式的内在联系。只有这项工作完成以后，现实的运动才能适当地叙述出来。这点一旦做到，材料的生命一旦在观念上反映出来，呈现在我们面前的就好像是一个先验的结构了。"③ 经济学运用抽象法，有利于将具体的实践上升为科学理论，又运用科学理论指导丰富的实践，同时有利于透过千差万别的经济现象把握现象之间的内在联系和本质，揭示在经济现象深处的经济运动规律。中国特色社会主义政治经济学当然应该很好地研究并运用这种方法。

第三，历史与逻辑统一的方法。在经济学中运用历史与逻辑统一的方法，一方面，要坚持逻辑与历史的一致性，"历史从哪里开始，思想进程也应当从哪里开始，而思想进程的进一步发展不过是历史过程在抽象的、理论上前后一贯的形式上的反映；这种反映是经过修正的，然而是按照现实的历史过程本身的规律修正的，这时，每一个要素可以在它完全成熟而具有典型性的发展点上加以考察。"④ 这就是说，历史是逻辑的基础，逻辑则是历史在思维中的再现，因此，逻辑的进程和历史的进程具有内在统一性。另一方面，又要避免抛开客观存在的起决定作用的经济关系而将经济范畴按历史先后顺序简单排列。因为历史与逻辑的统一，是在总的发展趋势上的统一，在某些具体细节上二者又包含差异和对立。历史总是包含有偶然的因素、次要因素以及迂回曲折的细节。逻辑则是通过对历史事实加工改造，抛弃历史细节，抓住主流，把握历史发展的内在规律，因此能更深刻地反映历史。今天我们建设中国特色社会主义政治经济学，深化对中国复杂经济现象的分析，揭示中国经济发展的规律，也需要运用历史与逻辑统一的方法。

第四，人是历史主体的分析方法。社会历史活动是人们最基本的社会活动，

---

① 《马克思恩格斯文集》（第 5 卷），人民出版社 2009 年版，第 8 页。

② 《马克思恩格斯全集》（第 30 卷），人民出版社 1995 年版，第 49 页。

③ 《马克思恩格斯文集》（第 5 卷），人民出版社 2009 年版，第 21 ~ 22 页。

④ 《马克思恩格斯文集》（第 2 卷），人民出版社 2009 年版，第 603 页。

社会历史过程是通过社会历史主体即人的活动实现的，社会历史的发展规律深深地根植于这些最基础的社会活动之中。人的发展是社会发展的根本目的和根本内容，人的发展状态是社会发展状况的衡量尺度。马克思把彻底的唯物主义、科学的经济学分析与人的自由而全面发展的崇高理想高度地统一在一起，为经济学的分析提供了科学的方法。继承并运用这种方法，是中国特色社会主义政治经济学的重要使命，也是中国特色社会主义政治经济学沿着正确方向发展的保证。

第五，以实践为基础的研究方法。历史唯物主义和辩证唯物主义认为，实践是人类社会的基础，一切社会现象只有在社会实践中才能找到最后的根源。物质生产实践是人的第一个历史活动。人们在进行物质生产的同时，也生产了自己的物质生活；在改变生产方式的同时，也改变了自己的生存方式；在改造客观世界的同时，也改造了自己的主观世界。一部人类社会的历史，在本质上就是人的实践活动的历史。理论的重要性，在于它来源于实践并能够指导实践，能够回答实践提出的种种问题。马克思说："理论在一个国家实现的程度，总是决定于理论满足这个国家的需要的程度。"① 经济学理论不但是适应实践的需要而产生的，而且是对实践经验的概括和总结。总结经验，要坚持唯物主义反映论，坚持一切从实际出发的原则。"在自然界和历史的每一科学领域中，都必须从既有的事实出发。"② 调查研究是辩证唯物主义的基本要求。调查研究要客观、周密和系统，在此基础上，加以分析、综合，抓住本质，抓住规律，抓住全局。理论是否正确，在理论的范围内不能解决，"社会实践是检验真理的唯一标准"。③ 实践是发展的，理论也是发展的。

运用马克思主义经济学的根本方法论，其目的是分析和解决繁杂的经济问题，透过现象看到本质，分析历史把握现在，揭示经济运动的规律，并用以指导中国特色社会主义经济建设、改革和发展。

今天，与马克思所处的时代相比，现代自然科学大大地发展了。而随着自然科学的发展，不仅数学的方法，包括系统论、博弈论、信息论、控制论等一些现代科学的研究方法也逐步被运用到经济学的研究中。从根本上说，这些方法与马克思主义的辩证唯物主义和历史唯物主义的方法具有一致性，是对马克思主义经济学根本方法的丰富和发展。如系统论与辩证法中普遍联系的观点、控制论与辩证法中内因外因关系的观点、信息论与辩证法中事物相互联系的观点等都是相通的。现代科学方法还会不断发展，在经济学中还会被广泛地运用，所以中国特色社会主义政治经济学既要坚持运用马克思主义的历史唯物主义和辩证唯物主义根本方法论，又要充分地吸收和借鉴现代科学的方法，如能做到这样，中国特色社会主义政治经济学一定会在改革开放和现代化建设实践中得到进一步的繁荣和发展。

①②③ 《马克思恩格斯全集》（第31卷），人民出版社1998年版，第107页。

四、中国特色社会主义政治经济学的立场

马克思主义经济学具有鲜明的立场，它公开申明为无产阶级和广大人民群众谋利益。中国特色社会主义政治经济学的出发点和立足点是一切为了广大人民群众的根本利益，“必须始终坚持人民立场，坚持人民主体地位”。①

马克思说：“每一个社会的经济关系，首先是作为利益表现出来。”②“它正确地猜测到了人们为之奋斗的一切，都同他们的利益有关。”③而在各种利益中，物质利益是基础，追求物质利益，是生产力发展的内在动力和原始动因。

改革开放和现代化建设是中国特色社会主义政治经济学必须着力研究的重大理论和实践，而改革开放和现代化建设必然涉及各种利益关系的调整。在我国社会主义经济制度确立之后，生产力与生产关系、经济基础与上层建筑之间矛盾的对抗性虽然已经消失，但仍然存在。而这些基本矛盾在社会经济生活中往往表现为具体的利益矛盾。改革是革命，必然触及各种利益矛盾。所以，中国特色社会主义政治经济学必须分析研究各种利益关系和矛盾，并为处理和解决这些利益关系和矛盾提供理论指导。分析研究各种利益矛盾，探求解决这些利益矛盾的途径，必须有一个基本的立足点，就是必须反映广大人民群众的根本利益，一切为了人民，一切依靠人民。

对于世界经济问题的研究也一样。中国特色社会主义政治经济学不仅要研究中国的经济问题，而且要研究经济全球化条件下的世界市场、国际贸易、国际金融、国际环境保护和国际经济关系等。而国际经济关系也是利益关系，说到底就是国与国之间的利益关系。分析研究国际经济关系，探求解决各种经济关系矛盾的途径，也必须有一个基本的立足点，就是在各种国际惯例形式背后的国家利益。

马克思主义经济学关于利益问题的基本观点，为中国特色社会主义政治经济学提供了基本的立足点和科学的分析方法。它告诉我们，在分析繁杂的经济现象时，要善于透过现象，揭示各种复杂的利益关系，从而把握各种经济现象之间的本质联系。同时在分析各种矛盾时，要善于分析不同社会利益群体的形成过程、经济地位、利益关切和利益诉求，以及不同社会利益群体利益的变化趋势。它要求我们要以人民为中心，代表广大人民群众的根本利益，科学分析各种经济主体思想行为背后的利益动因，建立和完善利益评判机制、利益表达机制、利益协调机制、利益补偿机制，有效解决或化解各种利益矛盾和利益冲突。

---

① 习近平：《在第十三届全国人民代表大会第一次会议上的讲话》，载于《人民日报》2018 年 3 月 21 日。

② 《马克思恩格斯全集》（第 2 卷），人民出版社 1957 年版，第 103 页。

③ 《马克思恩格斯全集》（第 1 卷），人民出版社 1956 年版，第 187 页。

第二节 中国特色社会主义政治经济学的主要来源和范畴

一、中国特色社会主义政治经济学的来源

（一）中国特色社会主义政治经济学的实践来源

中国特色社会主义政治经济学首先来源于中国的基本国情和实践。中国的历史、制度、生产力水平、发展阶段和人口、资源环境等，构成了中国独特的国情。在这样的国情基础上，一个14亿人口的发展中大国，要跨越“中等收入陷阱”，实现中华民族的伟大复兴，这是人类社会史无前例的实践。从计划经济体制转变为社会主义市场经济体制，从封闭半封闭状态走向开放，从落后的国家走向现代化强国，这样大跨度的经济社会迅速发展是任何国家都无法比拟的。实践是理论产生和发展的基础，理论来源于实践，在实践的检验中发展。中国特色社会主义政治经济学正是从我国社会主义建设和改革开放实践中挖掘新材料，发现新问题，总结新经验，提炼出一系列创新性的观点和理论，包括：社会主义本质和以人民为中心的理论，社会主义初级阶段的理论，社会主义基本经济制度的理论，促进社会公平正义、逐步实现全体人民共同富裕的理论，发展社会主义市场经济、使市场在资源配置中起决定性作用和更好发挥政府作用的理论，全面深化改革、完善和发展社会主义基本制度、推进国家治理体系和治理能力现代化的理论，企业改革和建立完善现代企业制度的理论，宏观经济运行和调控的理论，“创新、协调、绿色、开放、共享”发展理念的理论，我国经济发展进入新常态的理论，推动新型工业化、信息化、城镇化、农业现代化相互协调的理论，用好国际国内两个市场、两种资源的理论，构建人类命运共同体理论，等等。这些理论成果，是适应当代中国国情和时代特点的中国特色社会主义政治经济学的重要理论，不仅有力地指导了我国经济改革和发展的实践，而且为世界贡献了中国智慧。

过去的实践和理论创新为今后的发展奠定了基础，进一步改革开放和现代化建设的实践必将提出一系列新问题，这就要求中国特色社会主义政治经济学跟踪实践的新发展，加强对改革开放和社会主义现代化建设实践经验的总结，进一步形成系统学说。这是发展中国特色社会主义政治经济学的着力点、着重点。

（二）中国特色社会主义政治经济学的主要理论来源

中国特色社会主义政治经济学有三个主要理论来源。

一是马克思主义。马克思主义是科学的理论，创造性地揭示了人类社会发展

规律；是人民的理论，第一次创立了人民实现自身解放的思想体系；是实践的理论，指引着人民改造世界的行动；是不断发展的开放的理论，始终站在时代前沿。[①] 毛泽东思想和中国特色社会主义理论体系是中国化了的马克思主义。

中国新民主主义革命与社会主义改革和建设是在马克思主义指导下取得成功的，所以马克思主义早已同中国的命运、中国人民的命运、中华民族的命运紧紧连在一起，已经融入中国经济理论的肌体，成为中国经济理论的血脉和灵魂。建设中国特色社会主义政治经济学不仅要从马克思主义经济学中汲取丰富的营养，而且必须坚持以马克思主义为指导，只有坚持以马克思主义为指导，中国特色社会主义政治经济学才有正确的方向和方法。

马克思主义政治经济学经典著作十分丰富。在这些经典著作中，包含了极其宝贵的政治经济学基本原理。主要的可以概括为以下几点：

第一，基本立场。以人民为中心，代表最广大人民群众的根本利益，是马克思主义政治经济学的根本立场。

第二，基本方法。辩证唯物主义和历史唯物主义是马克思主义政治经济学的根本世界观和方法论。

第三，商品经济、社会化大生产的一般规律。包括劳动价值论、分工协作理论、提高劳动生产率理论、商品生产商品交换理论、价格和价值规律理论、货币及货币流通规律理论、实体经济与虚拟经济理论等。

第四，对资本主义经济的分析和得出的理论。在这些理论中，最核心的是在劳动价值论基础上揭示的剩余价值规律及剩余价值生产理论和分配理论、资本积累理论、资本循环周转和社会资本再生产理论、竞争和垄断理论、资本主义危机理论等。

第五，在对资本主义分析的基础上，按照人类社会发展规律对未来共产主义社会进行科学预测得出的理论以及关于社会主义经济建设的理论，包括马克思和恩格斯提出的全社会占有生产资料的理论、按劳分配理论、按比例分配社会劳动理论、有计划组织生产理论和每个人的自由而全面发展的理论，以及列宁提出的社会主义社会还要发展商品生产商品交换的理论，毛泽东思想中关于社会主义社会的基本矛盾、主要矛盾理论，统筹兼顾、注意综合平衡，以农业为基础、工业为主导、农轻重协调发展等重要理论。

上述这些原理，除了第四类以外，其他几类原理对当代中国都有直接的指导意义，即使是第四类原理，如果抛掉其资本主义生产关系性质，对今天我国发展社会主义市场经济，进行经济建设、改革和发展也具有重要指导意义。这是我们发展中国特色社会主义政治经济学要坚持以马克思主义为指导的根本原因所在。

改革开放以来，随着实践的发展，形成了中国特色社会主义理论体系，其中包括丰富的经济思想。党的十八大以来形成的习近平新时代中国特色社会主义经济思想是其最新成果。这一思想以中国特色社会主义为主题，以中国共产党领导为根本保证，以满足人民日益增长的美好生活需要为发展目的，以创新、协调、

① 习近平：《在纪念马克思诞辰200周年大会上的讲话》，人民出版社2018年版。

绿色、开放、共享的新发展理念为主要内容，以全面深化改革开放为根本动力，是集揭示经济发展规律、社会发展规律和人与自然关系于一体的理论体系，不仅有力指导了我国经济发展实践，而且开拓了马克思主义政治经济学发展的新境界；不仅具有鲜明的中国特色、中国风格、中国气派，而且蕴含着现代经济学的一般原理；不仅是中国经济发展的根本指导思想和中国经济学的宝贵财富，也为世界经济发展和经济学创新贡献了中国智慧。

二是中华民族优秀文化传统中丰富的经济思想。当代中国是历史上中国的传承与发展。我国是有着数千年悠久历史的文明古国，曾经有过经济繁荣发展的辉煌，特别是农耕文明长期居于世界领先水平。在经济发展的基础上，我国产生了富有中国特色的丰富的经济思想，体现了中华民族几千年集聚的知识和智慧。正如习近平曾指出，包括儒家思想在内的中国优秀传统文化中蕴藏着解决当代人类面临的难题的重要启示，比如，关于道法自然、天人合一的思想，关于天下为公、大同世界的思想，关于自强不息、厚德载物的思想，关于以民为本、安民富民乐民的思想，关于为政以德、政者正也的思想，关于苟日新日日新又日新、革故鼎新、与时俱进的思想，关于脚踏实地、实事求是的思想，关于经世致用、知行合一、躬行实践的思想，关于集思广益、博施众利、群策群力的思想，关于仁者爱人、以德立人的思想，关于以诚待人、讲信修睦的思想，关于清廉从政、勤勉奉公的思想，关于俭约自守、力戒奢华的思想，关于中和、泰和、求同存异、和而不同、和谐相处的思想，关于安不忘危、存不忘亡、治不忘乱、居安思危的思想，等等。① 所以有学者指出：中国经济思想比欧美发达国家出现得更早，而且曾对西方经济学产生了影响。例如，中外许多学者先后研究了法国重农学派与中国古代思想的关系。日本著名经济史学家泷本诚一在《欧洲经济学史》（1931）的附录“重农学派之根本思想的根源”中提出，“西洋近代经济学的渊源在于中国的学说”②。就连马克思在《资本论》中论及货币与商品流通时，也曾在第 83 注中讲到中国清朝人王茂荫的经济思想。③ 王茂荫的货币理论有很多内容，其关键核心就是“无累于民”，其实质在于希望能够在国和民之间保持一个相对的平衡，并不伤害各自利益，这是中国货币思想的一个积极因素。④ 德国著名社会学家马克斯·韦伯的名著《儒教与道教》第一章第一点“货币制度”所谈的就是中国，其中谈到：中国的货币制度保持了十分古朴的成分，儒教经济政策观念比较符合财政学的观念，司马迁的经济思想和亚当·斯密的经济思想有相通之处等。同时这部著作的部分参考书目也对中国货币制度进行了详细阐述，说明当时中国的货币经济学引起了世界重视。⑤

---

① 习近平：《在纪念孔子诞辰 2565 周年国际学术研讨会暨国际儒学联合会第五届会员大会开幕会上的讲话》（2014 年 9 月 24 日），新华网，http：//www. xinhuanet. com/politics/2014 -09/24/C_1112612018. htm。

② 谈敏：《法国重农学派学说的中国渊源》，上海人民出版社 1992 年版。

③ 马克思：《资本论》（第 1 卷），人民出版社 1975 年版，第 146 ~147 页。

④ 叶坦：《徽州经济文化的世界走向——〈资本论〉中的王茂荫》，载于《学术界》2004 年第 5 期，第 47 ~58 页。

⑤ 周建波、杜浩然：《中国经济思想研究的创新与发展——“首届中国经济思想论坛”综述》，载于《贵州财经学院学报》2011 年第 2 期，第 1 ~5 页。

即使在对外开放的实践和思想方面，我国也比世界上一些国家要早得多。例如，早在公元前2世纪，西汉时期的汉武帝就派遣张骞出使西域，后经多个朝代的发展，中国开辟了“陆上丝绸之路”和“海上丝绸之路”，成为中国古代与亚欧互通有无的商贸大道，促进了中国与亚欧各国的友好往来，筑起了沟通东西方文化的友谊之路。到明朝，从1405年开始，郑和七次远航西太平洋和印度洋，到达30多个国家和地区，最远的曾到达麦加、红海及非洲东部。郑和的航行比葡萄牙、西班牙等国航海家如麦哲伦、哥伦布等早了将近100年，是名副其实的“大航海时代”的先驱。

中华民族深厚的文化是我国的独特优势。继承优秀的历史文化遗产，“是发展民族新文化提高民族自信心的必要条件”①。发展中国特色社会主义政治经济学，要加强对中华优秀传统文化中经济思想的挖掘和阐发，把具有当代价值的经济思想弘扬起来，使中华民族优秀的经济思想与当代经济思想相适应，与现代经济发展相协调。

三是对世界人类文明成果的借鉴。中国特色社会主义政治经济学既具有中国特色、中国风格、中国气派，也具有人类文明的一般性。世界各国经济学长期的探索和取得的成果，虽然都具有各自具体条件的适应性，但也包含有人类文明的一般性，借鉴和吸取世界各国经济学的有益成分，为我所用，对于建设和发展中国特色社会主义政治经济学是有益的。以西方发达国家的经济学为例，这些国家的经济学对于社会化大生产和市场经济分析所采取的一些方法和得出的结论，包含科学的成分，借鉴和吸取这些科学的成分，对于我国发展社会主义市场经济、完善社会主义市场经济体制、丰富和发展中国特色社会主义政治经济学理论是有益的。当然，西方国家的主流经济学以资本主义私有制为前提，其基本假定并不符合我国国情，所以只能经过分析和检验，取其精华，弃其糟粕，而绝不可照抄照搬，更不可把它作为指导我国经济建设实践的根本理论。

二、中国特色社会主义政治经济学的主要范畴

范畴是人的思维对客观事物的普遍本质的概括和反映，任何社会科学都需要以范畴为基础。经济范畴是对经济本质的概括和反映，政治经济学就是在一系列范畴基础上建立起来的。运用经济范畴，可以加深对经济规律的认识，并用以进一步探索和研究经济发展中出现的新情况、新问题，形成系统经济学说。中国特色社会主义政治经济学的建设和发展，也需要一系列经济范畴。这一系列范畴有的可以从前人那里继承过来直接运用，有的需要从前人那里继承过来加以创新，有的则需要根据当代中国的国情和实践创新产生。

对马克思主义经济学范畴的继承和发展主要包括三类：

第一类是马克思在对未来社会预测时使用过的社会主义经济特有的范畴，如生产资料公有制、按劳分配等。马克思、恩格斯对未来社会的预测，是建立在对

① 《毛泽东选集》（第2卷），人民出版社1991年版，第707～708页。

资本主义基本矛盾剖析的基础上，对于我国现在所处的社会主义初级阶段的情况没有也不可能做出有针对性的分析，所以当我们把这些范畴用于中国特色社会主义政治经济学时，还要注意区分马克思、恩格斯预测的共产主义社会和我国所处的社会主义初级阶段的联系和差异。要从我国社会主义初级阶段的实际出发，赋予这些范畴确切的含义。

第二类是马克思揭示人类社会发展规律、商品经济和社会化生产时使用的一般范畴。其中，涉及人类社会发展的范畴包括生产力、生产关系、经济基础、上层建筑、社会生产方式、社会分工、社会经济结构、社会经济制度等；涉及商品经济的范畴包括商品、价值、使用价值、生产商品的劳动的二重性、简单劳动、复杂劳动、具体劳动、抽象劳动；涉及社会化生产的范畴包括私人劳动、社会劳动、生产劳动、非生产劳动、体力劳动、脑力劳动、劳动生产率、劳动价值论、价值规律、价格、货币、商品流通、货币流通、货币流通规律、虚拟经济、实体经济等。上述这些范畴对于分析揭示当代中国经济建设、经济发展、改革开放的规律仍然是适用的，所以在中国特色社会主义政治经济学中可以直接沿用。

第三类是马克思对资本主义经济进行分析时使用的特殊范畴，如资本、剩余价值、利润等。这些范畴虽然是揭示资本主义经济规律的，但如果抛开资本主义经济生产关系的特殊规定性，对于分析社会主义经济也是适应的，所以中国特色社会主义政治经济学也可以借鉴，改造、创新后应用。

借鉴西方经济学的范畴主要有两类：

一类是有关市场经济知识的范畴。最常见的如资源配置、社会总供给、社会总需求、市场机制、微观经济、宏观经济，以及第一次产业、第二次产业、第三次产业等。这些都是西方经济学中最常用的范畴。这些范畴反映的是市场经济中的一些基本的经济现象和经济现象之间的联系，具有一般的知识性。对这些范畴，中国特色社会主义政治经济学不仅不能排斥，相反要“拿来”就用。这对于丰富中国特色社会主义政治经济学的范畴是有益的。

另一类是有关经济分析方法范畴的借鉴。如总供求分析法、实证分析法等。

随着经济全球化的发展和中国融入世界的广度、深度不断加大，中国特色社会主义政治经济学与世界各国经济学的交流和相互借鉴将成为一种常态，这就要求我们在借鉴中坚持实事求是，取其精华，弃其糟粕，对整个国外经济学的态度是这样，对其范畴、方法也应该是这样。

马克思讲过：“一门科学提出的每一种新见解都包含这门科学的术语的革命。”① 中国特色社会主义政治经济学除了继承马克思主义政治经济学和借鉴别国经济学的一些范畴之外，还创新产生了一系列新范畴。这些范畴有以下一些：

第一，关于中国国情和社会发展规律的总体范畴。如社会主义过渡时期、生产资料社会主义改造、社会主义初级阶段等。这些范畴基本反映了当代中国经济的历史渊源、发展脉络和所处的发展阶段，具有鲜明的中国特色，其中最重要的是社会主义初级阶段范畴。

---

① 马克思：《资本论》，引自《马克思恩格斯文集》（第5卷），人民出版社2009年版，第32页。

第二，关于中国特色社会主义经济制度的范畴。如公有制为主、多种所有制经济共同发展，按劳分配为主体、多种分配方式并存，社会主义市场经济体制等基本经济制度，国有经济、国有资产管理制度，社会主义产权制度，以及农村土地所有制、农村土地产权制度、农村土地“三权分置”、农村合作经济等。

第三，关于中国特色社会主义经济运行的范畴。如社会主义商品生产和商品交换、中国特色社会主义现代企业制度、新型农业经营体系、社会主义政府职能、社会主义宏观调控等。

第四，关于中国特色社会主义经济发展的范畴。如以人民为中心、发展经济、满足人民需要、共同富裕、改善民生、新发展理念、科学发展观、可持续发展战略、小康社会、转变经济增长方式、转变经济发展方式、经济结构调整、四化（工业化、信息化、新型城镇化、农业现代化）协调、新型工业化道路、城乡发展一体化、“五位一体”总体布局、“四个全面”战略布局、国家治理能力治理体系现代化、经济发展新常态、供给侧结构性改革、社会主义现代化经济体系等。

第五，关于中国特色社会主义开放经济范畴。如国内大循环为主体、国内国际双循环相互促进，对外经济开放，开放型经济体制，开放型经济体系，经济特区，走出去战略，“一带一路”建设，和平发展，互利共赢，构建人类命运共同体等。

这些范畴具有鲜明的中国特色，是构建中国特色社会主义政治经济学的特有范畴，体现了中国特色社会主义政治经济学的理论创新。其中，最核心的范畴是发展经济和满足人民需要，它们体现了发展社会主义经济的根本目的和本质要求。

三、中国特色社会主义政治经济学的主线和结构

（一）中国特色社会主义政治经济学的主线

一门科学，一门学科，要有它的主线。对于中国特色社会主义政治经济学的主线，理论界曾进行过长期讨论。

中国特色社会主义政治经济学的主线

本书认为，中国特色社会主义政治经济学一以贯之的主线可以概括为：发展经济，满足人民需要。如果社会主义能把经济发展好了，能够满足人民对美好生活日益增长的需要，那么就为社会主义政治、经济、文化、社会、环境“五位一体”建设奠定了坚实的基础，社会主义经济制度就会是十分优越的社会经济制度。

把这样的主线贯穿于中国特色社会主义政治经济学，体现社会主义本质和生产目的的要求，有利于我们认识和分析所有重大经济问题：为什么要建立和完善社会主义基本经济制度、怎样建立和完善社会主义基本经济制度、为什么要以经济建设为中心、如何以经济建设为中心、为什么要进行经济体制改革、怎样深化经济体制改革、为什么要发展以及如何发展等。

（二）中国特色社会主义政治经济学的结构

关于中国特色社会主义政治经济学的体系结构，理论界讨论得比较多。我们

的目标是构建中国特色、中国风格、中国气派的社会主义政治经济学理论体系和话语体系，但由于中国特色社会主义是一个正在发展中的制度，目前还不够成熟，所以要构建完善的、成熟的体系结构有一定的困难，但这并不排除以问题为导向，开展专题性研究，在研究的基础上构建与当前中国特色社会主义成熟程度相适应的体系结构。这不仅是必要的，也是可能的。

中国特色社会主义政治经济学研究的是社会主义经济制度确立后，如何进一步发展和完善这一制度，发展生产力，发展经济，以满足人民需要的经济过程，构建的是以社会主义经济建设为中心，通过改革、发展，完善社会主义经济制度和社会主义市场经济体制、发展生产力、满足人民需要的理论体系。这个理论体系以社会主义经济制度的确立为前提，包括以下几点：

一是发展阶段和经济制度。这包括社会主义初级阶段理论，以及社会主义初级阶段的主要矛盾、主要任务；社会主义初级阶段基本经济制度的建立、改革、发展和完善。二是经济运行理论。这包括微观经济、中观经济和宏观经济的运行理论。微观经济是指企业、家庭和个人；宏观经济就是把国民经济作为一个整体看的经济，总供给总需求平衡和失衡、就业、物价、财政政策、货币政策等都是宏观经济问题，政府宏观管理、宏观调控也是宏观层面的问题；中观经济主要指经济结构、区域经济和地方经济。三是经济发展。发展问题是一个很重要的问题，涉及内容很多，应该是中国特色社会主义政治经济学的重头戏。在总结我国实践经验和吸取别国经验的基础上，我国先后提出了科学发展观、以人为本、全面协调可持续发展，提出了创新、协调、绿色、开放、共享五大理念。这些关于发展的新理念、新思想、新战略，不仅为我国改革开放和现代化建设提供了理论指导，也为世界经济理论贡献了中国智慧。四是开放经济和经济全球化、全球治理。

在创立马克思主义政治经济学的过程中，马克思曾经有过宏伟的研究和写作计划，在1859年发表的《〈政治经济学批判〉序言》中，他说："我考察资产阶级经济制度是按照以下的顺序：资本、土地所有制、雇佣劳动；国家、对外贸易、世界市场。"① 由于种种原因，马克思没能完全完成他的计划，而只是于1857年7月至1858年6月写了约50印张的手稿，即《资本论》的第一草稿；1861年8月至1863年7月写了约200印张的手稿，即《资本论》的第二稿；1963年8月至1865年底完成了《资本论》的第一个详细琢磨的稿本；1867年《资本论》第1卷公开出版，而《资本论》第2卷、第3卷则是在马克思逝世后由恩格斯整理校订分别于1885年、1894年出版的。②

现在看来，马克思至少有两个遗憾：一是未曾亲见社会主义制度从科学理论变成现实；二是研究计划中的国家、国际贸易和世界市场没有来得及给予充分的阐释。中国特色社会主义政治经济学应该把马克思未竟的计划付诸行动，开创

① 马克思：《〈政治经济学批判〉序言》，引自《马克思恩格斯文集》（第2卷），人民出版社2009年版，第588页。

② 中央编译局：《〈马克思恩格斯文集〉题注集萃》，载于《马克思主义与现实》2010年第4期，第1～10页。

21 世纪马克思主义政治经济学新境界！

第三节　学好用好政治经济学

一、认真学习政治经济学经典著作

马克思主义经典著作蕴含和集中体现着马克思主义的基本原理，是中国特色社会主义理论体系最主要的理论来源。只有认真学习马克思主义经典著作，系统掌握马克思主义基本原理，才能完整准确地理解中国特色社会主义理论体系，才能创造性地运用马克思主义立场观点方法去分析和解决我们面临的实际问题，不断把中国特色社会主义事业推向前进。①

马克思主义政治经济学经典著作

《资本论》等作为最重要的马克思主义政治经济学经典著作，经受了时间和实践的检验，显示出它的生命力。认真学习这些政治经济学经典著作，无论是对于学习掌握马克思主义政治经济学基本原理，还是对于指导我国的改革开放和现代化建设实践，都有重要的现实意义。

二、以开放的态度学习政治经济学

所谓开放的态度，最重要的是要面向世界，善于吸收人类文明的优秀成果。马克思主义政治经济学没有穷尽真理，而是为我们开辟了通向真理的道路。它是马克思等经典作家智慧的结晶，但同时又是马克思等汲取人类探索真理的丰富思想成果特别是资产阶级古典政治经济学成果的结晶。今天以开放的态度学习政治经济学，一个重要的问题是要以客观的态度对待世界各国特别是西方发达国家的经济学。

世界各国特别是西方发达国家的经济学对于现代化社会大生产和市场经济运行的许多分析及其得出的理论，包含有合理的成分，在其分析经济运行的方法中，有很多是自然科学方法在经济学中的应用，所以借鉴和吸取这些科学的成分和方法，为我所用，对于我国发展社会主义市场经济、完善社会主义市场经济体制、丰富和发展中国经济学理论是有益的。更何况，我们要摆脱后发的局面，赶上乃至超过西方发达国家，不学习西方先进的东西也是不行的。

但必须明确，西方发达国家的经济学以资本主义私有制为前提，它的一些基本假定并不符合我国国情，所以不可能成为指导我国经济建设实践的根本理论。我国目前对西方发达国家经济学的学习引进，既有做得不够的问题，表现为对多种学派的理论全面介绍特别是分析不够，导致不能够有效地批判吸收，也有盲目

① 《习近平：认真学习马克思主义经典著作　不断推进中国特色社会主义事业》，共产党员网，http：//news. 12371. cn/2015/12/15/ARTI1450165487337269. shtml。

崇拜、照抄照搬的问题，表现为对西方发达国家的经济学囫囵吞枣，并未弄懂西方某种理论的针对性、假定前提而片面传播和应用，甚至以追求一些词句、套用一些数学模型为时髦。对这两类问题，必须客观地分析，予以纠正。基本的态度是，对西方发达国家的经济学一是要学，要学懂、学通，二是“外国的经验可以借鉴，但是绝对不能照搬”。①

三、以发展的态度学习政治经济学

科学的本质是与时俱进，在实践中不断丰富和发展自身。恩格斯指出：“我们的理论是发展的理论，而不是必须背得烂熟并机械地加以重复的教条。”② 列宁说：“我们决不把马克思的理论看做某种一成不变的和神圣不可侵犯的东西；恰恰相反，我们深信：它只是给一种科学奠定了基础，社会主义者如果不愿落后于实际生活，就应当在各方面把这门科学向前推进。”③

马克思创立的政治经济学是一个多世纪前当时的历史条件下的产物。实践发展了，时代前进了，这就要求我们既要把经典作家的论断放到当时的历史环境中来认识，同时又要紧密结合今天的实践，对马克思当时阐释的理论加深领会，防止生搬硬套，防止断章取义，防止片面理解，努力做到以下几点：分清哪些是必须长期坚持的马克思主义政治经济学基本原理，哪些是需要结合新的实际加以丰富发展的理论判断，哪些是必须破除的对马克思主义政治经济学教条式的理解，哪些是必须澄清的附加在马克思政治经济学名下的错误观点。

即使对于当代中国化的马克思主义政治经济学即中国特色社会主义经济理论，也要以发展的态度加以学习。因为中国的改革开放在不断深化，现代化实践在不断发展，面临的国际环境在不断变化，中国特色社会主义经济理论必须跟进这些实践的发展变化，才能不断丰富和完善，并在指导实践中显示出强大的生命力。

以发展的态度学习政治经济学，既要反对把政治经济学中揭示的必须长期坚持的马克思主义基本原理当作过时的观点，否定政治经济学的当代价值和指导意义，又要反对把政治经济学当成教条，机械地照抄照搬。科学的态度应该是：在坚持和继承中发展，在创新发展中坚持。

四、坚持理论联系实际的学风，在实践应用上下功夫

学习政治经济学的目的在于应用。马克思主义政治经济学之所以能够保持旺盛的生命力，归根结底在于它能够适应实践发展的需要，指导实践的发展。所以，无论是学习政治经济学中的基本理论、基本观点和基本方法，还是丰富和发展马克思主义经济学的理论，都要从我国实际出发，与我国的实践相结合，并在

---

① 邓小平：《改革是中国发展生产力的必由之路》，引自《邓小平文选》（第3卷），人民出版社1993年版，第140页。

② 《马克思恩格斯文集》（第10卷），人民出版社2009年版，第562页。

③ 《列宁专题文集——论马克思主义》，人民出版社2009年版，第96页。

实践中创新和发展。

我国正在进行的改革开放和现代化建设事业，是史无前例的伟大实践，伟大的实践一方面需要科学的理论作为指导，另一方面又会检验已有的理论，推动理论的发展和创新。马克思主义政治经济学无疑可以为我国的现代化建设实践提供指导，同时也需要而且能够在实践应用中得到检验和发展。

实践发展永无止境，对马克思主义政治经济学的学习、继承和创新同样永无止境。在中国特色社会主义建设实践中，学习、继承和创新政治经济学的基本理论、基本观点、基本方法，不仅会使马克思主义政治经济学永葆生机和魅力，而且马克思主义基本原理与当代中国实际相结合的产物——中国化马克思主义政治经济学也一定会不断发展和完善，成为实现建设现代化强国目标的理论指南。

思考题：

1. 为什么要构建中国特色社会主义政治经济学？对“世界上只有一种经济学即现代西方主流经济学”的观点加以评析。
2. 谈谈对中国特色社会主义政治经济学研究对象、任务的理解。
3. 试论中国特色社会主义政治经济学的实践来源和主要理论来源。
4. 如何学好用好政治经济学？

第一篇　经济制度与经济改革

第一章

社会主义制度的建立与社会主义初级阶段

教学目的和要求

学习和掌握我国社会主义制度确立的特殊性和必然性，开创中国特色社会主义的意义，社会主义初级阶段理论的意义，社会主义的本质，社会主义初级阶段的社会主要矛盾和根本任务，社会主义初级阶段基本规律。

教学要点

1. 马克思关于社会主义产生的一般原理。
2. 我国社会主义制度确立的特殊国情。
3. 中国特色社会主义的创立。
4. 社会主义的本质。
5. 社会主义初级阶段的内涵和理论意义。
6. 社会主义初级阶段社会主要矛盾和根本任务。
7. 社会主义初级阶段基本经济规律。

从新民主主义革命时期社会主义奋斗目标的确立，到新民主主义革命胜利、新中国成立，经由新民主主义社会到社会主义社会的转变时期，社会主义经济制度确立，再到改革开放后中国特色社会主义制度的创立，我国社会主义制度经历了长期的探索过程，至今仍处于并将长期处于社会主义初级阶段。从历史与逻辑统一的角度，总结我国社会主义发展历程，探索社会主义的本质和社会主义初级阶段的主要矛盾、根本任务，是中国特色社会主义政治经济学的重要任务。

第一节　社会主义制度的建立

一、马克思、恩格斯关于社会主义制度必然性的思想

我国的社会主义制度是马克思主义基本原理与中国实际相结合的产物，是不

断发展和完善的制度。马克思、恩格斯创立了唯物史观和剩余价值学说，从而使科学社会主义代替了空想社会主义。

唯物史观揭示了人类历史发展的一般规律，即生产关系一定要适应生产力状况、上层建筑一定要适应经济基础的规律。马克思指出："社会的物质生产力发展到一定阶段，便同它们一直在其中运动的现存生产关系或财产关系（这只是生产关系的法律用语）发生矛盾。于是这些关系便由生产力的发展形式变成生产力的桎梏。那时社会革命的时代就到来了。随着经济基础的变更，全部庞大的上层建筑也或慢或快地发生变革。"① 正是在这一客观规律的支配下，社会发展呈现为一种自然历史过程，表现为不同社会形态的依次更替。马克思还指出，"在资产阶级社会的胎胞里发展的生产力，同时又创造着解决这种对抗的物质条件"②。因此，历史地产生的资本主义社会必然要历史地走向灭亡，为消除了阶级对抗的社会主义社会所代替。

通过运用唯物史观分析资本主义社会的经济运动，马克思和恩格斯发现了资本主义社会的剩余价值规律。剩余价值规律揭示，在资本主义生产中，工人与资本家的关系是一种雇佣劳动关系。资本家与工人交换的不是劳动而是劳动力；劳动力也是商品，具有价值和使用价值；劳动力创造的价值大于其本身的价值，这个大于的部分构成剩余价值。资本家拥有的资本是"死劳动"，它的生命靠不断吸取剩余价值来维持和发展。剩余价值规律是资本主义生产的绝对规律。正是在这一规律的支配下，资本主义生产方式的内在矛盾、工人阶级与资本家阶级的矛盾才不可避免地走向激烈的对抗。

唯物史观和剩余价值学说是马克思主义的两个伟大发现。有了这两个伟大发现，资本主义必然为社会主义所代替便不再仅仅是一种猜想，而是现实生产力与生产关系、经济基础与上层建筑、无产阶级与资产阶级矛盾运动的必然结果。正是以唯物史观和剩余价值学说为依据，科学社会主义理论深刻揭示了社会主义代替资本主义的历史必然性及其道路，从而成为人类最伟大的理论成果和最宝贵的精神财富。

二、我国社会主义经济制度的确立

在科学社会主义理论的指引下，社会主义作为一种现实的运动在世界范围内开展起来。经过艰苦卓绝的探索，一批国家先后在 20 世纪初、中期建立了社会主义经济制度，走上了社会主义道路。

我国社会主义经济制度的确立经历了两次重大选择。

第一次选择是在新民主主义革命时期，中国共产党领导中国人民，把马克思主义基本原理与当时中国实际相结合，选择并确定了社会主义的奋斗方向、目标和新民主主义革命的道路。

---

① 《马克思恩格斯文集》（第 2 卷），人民出版社 2009 年版，第 591 ~ 592 页。

② 《马克思恩格斯文集》（第 2 卷），人民出版社 2009 年版，第 597 页。

旧中国经济十分落后。生产力水平低下，机器生产的现代化工业在国民经济中只占10%左右，其余90%左右是落后的、分散的个体农业经济和手工业经济。帝国主义入侵并与封建主义、官僚资本主义勾结在一起，对广大人民进行残酷剥削和压迫，使中国陷于半封建半殖民地社会，严重地束缚了生产力的发展，加剧并激化了各种矛盾。

伟大的革命先行者孙中山先生1911年领导的辛亥革命，推翻了清王朝，结束了两千多年的封建帝制。但是，中国社会的半殖民地半封建性质并没有改变。无论是当时的国民党，还是其他资产阶级和小资产阶级政治派别，都没有也不可能找到国家和民族的出路。只有中国共产党，才给中国人民指出了中国的出路在于彻底推翻帝国主义、封建主义的反动统治，并进而转入社会主义。中国共产党领导并紧紧依靠中国人民经过土地革命战争、抗日战争、解放战争，历经28年浴血奋战，打败了日本帝国主义，推翻了国民党反动统治，取得了新民主主义革命的胜利，建立了中华人民共和国，实现了民族独立、人民解放。

新中国的成立，使人民成为国家、社会和自己命运的主人，实现了中国从几千年封建专制制度向人民民主制度的伟大跨越，实现了中国高度统一和各民族空前团结，彻底结束了旧中国半殖民地半封建社会的历史，彻底结束了旧中国“一盘散沙”的局面，彻底废除了列强强加给中国的不平等条约和帝国主义在中国的一切特权。中国人民从此站起来了，中华民族发展进步从此开启了新的历史纪元。中国革命的胜利是第二次世界大战以后最重大的政治事件，对国际局势和世界人民斗争的发展具有深刻而久远的影响。

第二次选择在20世纪50年代，中国共产党领导全国人民把马克思主义基本原理与当时中国实际相结合，确立了社会主义经济制度。从1949年10月中华人民共和国成立到1956年，新中国创造性地实现了由新民主主义到社会主义的转变，使占世界人口1/4的东方大国进入了社会主义社会，实现了中国历史上最广泛、最深刻的社会变革。在此期间，我国建立了独立的、比较完整的工业体系和国民经济体系，积累了在中国这样一个社会生产力水平十分落后的东方大国进行社会主义建设的重要经验。

新中国成立后的头三年，在胜利完成繁重的社会改革任务和进行伟大的抗美援朝、保家卫国战争的同时，迅速恢复了在旧中国遭到严重破坏的国民经济，全国工农业生产1952年底已经达到历史的最高水平。1952年，我国开始实施过渡时期的总路线：要在一个相当长的时期内，逐步实现国家的社会主义工业化，并逐步实现国家对农业、手工业和资本主义工商业的社会主义改造。到1956年，全国绝大部分地区基本上完成了对生产资料私有制的社会主义改造，我国社会经济结构发生了根本变化，社会主义经济成分已占绝对优势，社会主义公有制已成为我国社会的经济基础。虽然在这项工作中也存在缺点和偏差，但总体来说，在一个几亿人口的大国中能比较顺利地实现如此复杂、困难和深刻的社会变革，促进工农业和整个国民经济的发展，的确是伟大的历史性胜利。

在过渡时期，我国实施了第一个五年计划，开始大规模的经济建设，依靠我们自己的努力，加上苏联和其他友好国家的支援，取得了重大的成就。一批为国家工业化所必需而过去又非常薄弱的基础工业建立了起来。1953～1956年，全国工业总产值平均每年递增19.6%，农业总产值平均每年递增4.8%。经济发展比较快，经济效果比较好，重要经济部门之间的比例比较协调。市场繁荣，物价稳定，人民生活显著改善。

1956年4月，毛泽东发表《论十大关系》，初步总结了我国社会主义建设的经验，提出了探索适合我国国情的社会主义建设道路的任务。1956年9月党的第八次全国代表大会召开。大会指出：社会主义制度在我国已经基本建立起来；国内的主要矛盾已经不再是工人阶级和资产阶级的矛盾，已经是人民对于建立先进的工业国的要求同落后的农业国的现实之间的矛盾，已经是人民对经济文化迅速发展的需要同当前经济文化不能满足人民需要的状况之间的矛盾；全国人民的主要任务是集中力量发展社会生产力，实现国家工业化，逐步满足人民日益增长的物质和文化需要；虽然还有阶级斗争，还要加强人民民主专政，但根本任务已经是在新的生产关系下保护和发展生产力。

社会主义制度在中国的确立，是历史上最伟大的社会变革，是一次划时代的历史巨变，为当代中国的一切进步奠定了根本的政治前提和制度基础，具有深远的意义。

《中国共产党中央委员会关于建国以来党的若干历史问题的决议》

中国社会主义经济制度没有完全按照马克思的预想从发达资本主义阶段脱胎而来，而是从经济相对落后的半封建半殖民地的旧中国，经过新民主主义社会向社会主义的过渡而确立的，这是中国特殊国情决定的。但中国社会主义经济制度的确立，仍然是当时中国生产力与生产关系、经济基础和上层建筑矛盾运动的结果，合乎马克思创立的唯物史观的基本原理。

三、中国特色社会主义制度的创立和发展

社会主义经济制度确立之后，怎样建设社会主义，怎样发展社会主义，理论上没有现成的答案可供遵循。科学社会主义理论揭示了人类社会发展的一般规律和社会主义取代资本主义的历史必然性，但并没有也不可能为某个国家具体规划社会主义建设和发展的道路。实践中的社会主义究竟将走什么样的道路，完全应该从实际情况出发，根据具体国情和历史条件来决定。

在几十年的探索中，我国历经千辛万苦，付出了各种代价，在确立社会主义制度的基础上，开创和发展了中国特色社会主义，从根本上改变了中国人民和中华民族的前途与命运。

在以毛泽东为核心的党的第一代中央领导集体带领全党全国各族人民取得的独创性理论成果和巨大成就的基础上，以邓小平为核心的党的第二代中央领导集体带领全党全国各族人民深刻总结我国社会主义建设正反两方面的经验，借鉴世界社会主义历史经验，做出把党和国家的工作中心转移到经济建设上来、实行改革开放的历史性决策，明确提出走自己的路、建设中国特色社会主义，科学回答了建设中国特色社会主义的一系列基本问题，成功开创了中国特色社会主义。

以江泽民为核心的党的第三代中央领导集体带领全党全国各族人民坚持党的

基本理论、基本路线，在国内外形势十分复杂、世界社会主义运动出现严重曲折的严峻考验面前，捍卫了中国特色社会主义，依据新的实践确立了党的基本纲领、基本经验，确立了社会主义市场经济体制的改革目标和基本框架，确立了社会主义初级阶段的基本经济制度和分配制度，开创了全面改革开放的新局面，推进了党的建设新的伟大工程，成功地把中国特色社会主义推向了21世纪。

新世纪、新阶段，以胡锦涛为总书记的党中央抓住重要战略机遇期，在全面建设小康社会进程中推进实践创新、理论创新、制度创新，强调坚持以人为本、全面协调可持续发展，提出构建社会主义和谐社会、加快生态文明建设，形成中国特色社会主义事业总体布局，着力保障和改善民生，促进社会公平正义，推动建设和谐世界，推进党的执政能力建设和先进性建设，在新的历史起点上成功坚持和发展了中国特色社会主义。

党的十八大以来，以习近平同志为核心的党中央以巨大的政治勇气和强烈的责任担当，提出一系列新理念新思想新战略，出台一系列重大方针政策，推出一系列重大举措，推进一系列重大工作，解决了许多长期想解决而没有解决的难题，办成了许多过去想办而没有办成的大事，推动党和国家事业发生了历史性变革。这些历史性变革，对党和国家事业发展具有重大而深远的影响。

经过长期努力，中国特色社会主义进入了新时代，这是我国发展新的历史方位。

中国特色社会主义进入新时代，意味着近代以来久经磨难的中华民族迎来了从站起来、富起来到强起来的伟大飞跃，迎来了实现中华民族伟大复兴的光明前景；意味着科学社会主义在21世纪的中国焕发出强大生机活力，在世界上高高举起了中国特色社会主义伟大旗帜；意味着中国特色社会主义道路、理论、制度、文化不断发展，拓展了发展中国家走向现代化的途径，给世界上那些既希望加快发展又希望保持自身独立性的国家和民族提供了全新选择，为解决人类问题贡献了中国智慧和中国方案。

这个新时代，是承前启后、继往开来、在新的历史条件下继续夺取中国特色社会主义伟大胜利的时代，是决胜全面建成小康社会、进而全面建设社会主义现代化强国的时代，是全国各族人民团结奋斗、不断创造美好生活、逐步实现全体人民共同富裕的时代，是全体中华儿女勠力同心、奋力实现中华民族伟大复兴中国梦的时代，是我国日益走近世界舞台中央、不断为人类作出更大贡献的时代。①新时代提出了新课题，这就是必须从理论和实践结合上系统回答新时代坚持和发展什么样的中国特色社会主义、怎样坚持和发展中国特色社会主义。围绕这个重大时代课题，中国共产党以全新的视野深化对共产党执政规律、社会主义建设规律、人类社会发展规律的认识，进行艰辛的理论探索，取得了重大理论创新成果，形成了习近平新时代中国特色社会主义思想，其中创新、协调、绿色、开放、共享新发展理念是其重要的组成部分。在习近平新时代中国特色社会主义经

① 习近平：《决胜全面建成小康社会　夺取新时代中国特色社会主义伟大胜利——在中国共产党第十九次全国代表大会上的报告（2017年10月18日）》，人民出版社2017年版。

济思想的指导下，我们坚持加强党对经济工作的集中统一领导，保证我国经济沿着正确方向发展；坚持以人民为中心的发展思想，贯穿到统筹推进“五位一体”总体布局和协调推进“四个全面”战略布局；坚持适应把握引领经济发展新常态，立足大局，把握规律；坚持使市场在资源配置中起决定性作用，更好发挥政府作用，坚决扫除经济发展的体制机制障碍；坚持适应我国经济发展主要矛盾变化完善宏观调控，相机抉择，开准药方，把推进供给侧结构性改革作为经济工作的主线；坚持问题导向部署经济发展新战略，对我国经济社会发展变革产生深远影响；坚持正确工作策略和方法，稳中求进，保持战略定力、坚持底线思维，一步一个脚印向前迈进。①

总之，在以毛泽东为核心的党的第一代中央领导集体带领全党全国各族人民不断探索的基础上，在改革开放40多年一以贯之的接力探索中，我们坚定不移地高举中国特色社会主义伟大旗帜，坚持中国特色社会主义道路、中国特色社会主义理论体系、中国特色社会主义制度、中国特色社会主义文化，并且将其统一于中国特色社会主义伟大实践，取得了建设社会主义、发展社会主义的新胜利，形成了我国建设社会主义最鲜明的特色。

中国特色社会主义，既坚持了科学社会主义基本原则，又根据时代条件赋予了其鲜明的中国特色，以全新的视野深化了对社会主义建设规律、人类社会发展规律的认识，从理论和实践结合上系统地回答了在中国这样人口多、底子薄的东方大国建设什么样的社会主义、怎样建设社会主义这个根本问题，使我们国家快速发展起来，使我国人民生活水平快速提高起来。实践充分证明，中国特色社会主义是改革开放以来我国全部理论和实践的主题，是当代中国发展进步的根本方向，只有中国特色社会主义才能更好地发展中国。

发展中国特色社会主义是一项长期的、艰巨的历史任务，一定要毫不动摇坚持、与时俱进发展中国特色社会主义，不断丰富中国特色社会主义的实践特色、理论特色、民族特色、时代特色。

四、社会主义的本质

几十年的社会主义实践探索使我们认识到，社会主义是发展的、变化的制度，各国国情不同，同一国家发展阶段不同，社会主义都会呈现出不同的特征，但社会主义的本质要求是始终必须坚持的。

马克思、恩格斯根据当时的历史条件，以在发达资本主义基础上建立社会主义为前提，设想共产主义社会的第一阶段即社会主义具有以下基本特征：生产资料归全社会所有；根据社会的需要，有计划地调节生产；在对社会总产品进行了各项扣除之后，对个人消费品实行按劳分配；没有商品生产，没有货币交换；没有阶级对立和阶级差别，国家正在消亡但尚未完全消亡等。马克思、恩格斯的这些论断，对我们今天认识什么是社会主义具有重要的指导意义。但是，由于当时

① 新华社：《中央经济工作会议在北京举行》，载于《人民日报》2017年12月21日。

历史条件的限制，特别是由于马克思、恩格斯没有经过社会主义建设的实践，所以他们当时没有形成对于社会主义特征的完整论述，某些论断同社会主义的现实也不相吻合。

我国在探索社会主义建设道路的过程中，对什么是社会主义、怎样建设社会主义，坚持和发展什么样的中国特色社会主义、怎样坚持和发展中国特色社会主义的问题，形成了新的认识。这些认识集中体现在中国特色社会主义理论体系中。邓小平明确指出："社会主义的本质，是解放生产力，发展生产力，消灭剥削，消除两极分化，最终达到共同富裕。"[①] 这就从解放生产力与发展生产力的统一中，从生产力与生产关系的统一中，从现实任务与奋斗目标的统一中，对社会主义的根本性质进行了科学的概括，是对科学社会主义的重大发展。在进一步的探索中我国还认识到，推动科学发展，促进社会和谐，实现人的全面发展，是社会主义的本质属性和要求。进入21世纪，特别是党的十八大以来，形成了习近平新时代中国特色社会主义思想，习近平明确提出，中国共产党的领导是中国特色社会主义最本质的特征。[②]

所有这些认识，对我们正确把握社会主义的特征具有重要指导意义。社会主义作为一种社会制度，尚处在发展的过程中，对其本质的认识也会随着实践的发展而不断发展。

第二节　社会主义初级阶段及其根本任务

一、社会主义初级阶段的内涵和客观依据

对于社会主义的发展是否需要分为不同的发展阶段这一问题，人们进行了长期的理论和实践探索。

马克思、恩格斯曾经认为，发达的资本主义社会进入共产主义阶段需要经历过渡时期、共产主义的第一阶段或低级阶段，以及高级阶段。[③] 而对于经济文化相对落后的国家进入共产主义需要经历哪些阶段，马克思和恩格斯没有做出具体回答。

列宁在十月革命成功后，基于经济文化相对落后的国家由资本主义向共产主义过渡的实践经验，论述了共产主义和社会主义的本质联系及经济上成熟程度的差别，提出了社会主义国家在向共产主义社会前进的过程中，会经历"初级形式的社会主义""不完全的共产主义"等阶段。同时他指出，"把社会主义看成一

---

① 《邓小平文选》(第3卷)，人民出版社1993年版，第373页。

② 习近平:《决胜全面建成小康社会　夺取新时代中国特色社会主义伟大胜利——在中国共产党第十九次全国代表大会上的报告 (2017年10月18日)》，人民出版社2017年版。

③ 马克思:《哥达纲领批判》，引自《马克思恩格斯文集》(第3卷)，人民出版社2009年版，第435、445页。

种僵死的、凝固的、一成不变的东西的这种观念，是非常荒谬的”，社会主义一定会使人类社会的生产力蓬勃发展，但生产力将以什么速度向前发展，最终实现共产主义，“这都是我们所不知道而且也不可能会知道的”，因为现在还没有可供解决这些问题的材料。①

我国在经历了几十年的社会主义建设实践之后，通过对已有经验的总结，提出了社会主义初级阶段这一范畴，并依据我国的国情，确认我国正处于社会主义初级阶段。

我们讲的社会主义初级阶段，不是泛指任何国家进入社会主义都要经历的起始阶段，而是特指在我国生产水平落后、商品经济不发达条件下建设社会主义必然要经历的阶段。我国正处在社会主义初级阶段包括两层含义：第一，就我国的社会性质来看，它已经是社会主义社会，因此，我们必须坚持而不能离开社会主义。第二，就我国社会主义社会成熟程度来看，它还处在社会主义初级阶段，仍然没有从根本上摆脱发展不平衡不充分的状态，必须认清这一点，绝不能超越这个阶段。社会主义初级阶段的这两层含义是相辅相成的。社会主义是基本前提，初级阶段是发展程度。要在明确我国是社会主义这一基础上认识“初级阶段”的历史方位，也只有确立了“初级阶段”的历史方位，才能更自觉地坚持中国特色社会主义。

我国社会主义社会在发展过程中，之所以必须经历这样一个特定历史阶段，是有客观必然性的。

第一，从我国进入社会主义的历史前提和生产力发展水平来看，中国社会主义的发展必然要经历一个很长的历史阶段。我国是超越了资本主义完整发展阶段，从半殖民地半封建社会经过新民主主义革命直接进入社会主义社会的，生产力发展水平远远落后于发达的资本主义国家。社会主义制度确立之后，虽然经历了几十年的发展，生产力水平有了很大提高，人民生活水平有了很大改善，但与发达国家相比仍然有较大差距，更加上我国地域辽阔，各地区由于历史和区位等原因，生产力水平和人民生活水平在不同地域差距较大，生产力发展水平不平衡、多层次，这是我国面临的突出国情和特点，决定了我国处于社会主义初级阶段。

第二，从生产关系角度来看，建立在落后生产力基础上的社会主义经济制度是不成熟、不完善的，虽然经过几十年社会主义改革和建设，我国逐渐建立并完善了以公有制为基础、多种所有制共同发展，以按劳分配为主、多种分配方式并存和社会主义与市场经济体制等基本经济制度，使得我国能够在保证人民共同富裕的基础上增强经济活力和效率，加快生产力的发展，但是经济体制仍然还不够完善，社会主义市场经济也还不够发达。这就需要全面深化改革，使生产关系进一步与我国当前的生产力相适应。

第三，从上层建筑来看。社会主义制度确立之后，从制度和法律上保障了人民当家做主的地位，但从实践过程来看，我国的政治体制还不完善，社会主义民

① 列宁：《国家与革命》，引自《列宁专题文集（论社会主义）》，人民出版社 2009 年版，第 35～39 页。

主和法治仍然需要进一步建设，国家治理能力和治理体系现代化水平需要进一步提升。这些情况说明我国社会的上层建筑还有很多需要改革的地方，社会主义的民主和法治也需要完善和健全，而这一任务将是长期而艰巨的。

社会主义初级阶段理论的提出有着重大的理论和实践意义。

第一，为科学社会主义理论的丰富和发展做出了贡献。社会主义初级阶段理论明确了我国所处社会主义阶段的特殊性，为我国建设社会主义提供了理论前提。这一理论的提出，使得我国在制定路线、方针和政策时有了可靠的理论依据，成为党制定基本路线和国家发展战略的根本出发点。

第二，为社会主义建设事业提供了科学的理论指导。在社会主义建设的数十年探索中，我们曾出现过重大的失误，其重要原因之一就是没有正确认识到中国正处于社会主义初级阶段，并根据中国国情制定方针政策。改革开放以来我们之所以能够取得社会主义建设的伟大成绩，最重要的就是因为党从我国正处于社会主义初级阶段这一最大的实际出发，纠正了过去超越中国实际的一些做法和政策，制定了符合我国国情的国家发展战略。实践证明，社会主义初级阶段理论是指导我国社会主义建设的强大理论武器。

二、社会主义初级阶段的长期性

社会主义初级阶段是一个相当长的历史阶段，这是由以下因素决定的：

首先，这是由我国特殊的国情决定的。当我国进入社会主义社会的时候，生产力水平不仅与社会主义发达阶段的要求相距甚远，而且远远落后于发达资本主义国家。改变生产力发展水平落后的基本状况，完善社会主义生产关系和上层建筑，实现现代化，这是一项长期的历史任务，而且对这些问题的解决也需要很长的时间。

其次，社会主义初级阶段的长期性是由它面临的历史任务决定的。社会主义初级阶段的历史任务包括：一是由农业人口占很大比重，主要依靠手工劳动的农业国，逐步转变为包括现代农业和现代服务业的工业化国家；二是由中等人均收入水平的国家，逐步转变为全体人民比较富裕的高收入国家；三是由地区经济文化不平衡，通过发展，逐步缩小历史差距；四是由不发达的市场经济，逐步转变为市场化程度较高的现代社会主义市场经济，并通过改革和探索，建立起充满活力的社会主义市场经济体制和社会主义民主政治体制及其他方面的体制；五是逐步缩小同世界先进水平的差距，增强综合国力，使人民共同富裕，建成社会主义现代化强国，实现民族复兴。这样的历史任务没有“几代”“十几代”甚至“几十代人”的努力是不可能完成的，这决定了社会主义初级阶段是一个长期的过程。

最后，社会主义初级阶段的长期性也是完善社会主义制度的要求。从社会经济制度变革的艰巨性来看，任何一个新的社会经济制度的确立和发展完善都要经过曲折、反复的斗争，都有一个从不成熟到比较成熟的过程。社会主义经济制度的建立和完善也不例外。在社会主义经济制度不断完善的过程中，充满着各种矛盾和斗争。在这种情况下，要建立一个强大的社会主义国家，不经过一个相当长的历史时期是不可能的。

三、社会主义初级阶段的主要矛盾

任何社会都是在矛盾运动中发展的，社会主义社会也不例外。生产力与生产关系、经济基础与上层建筑的矛盾是社会的基本矛盾。在社会主义社会，随着社会主义生产关系的确立，这种基本矛盾已经没有了对抗的性质，而以社会主要矛盾的形态表现出来。社会主要矛盾是指在社会诸多矛盾中起主要支配作用的矛盾，它集中反映出社会在一定时期内社会基本矛盾的要求，它的存在和发展，制约和影响着社会其他矛盾。揭示社会主要矛盾，反映基本矛盾运动规律的要求，是正确认识和把握社会发展趋势和规律、制定社会发展战略目标和确定社会根本任务的重要基础。

1956 年，我国社会主义改造任务完成以后，确立了社会主义基本经济制度，进入了社会主义建设时期。关于这个时期的社会主要矛盾，《中国共产党第八次全国代表大会关于政治报告的决议》曾明确指出："我们国内的主要矛盾，已经是人民对于建立先进的工业国的要求同落后的农业国的现实之间的矛盾，已经是人民对于经济文化迅速发展的需要同当前经济文化不能满足人民需要的状况之间的矛盾。"① 1978 年 12 月，党的十一届三中全会认真总结了历史的经验教训，做出了把工作重点转移到社会主义现代化建设上来的战略决策。十一届六中全会重新确认了八大对社会主义主要矛盾的正确认识。十三大再次明确指出："我们在现阶段所面临的主要矛盾，是人民日益增长的物质文化需要同落后的社会生产之间的矛盾。阶级斗争在一定范围内还会长期存在，但已经不是主要矛盾。"② 以上这些关于我国社会主要矛盾的判断是符合当时实际情况的。

社会主要矛盾不是一成不变的，而是随经济社会发展而变化。从做出"我们在现阶段所面临的主要矛盾，是人民日益增长的物质文化需要同落后的社会生产之间的矛盾"的判断到党的十八大，我国经历了社会主义建设和改革开放几十年的时间。这期间，我国经济社会有了长足发展，稳定解决了十几亿人口的温饱问题，总体上实现了小康，人民美好生活需要日益广泛，不仅对物质文化生活提出了更高要求，而且在民主、法治、公平、正义、安全、环境等方面的要求也日益增长。同时，我国社会生产力水平总体上显著提高，社会生产能力在很多方面进入世界前列，更加突出的问题是发展不平衡不充分，这已经成为满足人民日益增长的美好生活需要的主要制约因素。在这样的背景下，中国特色社会主义进入新时代，我国社会主要矛盾已经转化为人民日益增长的美好生活需要和不平衡不充分的发展之间的矛盾。③

人民日益增长的美好生活需要和不平衡不充分的发展之间的社会主要矛盾包

---

① 《建国以来重要文献选编》第 9 册，中央文献出版社 1994 年版，第 341 页。

② 《中国共产党第十三次全国人民代表大会文件汇编》，人民出版社 1987 年版，第 10 页。

③ 习近平：《决胜全面建成小康社会　夺取新时代中国特色社会主义伟大胜利》，人民出版社 2017 年版。

括两个重要的方面：

一方面，我国生产力水平和由生产力水平决定的经济社会发展已经达到新的高度和水平，但发展不平衡不充分的问题还相当突出。经过多年的奋斗，我国经济实力、科技实力、国防实力、综合国力、国际影响力和人民获得感显著提升，迎来了中华民族从站起来、富起来到强起来的历史性飞跃。

十八大以来我国经济指标稳居世界前列

对于这样的生产力水平和由生产力水平决定的经济社会发展水平，再以“落后的生产”概括已经不能反映客观的事实。但是无论是从经济发展还是从社会发展的角度看，我国发展不平衡不充分的问题还比较突出。生产力发展多层次，城乡结构、产业结构、地区结构、供需结构、分配结构、产品结构不协调；生产方式需要转变，供给侧结构性改革需要深化，国民经济的总体质量和效益需要进一步提高，后发潜力需要进一步发挥。

另一方面，由生产力发展和经济社会发展决定的人们的生产关系和上层建筑领域也发生了新变革，人民日益增长的需要不仅在质和量上都上了新层次，而且在内涵上也大大扩展，从物质文化的需要扩展到民主、法治、公平、正义、安全、环境等更高层次和更宽领域。对于人民需要的这种新变化，再以“物质文化需要”概括也不能反映客观的事实。

从这样的客观现实出发，对于社会主要矛盾做出新的理论概括，反映了经济社会发展的客观实际和广大人民群众对美好生活的新要求。

人民日益增长的美好生活需要和不平衡不充分的发展之间的矛盾的论断，具有重大理论意义和实践意义。第一，作为习近平新时代中国特色社会主义思想的重要组成部分，实现了马克思主义关于社会矛盾的基本原理与新时代中国实际相结合的新飞跃。第二，突出了人民日益增长的美好生活多层次、多内涵需要，强化了以人民为中心的发展思想。第三，确认矛盾的一方从“落后的生产”转化为“不平衡不充分的发展”，不仅使理论更加符合实际，而且强化了创新、协调、绿色、开放、共享新发展理念。第四，为构建中国特色社会主义政治经济学理论体系、话语体系提供了创新的范畴和理论。第五，为在全面建成小康社会基础上，分两步走，在21世纪中叶建成富强民主文明和谐美丽的社会主义现代化强国，提供了坚实的理论基础。

我国社会主要矛盾的转化，是关系全局的历史性变化，对新时代改革开放和现代化建设必然提出许多新要求。要牢牢把握社会主义初级阶段这个基本国情，立足社会主义初级阶段这个最大实际，在继续推动经济社会健康持续发展的基础上，着力解决好发展不平衡不充分问题，大力提升发展质量和效益，更好满足人民在经济、政治、文化、社会、生态等方面日益增长的需要，更好推动人的全面发展、社会全面进步，为把我国建设成为富强民主文明和谐美丽的社会主义现代化强国而奋斗。

四、社会主义初级阶段的战略目标

改革开放以来，我国曾对社会主义初级阶段现代化建设做出战略安排，提出“三步走”战略目标，基本的要求是：第一步，实现温饱；第二步，达到小康；第三步，基本实现现代化。经过奋斗，解决人民温饱问题、人民生活总体上达到小康水平这两个目标已提前实现。在这个基础上，我们进一步提出，到中国共产党建党一百年时建成经济更加发展、民主更加健全、科教更加进步、文化更加繁荣、社会更加和谐、人民生活更加殷实的小康社会，然后再奋斗三十年，到新中国成立一百年时，基本实现现代化，把我国建成社会主义现代化国家。

综合分析国际国内形势和我国的发展条件，2017 年召开的党的十九大对实现这样的战略目标做出了进一步安排。

2017～2020 年，是全面建成小康社会决胜期。要按照全面建成小康社会的各项要求，紧扣我国社会主要矛盾变化，统筹推进经济建设、政治建设、文化建设、社会建设、生态文明建设，坚定实施科教兴国战略、人才强国战略、创新驱动发展战略、乡村振兴战略、区域协调发展战略、可持续发展战略、军民融合发展战略，突出抓重点、补短板、强弱项，特别是要坚决打好防范化解重大风险、精准脱贫、污染防治的攻坚战，使全面建成小康社会得到人民认可、经得起历史检验。

从党的十九大到二十大，是“两个一百年”奋斗目标的历史交汇期。我们既要全面建成小康社会、实现第一个百年奋斗目标，又要乘势而上开启全面建设社会主义现代化国家新征程，向第二个百年奋斗目标进军。

从 2020 年到 21 世纪中叶分两个阶段来安排。

第一个阶段，从 2020 年到 2035 年，在全面建成小康社会的基础上，再奋斗 15 年，基本实现社会主义现代化。到那时，我国经济实力、科技实力将大幅跃升，跻身创新型国家前列；人民平等参与、平等发展权利得到充分保障，法治国家、法治政府、法治社会基本建成，各方面制度更加完善，国家治理体系和治理能力现代化基本实现；社会文明程度达到新的高度，国家文化软实力显著增强，中华文化影响更加广泛深入；人民生活更为宽裕，中等收入群体比例明显提高，城乡区域发展差距和居民生活水平差距显著缩小，基本公共服务均等化基本实现，全体人民共同富裕迈出坚实步伐；现代社会治理格局基本形成，社会充满活力又和谐有序；生态环境根本好转，美丽中国目标基本实现。

第二个阶段，从 2035 年到 21 世纪中叶，在基本实现现代化的基础上，再奋斗 15 年，把我国建成富强民主文明和谐美丽的社会主义现代化强国。到那时，我国物质文明、政治文明、精神文明、社会文明、生态文明将全面提升，实现国家治理体系和治理能力现代化，成为综合国力和国际影响力领先的国家，全体人民共同富裕基本实现，我国人民将享有更加幸福安康的生活，中华民族将以更加昂扬的姿态屹立于世界民族之林。[①]

---

① 习近平：《决胜全面建成小康社会　夺取新时代中国特色社会主义伟大胜利——在中国共产党第十九次全国代表大会上的报告》，人民出版社 2017 年版。

五、社会主义初级阶段的根本任务

要实现社会主义初级阶段的战略目标，就要大力发展生产力。

社会主义的根本任务是发展生产力。对此，马克思主义经典作家曾明确地进行过论述。早在《共产党宣言》中，马克思和恩格斯就指出：无产阶级取得政权并把全部资本集中到自己的手里后，就要“尽可能快地增加生产力的总量”。[①]列宁在俄国十月革命胜利后论述苏维埃政权任务时更明确地指出：“在任何社会主义革命中，当无产阶级夺取政权的任务解决以后，随着剥夺剥夺者及镇压他们反抗的任务大体上和基本上解决，必然要把创造高于资本主义的社会结构的根本任务提到首要地位，这个根本任务就是：提高劳动生产率。”[②] 在我国生产资料的社会主义改造基本完成以后，毛泽东也指出，我们的根本任务已经由解放生产力变为在新的生产关系下面保护和发展生产力。邓小平在设计中国特色社会主义宏伟蓝图时多次指出：“社会主义阶段的最根本任务就是发展生产力。”[③]

发展生产力在我国社会主义初级阶段具有特殊的意义。这是因为：第一，只有大力发展生产力，才能不断巩固和完善社会主义制度。第二，只有大力发展生产力，才能不断满足人民日益增长的美好生活需要。第三，只有大力发展生产力，才能建设高度的社会主义精神文明和政治文明。第四，只有大力发展生产力，才能维护国家主权和独立。总之，我国解决所有问题的关键是生产力的发展。是否有利于发展社会主义社会的生产力，是否有利于增强社会主义国家的综合国力，是否有利于提高人民生活水平，是社会主义初级阶段考虑一切问题的出发点和落脚点。

大力发展生产力，要做到以下几点：

第一，尊重劳动、尊重知识、尊重人才、尊重创造。人是生产力中最具有决定性的力量。要调动一切积极因素，使所有劳动者都可以充分发挥他们的聪明才干，努力形成全体人民各尽其能、各得其所而又和谐相处的局面。要尊重和保护一切有利于生产力发展的劳动。不论是体力劳动还是脑力劳动，不论是简单劳动还是复杂劳动，一切为我国社会主义现代化建设做出贡献的劳动，都应该得到承认和尊重。要调动一切积极性让劳动、知识、技术、管理和资本的活力竞相迸发，让一切促进生产力发展、创造社会财富的源泉充分涌流。

第二，大力发展科学技术。科学技术是第一生产力，是先进生产力的集中体现和主要标志，要加快生产力发展，必须加快科学技术的发展。要始终把发挥我国社会主义制度的优越性同掌握、运用和发展先进的科学技术结合起来，大力推动科技进步和创新，不断用先进科技改造和提高国民经济，努力实现我国生产力发展的跨越。当前，以信息技术、大数据、人工智能等为主要标志的世界科技革

① 《马克思恩格斯选集》（第1卷），人民出版社1972年版，第272页。
② 《列宁全集》（第34卷），人民出版社1985年版，第168页。
③ 《邓小平文选》（第3卷），人民出版社1993年版，第63页。

命正在形成新的高潮，科技进步越来越成为经济发展的决定因素，科学技术实力成为衡量国家综合国力强弱的重要标志。世界范围内国与国之间的竞争，核心是科技的竞争。面对发达国家在经济和科技上占优势的压力，我们必须充分认识加快科技发展的重要性和紧迫性，并采取得力措施加快科技的发展。实施科教兴国战略是加快科技发展的重大举措。要坚持教育为本，把科技教育摆在经济、社会发展的重要位置，增强国家的科技实力及向现实生产力转化的能力，提高全民族的科技文化素质，把经济建设转移到依靠科技进步和提高劳动者素质的轨道上来。

第三，全面深化改革。改革开放是发展生产力、解决社会主要矛盾的强大动力，要加快生产力发展，必须深化改革、扩大开放。我国社会主义制度的建立和不断完善，为社会生产力的解放和发展开辟了广阔的道路。但实践证明，即使一种优越的社会制度，也需要随着生产力的发展而不断发展。进行改革开放，调整和改革社会主义生产关系中不适应生产力发展要求的部分，调整和改革社会主义上层建筑中不适应经济基础的部分，其目的就是为了进一步解放和发展生产力。改革开放以来，我们大胆探索，勇于实践，不断推进经济体制改革、政治体制改革和其他方面的改革，极大地解放和发展了我国社会生产力，推动了我国经济发展和社会进步。但是，改革尚未完成，为了大力发展生产力，必须坚持不懈地全面深化改革，扩大开放。

第四，实施高质量发展。要推动经济发展质量变革、效率变革、动力变革，提高全要素生产率，要转变发展理念，提高企业活力，加快供给侧结构性改革。

第三节　社会主义初级阶段基本经济规律

一、人民的中心地位及其实现途径

人民群众是历史的主体，是历史的创造者，是社会物质财富和精神财富的创造者，也是社会变革的决定性力量。人民，只有人民，才是创造世界历史的决定性力量。

坚持人民的中心地位是马克思主义历史唯物主义的基本观点。第一，人民群众是历史的主体，是历史的创造者。第二，人民群众是社会物质财富的创造者。第三，人民群众是社会精神财富的创造者。第四，人民群众是社会变革的决定性力量。人民群众的主体地位在任何社会形态下都是客观存在，但人民群众在整个社会中真正的主人地位和中心地位，只有在社会主义社会才能得到确认和保证。

党的十八大以来，习近平提出以人民为中心的思想，指出人民是创造历史的动力，共产党人任何时候都不要忘记这个历史唯物主义的最基本道理。以人民为中心，体现了人民是推动历史发展的根本力量的唯物史观。坚持以人民为中心，就要把增进人民福祉、促进人的全面发展作为整个工作的出发点和落脚点。坚持以人民为中心，就要逐步体现实现共同富裕这一中国特色社会主义的根本原则和本质特征。切实把实现好、维护好、发展好最广大人民根本利益作为发展的目的，把人民对美好生活的向往作为奋斗目标。必须坚持改革开放，解放生产力，发展生产力，努力解决人民群众的生活困难，坚定不移地走共同富裕的道路。

发展是实现以人民为中心的根本途径。发展是一个不断变化的过程，从"发展是硬道理""发展是执政兴国第一要务"，到"全面、协调、可持续发展"，再到"创新、协调、绿色、开放、共享发展"，发展理念的每一次变化，都意味着党对发展本质认识和把握的新飞跃。新发展理念的提出，深刻揭示了实现更高质量、更有效率、更加公平、更可持续发展的必由之路，是关系我国发展全局的一次深刻变革。以人民为中心的发展思想，要体现在经济社会发展的各个环节。

二、社会主义初级阶段基本经济规律的内涵及要求

任何一个社会经济形态都存在着与其相适应的经济规律体系，在经济规律体系中有一个占主导地位、起主导作用的规律，这一规律可称为基本经济规律。社会主义社会的基本经济规律是：发展经济，不断满足人民日益增长的对美好生活的需要。这一基本经济规律的本质要求是：第一，社会主义经济的根本目的是满足人民日益增长的对美好生活的需要；第二，实现社会主义根本目的的途径是发展经济。

满足人民日益增长的对美好生活的需要，是中国特色社会主义社会经济运行的本质规定性，其内涵包括以下四个方面：一是满足需要的对象是广大人民群众而不是少数人，这是中国特色社会主义生产的本质决定的。二是人民的需要不仅是物质需要，也包括文化和生态需要。具体说来，这里的需要大体是生存需要、享乐需要和发展需要。三是人民的需要不仅包括当前的需要，也包括长远发展的需要。四是人民的需要不仅包括个人的需要，也包括集体的公共需要。人民是一个由个体组成的整体，满足需要无疑要满足个人的需要，同时也要满足整体需要，如教育、卫生、社会保障、国防、外交、政府管理、资源环境保护、法制建设、公共设施建设等。在社会主义初级阶段，当经济发展水平和由此决定的供给能力不能完全满足需要时，就要特别注意处理好个人需要和公共需要的关系，既不能不顾公共需要一味强调个人需要，也不能不顾个人需要一味强调公共需要。

实现社会主义根本目的的手段就是发展经济。

首先，经济发展是社会发展的基础。自有人类社会以来，便没有一天停止过生产。人类要生存，就必须从事物质资料的生产，就必须发展经济。这是最简单也是最基本的历史事实。恩格斯指出："马克思发现了人类历史的发展规律，即历来为繁芜丛杂的意识形态所掩盖着的一个简单事实：人们首先必须吃、喝、住、穿，然后才能从事政治、科学、艺术、宗教等等；所以，直接的物质的生活资料的生产，从而一个民族或一个时代的一定的经济发展阶段，便构成基础，人们的国家设施、法的观点、艺术以至宗教观念，就是从这个基础上发展起来的，

因而，也必须由这个基础来解释，而不是像过去那样做得相反。”① 这是唯物史观最基本的观点。从生产与需要的关系来看，生产和需要始终是互为前提的。需要推动生产的发展进而推动着经济发展，生产的发展使需要得到满足，并且又使新的需要产生，如此不断反复，推动一个社会的经济发展，从而推动人类社会不断前进。因此，经济发展是一切发展的基础。

其次，发展是硬道理，是解决一切难题的根本出路。改革开放以来，我国经济建设取得了举世瞩目的成就。但是，我国仍然处于社会主义初级阶段的基本国情没有变，经济发展作为党和国家的中心工作也没有变，发展依然是解决一切问题的关键。建设中国特色社会主义，首先要发展，中国特色社会主义建设的实现程度，在很大程度上取决于社会生产力的发展水平，取决于社会经济发展的协调性。必须用发展的办法解决前进中的问题，大力发展社会生产力，不断为中国特色社会主义创造坚实的物质基础。只有实现科学发展，我们才能更好地促进经济社会协调发展，才能形成更完善的分配关系和社会保障体系，才能满足人民群众多方面的需求。中国特色社会主义基本经济规律体现了社会主义经济发展的根本目的和本质要求，是决定社会主义初级阶段经济发展的根本规律。

三、遵循基本经济规律

社会经济规律是不以人的意志为转移的。作为社会主义初级阶段基本经济规律，它的存在和发展贯穿于整个社会主义初级阶段的始终，并在社会生产、分配、交换、消费的各个方面和全过程中起决定性作用。以社会生产为基础的一切社会经济活动都应该遵循社会的基本经济规律。只有这样，才能更好地解决我国社会存在的主要矛盾，才能更好地实现人民群众在社会主义社会的中心地位。

人们虽然不能改变规律，但却可以利用规律。在把握中国特色社会主义基本经济规律的基础上，人们可以更好地认识和遵循基本经济规律，推动中国特色社会主义建设事业的健康发展。

遵循中国特色社会主义基本经济规律的要求，满足人民群众对美好生活的需要，需要政府在推进供给侧改革方面把控好政策的方向和力度，做到产业政策目标精准。对于传统产业来说，结构性过剩是这些产业最主要的问题。改革的首要目标就是化解过剩产能，并将这些资本引导向新兴产业，做好资本的有效配置。在引导传统产业改革的过程中，既要致力于解决国内传统供给过多产生的过剩问题，转变供给结构，提升有效供给能力，也要关注国际市场对我国传统产业可能产生的需求。

搞好供给侧结构性改革也要重视科技创新的作用。从长期来看，实行创新驱动发展才是我国经济发展的未来。“互联网＋”行动的开展、教育投入和研发投入提高等行动都将给我国经济发展注入新的活力。对这些产业和生产要素的投入

---

① 恩格斯：《在马克思墓前的讲话》，引自《马克思恩格斯文集》（第3卷），人民出版社2009年版，第601页。

会有效提高我国的创新水平，并改善各生产要素在我国经济增长过程中的贡献率结构，促使我国经济增长更多地依靠劳动力素质和全要素生产率水平提高。

总之，我们现阶段的一切经济工作都要遵循基本经济规律的要求，把发展经济、满足人民群众物质文化需要贯穿于经济建设、改革发展的全过程。

思考题：

1. 为什么说社会主义制度是符合中国国情的选择？
2. 如何认识社会主义初级阶段的内涵及其客观必然性？
3. 怎样理解中国特色社会主义主要矛盾及其变化？
4. 简述中国特色社会主义社会基本经济规律。

第二章

中国特色社会主义基本经济制度

教学目的和要求

学习和把握中国特色社会主义基本经济制度的内涵和客观依据；深刻理解坚持和完善公有制为主体、多种所有制经济共同发展，按劳分配为主体、多种分配方式并存，社会主义市场经济体制等社会主义基本经济制度的意义、基本要求和措施；增强发挥中国特色社会主义制度优势、推进经济发展和国家治理体系及治理能力现代化的理论自觉和自信。

教学要点

1. 中国特色社会主义基本经济制度的内涵和客观依据。

2. 坚持和完善公有制为主体、多种所有制经济共同发展基本经济制度的依据、基本要求和措施。

3. 坚持和完善按劳分配为主体、多种分配方式并存基本经济制度的依据、基本要求和措施。

4. 社会主义市场经济的基本要求与完善社会主义市场经济体制的依据、要求和措施。

在社会主义经济制度和社会主义初级阶段已经确立的基础上，经过长期探索，我国进一步确立了中国特色社会主义基本经济制度和以基本经济制度为基础的经济制度体系，为其后的一切发展奠定了坚实的制度基础。

第一节　中国特色社会主义基本经济制度和经济制度体系

一、中国特色社会主义基本经济制度及其客观依据

经济制度即一定社会生产关系的总和。基本经济制度即一定社会生产关系总

和中最基本的、最具长期性和稳定性的部分，对经济制度属性具有决定性影响。

马克思指出：“人们在自己生活的社会生产中发生一定的、必然的、不以他们的意志为转移的关系，即同他们的物质生产力的一定发展阶段相适合的生产关系。这些生产关系的总和构成社会的经济结构，即有法律的和政治的上层建筑竖立其上并有一定的社会意识形式与之相适应的现实基础。”① 马克思这里讲的“社会的经济结构”和“现实基础”，通常也被理解为经济制度。

经济制度包括以下主要内涵：首先，经济制度是生产关系的总和。所谓生产关系即人们在自己生活的社会生产、交换、分配、消费中形成的人与人之间的关系，主要包括：生产资料归谁所有；人们在生产中的地位和相互关系；产品如何分配等。其中，生产资料归谁所有是最基本的、决定的方面，是生产关系的基础，决定生产关系的性质和根本特征，是区分经济制度、社会制度的根本标志。其次，生产关系必须同物质生产力的一定发展阶段相适合。一定社会的经济制度是由社会生产力发展的状况所决定的，有什么样的生产力发展状况就要求有什么样的经济制度，但经济制度对于生产力也有反作用。再次，经济制度构成社会的经济基础，它决定上层建筑并受上层建筑的保护。最后，与生产力发展状况相适应的社会经济制度，会推动生产力的发展和社会的进步；与生产力发展状况不相适应的社会经济制度，会阻碍生产力的发展和社会的进步。在不改变旧的经济制度生产力就不能发展时，必然会爆发社会革命或改革。社会革命或改革的结果是改变旧的经济制度，建立新的经济制度。随着经济制度的变革，政治、法律、文化、思想等属于上层建筑领域的东西也会发生变革。

经济制度通过经济体制表现出来，所以经济制度也指一定社会的经济体制，包括总体的经济体制和各个经济部门与领域的具体体制。

在一定的社会中，为保护、巩固、发展经济制度，社会生产关系的总和构成的经济制度要以法律、规章等形式规定下来，所以经济制度有时也被理解为一些经济法律和规章制度等。但必须明确，这些经济法律和规章制度等反映的是人类社会客观存在的、由生产力水平决定的生产关系的总和构成的经济制度。

新中国成立以来特别是改革开放以来，我国经济制度从基本确立到不断完善经历了不断探索的过程，人们对基本经济制度的认识也随着实践的发展而不断深化。从公有制是社会主义的本质特征，到公有制为主体、其他经济成分为补充，再到公有制为主体、多种所有制经济共同发展，反映了认识的不断发展过程。党的十九届四中全会进一步提出：“公有制为主体、多种所有制经济共同发展，按劳分配为主体、多种分配方式并存，社会主义市场经济体制等社会主义基本经济制度，既体现了社会主义制度优越性，又同我国社会主义初级阶段社会生产力发展水平相适应，是党和人民的伟大创造。”②

《中共中央关于坚持和完善中国特色社会主义制度　推进国家治理体系和治理能力现代化若干重大问题的决定》

把“公有制为主体、多种所有制经济共同发展，按劳分配为主体、多种分配方

① 马克思：《〈政治经济学批判〉序言》，引自《马克思恩格斯文集》（第2卷），人民出版社2009年版，第591页。

② 《中共中央关于坚持和完善中国特色社会主义制度　推进国家治理体系和治理能力现代化若干重大问题的决定》，载于《人民日报》2019年11月6日。

式并存，社会主义市场经济体制”都作为社会主义基本经济制度确定下来，反映了我国关于基本经济制度的认识达到了新的高度，具有重要的实践基础和理论依据。

首先，是由我国社会主义初级阶段社会生产力发展水平决定的。新中国成立特别是改革开放以来，我国生产力水平有了极大发展，经济规模不断扩大，综合国力与日俱增，对世界经济增长的贡献大幅提升，国际地位和影响力显著提高。但与此同时，我国生产力发展不平衡、不充分，一些核心科技领域的自主创新能力与发达国家也有较大差距。由此表明，不仅要把公有制为主体、多种所有制经济共同发展作为基本制度坚持和完善，而且也要把按劳分配为主体、多种分配方式并存和社会主义市场经济体制作为基本制度坚持和完善，这有利于社会生产力的进一步解放和发展。

《沧桑巨变七十载 民族复兴铸辉煌》

其次，是实践经验的总结和升华。实践是理论的源泉，是理论创新的根本动力。新中国成立特别是改革开放以来的实践证明，坚持和完善公有制为主体、多种所有制经济共同发展的经济制度十分重要，坚持和完善按劳分配为主体、多种分配方式并存的分配制度和社会主义市场经济体制也十分重要。所以，在公有制为主体、多种所有制经济共同发展的基本经济制度基本定型的基础上，将按劳分配为主体、多种分配方式并存的分配制度和社会主义市场经济体制也确认为社会主义基本经济制度，既是实践经验的总结，也是实践发展的要求，是对中国特色社会主义经济理论的深化，也是对马克思关于经济制度理论的创新发展。

最后，是进一步充分体现社会主义优越性的要求。社会主义优越性表现在若干方面，从经济角度看其最大的优越性在于：劳动者占有生产资料并凭借对生产资料的占有获得经济利益；分配公平使人民的获得感不断增加；举国体制与市场机制相结合，可以集中力量办大事等。新中国成立 70 多年来，这些优越性都得到了体现，但比较而言在分配领域需要进一步改革完善的问题还比较多。把按劳分配为主体、多种分配方式并存的收入分配制度作为基本经济制度确认下来并坚持完善，将有利于社会主义优越性的进一步发挥。举国体制与市场机制相结合，集中力量办大事，也为实践证明是中国特色社会主义的优势。

二、以基本经济制度为基础的经济制度体系

中国特色社会主义经济制度是一个联系紧密的制度体系，基本经济制度是其中基础的部分，决定着其他重要经济制度。

基本经济制度自身是一个有机整体，公有制为主体、多种所有制经济共同发展，按劳分配为主体、多种分配方式并存，社会主义市场经济体制等社会主义基本经济制度这三个部分相互联系、辩证统一，既不能割裂开来，也不能简单并列。其中，公有制为主体、多种所有制经济共同发展这一基本经济制度具有基础性地位，它决定了按劳分配为主体、多种分配方式并存，也决定了我国的市场经济体制是社会主义市场经济体制。按劳分配为主体、多种分配方式并存和社会主义市场经济体制作为基本经济制度的发展和完善，则有利于公有制为主体、多种所有制经济共同发展这一基本经济制度的巩固和完善。

在中国特色社会主义经济中，除了基本经济制度，还存在与基本经济制度紧密联系的国家根本制度和若干重要经济制度。

"中华人民共和国是工人阶级领导的、以工农联盟为基础的人民民主专政的社会主义国家。社会主义制度是中华人民共和国的根本制度。中国共产党领导是中国特色社会主义最本质的特征。""中华人民共和国的一切权力属于人民。人民行使权力的机关是全国人民代表大会和地方各级人民代表大会。"① 这从总体上明确肯定了我国的根本社会制度、根本领导制度和根本政治制度。这样的根本社会制度、根本领导制度和根本政治制度决定着我国经济制度的社会主义方向、人民当家做主和党的领导对社会主义经济发展的根本保障。

我国的主要经济制度包括：在微观经济领域，实行中国特色社会主义现代企业制度，农村集体经济组织实行家庭承包经营为基础、统分结合的经营制度。在宏观经济领域，实行政府治理和宏观调控制度，包括财政体制、金融体制、外贸体制等。在市场运行领域，实行市场发挥作用的基础制度，包括现代产权制度、市场准入负面清单制度、公平竞争审查制度等。

此外，与经济制度紧密相连的还有法律保障制度、社会保障制度、生态文明制度，以及上层建筑领域的若干重要制度等。

国家根本制度、基本经济制度和重要经济制度构成中国特色社会主义经济制度体系，对中国特色社会主义经济运行和发展起着保障的作用。

三、中国特色社会主义经济制度的优势

我国经济制度与政治、文化、社会、生态文明等制度结合在一起，具有多方面的显著优势。从经济角度看主要包括：坚持党的集中统一领导，坚持科学理论指导，确保经济发展始终沿着社会主义方向前进的显著优势；坚持以人民为中心，经济发展为了人民，紧紧依靠人民推动经济发展的显著优势；坚持全面依法治国，建设社会主义法治经济，切实保障社会公平正义和人民权利的显著优势；坚持全国一盘棋，调动各方面积极性，集中力量办大事的显著优势；坚持各民族一律平等，铸牢中华民族共同体意识，实现共同团结奋斗、推动区域经济共同繁荣发展的显著优势；坚持公有制为主体、多种所有制经济共同发展和按劳分配为主体、多种分配方式并存，把社会主义制度和市场经济有机结合起来，不断解放和发展社会生产力的显著优势；坚持以人民为中心的发展思想，不断保障和改善民生、增进人民福祉，走共同富裕道路的显著优势；坚持改革创新、与时俱进，善于自我完善、自我发展，使社会始终充满生机活力的显著优势；坚持独立自主和对外开放相统一，推动经济全球化健康发展，积极参与全球治理，为构建人类命运共同体不断做出贡献的显著优势。

当今世界正经历百年未有之大变局，我国正处于实现中华民族伟大复兴的关键时期。要坚持和完善我国基本经济制度，发挥制度优势，为中华民族实现"两

① 《中华人民共和国宪法（2018 年修正文本）》，中国民主法制出版社 2018 年版，第 6 页。

个一百年”奋斗目标进而实现伟大复兴提供坚实的制度保证。

第二节　公有制为主体、多种所有制经济共同发展

一、公有制为主体、多种所有制经济共同发展的本质要求和实现形式

（一）公有制为主体、多种所有制经济共同发展的本质要求

公有制为主体、多种所有制经济共同发展是中国特色社会主义重要的基本经济制度之一。

从社会主义制度确立到改革开放之前，我国实行的基本是单一的公有制，其间虽有多次调整和改革，但没有实质性的突破。实践证明，单一的公有制结构并不符合我国生产力发展的要求。改革开放以来，在对实践经验进行总结和理论探讨的基础上，我国确立了公有制为主体、多种所有制经济共同发展的基本经济制度，从而为我国经济发展奠定了坚实的所有制基础。

确立公有制为主体、多种所有制经济共同发展的基本经济制度，不仅具有坚实的实践基础，而且具有坚实的理论基础。

按照马克思和恩格斯的设想，在发达资本主义基础上建立的社会主义制度将实行劳动者共同占有生产资料、共同劳动、共同占有劳动成果，实现国家、集体、劳动者根本利益的一致性。但是，经过社会主义经济制度确立之后的多年探索发现，我国已经建立的社会主义制度还是建立在生产力水平不发达的基础上，仍然处于社会主义的初级阶段。从我国生产关系的状况看，尽管我国在进行社会主义改造后建立起了社会主义生产资料公有制，从根本上保障了社会主义社会的性质与发展方向，但单一公有制结构并不能起到大力发展生产力的作用，反而由于脱离了生产力发展状况，在一定程度上限制了生产力水平的提高。为了进一步解放、发展生产力进而实现共同富裕，在生产关系方面需要在坚持公有制为主体的同时，建立以公有制为主体、多种所有制经济共同发展的生产资料所有制结构。这是我国国情决定的，是在坚持马克思主义基本原理的基础上，对马克思主义所有制理论的创新和发展。

公有制为主体、多种所有制经济共同发展基本经济制度的本质要求是：首先，必须坚持以公有制为主体，这是坚持我国社会主义制度的根本保证，是实现共同富裕的根本条件。其次，必须坚持多种所有制经济共同发展，这有利于调动人们的生产积极性，从而更好地解放、发展生产力。

（二）公有制为主体、多种所有制经济共同发展的实现形式

公有制为主体、多种所有制经济共同发展的基本经济制度要有一定的实现形式。经过长期实践探索发现，国有资本、集体资本、非公有资本等交叉持股、相

互融合的混合所有制经济，是基本经济制度的重要实现形式。

混合所有制经济是指由不同的所有制成分在企业内部以资本为纽带结合而形成的经济形态。我国发展混合所有制经济的必要性，是由以下因素决定的：一是国有企业改革发展需要适合公有制同市场经济相结合的形式和途径；二是混合所有制经济可以将公有制为主体、多种所有制经济共同发展的基本经济制度在实际经济运行中落到实处；三是作为一种经济形式，混合所有制经济反映了生产力发展水平的多层次性和所有制形式的多样性，体现了生产高度社会化发展对不同所有制经济形式之间合作和共同发展的客观要求。

混合所有制经济以股份制作为组织和运营形态。在股份制经济组织内部，国有资本、集体资本、非公有资本组合在一起，不同的产权主体共同投资、共同经营、共负盈亏、共担风险，形成了利益共同体。混合所有制企业的具体形式有股份制企业、中外合资企业、股份合作制企业等。由于不同经济成分所占的比重不同，混合所有制经济大体有两种形态：一种是公有资本为主体的混合所有制经济形态；另一种是国有资本和集体资本占有一定比重，但不是主导力量的混合所有制经济形态。在社会主义初级阶段，国有资本、集体资本、非公有资本等交叉持股、相互融合，国有资本和集体资本在其中占主体位置，这决定了混合所有制经济的公有制经济属性。

二、公有制的主体地位和国有经济的主导作用

（一）社会主义公有制

社会主义公有制是在社会主义制度中劳动者共同占有生产资料和劳动产品的所有制形式，是社会主义生产关系的主要基础。其基本特征是：第一，劳动者共同占有生产资料，劳动者之间是相互平等、互助互利的新型合作关系。第二，生产的根本目的是为了满足人民日益增长的美好生活需要。第三，排除了任何个人凭借对生产资料的垄断攫取劳动产品的可能性，劳动者共同享有劳动产品，消除了剥削的基础和条件，为按劳分配、共同富裕奠定了根本基础。

我国公有制长期采取全民所有制和劳动者集体所有制两种主要形式，改革开放以来，也探索了公有制为主体和主导的混合所有制形式。

全民所有制是全体人民共同占有生产资料的所有制形式，在我国全体人民的代表是国家，所以全民所有制也称国家所有制、国有经济。《中华人民共和国宪法》总纲第七条规定：“国有经济，即社会主义全民所有制经济，是国民经济中的主导力量。国家保障国有经济的巩固和发展。”①《中华人民共和国物权法》第四十五条规定：“法律规定属于国家所有的财产，属于国家所有即全民所有。”国家作为全体人民的代表，在全民所有制范围内对生产资料拥有实际所有权。

国家所有制涵盖的范围

社会主义国家所有制是人类历史上一种全新的所有制，与以往其他所有制相

① 《中华人民共和国宪法》，中国民主法治出版社 2018 年版。

比，在适应社会化大生产和生产力发展水平方面具有特殊的优势：首先，社会主义国家所有制适应了社会化大生产的客观要求，克服了资本主义私有制对生产力发展高度社会化的束缚，有条件运用更加社会化的生产组织形式和管理形式，提高资源的配置效率，促进生产力的发展；其次，社会主义国家所有制实现了劳动者与生产资料的直接结合，实现了对个人劳动产品的支配，可以消除剥削；最后，社会主义国家所有制使劳动者成为生产过程的主人，生产过程的直接目的是为了满足劳动者自身的物质文化需要，从而有利于激发劳动者的生产积极性，更好地发挥劳动者的主观能动性。

国家所有制在不同社会制度下都存在，但我国的社会主义国家所有制与资本主义的国家所有制有着本质的不同。第一，社会主义国家是全民的代表，体现了全体人民根本利益的一致性；资本主义国家所有制是资产阶级国家占有生产资料的所有制形式。第二，社会主义国有制涵盖的范围要比资本主义国有制广泛；资本主义国有制主要集中在私人企业不愿意经营的部门，弥补私人企业的不足。

（二）国有经济的主导作用

国有经济是公有制主体地位最主要的实现形式，是中国特色社会主义经济制度的主要经济基础，是国民经济的支柱。从社会主义经济制度确立到改革开放以前，国有经济掌握着国民经济命脉，在数量上占绝对优势，为社会主义经济建设和国家实力增强做出了历史性的贡献。但由于传统体制的束缚，国有经济的潜力没有充分发挥出来，效益也需要进一步提高。改革开放以来，国有企业经历了从放权让利、扩大经营自主权、承包经营制、股份制改革、建立现代企业制度，到国有资产管理体制改革，其目的都是为了增强国有经济的控制力、竞争力和影响力，保持国有经济在国民经济中的主导地位，发挥国有经济在国民经济中的主导作用。

国有经济在国民经济中的主导作用，主要体现在其控制力、竞争力和影响力上，体现在对国民经济发展方向的正确导向和对经济运行整体态势的控制和影响上。国有经济对国民经济的控制力主要在于是否能够掌握关系国民经济命脉的重要行业和关键领域，是否能够推动科技创新，是否能够通过实践国家产业政策引导产业结构升级转型，是否能够体现实现共同富裕的社会主义初级阶段的社会发展目标。国有经济是公有制的主要实现形式，只有保持对国民经济的控制力，才能在确保经济发展的同时保证我国的社会主义性质，坚定不移地走中国特色社会主义道路。

随着多种所有制经济的共同发展，国有经济在国民经济总量中的比重呈现下降趋势。但国有资产包括国有资源、固定资产、流动资产依然占优势，国有经济依然控制着国民经济的命脉，国有经济的主导地位并没有因此改变。《中华人民共和国宪法》规定，国家保障国有经济的巩固和发展。在经济改革和经济发展中，依法保障国有经济的巩固和发展、继续坚持国有经济的主导地位，是一项重要任务，具有重要意义。随着科学技术和经济全球化的发展，国与国之间的竞争日趋激烈。发挥国有经济的优势和对国民经济的主导作用，是进一步解放和发展生产力的根本要求，也是实现国民经济自主发展、保证国家安全、增强国际竞争力的重要保证。

国有经济主导作用的实现，要有体制机制和一系列措施作为保证。第一，深化经济体制改革。第二，深化国企改革。第三，发展国有经济多种形式，壮大国有资本。第四，保证国有经济在重要行业和关键领域占支配地位。第五，做强做优做大国有企业。

（三）社会主义集体所有制

社会主义集体所有制即社会主义劳动群众集体所有制，是一部分劳动者共同占有一定范围内的生产资料和劳动产品的社会主义公有制形式。在集体所有制中，劳动者联合起来筹集资金，自主经营、自负盈亏，经营方式灵活，适应性强，能够动员较多的劳动力和社会资金，创造更多的物质财富。

集体所有制内部经济关系的性质、特征与社会主义国家所有制没有本质差别，但集体所有制又有自身的特殊性，主要是：集体所有制的生产资料公有化范围和经济规模较小，并且受到国家所有制经济一定程度的影响；各个集体经济组织在占有的生产资料的数量、质量上存在着客观差别，从而造成各个集体经济组织在劳动产品的占有和个人分配上存在着差别。承认并且允许这种差别的存在，是集体经济发展内在的要求。

社会主义集体所有制是社会主义公有制的重要组成部分，它存在于农业、工业、商业和服务业领域，在我国国民经济中发挥着重要作用。在我国，城镇集体所有制经济的来源主要有两个：一是国家在过渡时期对小商贩和个体手工业的社会主义改造；二是伴随着新中国的经济建设逐步发展起来。改革开放以来，集体所有制经济取得了长足的发展，在推动城镇化、满足人民多样的物质文化需要、缓解就业压力等方面发挥了巨大作用。当前我国农村和城市具有发展集体经济的现实要求，也具备发展集体经济的基础条件，应该积极引导，采取多种形式，扶持集体经济更好更快发展。

我国几十年经济建设经验表明，建设中国特色社会主义必须毫不动摇地巩固和发展公有制经济，坚持公有制主体地位，发挥国有经济的主导作用，不断增强国有经济的活力、控制力、影响力。公有制的主体地位主要是：第一，公有制的主体地位不仅体现在公有资产在社会总资产中占有量的优势，更要注重质的提高。第二，公有制的主体地位要体现在公有制经济对国民经济发展的全局产生控制力和影响力。第三，公有制的主体地位不仅要体现在以国有经济为指导，还要体现在集体所有制经济的不断巩固和完善。特别是农村，要不断提高农村集体经济的活力，这关系到我国全面实现建成小康社会和现代化建设的全局。

毫不动摇地坚持公有制主体地位，从根本上说是由生产力发展要求决定的，也是由社会主义的本质属性所要求的。第一，坚持社会主义公有制主体地位是解放和发展生产力的根本要求。第二，坚持公有制主体地位是坚持社会主义制度的要求。第三，坚持以公有制为主体是消灭剥削、消除两极分化、实现共同富裕的根本保障。第四，坚持公有制为主体是我国经济体制改革的性质决定的。自1978

年开始的经济体制改革是在党和政府的领导下有计划、有步骤、有秩序地进行的，是社会主义制度的自我完善和发展。改革要坚持社会主义方向，必须坚持社会主义公有制主体地位。第五，坚持公有制为主体是构建社会主义和谐社会的经济基础。第六，以公有制为主体是社会主义政治制度的基础。

三、非公有制经济及其发展

我国正处于社会主义初级阶段，一切有利于生产力发展的所有制形式都应该为社会主义服务。

现阶段，我国非公有制经济形式主要包括个体所有制经济、私营经济、外资经济，以及混合所有制经济中的非公有制经济成分。《中华人民共和国宪法》总纲第十一条指出："在法律规定范围内的个体经济、私营经济等非公有制经济，是社会主义市场经济的重要组成部分。"①

个体经济是指劳动者个人占有生产资料并从事生产经营活动和支配劳动产品的一种经济形式。我国现阶段个体经济具有以下特点：一是工具简单，以手工劳动为主；二是分散、多样和灵活；三是经营规模小，创业所需资金少；四是管理成本低或几乎不需要管理成本。个体经济具有以下作用：一是活跃市场，加快物流，方便人民生活。二是开拓就业渠道，缓解就业压力。个体工商业经济的发展除了解决其自身的就业问题以外，还吸纳了部分劳动力就业。三是发展第三产业，促进产业结构的合理化。个体工商业的主业是第三产业，因而大大加快了我国第三产业的发展。四是缴纳税收，增加国家财政收入。个体工商业经济在税收缴纳和增加国家财政收入方面的作用也是显而易见的。

私营经济是指企业资产属于私人所有，存在着雇佣关系的经济成分。在我国现阶段私营经济的存在有其必然性，这是因为现阶段我们允许、鼓励个体经济存在和发展，而个体经济发展到一定程度就可能成为私营经济。同时现阶段公有制还无法把一切生产要素组织起来，而私营经济则能以较快的速度把资金、技术、劳动力结合起来，形成生产力，适应社会需要，起到促进生产、活跃市场、扩大劳动就业、更好地满足人民群众生活需要和为国家积累资金的积极作用。私营经济是公有制经济的必要的、有益的补充。但私营经济存在雇佣关系，所以国家要在制定有关私营经济的政策和法律、保护其合法权利和利益的同时，加强对它们的引导和管理。私营经济具有以下作用：一是成为国民经济新的增长点。我国私营经济经过多年的曲折历程和艰苦创业，已成为国民经济中一支迅速成长着的重要力量，促进了国民经济持续稳定健康发展。二是私营经济企业生产了大量物质产品和服务产品，满足了人民群众多方面的需要。三是增加大量社会资本，为国家提供大量税金。四是促进国有企业等公有制企业的改革和社会主义市场经济的发展。

外资经济是指国外投资者和港澳台地区投资者根据我国有关涉外经济法律、法规，以合资、合作或独资的形式在大陆境内开办企业而形成的一种经济类型，

① 《中华人民共和国宪法》，中国民主法治出版社 2018 年版。

包括中外合资经营企业、中外合作经营企业和外资企业三种形式，简称“三资企业”。在这类企业中，国有和集体所有的部分属于公有制经济成分；即使是外商独资的企业，也要受到我国法律和经济政策的制约与影响。发展“三资企业”，对于弥补我国建设资金不足、引进国外先进技术和设备、学习国外科学的管理经验、培训技术和管理人才、扩大出口、增加外汇收入，以及安排劳动就业和改善人民生活等方面，都有着积极的作用，主要表现在以下几个方面：一是引进先进技术，促进产业和产品结构升级换代。二是引进先进的企业管理经验，推进我国企业制度创新。三是促进社会主义市场经济体制的完善。四是促进对外贸易的发展等。外商投资企业和国际市场有着天然的联系，凭借这种联系及较强的产品竞争力，外商投资企业已成为中国对外经济贸易中的一支重要力量，对中国经济面向国内国际两个市场发挥了积极作用。

四、毫不动摇地巩固和发展公有制经济，毫不动摇地鼓励、支持、引导非公有制经济的发展

公有制经济和非公有制经济都是社会主义市场经济的组成部分，两者统一于社会主义现代化建设的进程之中。

首先，要毫不动摇地巩固和发展公有制经济。一是探索公有制多种实现形式，推进国有经济布局优化和结构调整，发展混合所有制经济，增强国有经济竞争力、创新力、控制力、影响力、抗风险能力，做强做优做大国有资本。二是深化国有企业改革，完善中国特色现代企业制度。三是形成以管资本为主的国有资产监管体制，有效发挥国有资本投资、运营公司的功能作用。四是深化农村集体产权制度改革，发展农村集体经济，完善农村基本经营制度。

其次，要毫不动摇地鼓励、支持、引导非公有制经济的发展。一是健全支持民营经济、外商投资企业发展的法治环境，完善构建亲清政商关系的政策体系，健全支持中小企业发展制度，促进非公有制经济健康发展。二是营造各种所有制主体依法平等使用资源要素、公开公平公正参与竞争、同等受到法律保护的市场环境。

第三节　按劳分配为主体、多种分配方式并存

一、按劳分配和多种分配方式

按劳分配为主体、多种分配形式并存，是中国特色社会主义的又一重要基本经济制度。

按劳分配是社会主义条件下分配个人消费品的基本原则，其含义是：在对社会总产品进行各项必要的社会扣除以后，按照个人提供给社会的劳动的数量和质量分配个人消费品，多劳多得，少劳少得。按劳分配的基本要求包括：第一，凡

是有劳动能力的人都必须参加劳动，这是获取消费品的前提条件。第二，按劳分配的物质对象不包括全部的社会产品，只是指其中的个人消费品。第三，社会以劳动作为分配个人消费品的尺度。按劳分配所依据的劳动本质上是符合社会需要的、被社会所承认的劳动。

1875 年，马克思在《哥达纲领批判》中最早提出，在共产主义社会第一阶段要实行按劳分配的原则。他把未来社会的全部劳动所得即社会总产品的分配划分为三个部分：（1）为了满足社会再生产需要而进行的必要扣除。这其中包括用来补偿消耗的生产资料部分，用来扩大再生产的追加部分，用来应付突发事故、自然灾害等的后备基金或者保险基金。（2）满足社会公共需求进行的必要扣除。该部分包括同生产没有直接关系的一般性管理费用，用以满足共同需要的部分，如学校、公共卫生服务、保健设施等。（3）上述必要扣除之后进行的个人消费品的分配。在共产主义第一阶段，由于还需要保留旧式分工，个人还不可能得到自由全面的发展，劳动依旧是一种谋生的手段，因此社会产品在做了各项扣除之后，在个人消费品的分配上依旧需要实行等量劳动交换的原则。“这里通行的是商品等价物的交换中通行的同一原则，即一种形式的一定量劳动同另一种形式的同量劳动相交换。”[①] 马克思所说的共产主义社会第一阶段的分配原则即是按劳分配。

《哥达纲领批判》（节选）

社会主义社会对个人消费品实行按劳分配的原则，其根源在于公有制经济在所有制结构中占据主体地位，支配着国家的经济命脉。在社会主义市场经济条件下，劳动虽然失去私人性质，但是由于公有制占据基础地位，各种经济活动的主体在市场活动中难免会存在商品货币关系。所以，劳动还不具备直接的社会属性，只有被社会承认的劳动才代表劳动者对社会真正的贡献，这才是按劳分配的真实依据。按劳分配并不等同于平均分配，必须反对分配上的平均主义，同时要承认不同劳动者在劳动强度和劳动能力上的差别，并且在劳动报酬中能够体现这种差别，应当允许广大劳动者在共同富裕的路上有先有后、有快有慢。

坚持按劳分配具有重要的意义：一是有利于把每个劳动者的劳动和报酬直接联系起来，从而使每个劳动者从物质利益上关心自己的劳动成果，这有利于促进社会生产力的发展；同时，实行按劳分配，实现劳动平等和报酬平等，有利于实现社会分配的公平与公正，从而可以调动劳动者的积极性。二是有利于巩固公有制的主体地位。坚持社会主义初级阶段公有制的主体地位，在分配领域必然需要坚持按劳分配的主体地位。如果否定或者削弱按劳分配的主体地位，就必然会损害公有制经济在国民经济中的基础地位。三是有利于实现社会主义共同富裕目标。社会主义的目标是要实现全体公民的共同富裕，共同富裕的实现必须以公有制的基础地位作为前提，以按劳分配为保障。从上述意义上说，实行按劳分配是人类历史上分配制度的一场深刻革命。

多种分配方式主要是指按除劳动以外的生产要素进行分配。

① 马克思：《哥达纲领批判》，引自《马克思恩格斯文集》（第 3 卷），人民出版社 2009 年版，第 434 页。

生产要素是指人类进行物质资料生产所需要的各种经济资源和条件，包括人的要素（即劳动者）和物的要素（即生产资料）。劳动者是特殊的生产要素，它的使用价值即劳动是价值的源泉，可以创造价值，而且可以创造比它自身价值大的价值，因此不能将其与物的生产要素不加区分地等同。物的生产要素即生产资料，最传统的有资本、土地；随着经济社会的发展，知识、科学技术、信息、管理等也都成为不可或缺的生产要素。

按生产要素分配本质上是按劳动要素以外的生产要素所有权的分配。它的基本要求是按照投入的生产要素的多少分配社会财富。按生产要素分配是生产资料所有制在分配领域的实现，在市场经济条件下，是通过商品生产和商品交换实现的、在多种社会制度中通行的分配方式。按生产要素分配的主要形式有：一是按资本要素分配。按资本要素分配是指资本所有者凭借其投入的资本获得利润的分配方式，这种类型的收入被称为经营性资本收入。二是按知识、科学技术要素分配。知识、科学技术为劳动者所掌握并应用于生产中而成为复杂劳动，对创造价值具有多倍于简单劳动的作用，所以在分配中应该获得更多的报酬，如专利收益、技术入股的利润分红等。三是按照管理要素分配。生产经营活动中组织协调和指挥运筹等管理活动是一种复杂劳动，对生产活动的营运绩效有重大影响。企业经营管理者实施年薪制，使收入与企业经营挂钩，获得与其实际贡献相符的报酬，有利于调动管理者的积极性。四是按土地和其他自然资源分配。土地和其他自然资源是生产活动不可或缺的投入因素，同时具有稀缺性，按照所有权进行分配，有利于调动其所有者的积极性。五是按信息、大数据等要素分配。在知识经济时代，信息是一种非常重要的生产要素。在市场竞争中，谁拥有足够的信息，谁就能够掌握生产经营的主动权，赢得行业的优势。因此，信息要素的所有者可以根据掌握的信息对生产经营活动的贡献率取得回报。

生产要素不是一成不变的，按照生产要素分配的具体形式也不是一成不变的，它会随着经济发展和时代变迁而不断变化。按生产要素分配是市场经济一种通行的分配方式。在市场经济条件下，按要素分配要通过市场实现，所以价格、供求、竞争等市场机制都会对要素分配造成影响。

在不同的社会制度下，按生产要素分配体现的生产关系是不同的。在资本主义制度下，除了劳动以外的生产要素都转化为资本参与分配，所以按生产要素分配就是按资本所有权分配，简称按资分配。按资分配是资本主义社会最本质的分配形式，体现的是资本主义的生产关系。雇佣工人付出劳动后得到工资，形式上看似乎是提供劳动得到报酬，但实际上，工人得到的工资只是其必要劳动创造的价值，其剩余劳动创造的价值被其他生产要素所有者占有。在社会主义市场经济条件下，按劳分配是社会的主体分配形式，在实行按劳分配的同时实行按生产要素分配。这样的分配形式受社会主义基本经济制度决定并受国家的宏观调控和管理，体现的是社会主义市场经济条件下国家、企业和劳动者的利益关系。

二、按劳分配为主体、多种分配形式并存基本经济制度的依据和本质要求

实行按劳分配为主体、多种分配形式并存的基本经济制度，具有客观必然性：

首先，是由我国基本国情决定的。我国处在社会主义初级阶段，这是最大的国情。与马克思设想的共产主义的第一阶段即社会主义阶段相比，我国所处的社会主义初级阶段无论是生产力的发达程度还是生产关系的完善程度都有差异。总结几十年社会主义建设实践和理论探索，在我国社会主义初级阶段，个人收入分配既不能实行单一的按劳分配，也不能实行完全的按生产要素分配，而必须要实行按劳分配为主体、多种分配方式并存的基本经济制度，把按劳分配和生产要素参与分配结合起来。

其次，公有制为主体、多种所有制经济共同发展的基本经济制度决定了必须坚持按劳分配为主体、多种分配方式并存的基本经济制度。分配方式是由生产方式决定的。社会主义初级阶段实行公有制为主体、多种所有制经济共同发展的基本经济制度，公有制为主体要求实行按劳分配为主体的分配形式，多种所有制经济共同发展要求实行多种分配方式，由此决定了社会主义初级阶段的分配制度也必然是按劳分配为主体、多种分配方式并存的分配制度。

再次，社会主义市场经济的发展，要求实行按劳分配为主体、多种分配方式并存的基本经济制度。在社会主义市场经济条件下，需要发展劳动、资本、技术、信息、数据等要素市场，以发挥市场对资源配置的决定性作用。由于在商品生产过程中，活劳动创造价值，而且随着科学技术的发展，掌握了科学技术、拥有知识的劳动者创造价值的作用和创造的价值越来越大，这就要求实行按劳分配为主体；同时，由于资本、技术、信息、数据等要素是商品生产不可缺少的重要条件，这就要允许各种要素参与收入分配，把按劳分配与按生产要素分配结合起来。根据这样的分配制度，在社会主义初级阶段，除了按劳分配和个体劳动所得之外，国家和企业发行债券筹集资金，会出现凭债权获得利息；股份经济的产生和发展，会出现凭股权取得股息和红利；某些企业经营者的收入中，包括部分风险补偿；私营企业雇用一定数量的劳动力，会给企业主带来部分非劳动收入；还有其他属于个人的资本、技术、信息、数据等生产要素也参与分配。由此构成了社会主义初级阶段十分丰富的分配内容。

最后，社会主义初级阶段实行按劳分配为主体、多种分配方式并存的基本经济制度，归根到底是由生产力的发展状况决定的。社会主义初级阶段生产力发展的不平衡、不充分的状况是分配方式呈现多样性最深层次的原因。实行按劳分配为主体、多种分配方式并存的基本经济制度，适合社会主义初级阶段的生产力发展水平，有利于调动社会广大成员的积极性，把分散的人力物力财力和技术动员起来进行现代化建设，实现社会资源的充分利用和合理配置。①

① 逄锦聚、洪银兴、林岗、刘伟主编：《政治经济学》（第五版），高等教育出版社 2013 年版。

按劳分配为主体、多种分配形式并存基本经济制度的要求是：首先，坚持按劳分配为主体。按劳分配为主体具有两层含义：公有制经济中，劳动者按劳分配收入在个人收入总额中占据主体地位；在整个经济社会的分配方式中，按劳分配为主体，决定着社会主义初级阶段分配的基本性质。社会主义的本质是在发展生产力基础上实现共同富裕，按劳分配是实现共同富裕的重要保证。没有按劳分配为主体，社会分配就很可能发生两极分化；而如果出现两极分化，则违背了社会主义的本质要求，违背了人民群众对共同富裕的追求。其次，坚持多种分配方式并存。多种分配方式并存是由社会主义初级阶段存在多种所有制形式决定的，允许多种所有制主体凭借其对各种生产要素的所有权参与分配，有利于调动各种积极性，让创造财富的各种积极性竞相迸发，成为社会主义现代化建设的重要力量。最后，要把按劳分配为主体、多种分配方式并存有机结合起来，处理好公平与效率的关系。

三、坚持按劳分配为主体、多种分配方式并存

首先，坚持多劳多得。着重保护劳动所得，增加劳动者特别是一线劳动者的劳动报酬，提高劳动报酬在初次分配中的比重。

其次，健全劳动、资本、土地、知识、技术、管理、数据等生产要素由市场评价贡献、按贡献决定报酬的机制。

再次，健全以税收、社会保障、转移支付等为主要手段的再分配调节机制，强化税收调节，完善直接税制度并逐步提高其比重。

最后，完善相关制度和政策，合理调节城乡、区域、不同群体间的分配关系。重视发挥第三次分配的作用，发展慈善等社会公益事业。鼓励勤劳致富，保护合法收入，增加低收入者收入，扩大中等收入群体，调节过高收入，清理规范隐性收入，取缔非法收入。

在我国社会主义初级阶段，坚持按劳分配为主体、多种分配方式并存，要特别注意收入差距过大的问题。由于要素禀赋、个人能力的差异和体制转型等原因，收入差距是客观存在的。要区分两类不同的收入差距：一类是合理、合法又适度的收入差距；另一类是不合理、不合法也不适度的收入差距。所谓合理、合法又适度的收入差距，是指在法律允许社会又能够承受的范围内，按照投入生产要素的多少及其作用大小而分配社会财富，使各种生产要素的报酬与各自在社会财富的创造中所发挥的作用相对应而形成的收入差距。相反，即为不合理、不合法、不适度的收入差距。合理、合法且适度的收入差距有利于调动各方面积极性，有利于促进经济社会和谐发展和人民生活改善；不合理、不合法、不适度的收入差距产生的后果则相反。

改革开放以来，我国收入分配制度不断完善，与我国国情和发展阶段相适应的收入分配制度基本建立，计划经济体制下收入分配中存在的平均主义问题得到了有效解决。但在一定时期，收入分配领域也出现了收入差距过大的问题。这种趋势近年来已有所改变，但依然需要引起高度重视，采取措施加以解决。

收入差距扩大的趋势主要表现在两个方面：一是居民收入差距包括城乡居民内部的收入差距、城乡居民之间的收入差距以及全国居民总体收入差距扩大。二是在全部人口中中等收入群体的比重过小，整个收入分配格局呈“金字塔”形。

收入分配差距过大会给经济社会发展带来负面影响。第一，收入差距过大意味着收入分配过度向高收入阶层倾斜，从而造成全社会整体的消费倾向低，导致全社会消费不足、内需不足、经济增长缓慢甚至停滞。第二，收入分配差距过大，中低收入阶层的收入水平过低，容易带来这个群体人力资本积累不足。要实现中等收入向高收入国家的跨越，经济增长方式需要从依靠要素投入转向依靠科技创新和技术进步，而科技创新和技术进步的核心动力来源于人力资本的积累。第三，收入差距过大，容易导致社会不稳定，从而影响经济社会持续、稳定、健康发展。

缩小收入分配差距，从根本上说要坚持按劳分配为主体、多种分配方式并存的基本经济制度，深化改革。措施主要包括以下几种：第一，着力提高劳动报酬比重。第二，拓宽投资渠道，增加居民财产性收入。第三，千方百计增加农民的收入，做好脱贫工作。第四，大力发展民营经济。第五，增加对社会保障的转移支付，千方百计提高中低收入阶层的收入。

第四节　社会主义市场经济体制

一、中国特色社会主义经济是市场经济

社会主义市场经济体制是中国特色社会主义的重大理论和实践创新，是社会主义基本经济制度的重要组成部分。这一制度建立在中国特色社会主义经济是市场经济的基础之上。

市场经济是市场在资源配置中起决定作用的经济。所谓资源配置，是指将包括物质资源和人力资源在内的经济资源按比例地分配在各种产品和劳务的生产上，以满足人们各种不同的需要。资源配置一般有两种方式：一种是市场方式，即按照市场的供求变动引起价格的变动而自动地配置资源；另一种是计划方式，即按照预订的计划由政府来配置资源。资源配置一般要达到两个目标：一是形成社会再生产需要的协调比例，避免供给与需求的脱节，这是资源配置的合理性；二是增进经济效率，节约资源，做到人尽其才、物尽其用、地尽其力，这是资源利用的充分性。达到上述两个目标，说明资源配置是优化的。市场经济是在商品经济基础上发展起来的，当商品经济发展到一定阶段，市场机制成为资源配置的决定性机制时，商品经济就是市场经济。

市场经济作为一种资源配置方式，是人类文明和社会生产力发展到一定阶段的成果，并成为现代经济运行的普遍方式。在市场经济中有一只“看不见的手”发挥着重要作用，这只“看不见的手”就是价值规律。价值规律的基本要求是：

商品的价值量是由社会必要劳动时间决定的，以此为基础商品进行等价交换。价值规律是市场经济的基本规律，它的作用通过价格、供求和竞争等市场机制发挥出来，调节着社会的生产和再生产，推动经济发展。

市场经济作为一种经济形式，其一般要求如下：第一，资源配置市场化。在经济运行中，社会各种资源都直接或间接地进入市场，由市场供求形成价格，进而引导资源在各个部门和企业之间自由流动，使社会资源得到合理配置。第二，经营主体自主化。经济行为主体均受市场竞争法则制约和相关法律保障，被赋予相应的权、责、利，成为具有明确收益与风险意识的不同利益主体。第三，经济运行竞争化，普遍强调竞争的有效性和公平性。第四，实行必要的、有效的宏观调控。在现代市场经济条件下，国家对经济的干预和调控成为经常的、稳定的体制要求，其目的一方面是为经济的正常运转提供保证条件，另一方面是弥补和纠正市场的缺陷。第五，经济关系的国际化。现代市场经济是一种开放经济，它使各国经济本着互惠互利、扬长避短的原则进入经济全球化大潮。市场经济的这些一般要求是市场经济本身固有且客观存在的，人们可以认识它，因势利导利用它，但不可能否定它。

我国社会主义制度建立以后，选择什么样的经济体制是一个重大的理论和实践问题。按照马克思和恩格斯对未来社会的预测，由于生产力高度发达，全社会占有和使用生产资料，将有计划地组织全社会的生产和经济活动，不再需要商品货币插手其间。恩格斯曾说："一旦社会占有了生产资料，商品生产就将被消除，而产品对生产者的统治也将随之消除。"① 在我国社会主义经济制度建立初期，在缺乏社会主义经济建设实践经验的情况下，依据经典作家的论述，同时也学习借鉴最早建立社会主义制度国家的做法，在一段时间里我国实行计划经济。虽然在国民经济从战争创伤中恢复、集中力量进行重大项目建设等特定条件下，计划经济也发挥过积极作用，但随着经济的发展，其管得太死、统得过多、分配中的平均主义等弊端日益显现，严重束缚了企业和劳动者的积极性，影响了社会主义制度优越性的发挥。挫折和教训使我们逐步认识到，对于马克思主义创始人对未来社会的预测，不应该拘泥于个别结论，而应该从实际出发，随着实践发展不断进行创新。

改革开放以来，我国从社会主义初级阶段的实际出发，认真总结国内外的经验教训，逐步提出并不断发展社会主义市场经济理论，确认我国的经济是社会主义市场经济。

我国经济是社会主义市场经济，最根本的原因如下：

第一，实践发展的要求。人类社会发展的实践证明，市场经济具有发展经济的活力和内在动力，是资源配置的有效形式。我国几十年社会主义实践证明，排斥市场经济，不利于社会主义制度优越性的发挥，不利于经济发展、人民生活水平的提高和综合国力的增强。

---

① 恩格斯：《社会主义从空想到科学的发展》，引自《马克思恩格斯文集》（第3卷），人民出版社2009年版，第564页。

第二，国情所决定。我国人口多，生产力发展不平衡、不充分，将长期处于社会主义初级阶段。在这样的国情下多种经济形式并存，各个经济主体具有各自的经济利益追求，劳动还是谋生的手段，由此决定商品生产和商品交换还将普遍存在，市场经济的存在具有广泛的基础。

第三，社会主义基本经济规律使然。遵循社会主义基本经济规律的要求，就要发展经济和不断满足人民对美好生活的需要，要求一切经济形式、经济手段都要为实现发展经济和满足人民美好生活需要开辟道路。发展经济是前提，满足需要是目的。市场经济可以有效地配置资源，通过追求效益的内在动力和竞争的外在压力促进经济效率的提高，所以发展市场经济是社会主义制度内在的要求。

二、社会主义市场经济体制的基本要求

社会主义制度下发展市场经济，是对资本主义市场经济的扬弃。它既体现了市场经济的普遍原则，又体现了社会主义制度的根本要求，使社会主义制度的优越性和市场经济的长处结合起来。社会主义市场经济是我国作为世界上最大的发展中国家探索形成的一种新型经济，它具有不同于资本主义制度下市场经济的新特点和新优势。

第一，社会主义市场经济发展建立在公有制为主体、多种所有制经济共同发展的基本经济制度基础上，既必须发挥市场在资源配置中的决定作用，同时又必须坚定不移地发展公有制经济，坚定不移地鼓励、支持和引导非公有制经济有更大更健康的发展。

第二，社会主义市场经济发展与按劳分配为主体、多种分配方式并存的基本经济制度结合在一起，以共同富裕为目标。实现全体人民共同富裕，是社会主义的本质要求，也是社会主义市场经济的内在要求。在发展社会主义市场经济进程中，必须坚持社会主义本质要求不动摇。

第三，以坚持党的领导为政治保证。坚持中国共产党的领导，是中国特色社会主义最本质的特征。社会主义市场经济与一般市场经济的重要区别，就在于市场机制与社会主义制度的优越性相结合。在当代中国，只有中国共产党能够按照最有利于生产发展和共同富裕的原则，协调各方面的利益，正确处理现阶段出现的种种矛盾，有效地组织和领导全国各族人民共同进行现代化建设。

第四，社会主义市场经济体制服务于社会主义发展的根本目标。社会主义生产的根本目的是发展生产力，满足人民日益增长的美好生活需要，促进每个人全面发展。社会主义市场经济的发展要服从服务于社会主义发展的大目标，为人民生活水平的提高服务，为社会主义制度的巩固和发展服务。

社会主义市场经济的发展，要求建立和完善社会主义市场经济体制作为保证。我国社会主义市场经济体制的基本要求包括以下方面：

一是自主经营的市场主体。坚持公有制为主体、多种所有制经济共同发展的基本经济制度，进一步转换国有企业经营机制，建立适应市场经济要求的中国特色现代企业制度。

二是完善的市场机制和统一开放的市场体系。完善要素市场，充分发挥价格、供求、竞争等市场机制的调节作用，实现城乡市场紧密结合，国内市场与国际市场相互衔接，促进资源的优化配置。

三是转变政府管理经济的职能，建立完善的宏观调控体系，不断推进国家治理体系和治理能力现代化，保证国民经济的健康运行。

四是建立以按劳分配为主体、多种分配方式并存的个人收入分配经济制度，坚持走共同富裕道路。

五是建立多层次的社会保障制度，为城乡居民提供同我国国情相适应的社会保障，促进经济发展和保持社会稳定。

以上几方面内容是相互联系和相互制约的有机整体，共同构成我国社会主义市场经济体制的基本框架。除此之外，社会主义市场经济体制的建立和完善，还涉及经济、政治、文化、社会和生态文明建设的各个领域和各个方面，因而是一项长期、复杂、艰巨的系统工程。

三、加快完善社会主义市场经济体制

改革开放特别是党的十八大以来，我国坚持全面深化改革，充分发挥经济体制改革的牵引作用，不断完善社会主义市场经济体制，极大地调动了亿万人民的积极性，极大地促进了生产力发展。同时也要看到，中国特色社会主义进入新时代，社会主要矛盾发生了变化，经济已由高速增长阶段转向高质量发展阶段，这些都对完善中国特色社会主义市场经济体制提出了新的要求。适应这样的新形势新要求，必须坚定不移地在更高起点、更高层次、更高目标上推进经济体制改革及其他各方面的体制改革，构建更加系统完备、更加成熟稳定的高水平社会主义市场经济体制。

进一步完善社会主义市场经济体制总的原则是：坚持以习近平新时代中国特色社会主义经济思想为指导，坚持解放和发展生产力，坚持和完善社会主义基本经济制度，坚持社会主义市场经济改革方向，坚持以供给侧结构性改革为主线，坚持扩大高水平开放和深化市场化改革互促共进。着力构建市场机制有效、微观主体有活力、宏观调控有度的经济体制，使中国特色社会主义制度更加巩固、优越性充分体现。

进一步完善社会主义市场经济体制的具体措施包括以下内容：

一是增强微观主体活力。坚持公有制为主体、多种所有制经济共同发展，毫不动摇地巩固和发展公有制经济，毫不动摇地鼓励、支持、引导非公有制经济发展，培育更多充满活力的市场主体；积极稳妥推进国有企业混合所有制改革；加快完善国有企业法人治理结构和市场化经营机制，完善中国特色现代企业制度；推进国有经济布局优化和结构调整；稳步推进自然垄断行业改革，切实打破行政性垄断；营造支持非公有制经济高质量发展的制度环境。

二是夯实市场经济基础性制度。全面完善健全归属清晰、权责明确、保护严格、流转顺畅的现代产权制度；全面实施市场准入负面清单制度；全面落实公平

现代产权制度

竞争审查制度，进一步营造公平竞争的社会环境。

三是构建更加完善的要素市场化配置体制机制，完善市场体系。建立健全统一开放的要素市场；推进要素价格市场化改革；创新要素市场化配置方式；推进商品和服务市场提质增效；优化市场秩序。

四是完善宏观经济治理体制，创新政府管理和服务方式。优化政府职责体系，完善政府职能，创新和完善宏观调控，进一步提高宏观经济治理能力；构建有效协调的宏观调控新机制；健全以国家发展规划为战略导向，以财政政策、货币政策和就业优先政策为主要手段，投资、消费、产业、区域等政策协同发力的宏观调控制度体系，增强宏观调控前瞻性、针对性、协同性；加快建立现代财税制度；建设现代中央银行制度；全面完善科技创新制度和组织体系；完善产业政策和区域政策体系；构建适应高质量发展要求的社会信用体系和新型监管机制。

五是坚持和完善民生保障制度，促进社会公平正义。健全体现效率、促进公平的收入分配制度；健全可持续的多层次社会保障体系，完善覆盖全民的社会保障体系；健全国家公共卫生应急管理体系。

六是建设更高水平的开放型经济新体制。以“一带一路”建设为重点，实施更大范围、更宽领域、更深层次的全面开放，构建对外开放新格局；加快自由贸易试验区、自由贸易港等对外开放高地建设；健全高水平开放政策保障机制；积极参与全球经济治理体系变革，推动建立国际宏观经济政策协调机制。

七是完善社会主义市场经济法律制度，强化法治保障。

关于这些改革措施，本书将在有关章节进一步加以阐述。

《中共中央　国务院关于新时代加快完善社会主义市场经济体制的意见》

完善社会主义市场经济体制必须处理好经济体制与其他体制的关系，注重经济基础与上层建筑的系统性、整体性、协同性，加快发展社会主义市场经济、民主政治、先进文化、和谐社会、生态文明，让一切劳动、知识、技术、管理、资本的活力竞相迸发，让一切创造社会财富的源泉充分涌流，让发展成果更多、更公平地惠及全体人民。

思考题：

1. 中国特色社会主义基本经济制度的内涵。
2. 如何坚持和发展公有制为主体、多种所有制经济共同发展？
3. 如何坚持按劳分配为主体、多种分配方式并存？
4. 如何完善社会主义市场经济体制？

第三章

社会主义经济改革

教学目的和要求

学习和掌握社会主义经济制度发展和完善的客观规律性，树立在改革、发展中坚持和完善社会主义经济制度的思想，正确认识改革的方法论，科学把握改革、发展、稳定之间的辩证关系，提高全面深化改革的自觉性。

教学要点

1. 社会主义是不断发展的制度。
2. 社会主义在曲折中不断发展和壮大。
3. 改革是社会主义发展的强大动力。
4. 改革的方法论。
5. 改革永远在路上。

社会主义经济制度是在实践中不断发展和完善的制度。经过长期实践探索，我国找到了发展和完善社会主义制度的根本途径，即改革。改革是决定当代中国命运的关键抉择，也是实现中华民族伟大复兴的关键抉择。过去几十年社会主义制度的发展和完善靠改革，未来中国特色社会主义制度的进一步发展和完善还是靠改革。

第一节　社会主义是不断发展的制度

一、社会主义在实践探索中发展

社会主义作为学说、作为制度、作为现实的运动，自诞生以来，就是在实践探索中不断发展、不断完善的。探索的征程充满艰辛和曲折。

从世界范围看，社会主义已经有将近500年的发展历史。它的最初形态是空想社会主义。空想社会主义产生于16世纪初期，到19世纪上半叶达到顶峰。这300多年正是欧洲从封建主义生产方式向资本主义生产方式转变的时期。空想社会主义的发展经历了三个阶段，即16～17世纪的早期空想社会主义、18世纪的空想平均共产主义、19世纪初期批判的空想社会主义。[①] 19世纪初期以圣西门、傅立叶、欧文为代表的空想社会主义是科学社会主义的直接思想来源。以三大空想社会主义者为代表的空想社会主义学说，在理论上致力于社会制度的分析。他们对资本主义旧制度的辛辣批判，包含着许多击中要害的见解；对社会主义新制度的描绘，闪烁着诸多天才的火花。空想社会主义是早期无产阶级意识和利益的先声，反映了早期无产阶级迫切要求改造现存社会、建立理想的新社会的愿望。但空想社会主义并不是科学的思想体系，它既不会阐明资本主义制度的本质，又不会发现资本主义发展的规律，也不会找到能够成为新社会的创造者的社会力量。空想社会主义最终在实践中失败了，但是空想社会主义家们的经验教训和提出的观点主张却被继承了下来，为科学社会主义的诞生奠定了基础。马克思、恩格斯正是在批判吸收空想社会主义思想成果的基础上，创立了科学社会主义。

19世纪40年代，伴随着资本主义进入机器大工业阶段，特别是无产阶级登上历史舞台，无产阶级的解放运动需要新的科学的理论做指导，社会主义从空想到科学成为时代发展的要求。马克思、恩格斯创立的科学社会主义，是建立在一定的理论和实践基础上的。从理论来源看，德国的古典哲学、英国的古典政治经济学、英法两国的空想社会主义为科学社会主义的产生提供了重要的理论来源；从现实实践看，资本主义生产关系的进一步发展和工人运动的不断高涨，是科学社会主义诞生的现实基础。1848年2月，马克思和恩格斯合著的《共产党宣言》发表。《共产党宣言》论证了资本主义灭亡和社会主义胜利的历史必然性，阐述了无产阶级夺取政权进而利用政权改造社会的思想，同时还阐述了未来共产主义社会的根本特征和建设无产阶级政党的指导思想和根本原则。在《共产党宣言》发表的同时，一系列独立的工人运动开始兴起，马克思和恩格斯在此期间也积极参加了德国的革命。1871年爆发了巴黎人民武装起义，建立了世界上第一个工人政权——巴黎公社。巴黎公社虽然存在的时间并不长，但是有着重要的历史意义：它是无产阶级专政的第一次伟大尝试，有着历史性的先导作用；它丰富了马克思主义关于无产阶级革命和无产阶级专政的学说；巴黎公社的经验和教训，成为国际社会主义运动的宝贵经验。

19世纪末20世纪初，资本主义在世界范围内由自由竞争阶段进入垄断阶段，即列宁所说的帝国主义阶段。帝国主义国家之间矛盾的激化导致第一次世界大战的爆发。战争严重地恶化了俄国国民的生活状况，激化了国内矛盾，革命的基本条件已经具备。正是在此背景下，列宁领导的布尔什维克党于1917年11月6日发动十月革命，并迅速在全国范围内取得了胜利。十月革命将马克思关于无产阶级革命的理论变为现实，开启了无产阶级革命的新时代，它沉重地打击了帝国主义的统治，鼓舞了其他资本主义国家的革命运动，也进一步促进了马克思列宁主

① 本书编写组：《马克思主义基本原理概论》，高等教育出版社2015年版，第237页。

义的传播，推动了一大批无产阶级政党的建立。十月革命之后，列宁领导布尔什维克党和俄国人民开始建设世界上第一个社会主义国家。历经艰辛探索，初生的苏维埃政权摆脱了严重的国内外危机，使社会主义制度得以确立，为社会主义建设积累了初步经验。列宁去世后，苏联党和人民继承了列宁开创的社会主义事业，巩固了建立不久的社会主义制度，并在实践中形成了独特的经济发展模式，被后人称为“苏联模式”。在特定历史条件下，“苏联模式”曾经在不长的时间内极大地改变了苏联的社会状况和人民生活面貌。但是，随着时间的推移，“苏联模式”的弊端也逐渐显露出来，主要表现是：所有制结构过于单一导致经济缺乏活力；自上而下高度指令性的计划经济排斥市场的作用；片面追求重工业的发展而忽视基本生活资料产业的发展等。这些弊端最后发展到极端，再加上其他原因，20 世纪 80 年代末 90 年代初苏联解体、东欧剧变，社会主义受到严重挫折，标志着“苏联模式”的终结。

苏联在建设社会主义过程中的经验和教训，为我国社会主义的建立、发展和完善提供了借鉴。我国社会主义制度的确立，有我们自己的创造，也有从苏联学习和借鉴的。在其后的社会主义建设探索过程中，我们积累了许多宝贵的经验，也经历了曲折甚至遭受过严重的挫折，但总体而言，我们在社会主义建设方面取得了多方面的巨大成就。

1978 年党的十一届三中全会的召开，开辟了改革开放和社会主义现代化建设的新时期。改革首先在农村得到了突破，安徽凤阳小岗村的家庭联产承包责任制作为典型范例得到了肯定，推动了农村改革实践的广泛开展。农村改革的突破也有力地促进了城市改革以及各个领域的改革，自此，改革如滚滚洪流，涤荡一切不合理的经济体制和上层建筑。与此同时，改革理论也随着改革实践的深化不断创新，特别是经济改革的理论，从探讨社会主义要发展商品生产、商品交换，到社会主义经济是有计划的商品经济，再到社会主义市场经济改革目标的确立，步步深入，有力地推动了改革的不断深化，使改革取得了一个又一个的成功。

需要指出的是，对于我国社会主义探索取得的经验和教训要客观评价，不能用改革开放后的历史时期否定改革开放前的历史时期，也不能用改革开放前的历史时期否定改革开放后的历史时期。不同历史时期我国社会主义建设中取得的独创性理论成果和巨大成就，都是宝贵的财富，为中国特色社会主义的不断发展积累了宝贵经验、理论成果和物质基础。

中国特色社会主义进入新时代，2012 年党的十八大召开，确立了全面建成小康社会和“两个一百年”的宏伟目标。2013 年党的十八届三中全会召开，明确了进一步全面深化改革的指导思想、总体思路以及目标任务和基本要求，并对全面深化改革做出了重大部署。2017 年召开的党的十九大提出了新时代坚持和发展中国特色社会主义的基本方略，确定了决胜全面建成小康社会、开启全面建设社会主义现代化国家新征程的目标，对新时代推进中国特色社会主义伟大事业和党的建设新的伟大工程做出了全面部署，开辟了中国特色社会主义发展的新境界。2019 年党的十九届四中全会召开，提出了坚持和完善中国特色社会主义制度、提高国家治理体系和治理能力现代化水平、推动中国特色社会主义制度更加成熟更加定型的新的奋斗目标。我国社会主义事业依然在改革中不断前进。

二、社会主义在发展中不断成长壮大

道路是曲折的，前途是光明的，社会主义产生以来的实践证明，虽然历经磨难和曲折，但社会主义仍然在曲折发展中不断成长壮大。

如新生事物诞生伊始总是弱小的一样，社会主义力量一开始是弱小的。世界上曾经有过封建主义、资本主义一统天下的格局，当第一个社会主义国家诞生时，反动势力试图将其扼杀在摇篮中，但结果适得其反，不仅第一个社会主义国家生存了下来，并在后来的几十年时间内快速发展，而且二战后社会主义力量不断壮大，成为一种世界性的制度和体系。特别是社会主义新中国的诞生，对世界格局产生了重大影响。社会主义从一国发展到多国，极大地改变了世界政治力量的对比，形成了抗衡帝国主义的强大力量，鼓舞着其他国家反帝反殖民的民族解放运动，加速了帝国主义殖民体系的瓦解，动摇了资本主义的世界统治。虽然20世纪80年代以后，由于种种原因，世界社会主义运动遇到了重大挫折，但中国共产党领导中国人民认真吸取社会主义发展过程中发生挫折的严重教训，坚持改革开放，探索并坚持中国特色社会主义道路，取得了举世瞩目的成就。中国的实践证明，社会主义制度依然是有着生机活力的社会制度，社会主义的前途依然是光明的。

新中国成立之初，工业整体处于手工业水平，农业以一家一户的小农经济为主，生产力十分落后。我国的社会主义就是在这样贫弱的基础上一步步发展并壮大起来的。从新中国成立到现在，我国社会主义建设不仅在政治、经济、文化、国防、科技、教育等各个领域取得了令世人瞩目的成就，而且也逐步在实践中探索出了一条适合自身国情的中国特色社会主义道路。中国特色社会主义道路的开拓，不仅为我们建设社会主义找到了正确的方向，也为壮大社会主义事业提供了坚实的基础。中国特色社会主义的繁荣发展，谱写了社会主义发展的辉煌篇章，彰显了社会主义制度的独特优势和强大生命力。从全球范围来看，世界1/5的人口坚持社会主义道路，极大地鼓舞和坚定了人们对社会主义的信心。中国奇迹的产生，是在建设社会主义事业中不断总结经验、深化改革、实事求是地按规律办事的结果。

三、改革是社会主义发展的强大动力

任何事物都是在矛盾运动中不断向前发展变化的。恩格斯说："所谓'社会主义社会'不是一种一成不变的东西，而应当和任何其他社会制度一样，把它看成是经常变化和改革的社会。"①

社会主义为什么会发展，发展的动力来自哪里？马克思、恩格斯、列宁都认

① 《马克思恩格斯选集》（第4卷），人民出版社2012年版，第601页。

为，人类社会发展的动力在于生产力与生产关系、经济基础与上层建筑的矛盾运动，并强调生产力是最根本的、最强大的动力。毛泽东继承马克思、恩格斯、列宁的基本观点，进一步论证了社会主义社会生产力和生产关系、经济基础与上层建筑之间的矛盾是社会主义社会的基本矛盾。他指出，在社会主义社会中，基本矛盾仍然是生产关系和生产力之间的矛盾。毛泽东关于社会主义社会基本矛盾的学说，是对马列主义社会发展动力学说的进一步发展，在理论上做出了创造性的贡献。

解决社会基本矛盾的途径有两种基本的方式：一要靠革命，二要靠改革。

革命是解决社会基本矛盾的重要方式之一，“是历史的火车头”①，是“社会进步和政治进步的强大推动力”②。社会革命根源于社会基本矛盾的尖锐化。社会的物质生产力发展到一定阶段，便同它们一直在其中运动的现存生产关系发生矛盾。于是这些关系便由生产力的发展形式变成生产力的桎梏。那时，社会革命的时代就到来了。随着经济基础的变更，全部庞大的上层建筑也或慢或快地发生变革。社会革命是在一定的形势和条件下发生的。它的爆发既要具备一定的客观条件，如经济条件和政治条件，又要具备一定的主观条件，如革命阶级的觉悟程度、组织程度和群众的发动程度等。从历史的发展进程看，革命是推动阶级社会发展和社会形态更替的重要动力。

改革是同一种社会形态发展过程中的量变，是推动社会发展的又一重要动力。一旦新的社会制度确立，其发展和完善就要靠改革。社会基本矛盾运动的结果，不仅表现为通过革命实现一种新的社会制度取代旧的社会制度，而且表现为通过改革实现社会制度的自我调整和完善。在一定社会形态的量变过程中，当社会基本矛盾发展到一定程度但又尚未激化到引起社会革命的程度时，就需要依靠改革的途径或手段，来改变与生产力不相适应的生产关系和与经济基础不相适应的上层建筑。改革所涉及的领域是多方面的，包括经济改革、政治改革、文化改革、社会改革、生态文明体制改革等。如果说，革命适用于从根本上解决已存的社会基本制度问题，把生产力从已不能容纳它的旧的生产关系中解放出来，那么，改革则是在不根本改变社会基本制度的前提下，对生产关系和上层建筑的某些方面和环节进行变革，从而促进生产力发展和社会进步。

我国于1978年开始了史无前例的改革。40多年来，我们不断破除束缚经济社会发展的旧观念和旧体制，逐步建立起社会主义市场经济体制，推动了我国经济、社会的全面进步和人的全面发展，使中国特色社会主义事业充满了生机和活力。当前，我国已进入全面深化改革的新时期。只有通过进一步全面深化改革，才能更好地解决我国发展面临的一系列突出矛盾和问题，不断推进中国特色社会主义制度自我完善和发展。

始于1978年的当代中国的改革不是偶然的，而是有深刻的原因。

首先，我国社会主义建设的历史经验和“文化大革命”结束后的严峻局面，

① 《马克思恩格斯选集》（第1卷），人民出版社2012年版，第527页。

② 《马克思恩格斯选集》（第1卷），人民出版社2012年版，第595页。

迫使我们必须改革。中国是从半封建半殖民地社会经过新民主主义革命走向社会主义的，人口多、底子薄是基本国情，又加上种种历史原因，在社会主义探索过程中，走了一些弯路，形成了缺乏生机和活力的经济体制，科技水平整体上比较落后，人民生活改善比较缓慢。要加快科技进步，解放和发展社会生产力，提高人民生活水平，迅速改变落后面貌，只有进行改革。

其次，加快社会主义现代化建设要求必须进行改革。生产资料所有制社会主义改造基本完成以后，由于我国在相当程度上照搬了苏联社会主义建设的理论和实践经验，形成了过分单一的所有制结构和僵化的经济体制，严重束缚了生产力的发展。为了从根本上改变束缚生产力发展的经济体制以及与此相应的其他体制，适应社会主义现代化建设要求，就必须进行改革。

最后，改革是社会主义社会基本矛盾运动的必然结果。社会主义社会的基本矛盾仍然是生产力和生产关系、经济基础和上层建筑之间的矛盾。生产力的发展必然要求生产关系和上层建筑进行相应的变化，以适应生产力发展的性质和水平，从而推动整个社会的进步和发展。社会主义社会是不断变革的社会，不变革是没有希望的。几十年的实践已经证明，改革是决定中国命运的关键一招，也是实现“两个一百年”目标、实现中华民族伟大复兴中国梦的关键一招。

第二节　改革的性质、根本目的和方向

一、改革是社会主义的自我完善

就其性质来说，社会主义改革不是否定和抛弃已经建立起来的社会主义基本制度，而是社会主义制度的自我完善和发展；不是一个阶级推翻另一个阶级那种意义上的革命，也不是原有经济体制的细枝末节的修补，而是对经济体制的根本性变革。这种改革是在中国共产党的领导下，在社会主义制度范围内的改革，亦即对社会主义生产关系中不适合生产力发展要求的某些环节进行改革，推进国家治理体系和治理能力现代化，推动中国特色社会主义制度更加成熟、更加定型。

首先，改革要坚持正确的方向，坚定不移地坚持社会主义制度不动摇，否则就称不上是“自我完善”。其次，改革要果断地抛弃束缚生产力发展的过时体制，以解放和发展生产力为目标，大刀阔斧地进行革新和改进。最后，改革必须坚持党的领导，紧紧依靠人民群众，上下一心，同心同德，只有这样才能取得改革的成功。

回顾我国改革开放以来的历程，我们既没有走封闭僵化的老路，也没有走改旗易帜的邪路，而是创造性地开辟了中国特色社会主义道路，这是我们准确把握中国国情、深刻总结国内国际正反两方面经验、坚持改革的社会主义性质所做出的正确决策。社会主义改革的伟大实践经历了艰辛和曲折，取得了弥足珍贵的经验，是我们在新时代坚持和完善中国特色社会主义，推进改革开放、全面建成小

康社会，实现“两个一百年”奋斗目标和中华民族伟大复兴中国梦的宝贵财富。

在改革进程中，会遇到这样或那样的困难，发生这样或那样的争论，这些都是不可避免的正常现象。改革是一个长期的历史过程，是需要全国人民共同为之奋斗的伟大事业，需要付出艰辛的努力。在改革开放的伟大实践中，中国共产党领导中国人民已经创造了无数辉煌，只要继续坚定不移地走中国特色社会主义道路，坚定不移地继续深化改革，中国特色社会主义必将创造出新的辉煌。

二、改革的根本目的和方向

改革的目的是要调整和改变社会主义生产关系中不适合生产力发展要求的某些环节或方面，解放和发展社会生产力，满足人民日益增长的美好生活的需要。只有解放和发展社会生产力，实现国家现代化，才能让我国人民过上更加美好的生活，实现中华民族的伟大复兴；才能推动我国社会主义制度自我完善和发展，赋予社会主义新的生机与活力，建设和发展中国特色社会主义。对此，习近平有精准的概括：“我们推进改革的根本目的，是要让国家变得更加富强、让社会变得更加公平正义、让人民生活得更加美好。”①

国家主席习近平发表二〇一四年新年贺词

改革的目的和改革的根本任务具有一致性，由改革的目的所决定，改革的任务就是发展社会生产力，就是要使社会财富越来越多地涌现出来，不断地满足人民日益增长的美好生活需要。社会主义要消灭贫穷，不能把贫穷当作社会主义。必须下定决心，以最大的毅力，集中力量进行改革并以改革促进经济建设，建设富强民主文明和谐美丽的社会主义现代化强国，这是历史的必然和人民的愿望。应该把是否有利于发展社会生产力、是否有利于增强社会主义国家的综合实力、是否有利于人民生活的提高作为检验一切改革得失成败最主要的标准。

由改革的目的、任务所决定，全面深化改革的总目标是完善和发展中国特色社会主义制度、推进国家治理体系和治理能力现代化。其中，完善和发展中国特色社会主义制度规定了改革的根本方向，这个方向就是中国特色社会主义道路，而不是其他什么道路；推进国家治理体系和治理能力现代化规定了在根本方向指引下完善和发展中国特色社会主义制度的鲜明指向，这个指向，就是要通过改革，使中国共产党领导下管理国家的制度体系和运用国家制度管理社会各方面事务的能力，适应时代和实践发展的要求，适应人民的要求。

经济改革是所有领域改革的重点，建设社会主义市场经济，是经济改革的方向。坚持建立和完善社会主义市场经济的改革方向，是我国改革进程中的重大理论和实践创新，解决了世界上其他社会主义国家长期没有解决的一个重大问题。社会主义市场经济是在社会主义制度基础上发展的市场经济，社会主义市场经济中的社会主义，是绝对不可忽视的。习近平指出，中国特色社会主义是社会主义而不是其他什么主义，科学社会主义基本原则不能丢，丢了就不是社会主义。历史和现实都告诉我们，只有社会主义才能救中国，只有中国特色社会主义才能发

① 《国家主席习近平发表二〇一四年新年贺词》，载于《人民日报》2014 年 1 月 1 日。

展中国，这是历史的结论、人民的选择。我们在改革中注重借鉴人类一切文明成果，但不会照抄照搬任何国家的发展模式。如果改革偏离或者背叛了科学社会主义原则，背离了中国特色社会主义道路，那么所有的改革都将失去意义。

坚持社会主义市场经济的改革方向，不仅是经济体制改革的基本遵循，也是全面深化改革的重要依托。在全面深化改革中，要坚持以经济体制改革为重点，努力在主要领域和关键环节改革上取得新突破，以此牵引和带动其他领域的改革，使各方面改革协同推进、形成合力。

三、经济体制改革的核心问题

处理好政府和市场的关系，是我国经济体制改革的核心问题。在这个问题上，随着对改革发展实践经验的不断总结，我们的认识也不断深化，先后提出了“使市场在国家宏观调控下对资源配置起基础性作用”“在更大程度上发挥市场在资源配置中的基础性作用”“从制度上更好发挥市场在资源配置中的基础性作用”“更大程度更广范围发挥市场在资源配置中的基础性作用”。党的十八届三中全会在总结已有实践和理论进展的基础上，进一步提出“使市场在资源配置中起决定性作用和更好发挥政府作用”。这一论断反映了我们对中国特色社会主义建设规律认识的一个新突破，标志着以社会主义市场经济为方向的改革进入了新的阶段。

经过40多年的改革，我国已经建立了社会主义市场经济体制的基本架构，在处理政府与市场关系方面积累了成功经验，体现为以下几个方面的结合：

一是社会主义公有制与市场经济相结合。实现公有制与市场经济的融合，是坚持社会主义市场经济改革方向的必由之路。公有制与市场经济实现融合，关键是使企业特别是国有企业成为市场的主体。经过多年深化改革，国有资产监管体制已经实现了公共管理职能和出资人职能的分离，国有企业成为市场中独立的法人实体，国有企业经营机制已基本得到转换，市场竞争能力不断提高，总体上与市场经济实现了融合。

二是释放市场活力与集中力量办大事的政治优势相结合。改革开放以来，我们坚持和完善公有制为主体、多种所有制经济共同发展，按劳分配为主体、多种分配方式并存，社会主义市场经济体制等基本经济制度，促进各种经济成分在市场上展开平等竞争，健全知识、技术、管理、数据等生产要素由市场评价贡献、按贡献决定报酬的机制，市场活力得到有效释放。同时，坚持党的全面领导，形成了中国特色社会主义所独有的最大限度整合社会资源、集中力量办大事的体制机制优势。

三是市场激活微观经济与政府稳定宏观经济相结合。在社会主义市场经济体制中，我们把放开搞活企业作为改革的抓手，让企业成为独立的市场主体，在明晰产权的基础上，根据供求规律和竞争规律进行自主决策，谋求最大利益。政府不再直接干预企业，而是着力保持宏观经济的稳定，创新宏观调控方式，建立了需求管理与供给管理相结合、全面调控与精准调控相结合、区间调控与相机调控相结合的宏观调控框架，为宏观经济平稳运行和社会供求在总量、结构上保持平衡提供了有力的制度保证。

四是市场提供产业变迁动力与政府引领产业变迁方向相结合。为实现国民经济各个产业部门的比例更加协调，推动产业升级换代，我们强化了市场在产业变迁中优胜劣汰和激发创新的作用，依靠市场力量推动产业结构调整和发展动力转换，为经济运行提质增效提供了强大动力。同时，政府凭借信息掌握充分、资源动员能力强大的独特优势，通过产业政策确定产业结构调整的重点和产业变迁的方向，减少了无效和低端供给，扩大了有效和中高端供给，增强了供给结构对需求变化的适应性和灵活性等。

五是市场激励自由竞争与政府加强监管优化服务相结合。市场竞争可以优化生产，增强产品的多样性和异质性，最大限度地满足人民日益增长的美好生活需要，但如果竞争是无序的，则会降低效率，不利于资源配置效率的提升。我们在使市场在资源配置中起决定性作用的同时，充分发挥政府的市场监管职能，依法对市场主体进行监督和管理，形成了统一、开放、竞争、有序的现代市场体系。与此同时，政府还着力提供公共产品和服务，加强公共设施建设，建立社会保障制度，努力促进就业，大力发展教育、科技、文化、卫生、体育等公共事业，为公众参与社会经济、政治、文化活动提供保障和创造条件，为维护公平正义、实现共享发展提供强大保证。

六是市场提高效率与政府保障公平相结合。在社会主义市场经济条件下，效率主要是通过收入分配形成的动力激发出来的。市场调节初次分配，适当拉开收入差距，有利于激发不同生产要素所有者参与市场竞争的积极性和主动性，实现资源的合理配置，提高整个经济运行的效率。公平则主要是通过政府的再分配功能实现的。充分发挥政府的再分配调节功能，保护合法收入，调节过高收入，取缔非法收入，理顺分配关系，使发展成果更多、更公平地惠及全体人民，使全体人民在学有所教、劳有所得、病有所医、老有所养、住有所居上持续取得新进展，维护公平正义，逐步实现共同富裕。

在新的历史条件下，我们也要清醒地认识到，我国政府与市场的关系还没有完全理顺，政府既存在越位也存在缺位，市场在资源配置中的决定性作用还没有得到充分发挥。要不断完善政府与市场的关系，推动社会主义市场经济体制更加成熟、更加定型。

第三节　改革的方法论

一、改革需要科学的方法论

方法论是关于方法的理论。改革开放是一个极其复杂的系统工程，不仅要坚持正确的方向和目标，而且也要坚持正确的方法论。

方法论决定前进的道路是否顺畅，决定是否能顺利实现目标和愿望。如果方法论错误或者不当，改革开放的进程就会受阻，严重时还可能出现曲折甚至颠覆性错误，引发灾难性后果。只有掌握并运用正确的方法论和方法，才能以更大的政治勇气和政治智慧推进改革的进程，才能以更有力的措施和办法解决改革进程中所遇到的艰难险阻。世界上曾经实行社会主义制度的国家几乎都进行过改革，但一些国家的改革走向了反面，放弃了社会主义制度。造成这一结果的原因固然很多，但改革没有科学的方法论做指导是重要原因之一。

辩证唯物主义和历史唯物主义是指导改革的根本方法论。在改革中要自觉地坚持和运用辩证唯物主义和历史唯物主义的方法论，增强辩证思维、战略思维能力，努力提高解决我国改革发展基本问题的本领；要系统、具体、历史地分析中国社会运动及其发展规律，在改革过程中不断把握规律、积极运用规律，推动改革不断深化。历史和现实都表明，只有坚持辩证唯物主义和历史唯物主义，才能把改革不断引向深入并取得成功。

在改革中坚持辩证唯物主义和历史唯物主义方法论，就要认真学习和掌握世界统一于物质、物质决定意识的原理，坚持从客观实际出发，不断推动改革的深化。当代中国最大的客观实际，就是我国仍处于并将长期处于社会主义初级阶段，这是我们认识当前、规划未来、推进改革的客观基点，不能脱离这个基点。既要看到社会主义初级阶段基本国情没有变，也要看到我国经济社会发展每个阶段呈现出来的新特点。改革开放以来，我国社会生产力、综合国力、人民生活水平实现了历史性跨越，我国基本国情的内涵不断发生变化，我们面临的国际国内风险、面临的难题也发生了重要变化。要准确把握、主动适应这些变化，推动改革的不断深入。

在改革中坚持辩证唯物主义和历史唯物主义方法论，就要学习和掌握事物矛盾运动的基本原理，不断强化问题意识，积极化解改革进程中遇到的矛盾。问题是事物矛盾的表现形式，要增强问题意识，坚持问题导向，承认矛盾的普遍性、客观性，要善于把认识和化解矛盾作为深化改革的突破口。面对改革中出现的复杂形势和繁重任务，首先要有全局观，对各种矛盾做到心中有数，同时又要优先解决主要矛盾和矛盾的主要方面，以此带动其他矛盾的解决。另外，在改革中，既要讲两点论，又要讲重点论，努力避免没有主次，不加区别，眉毛胡子一把抓。

在改革中坚持辩证唯物主义和历史唯物主义方法论，就要学习和掌握唯物辩证法的根本方法，不断增强辩证思维能力，提高处理复杂局面、复杂问题的本领。我国社会各种利益关系十分复杂，这就要求我们要善于处理局部和全局、当前和长远、重点和非重点的关系，在权衡利弊中趋利避害、做出最为有利的战略抉择。同时，全面深化改革，要突出改革的系统性、整体性、协同性，使改革成果更多更公平地惠及全体人民。

在改革中坚持辩证唯物主义和历史唯物主义方法论，就要掌握唯物辩证法的根本方法，坚持实践第一的观点，不断推进实践基础上的理论创新。要靠实践出真知。理论必须同实践相统一。必须高度重视理论的作用，对经过反复实践和比较得出的正确理论，要坚定不移地坚持。要根据时代变化和实践发展，不断深化认识，不断总结经验，不断实现理论创新和实践创新良性互动，在这种统一和互动中发展中国特色改革理论。

在改革中坚持辩证唯物主义和历史唯物主义方法论，就要学习和掌握社会基本矛盾分析法，深入理解全面深化改革的重要性和紧迫性。只有把生产力和生产关系的矛盾运动同经济基础和上层建筑的矛盾运动结合起来观察，把社会基本矛盾作为一个整体来观察，才能全面把握整个社会的基本面貌和发展方向。坚持和发展中国特色社会主义，必须不断调整生产关系以适应社会生产力发展，不断完善上层建筑以适应经济基础发展。我们提出进行全面深化改革，就是要适应我国社会基本矛盾运动的变化来推进社会发展。社会基本矛盾总是不断发展的，所以调整生产关系、完善上层建筑需要相应地不断进行下去。改革开放只有进行时，没有完成时，这是历史唯物主义态度。

在改革中坚持辩证唯物主义和历史唯物主义方法论，就要学习和掌握人民群众是历史创造者的观点，紧紧依靠人民推进改革。人民是历史的创造者。要坚持把实现好、维护好、发展好最广大人民根本利益作为推进改革的出发点和落脚点，让发展成果更多更公平地惠及全体人民，唯有如此，改革才能大有作为。要处理好尊重客观规律和发挥主观能动性的关系。要坚持一切从实际出发，按照客观规律办事，一张蓝图绘到底，抓好打基础利长远的工作。同时，要鼓励地方、基层、群众大胆探索、先行先试，勇于推进理论和实践创新，不断深化对改革规律的认识。

在几十年的改革中，我们坚持辩证唯物主义和历史唯物主义的方法论，创造了一系列具有中国特色的方法，这些方法丰富和发展了马克思主义的方法论，是马克思主义科学方法论的最新成果。

二、摸着石头过河与顶层设计

摸着石头过河与顶层设计是我们在改革过程中总结出的两种相互联系的方法，前者注重尊重人民群众在改革过程中的探索创新精神，后者注重“自上而下”的整体规划和设计、注重从宏观层面进行战略把握。摸着石头过河和顶层设计是辩证统一的，是在改革方法论上的重大创新，推进局部的阶段性的改革要在加强顶层设计的前提下进行，加强顶层设计要在推进局部的阶段性改革的基础上来谋划。

摸着石头过河，是脚踏实地、尊重实践、从实践中探索规律，努力做到实事求是的一种形象说法，也是推进改革健康有序发展的一种重要方法。这个方法，不仅在改革之初行之有效，而且在整个改革进程中都是行之有效的。我们实行改革开放，发展社会主义市场经济，是前无古人的事情，只能通过实践、认识、再实践、再认识的反复过程，逐步取得规律性认识。在实践中，对必须取得突破但一时还不那么有把握的改革，可以采取试点探索、投石问路的方法，先行试点，鼓励创造，鼓励探索，取得经验后再推开。我国的改革开放就是这样走过来的，就是从农村到城市、从沿海到内地、从局部到整体不断深化的过程。这种渐进式改革，避免了因情况不明、举措不当而引起的社会动荡。

摸着石头过河，是富有中国特色、符合中国国情的改革方法，也是符合马克思主义认识论和实践论的方法。我国的家庭联产承包责任制的改革、沿海经济特区的改革，都是摸着石头过河的成功案例。一些人认为，摸着石头过河的方法只适用于改革初期，改革开放发展到今天，已经过时了。实际上，尽管我们已经积累了一些改革经验，也从中认识和把握了一些规律，但是实践在不断发展变化，而且我国各地情况差异较大，新情况、新问题层出不穷，制定统一政策的难度很大。在这种情况下，直接从基层一线的探索中得到改革经验的方法不仅没有过时，反而更加重要。中国是一个大国，绝不能在根本问题上出现严重的失误，一旦出现就难以挽回。因此，许多时候要采取试点探索、投石问路的方法，取得了经验，形成了共识，才能进一步上升为更为普遍的经验推广开来。

《中共中央关于全面深化改革若干重大问题的决定》

当然，摸着石头过河作为一种自下而上的不断探索的改革策略，缺乏合理的改革利益与风险分担机制、缺乏系统设计性和科学规划性，对此要有清醒的认识。我国经济社会已经发展到一个新阶段，结构性问题已经发展成为系统性问题，必须有针对性地对经济、政治和社会体制进行全面系统化的改革，而全面推进经济、政治和社会体制改革还需要总体规划，顶层设计就是在中央层面对改革全局做出总体规划，提出改革的整体思路和框架。党的十八届三中全会通过的《中共中央关于全面深化改革若干重大问题的决定》明确提出，要“坚持正确处理改革发展稳定关系，胆子要大、步子要稳，加强顶层设计和摸着石头过河相结合，整体推进和重点突破相促进，提高改革决策科学性，广泛凝聚共识，形成改革合力”。其中，发展战略的设计对一国整个经济发展方式的形成至关重要，如果发展战略的制定不符合本国的具体国情，就会造成发展过程中不必要的曲折和损失。

在新的历史时期，基于对经济、政治、文化、社会、生态文明和党的建设各个领域改革关系的科学把握，习近平在十八届中共中央政治局2012年12月31日就坚定不移推进改革开放进行第二次集体学习时发表讲话指出，改革开放是一个系统工程，必须坚持全面改革，加强顶层设计和整体谋划，更加注重改革的系统性、整体性、协同性，在各项改革协同配合中推进。具体来说，就是要统筹推进经济建设、政治建设、文化建设、社会建设、生态文明建设“五位一体”的总体布局，协调推进全面建成小康社会、全面深化改革、全面依法治国、全面从严治党的“四个全面”战略布局，全面贯彻创新、协调、绿色、开放、共享新发展理念，推动中国特色社会主义制度更加成熟、更加定型，提高国家治理体系和治理能力现代化水平。

所谓顶层设计，就是对经济体制、政治体制、文化体制、社会体制、生态文明体制做出统筹设计，加强对各项改革关联性的研判，努力做到全局和局部相配套、治本和治标相结合、渐进和突破相促进。加强顶层设计，就是要坚持从全局出发看问题。全面深化改革不是某个领域某个方面的单项改革，必须坚持从全局出发看问题。从全局出发看问题，首先要看提出的重大改革举措是否符合全局需要，是否有利于长远发展，不能只看到本地区、本单位的局部利益，更不能受到这些利益的羁绊和束缚；其次要坚持以人民利益为重，把握大势、着眼大事，使制定的改革决策符合最广大人民的根本利益和社会主义事业发展要求。

强调在全面社会改革中顶层设计的重要性，并不能否认摸着石头过河的必要性。顶层设计固然重要，但还需要落实。同时顶层设计也不是一劳永逸的，它需要实践的检验和不断完善发展。顶层设计是在摸着石头过河取得经验的基础上进行的，否则就是闭门造车，不可能得出科学的顶层设计；摸着石头过河是在顶层设计的指引下进行的，否则就难以有效推动全局发展。摸着石头过河与顶层设计的关系是辩证统一的，在对改革系统性、整体性、协同性的要求日益提高的今天，如果不及时把经实践检验行之有效、适宜推广的做法上升到制度层面，转化为普遍遵循的政策和法律，如果不及时明确提出改革总体方案、路线图、时间表，就可能造成改革的盲目和混乱，使改革的目标无从实现。把顶层设计与摸着石头过河有机统一起来，将“自上而下”和“自下而上”的改革相统一，形成顶层决策和实践探索之间的良性互动，是全面深化改革必须坚持的重要方法。

三、重点突破与全面深化改革

辩证唯物主义告诉我们，整体和部分是辩证统一的。整体居于主导地位，统率着部分；部分会影响整体，关键部分的功能及其变化甚至对整体的功能起决定作用。这要求我们既要树立全局观念，立足整体，又要重视部分的作用，搞好局部，掌握系统优化的方法。辩证唯物主义这一基本原理用于改革，就是既要全面深化也要重点突破。

全面深化改革，就是要把握改革全局，系统推进。重点突破，就是要选好改革的关键领域和关键环节首先取得成功。全面深化改革并不是不分重点、全面用力的改革，而是有重点、有步骤的改革，必须在最为紧迫、最为关键的领域首先取得突破，然后以点带面，逐步推向其他领域，实现改革的全面推进。随着改革的不断深化，各领域各环节的关联性和互动性明显增强，如果不把握全局、整体推进，不仅全面改革无法深化，重点改革也很难突进。所以处理好重点突破和全面深化改革的关系，对于不断把改革向纵深推进具有重要意义。

经过几十年的改革，我国进入了改革的攻坚期。各种深层次矛盾交织在一起，“剩下的都是难啃的硬骨头”，这就更需要重点突破与全面深化改革。从改革全局来看，重点领域关系到改革大局，是改革的重中之重；关键环节关系到改革成效，是改革的有力支点。以重点领域和关键环节为突破口，可以对全面改革起到牵引和推动作用。全面深化改革必须加强对各项改革关联性的研判，注重改革的系统性、整体性、协同性，努力做到全局和局部相配套、治本和治标相结合、渐进和突破相衔接，实现全面深化和重点突破相统一，才能形成推进改革的强大合力。

整体推进，才能统筹协调，把握改革大局；重点突破，才能以点带面，激发改革动力。党的十八大以来，党和政府强调破除思想观念和体制机制弊端，构建系统完备、科学规范、运行有效的制度体系，大大拓展了改革的广度和深度。可以说，整体推进与重点突破相结合，是中国改革的一条重要经验，必须长期坚持。随着改革不断深入，各个领域各个环节改革的关联性和互动性明显增强，每一项改革都会对其他改革产生重要影响，每一项改革又都需要其他改革协同配合。不整体推进，很多单项改革就很难完成。在全面建设小康社会的关键阶段，中国改革的整体性特征，决定了我们的各项决策部署必须更加注重改革措施的相互促进、良性互动、协同配合。

重点突破与全面深化是辩证统一的。我国的改革是涉及经济、政治、文化、社会、生态和党的建设各领域的全面改革。如果不注重各项改革措施的协调配合，造成改革的“短板”，就会使改革效果大打折扣，甚至成为继续深化改革的阻碍。因此，全面深化改革必须更加注重各项改革的相互配合、相互促进、良性互动，注重改革措施的整体效果，防止畸轻畸重、单兵突进、顾此失彼。但整体推进并不意味着没有重点，也不是平均用力、齐头并进，而是要注重抓主要矛盾和矛盾的主要方面，注重抓重要领域和关键环节。如果不能看到这一点，不分重点地推进改革，不分眉毛胡子地一把抓，就会使投入和产出严重不匹配，既浪费资源，又贻误时机，同样会阻碍社会生产力的解放和发展，会阻碍社会活力的解放和增强。重要领域“牵一发而动全身”，关系到改革大局，是改革的重中之重；关键环节“一子落而满盘活”，关系到改革成效，是改革的有力支点。以这些重要领域和关键环节为突破口，可以对全面改革起到牵引和推动的作用。

四、尊重群众首创精神

人民是历史的创造者，群众是真正的英雄，人民群众是推动改革的主体。尊重群众的首创精神，集中群众的无穷智慧，充分发挥人民在创造历史中的伟大作用，是我国在唯物史观指导下改革开放取得巨大成就的重要经验，也是我国改革的动力之源和推进改革的重要方法。

改革的实践表明，改革开放在认识和实践上的每一次突破和发展，改革开放中每一个新生事物的产生和发展，改革开放每一个方面经验的创造和积累，无不来自亿万人民的实践和智慧。改革开放以来许多领域改革的创举，并非自上而下设计的结果，而是基层群众在实践中的创造。农村改革从安徽凤阳小岗村的“大包干”开始，企业改革从福建企业要求松绑开始，市场调节从集贸市场开始，多种经济成分从个体私营经济开始，对外开放从“三来一补”开始，人民群众的首创精神是推动改革的原动力。

在当前全面深化改革的进程中，尊重人民群众的首创精神，更具有十分重要的意义。

首先，尊重人民群众首创精神是我国建设社会主义事业的理论要求和实践旨归。人民群众的首创精神是发展中国特色社会主义理论体系的实践基础和源泉。人民群众是实践的主体，也是推动社会历史发展的主体。尊重人民群众的首创精神，就是对人民群众作为实践主体的承认。尊重人民群众的意愿、智慧和创造，也就是从人民利益出发，尊重社会发展规律。人民群众是生产关系的主体，是推动生产力发展和变革的力量，尊重人民群众在生产过程中的创造，将其融入马克思主义经济理论中，是重要的理论创新途径，理论来源于实践，反过来可以指导实践，尊重群众首创精神就体现了理论和实践的融合。

其次，尊重人民群众首创精神是全面深化改革的重要动力。改革是社会主义制度的自我完善，最终目标是实现最广大人民群众的根本利益。因而，只有从人民群众最迫切的要求出发所进行的改革才是符合社会历史发展要求的，才是以人为本的科学发展。全面深化改革就是要通过生产关系的变革来推动先进生产力的发展，人民群众是生产关系的主体，因而改革生产关系就是要通过制度设计激发人民群众的创造力，从而发挥生产关系推动生产力发展的历史进步作用。从改革的根本目的来看，我们的所有改革都是为了人民，改革的成果要惠及人民，必须确立人民群众在改革中的主人翁地位，最大限度地发挥人民群众的积极性、主动性、创造性。基层群众蕴藏着极大的改革动力和创新智慧，他们渴望通过改革改善生产生活条件，过上幸福美好的生活；社会生活中存在的突出问题，人民群众看得最清楚、感受最深，他们期盼通过改革消除社会生活中的种种弊端。

最后，尊重人民群众的首创精神，首先要尊重劳动、知识、人才和创造，要营造一个良好的社会环境来调动人民群众创造的积极性，要通过制度创新激发人民群众的首创精神。人的自由全面发展是社会主义社会和共产主义社会所追求的最终目标，从贯彻党的群众路线来看，党领导和带领人民群众推进改革开放，必须切实贯彻“一切为了群众，一切依靠群众；从群众中来，到群众中去”的群众路线。群众利益是我们进行改革总体规划和顶层设计的出发点；群众的实践创造是改革总体部署的重要根据；群众的评价是改革得失成败的重要标准。尊重人民群众首创精神就要求我们要尊重劳动、知识和人才。劳动是价值创造的主体，知识是使得生产过程效率更高的途径，人才则是两者的结合，只有人才得到了尊重，劳动和知识才能发挥出促进生产力发展的作用，创造力才能得到激发。尊重人民群众首创精神还要求我们要营造一个良好的社会环境，只有首先解决了人民群众最基本的生活需要，解决了吃穿住行，给人才一个安定的环境，劳动和知识的结合创造生产力才成为可能。另外，我们也要认识到，不是所有经济、政治和社会环境稳定的社会中的人民群众都天然地具备创造力，在提倡人民群众首创精神的同时，还应该通过相应的制度设计激发人民群众的创造力，保证在实践中创新源源不断地涌现。

尊重基层和群众的首创精神，还要善于动员群众、引导群众、教育群众。当前，我国经济社会发展中还存在不少矛盾和问题，随着改革的深化，特别是利益关系的调整，有些矛盾和问题可能会更加突出。要树立底线思维，进一步做好攻坚克难、艰苦奋斗的思想准备和工作准备，教育引导群众正确对待改革所带来的利益调整，正确处理局部利益与全局利益、个人利益与集体利益、眼前利益与长远利益的关系。

总之，人民群众是实践和认识的主体，是物质财富和精神财富的创造者，是社会发展的决定性力量，也是创造世界历史的真正动力。建设中国特色社会主义的实践是广大人民群众自己的实践，群众在实践中创造的经验，反映了事物发展的客观规律，代表了社会进步的方向，对思想认识、社会生活和实际工作有深刻的示范作用。改革开放40多年来，社会主义实践和认识的每一次突破和进展，无不来自群众的创造和推动。同时，人民群众的实践又是检验我们的路线、方针、政策正确与否的唯一标准。因此，在实践中尊重人民群众的直接经验、尊重人民的首创精神，是我们进行社会主义改革的必然要求。

五、改革永远在路上

实践发展永无止境，解放思想永无止境，改革开放永无止境。应对各种挑战，要求改革不停顿、不止步，永远前行在路上。

改革只有进行时，没有完成时。当前，我国已经进入经济发展新常态，经济增长正从高速增长转向中高速增长，经济发展方式正从规模速度型粗放增长转向质量效率型集约增长，经济结构正从增量扩能为主转向调整存量、做优增量并举的深度调整，经济发展动力正从传统增长点转向新增长点。我国经济发展进入新常态，是我国经济发展阶段性特征的必然反映，是不以人的意志为转移的。新常态下，尽管经济面临较大下行压力，但我国仍处于发展的重要战略机遇期，经济发展长期向好的基本面没有变，经济韧性好、潜力足、回旋空间大的基本特质没有变，经济持续增长的良好支撑基础和条件没有变，经济结构调整优化的前进态势没有变。我们要把握这些大势，坚持新发展理念，坚持以供给侧结构性改革为主线，坚持以改革开放为动力推动高质量发展，积极推进改革创新，加快转变经济发展方式，努力优化经济结构，切实转换经济发展动力，建设现代化经济体系，推动经济由高速增长转向高质量发展，在新的历史起点上努力开创改革开放和经济社会发展新局面。

改革需要勇气和智慧。经过40多年的发展，改革已经进入了攻坚期和深水区，必然会触及更深层次矛盾和重大利益调整。越是在这样的形势下，越应该进一步解放思想，越需要勇气和智慧。一方面，要敢于涉险滩，敢于向积存多年的顽瘴痼疾开刀，做到胆子要大，敢于担当，敢啃“硬骨头”；另一方面，步子要稳，方向要准，尤其是不能犯颠覆性错误。在坚持改革的社会主义性质方面，要坚持和完善公有制为主体、多种所有制经济共同发展，按劳分配为主体、多种分配方式并存，以及社会主义市场经济体制等基本经济制度；在深化经济体制改革方面，要正确处理好政府和市场的关系，充分发挥市场在资源配置中的决定性作用，更好地发挥政府作用，实现有效市场与有为政府相结合，不断提高国家治理体系和治理能力现代化水平，推动中国特色社会主义制度更加成熟、更加定型。

改革永远在路上，我们既要勇于冲破思想观念的障碍，又要勇于突破利益固化的藩篱。要以改革为统领，开拓创新，狠抓落实，推动经济爬坡过坎、实现转型升级，解决发展不平衡、不充分问题。要在经济体制、生态文明体制、民主法治领域、文化体制、司法和社会体制、党的建设制度和纪律检查体制等重要领域实现重点突破，取得实实在在的改革成果，为经济社会发展增添新的正能量。我们推动改革、完善制度，目的是更好地实现人民群众的根本利益。“人民有所呼、改革有所应”，以此为指针，我们要深入推进简政放权、非公有制经济发展、就业创业机制、教育公平和医疗卫生等方面的惠民改革，不断释放“改革红利”，让每一位社会成员都分享到改革成果；我们要根据实际研究提出更具体、更管用的改革措施，使改革更加接地气、惠民生，让人民群众有更多获得感和幸福感。

总之，只有坚持把改革创新贯穿于各个领域和各个环节，坚持锲而不舍地前进，处理好改革发展稳定的关系，正确推进改革、准确推进改革、有序推进改革、协调推进改革，才能最大限度地凝聚改革正能量，让一切创造社会财富的源泉充分涌流，让广大人民群众共享改革发展成果，改革的宏伟蓝图和人民群众的美好梦想也终会实现。

思考题：

1. 为什么说改革是社会主义的自我完善？
2. 经济体制改革的核心是什么？如何理解？
3. 我国改革开放的基本经验有哪些？如何认识？
4. 为什么说社会主义是不断发展的制度？
5. 我国改革的方法论是什么？结合实际谈谈自己的认识。
6. 为什么说改革永远在路上，没有完成时，只有进行时？

第二篇　居民与企业

第四章

中国经济中的居民

教学目的和要求

学习和掌握作为微观经济主体的居民在社会主义市场经济中的地位和作用，我国居民收入的主要来源以及提高收入水平的途径，居民消费水平、消费结构及其影响因素，居民储蓄的状况和投资决策。

教学要点

1. 居民在经济社会发展中的一般作用以及在市场经济中发挥基础性作用的前提条件。
2. 居民收入的主要来源、构成以及提高居民收入水平的途径。
3. 决定居民消费水平的主要因素与我国居民消费结构。
4. 居民主要的储蓄、投资形式和投资决策。

在社会主义市场经济中，居民、企业和农户等是重要的微观主体。微观主体的行为是否合理，运行绩效是否高，对经济社会的发展具有重要的影响。充满活力且富有效率的微观主体是经济社会发展的基础。本篇将依次分析这些微观经济主体的经济行为。本章首先介绍作为微观经济主体的居民。

第一节　作为经济主体的居民

一、居民在经济社会发展中地位和作用的一般分析

人类社会产生以后，生产方式发生的第一次重大转变，是人类生产活动由采集和狩猎为主，逐渐转向以农耕为主。生产方式的转变极大地提高了生产效率、产出水平和剩余产品的数量，使人口数量迅速增加，劳动分工不断深化，出现了承担新的经济、社会和文化功能的阶层，由此在地球上形成了形式多样、丰富多

彩的文明形态。生产方式的转变使人类的生活方式由四处游荡、居无定所转为以定居生活为主。剩余产品的出现促进了私有制的产生。随着生活方式的转变与私有制的出现，个人之间以血缘和婚姻为基础建立的家庭承担起重要的经济和社会功能。个人和家庭的功能随着经济社会的发展而变化，在各类不同的社会经济制度下，表现形式和重要程度有所不同，但是个人和家庭作为重要的微观主体，在生产、消费、储蓄和投资等经济行为的决策中一直发挥着不可替代的作用。

个人、家庭和农户可以统称为居民。在市场经济条件下，居民是制定各项微观经济决策的基本单位。这些经济决策通过供求机制，影响和决定着各种生产要素与商品和服务的价格，由此形成的相对价格体系反映了生产要素的稀缺程度与居民作为消费者对商品和服务的偏好程度，从而为资源的有效配置提供了重要信息，这是市场经济有效运行的基础和前提。

现代市场经济运行分为不同的层面，既包括宏观层面的国民经济运行与国际经济活动，也包括中观层面，即部门、产业和区域的经济活动，还包括微观层面的经济活动。居民作为微观主体，所从事的经济活动的基本内容是：作为消费者和生产要素的供给者与其他微观主体通过市场联系在一起，根据具体的经济制度安排，在国家宏观调控的影响之下，自主进行生产、投资和消费决策。在社会生产和再生产活动中通过提供劳动、土地和资本等生产要素获取收入；通过消费获得维持生活与满足个人和家庭各种需要的商品和服务；将未消费的收入投资于各种资产，形成储蓄和其他各类具体的居民财产。

市场经济要求市场机制在资源配置过程中发挥决定性作用，因此资源配置方式不同于自然经济、简单商品经济以及计划经济等其他经济形式。这要求包括居民在内的市场经济微观主体具备以下条件：

第一，拥有占有、使用、支配和处置各种生产要素与商品或劳务的权利。这是市场主体必须具备的一般性的前提条件。因为市场经济要通过市场交易和供求机制形成各类生产要素和商品劳务的价格，以此作为调节资源配置的工具。反映要素稀缺程度与居民消费偏好程度的价格体系的形成，需要微观主体首先具备使用、支配和处置各项要素与商品的权利。没有这些权利，居民或企业无要素或产品可供交换，也就不可能形成真正的价格体系。因此，微观经济主体的财产权是其从事微观经济活动的前提，也是现代市场经济运行的前提。

第二，拥有从事各项经济活动的自主权。市场微观主体根据自身利益，依据自己的判断，从事各项经济活动。在市场经济条件下，为了实现经济效率的不断提高，微观经济主体必须具备一定的经济自由，积极探索和充分利用可能存在的经济机会，通过创新过程实现产品、技术、市场和组织的扩张和进步。如果对微观主体的经济自主权予以不合理的限制，就有可能使生产效率和技术进步失去重要的微观基础。

第三，兼具权利和责任，既可获得利益又要承担风险。居民与企业具有自主支配和处置归其占有的财产的权利，将自己所拥有或支配的生产要素或各类财产投入生产和交换过程，有权利获得相应的收益，同时也要为自己所从事的经济活动承担相应的责任以及由此带来的风险。自由支配和处置所占有财产的权利，并由此获得相应的收益，为居民和企业等微观主体积极主动地从事各种市场经济活动提供了有力的激励机制，而承担相应的责任和风险则形成了必要的约束机制。只有激励与约束并存，才能真正激发微观主体的活力，使之遵循市场规律，有序地从事经济活动，并在追寻自身利益的同时，实现促进社会总体利益的目的。

二、马克思对资本主义制度下劳动者个人的地位和作用的论述

居民是经济社会基本的组成单位，承担着重要的社会功能和经济功能，但是在不同社会制度和体制下，其具体实现形式有所不同。

马克思曾对资本主义制度下劳动者个人的地位和作用进行了详尽的论述，主要体现为对劳动价值论的创新和发展。他认为商品的价值来自对劳动力这种特殊商品的消费，劳动力的使用价值本身具有成为价值源泉的独特属性。使用劳动力这一特殊的商品来创造价值，需要具备两个条件：第一，“自由”的劳动权利是实现这种价值创造的前提。“劳动力只有而且只是因为被它自己的占有者即有劳动力的人当做商品出售或出卖，才能作为商品出现在市场上”，“劳动力占有者要把劳动力当做商品出卖，他就必须能够支配它，从而必须是自己的劳动能力、自己人身的自由所有者”①。第二，劳动者不占有生产资料。由于不占有生产资料，劳动力占有者无法出卖自己的劳动所生产的商品，只能将劳动力本身当成商品出卖。这意味着货币转化为资本，必须在商品市场上找到自由的工人，即一方面工人是自由人，能够把自己的劳动力当成自己的商品来支配；另一方面，他又没有别的商品可以出卖，自由得一无所有，没有任何利用自己的劳动力所必需的生产资料。

劳动者与生产资料的分离，不是一切历史时期都存在的社会关系，而是资本主义生产关系下的产物。只有当生产资料和生活资料的占有者在市场上找到出卖自己劳动力的自由工人的时候，资本才产生，并且由此使人类历史发生了翻天覆地的变化。

劳动力的价值取决于生产和再生产这种独特物品所需要的必要劳动时间。生产劳动力所必要的劳动时间，或者说，劳动力的价值，就是维持劳动力占有者所必要的生活资料的价值。这种需要是历史的产物。和其他商品不同，劳动力的价值规定包含着历史的和道德的要素，还包括维持家庭的生活资料的价值，以及教育和训练的费用。劳动力的价值可以归结为一定量的生活资料的价值。

劳动的价值在进入流通之前就已确定，因为在劳动力的生产上已经耗费了一定量的社会劳动，但它的使用价值只是在以后商品的生产中才可以实现。劳动力的消费过程，同时就是商品和剩余价值的生产过程。劳动力的买和卖是在流通领域或商品交换领域进行的，这一过程形式上遵循了自由和平等的原则，但是在生产领域，原来的货币所有者作为资本家昂首前行，劳动力所有者作为他的工人只能尾随于后，通过劳动，创造出比他自身价值大的价值并为资本所有者无偿地占有。

---

① 《马克思恩格斯文集》（第5卷），人民出版社2005年版，第195页。

总之，在资本主义社会，劳动创造了价值，但作为劳动力所有者的雇佣工人只得到了其中的一部分，而多余的部分即剩余价值，被资本家所占有。

三、居民在我国社会主义市场经济中的地位和作用

在我国社会主义制度下，人民当家做主，劳动者个人和家庭在经济社会发展中的地位和作用得以确立。1978 年以后，随着改革的深化，经济体制逐步由计划经济向社会主义市场经济转变，居民作为微观经济主体的地位和作用逐步得到保障和强化，成为经济社会发展重要的动力源泉。

在我国社会主义市场经济条件下，随着劳动力市场、收入分配、劳动用工等制度方面的改革不断深化，各项法规制度不断完善，宏观经济调控能力、水平不断提高，我国居民在就业、消费和投资等方面有了更大的自主权，逐步成为真正意义上的社会主义市场经济微观主体。作为微观经济主体，居民既是消费者又是劳动力和资金等生产要素的所有者、供给者。作为消费者，居民从效用最大化目标出发并在收入预算约束条件下，自主决定消费和储蓄的比例，决定对不同消费品的支出比例。作为生产要素的所有者、供给者，居民对所拥有的生产要素进行投入和配置，推动经济发展和社会进步。

第二节　居民的收入及其提高

一、居民的收入及其来源

居民收入是居民从各种来源所取得的现期收入的总和，分为纯收入和毛收入。纯收入就是指除去成本和费用后的收入，毛收入是指不除去成本和费用的收入。过去较长时间里，我国统计用的是城镇居民人均可支配收入和农村居民人均纯收入指标。城镇居民人均可支配收入是指反映居民家庭全部现金收入能用于安排家庭日常生活的那部分收入。它是家庭总收入扣除交纳的所得税、个人交纳的社会保障费以及调查户的记账补贴后的收入。农村居民人均纯收入是指农村居民家庭全年总收入中，扣除从事生产和非生产经营费用支出、缴纳税款以后剩余的，可直接用于进行生产性、非生产性建设投资及生活消费和积蓄的那部分收入。随着经济社会的发展，从 2012 年开始，居民收入水平成为衡量全面建成小康社会的重要指标，党的十九大报告强调，在经济增长的同时要实现居民收入的同步增长。2012 年，我国明确提出居民收入倍增目标，即到 2020 年，实现国内生产总值和城乡居民人均收入比 2010 年翻一番。

居民收入是居民从事消费、储蓄和投资等经济活动的前提和基础。在社会主义市场经济条件下，收入分配以按劳分配为主、多种分配方式并存，大多数居民的主要收入来自个人提供的劳动报酬所得，是劳动价值在社会经济中的体现。由

于所有制结构和收入分配方式的多元化，居民的收入除了劳动报酬以外，还有其他收入来源。

在统计中居民收入被分为工资性收入、经营性收入、财产性收入和转移性收入，其中工资性收入是居民收入的主要来源。根据国家统计局发布的《居民收入和消费支出情况》，2019 年，我国居民人均可支配收入为 30733 元，扣除价格因素，实际增长 5.8%，与同期 GDP 增速基本持平。在居民可支配收入中，工资性收入比例最高，达到55.92%，这与我国以按劳分配为主体的分配制度是一致的。其次是转移性收入，比例为18.48%，包括居民通过社会保障体系获得的养老金、报销的医疗费用、政府的救济金以及其他转移性收入。转移性收入属于收入再分配的范畴，是对初次收入分配的调节与补充，有助于缩小居民收入差距，并为居民提供基本的生活保障。再次是经营性收入，比例为 17.07%。这既包括个人和家庭通过经营个体或私营企业获得的收入，也包括农户从事农业生产获得的收入。最后是财产性收入，其占居民收入的比例较低，仅为8.52%，表明我国居民通过投资和持有各类资产获得的租金、利息、分红等财产收入相对较少。

2019 年居民收入和消费支出情况

二、居民的收入水平

改革开放以来，我国居民收入持续快速增长。2019 年人均 GDP 达到 70892 元，1979 年以来，实际年均增速达到 8.37%。人均收入的快速增长，使我国在 1997 ~1999 年由低收入国家跃升至中低收入国家，于 2010 年进一步跃升为中高收入国家，目前正在向高收入经济体稳步迈进。1979 ~2019 年我国人均 GDP 及增速如图 4 -1 所示。

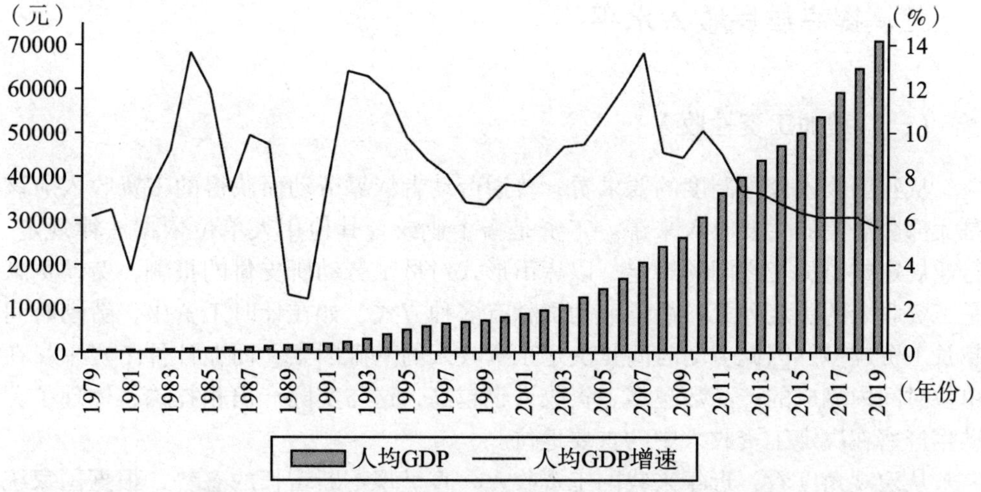

图 4 -1　1979 ~2019 年我国人均 GDP 及其增速

资料来源：1979 ~2018 年数据来自《中国统计年鉴 2019》，2019 年数据来自《2019 年国民经济和社会发展统计公报》。人均 GDP（左轴）按当年价格计算，人均 GDP 增长速度（右轴）以上年为 100。

在过去的1/4个世纪中，我国是世界上居民收入水平增速最快的大型经济体。1990年，我国人均国民收入不足世界平均水平的10%，2018年这一比例提高到85%。1990年，中国人均国民收入仅相当于高收入国家的1/50，2018年这一比例已经超过1/5。但是，我们也必须看到，我国居民收入水平与发达国家仍有明显的差距，而且收入分配差距比较大（如表4-1所示）。

表4-1　　我国人均国民收入的国际比较　　单位：美元

国家或地区	1990年	2000年	2010年	2018年
世界	4192	5441	9363	11101
高收入国家	18619	25619	39538	44166
中等收入国家	834	1166	3571	5340
中国	330	930	4300	9470
印度	390	450	1260	2020
巴西	2710	3840	9650	9140
法国	20660	25150	43790	41070
德国	21340	26210	44790	47450
日本	27560	34980	41980	41340
英国	17270	27400	40480	41330
美国	24150	36070	48950	62850

资料来源：2018年数据来自《国际统计年鉴2019》，其他数据来自《国际统计年鉴2016》，按当年美元价格计算。

三、提高居民收入水平

（一）增加工资性收入

从我国收入分配制度的要求看，普通劳动者依靠劳动而获得的工资收入应该是大部分居民的主要收入来源。工资是指企业或者其他用人单位依据法律规定、行业规定或与员工之间的约定，以货币形式对员工劳动所支付的报酬。劳动贡献是工资收入的决定因素，衡量劳动贡献有多种方式，如在计时工资中，劳动时间越长工资越多，因此劳动时间是决定工资收入的基础因素。而在计件工资中，在单位时间内完成的产品数越多工资收入也越高，这与实际产出相挂钩，体现了劳动生产率在决定工资收入中的重要地位。

从宏观角度看，近年来我国工资收入一直呈现不断增长的态势，根据国家统计局数据，2019年全国城镇非私营单位就业人员年平均工资为90501元，比上年增长9.8%，扣除价格因素，实际增长6.8%；城镇私营单位就业人员年平均工资为53604元，比上年增长8.1%，扣除价格因素，实际增长5.2%。我国工资性收入的增长主要来自劳动生产率的大幅提高。这可从两方面来理解：一方面，劳动生产率是单位劳动投入所创造的经济产出，提高劳动生产率，即意味着单位劳动投入能够创造出更多的经济产出，从而使向劳动者分配更多报酬成为可能。另一方面，劳动生产率的提高创造出更高的产出，更高的产出意味着更高的企业收入，企业即劳动力的需求方在劳动力能带来更多的收入时，将会扩张其生产规模，从而带来更多的劳动需求。劳动需求的增加意味着失业率下降，失业率的下降会进一步提高实际平均工资率。因此，总的来说，劳动生产率的提高在工资收入增长中起着主导作用。所以，要增加居民工资性收入，归根结底要靠经济增长和劳动生产率的提高。

2019 年城镇单位就业人员平均工资数据解读

（二）提高经营性收入

居民经营性收入是我国居民收入构成的重要组成部分，也是提高居民市场化收入水平的关键增长点。从一般意义上讲，经营性收入是居民以家庭或者个人为生产经营单位进行生产、筹划和管理而获得的收入，包括家庭或个人以个体经济或者私营经济的形式从事工商业活动的收入等。它是生产资料归个人所有、劳动者个人劳动和经营所得归其个人所有的一种收入形式。

在居民收入的各类收入构成中，经营性收入受市场的影响比较直接。由于我国存在城乡“二元结构”，导致经营性收入在城镇和农村居民收入构成中的比例有较大差别。目前来看，我国农村地区的经济发展主要以第一产业为主，第二产业和第三产业发展相对较弱，因而农村居民的家庭收入主要依靠传统农业获得。由于农业活动具有先天的产业弱质性，传统农业在国民生产总值中的比重在逐渐下降，农民从农业中获得的收入相对有限，并由此出现了大量的农村剩余劳动力，这部分剩余劳动力需要在非农经济中寻找就业或自主创业。

为提高居民的经营性收入，政府应完善必要的软硬件基础设施，如交通设施、技能培训、通信网络等，便利城乡居民进入相关市场，从事相关的经营活动。此外，通过发展新型农业即科技型农业或观光农业等增加收入，也是提高农村居民经营性收入的主要途径。

（三）扩大财产性收入

财产性收入是指家庭拥有的动产（如银行存款和有价证券等）、不动产（如房屋、车辆、土地和收藏品等）所获得的收入。财产性收入来源于居民所拥有的财产，是由于对财产的占有和支配而获得的收入。在社会主义条件下，劳动者是财产等生产资料的主人，劳动者不仅应获得劳动报酬，还应获得其占有的财产等生产要素形成的收入。例如通过职工持股、利润分享等制度设计，让生产资料全民所有得到更好体现，让劳动者在获得工资收入的同时，也能作为生产资料的所有者分享利润的一部分，获得财产性收入。居民应该拥有财产和财产性收入，这样才能获得因财富增长而增加的收入，实现共享发展。这是收入增长的重要保障，也是社会主义的本质所在。

长期以来，我国居民财产性收入明显偏低，这是制约我国居民收入进一步提高的一大症结所在。从影响财产性收入的基本因素看，财产的存量是财产性收入的基础，而居民拥有财产存量的多少是由经济发展水平、体制等诸多因素共同决定的，因此应通过加速经济发展、深化改革提高居民的收入来增加居民的财产存量，从而奠定财产性收入增加的基础。

要创造条件让更多群众拥有财产性收入，核心是通过改革收入分配制度、完善金融制度等来提高低收入群体的收入，优化收入结构，逐步缩小收入分配差距。但现实中一些农民在土地被征用时不能得到合理补偿，影响了其收入提高；住房改革、房价上涨使一部分人受益，也拉大了收入差距。财产和财产性收入的分配状况直接导致居民总收入的不平等，不利于广大人民群众分享我国改革开放的成果。提高低收入群体尤其是农村家庭的财产性收入，对于缩小财产性收入差距进而缩小收入差距意义重大。低收入居民由于缺乏必要的社会保障，风险抵御能力差，不能参与资本市场以获得较高的财产和财产性收入（这反映了再分配对初次分配的影响）。因此要提高低收入群体的财产性收入，保证财产性收入的公平分配，使改革成果惠及更广泛的群众，实现共享发展。

（四）发挥转移性收入的作用

转移性收入一般指居民无须付出对应的劳动或实物而在国民收入的二次分配中所获得的货物、服务、资金或资产所有权等，是国家出于社会保障目的或为缩小收入分配差距而形成的收入。转移性收入在居民收入中的占比主要取决于当地财政状况。考虑到城乡居民之间的收入差距，在转移性收入上，政府应该向农村居民倾斜，增加农村居民转移性收入比重，缩小城乡居民收入差距，增加农村居民收入。要充分发挥转移性收入的作用，实现精准扶贫。

第三节　居民的消费

一、居民的消费水平

居民有了收入后，会将其中的相当部分用于消费。从微观角度说，居民消费是指在一定时期内居民对商品和劳务的全部消费支出，它是居民各种经济活动最终指向的目标，决定着消费品的市场需求，从而也是总需求的重要组成部分。居民消费除了直接对商品和服务的消费之外，还包括劳动者所在单位以实物形式提供的商品和服务、家庭生产并自己消费的商品和服务、金融机构提供的金融服务、保险公司提供的保险服务等。居民的消费水平在很大程度上决定着居民日益增长的美好生活需求得到满足的程度。

决定居民消费水平的因素有以下几种：

第一，个人或家庭的可支配收入。这是决定消费水平和消费结构的主要因素。一般而言，居民消费是随着可支配收入的增减而增减的，但是消费增长的速度要慢于收入水平的增长。居民消费与可支配收入之间的比例被称为消费倾向。

边际消费倾向是新增收入中用于消费的比例，总体来讲，随着居民收入的增加，边际消费倾向有递减的趋势。对于不同的具体商品，消费既有可能随着收入的增加而增加，也有可能随着收入的增加而减少，前者被称为正常商品，后者被称为低档商品。

第二，商品和劳务价格。可以区分相对价格与绝对价格对居民消费的影响。当某种商品相对价格下跌时，与其他商品相比变得更加便宜，居民会增加对这种商品的消费数量，对这种商品的需求相应增加，这被称为替代效应。当该商品价格下跌时，如果以这种商品作为衡量标准，居民的实际收入会相应增加，这也会影响居民对该商品的消费和需求，这被称为收入效应。如果是正常商品，替代效应与收入效应的作用方向相同，则该商品价格下跌时，居民会增加对这种商品的消费。如果是低档商品，替代效应与收入效应的作用方向相反，该商品价格下跌时，如果替代效应的影响超过收入效应，居民会增加对该商品的消费，否则，居民会减少对该商品的消费。绝对价格即价格水平对居民的消费也会产生一定的影响。绝对价格水平提高，居民持有货币的实际购买力下降，这被称为实际余额效应。这使得消费者倾向于减少消费。如果预期绝对价格水平上涨，即预期未来会出现通货膨胀，则当前商品的价格低于未来商品的价格，消费者一般会增加即期的消费。

第三，利率水平。利率是居民将收入不用于消费而是用于储蓄和投资所获得的回报，因此可以视为消费的机会成本。一方面，利率水平越高，即期消费的成本越高，居民会由此减少消费，增加储蓄。另一方面，利率的变化也会产生收入效应，即通过影响居民的利息收入从而影响居民的消费，这会使居民在利率提高时增加消费。利率对居民消费的影响受上述两种机制的共同作用。从实际情况来看，利率对居民消费的影响不大。

第四，收入分配的差距。由于存在着边际消费倾向递减的现象，收入水平越低，消费占收入的比例越高，收入水平越高，则这一比例越低。因此，平均来看，收入分配差距越大，平均消费倾向越低，收入分配差距越小，平均消费倾向越高。缩小收入分配差距，使居民收入更加平等，有助于提高居民消费水平，从而使我国总需求的结构更加协调。

第五，社会文化习俗。受不同的文化传统和风俗习惯影响，居民对于不同的商品有着不同的偏好，比如有些文化更加崇尚节俭，而另外一些文化则重视消费和享乐；中国北方人喜食面食，而南方人喜食大米。另外，消费行为作为一种社会现象，部分人群的消费行为会影响社会风尚，引起其他人的模仿，这被称为“示范效应”。

第六，消费动机。消费动机可归纳为三类：一是为了满足自身及其家庭的基本生活需要，这形成了对吃、穿、用、住等基本消费品的需求；二是为了满足自身及其家庭发展的需要，如对健身、教育和培训的需求，这些消费兼具人力资本投资的性质；三是为了满足自身及其家庭享受的需要，如旅游及其他娱乐活动。

与居民收入水平一样，我国居民消费水平自 1978 年以来保持了较高的增长速度，如图 4－2 所示。2018 年人均居民消费达到 25002 元，扣除价格上涨因素，是1978年的20.6倍。另外，居民消费在总需求中的占比呈持续下降的趋势，2005年以后降至40%以下，2018年仅为38.68%左右。居民消费比重过低，使得经济增长主要依靠投资和出口带动，长此以往必然会影响宏观经济的稳定性，因此，有必要采取多种措施，促进居民消费的增长。

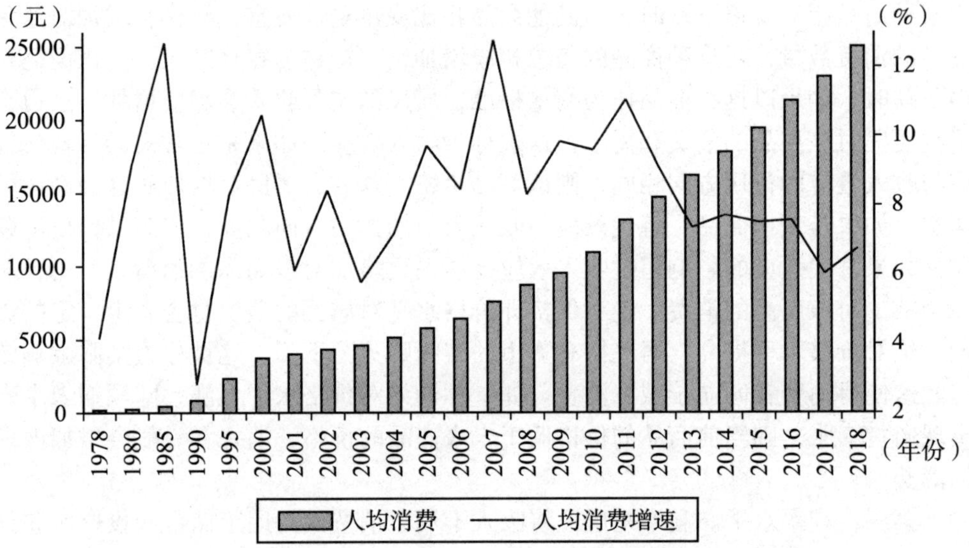

图4－2 1978～2018年我国人均居民消费及其增速

资料来源：《中国统计年鉴2019》。人均居民消费（左轴）按当年价格计算；增速（右轴）以上年为100，按不变价格计算。

二、居民的消费结构

居民的消费结构是指居民各项消费支出占总支出的比重。按照满足的不同消费需求，在统计中一般将消费支出分为食品烟酒、衣着、居住、生活用品及服务、交通通信、教育文化娱乐、医疗保健、其他用品及服务八大类。在经济发展的过程中，居民的消费结构会随着收入水平的提高而发生相应的变化。居民用于食品的消费支出在总的消费支出中所占的比例，被称为恩格尔系数。一般而言，收入水平越高，恩格尔系数越小，这一统计规律被称为恩格尔定律。消费结构的变化是促进产业结构升级的主要动力之一。

2019年我国居民消费支出的结构如图4－3所示。食品烟酒支出占比仍然最高，达到28.20%。其次是居住支出，占比为23.40%。这两项占全部支出的比重超过了一半。交通通信支出占比为13.30%，教育文化娱乐支出占比为11.70%，医疗保健支出占比为8.80%。随着我国居民收入水平的不断提高，满足这些发展和享乐需求的消费支出将进一步增加。衣着、生活用品及服务和其他用品及服务的支出比重相对较小，分别为6.20%、5.90%和2.40%。

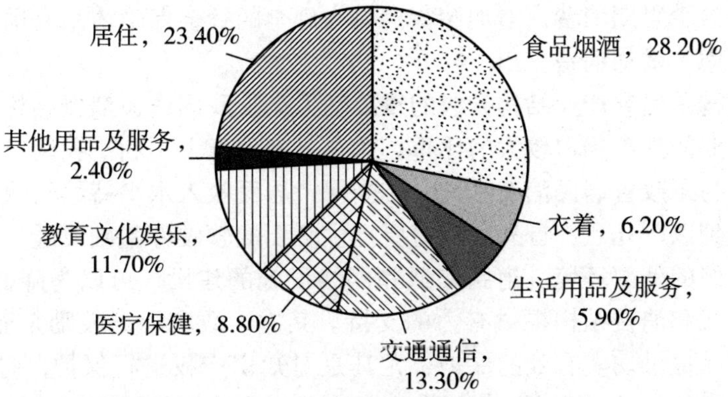

图4－3　2019年我国居民消费的结构

资料来源：《2019年国民经济和社会发展统计公报》。

长期以来，随着收入水平的提高，我国城乡居民的恩格尔系数呈明显的下降趋势，且城镇居民恩格尔系数显著低于农村居民，这与城乡居民之间有明显的收入差距相一致。1978年，城乡居民的恩格尔系数分别为57.5%和67.7%，这意味着城乡居民不得不将近60%和超过2/3的总支出用于食品的支出，生活水平明显处于仅能维持生计的水平。2019年，这一系数分别下降至27.6%和30.0%，均有明显下降。

三、提高居民消费水平，改善居民消费结构

居民消费在总需求中所占的比例呈长期下降趋势，不利于我国宏观经济的稳定，使经济增长过于依赖投资和出口，总需求结构具有不协调性、不可持续性。为了改善宏观经济运行的质量和经济增长的效果，应当采取必要的措施，逐步提高居民消费水平及其在总需求中的比例。满足人民群众各方面的消费需求，这是社会主义生产的根本目的所要求的。

为了提高居民消费水平，首先要增加居民收入。在经济总量保持持续较快增长的同时，提高居民收入在国民收入中的比例。消除市场垄断因素，加强企业竞争和对资本市场的规制，引导企业通过工资和红利等形式，将更多的收入和利润分配给居民。政府应当提高行政效率，降低运行成本，减少政府收入在国民收入中的比例，提高政府支出中用于民生项目的比例。

其次，要改善收入分配状况。在居民收入水平既定的情况下，收入分配差距越大，居民消费的数量往往越低。因此，应当完善国民收入初次分配、再分配和三次分配制度，对居民收入分配差距进行积极、有效的调节，提高劳动收入在初次分配中的比例，缩小收入差距，以提高消费倾向，增加居民消费占居民收入的比例。

最后，政府应完善社会保障体系，提高社会保障水平，降低居民出于谨慎性动机所进行的储蓄，增加现期消费。目前我国居民储蓄率较高，部分原因在于社会保障体系尚不健全，保障水平较低，居民出于未来养老、医疗和教育等方面支

出的考虑，减少当期消费，增加储蓄。更为健全的社会保障体系有助于居民消除这方面的顾虑，增加消费支出。

消费结构是引导产业结构升级的重要动力。从我国居民消费结构来看，满足基本生活需要的支出仍占较大的比重，这在一定程度上不利于我国产业结构的调整和升级。为了改善居民消费结构，应当保持居民收入水平持续较快增长。除此之外还应做到以下几点：首先，政府要提供必要的软硬件基础设施，为消费结构升级提供良好的外部环境。道路交通和网络设施的建设，可以为降低运输成本、转变消费方式和消费结构提供有力的支持。其次，政府应当鼓励企业进行创新，为创新型产品提供切实有效的保护，尤其是对知识产权进行保护，打击“山寨”行为，使实现创新的企业在一定时期和一定范围内获得超额利润，从而为创新活动提供充分的激励。最后，政府应当加强市场监管，引导和制定行业标准与产品规范，淘汰劣质产品，提高产品的质量，保障产品的安全性，这也有助于促进居民消费结构升级。

第四节　居民的储蓄与投资

一、居民的储蓄、投资和资产

储蓄是居民当期收入中未消费的部分。在收入既定的情况下，储蓄和消费是同时决定的。居民将其储蓄投资于金融资产、实物资产与人力资本，形成居民持有的各类资产，因此，储蓄是流量，由此积累而成的资产则是存量。储蓄投资会为居民带来相应的收益，但同时也要承受资产价格波动的风险。

居民将储蓄运用于不同的资产形式，由此形成居民的投资。居民可以以直接或间接的方式从事投资活动。直接投资是指通过直接购买生产资料投入生产，以获取相应的利润。间接投资是指通过购买各种有价证券，以获得相应的利息和股息等收入。

居民投资的形式主要包括金融投资、实物投资和人力资本投资三种类型。金融投资包括现金、存款、债权、债券、股票、保险产品、理财产品及其他有价证券和权属证明的增加量。实物投资包括居民持有的住房和生产资料等实物资产的增加量。另外，居民还可以通过教育和培训等形式，对自身及家庭成员的人力资本进行投资。

居民投资来自储蓄，即居民未用于消费的可支配收入。投资形成的各类资产可以获得相应的回报，这构成了居民的财产性收入。在我国以按劳分配为主、多种分配方式并存的分配制度下，财产性收入是劳动报酬或工资性收入的重要补充。各种资产市场的开放和完善与居民积极从事各项投资活动，有利于提高资金运转和资源配置的效率，也有利于居民分享经济增长和社会发展的成果。

图 4 -4 是近些年来我国几种代表性的金融资产的变化情况。截至 2018 年，

我国金融机构中的个人存款为72.17万亿元，股票市场的流通市值为35.38万亿元，保险公司运用的资金总额为16.41万亿元。储蓄存款仍是居民进行金融投资的主要方式，但投资于股票和保险的资金数量在迅速增加。与2005年相比，2018年个人存款增加了5.11倍，而股票市值和保险公司运用的资金分别增加了33.38倍和11.64倍。这表明我国居民的投资方式和投资渠道越来越多样化。

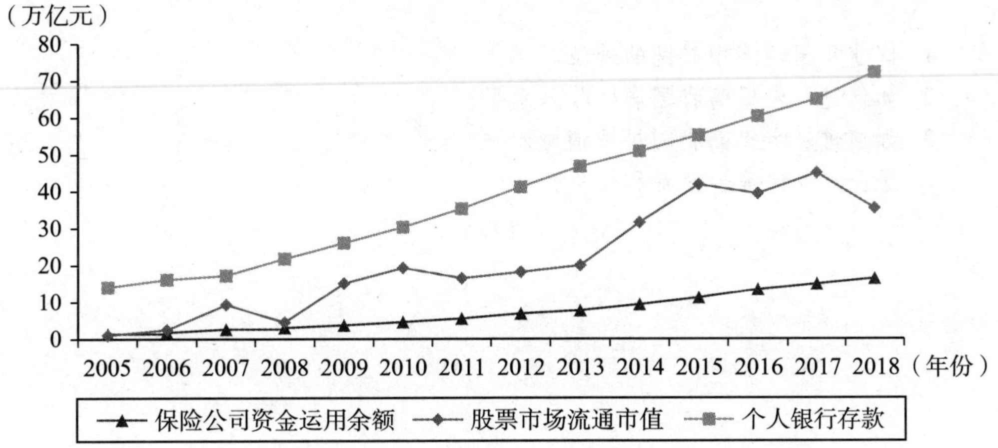

图4－4　2005～2018年我国主要金融资产的变化

资料来源：《中国统计年鉴2019》。

二、居民的投资决策

居民根据不同资产的风险收益特征与自身对风险的偏好，将储蓄配置于不同的资产形式，这也被称为资产选择。资产的收益率可以用内含报酬率来衡量。内含报酬率是指能够使该项资产未来收益的现值之和与该项资产的当前价格相等的贴现率。资产的收益率可以分为名义收益率和实际收益率，前者未考虑通货膨胀的因素，而后者考虑了通货膨胀对资产收益的影响。

资产的流动性也是影响居民资产选择的重要因素。资产的流动性是指将某一资产转换为可以用于交易的货币时的方便程度。这一转换越便捷，所需付出的成本越低，则该资产的流动性越高。现金本身就是可以用于交易的货币，因而流动性最强。银行储蓄流动性也较强，随着网上银行和手机银行等电子支付手段的普及，可以越来越便捷地用作支付手段，因而被列为准货币。居民持有的债券、股票、保险和理财产品等金融资产，流动性相对较差，住房和实物资产的流动性则更差。

除上述因素以外，政府政策也会影响居民的资产选择。比如政府可以对不同的资产收益规定不同的税率，从而影响居民投资该资产获得的实际收益，进而影响居民对该资产的投资选择。政府也可以对不同的资产征收不同的资产税和流转税，从而影响资产的持有成本和交易成本，这也会影响居民的资产选择。政府影响居民资产选择的另外一种重要的工具是对利率的调节。政府调节利率时，会对无风险或低风险资产（如银行储蓄和政府债券等）的收益率产生直接的影响，从而改变各种资产的相对收益，使居民改变自己的资产组合，调整资产结构，进而对不同资产的价格产生影响。

思考题：

1. 试述我国经济中居民的地位。
2. 如何进一步提高我国居民收入水平？
3. 如何进一步提高我国居民消费水平？
4. 居民应如何理性消费和投资？

第五章

中国经济中的企业

教学目的和要求

学习和掌握中国特色现代企业理论，深入了解企业组织、企业制度、企业运营机制的基本知识，深刻认识国有企业改革和国有资产管理体制改革的必要性和改革的基本思路，正确理解混合所有制改革和发展混合所有制经济对壮大国有经济的意义和作用，提高分析和解决企业改革、企业发展、企业运营中提出的重大理论和实际问题的能力。

教学要点

1. 企业的性质和目标。
2. 企业制度的演变和中国特色现代企业制度及其结构。
3. 国有企业的地位和国有企业改革的基本原则。
4. 完善国有资产管理体制的基本原则和措施。
5. 集体企业的性质和特点。
6. 非公有制企业是社会主义市场经济的重要组成部分。

企业是国民经济的细胞，是社会主义市场经济中重要的微观经济主体，是社会生产力的重要载体。企业制度和经营状况关系到国民经济的发展速度和质量。经过新中国成立特别是改革开放以来几十年的发展，到2019年底，我国已有企业3858万户，个体工商户8261万户。这些市场主体是我国经济活动的主要参与者、就业机会的主要提供者、技术进步的主要推动者，在国家发展中发挥着十分重要的作用。①

① 习近平：《在企业家座谈会上的讲话（2020年7月21日）》，人民出版社2020年版。

第一节 企业目标、企业制度与企业家

一、企业的性质和目标

企业是社会经济活动的主体，是商品和劳务的生产经营单位，是构成社会经济秩序和从事社会生产与交换活动的基本经济组织，是宏观经济活动的微观基础。在现代市场经济条件下，企业是最重要的市场主体。市场主体的经济活动既要符合市场规律的要求，也要适应经济调控的目标。市场主体的组织形式和行为方式合理与否，反映着市场秩序是否规范，决定着市场调节和政府干预是否有效。所以深入研究和认识企业的性质、组织形式、行为目标以及行为方式，对于健全市场体系、规范市场秩序、加强市场监管、完善市场经济体制具有十分重要的意义。

企业的性质是指企业作为经济组织所具有的根本属性与本质特征，企业目标是指企业为自己设定的在未来一定时间内所要追求和达到的预期状态，是企业经营理念的集中体现。企业目标的形成受企业的所有制性质、所处行业领域特征、外部市场发展状况以及社会经济条件等多方面因素的影响，其中所有制性质是决定性的因素。

在社会主义市场经济中，企业的目标有经济目标与社会目标两大类。

企业的经济目标是企业基于对经济效益的追求而设定的目标，主要有利润最大化、市场份额最大化等，其中利润目标是主要目标。为保证自身的生存与可持续发展，企业必然要追求和实现经济效益的最大化。企业追求和实现经济效益最大化的主要途径是改进技术、提高经营管理水平、增强创新能力、扩大经营规模、增强竞争实力等。

企业的社会目标是企业为承担必要的社会责任而设定的目标。企业的社会责任包括企业对员工的责任、对消费者的责任、对所在地区的责任、对国家和人民的责任等。企业员工是企业实现利润目标的决定性要素，是企业生存与发展的最重要的人力资源条件，企业对员工承担责任，就是要保证员工获得与其劳动付出相一致的劳动报酬，确保员工合理的物质和精神需求的满足，保证员工自身发展需求的实现，如提供医疗、失业、养老保险，以及提供所需的技术培训与进修机会等。消费者是企业生产的消费品的购买者，企业提供的消费品必须符合消费者的需要，企业必须承担对消费者的责任，否则企业的生产就失去了目标。

企业不能以利润作为单一目标，同时还要对其产品和服务的质量、安全、实用等承担责任。企业应当树立正确的道德观，杜绝狭隘的功利主义，以合理的价格为消费者提供产品与服务。企业对国家和所在地区的责任体现为企业的生产与经营活动对区域经济和社会的发展发挥积极推动作用，当企业的经营活

动对所在地区的环境和社区生活造成负面影响时，要积极采取措施消除影响，包括对空气、土壤、水污染的治理，以及对自然景观、人文景观、地下河以及地上自然资源的保护等。企业对国家的责任主要表现为守法经营，积极履行纳税义务。

二、企业制度的演变与中国特色现代企业制度

企业制度是关于企业的组织架构、治理结构、经营管理等制度规范的总称。企业制度是在特定的政治经济环境与历史条件下形成的，经历了由单一业主制、合伙制、股份制向现代企业制度不断演变的过程。

企业制度的演变与现代企业制度

现代企业制度是以市场经济为基础，以企业法人制度为主体，以公司制度为核心，以产权清晰、权责明确、政企分开、管理科学为主要内容的新型企业制度。

产权与产权制度是现代企业制度的核心内容和基础性制度安排，构建和完善现代企业制度，必须着力加强产权制度建设。在社会经济活动中，人们会围绕生产资料及其他各种财产形态的占有形成各种经济关系，其中以生产资料占有为核心形成的经济关系是最重要的经济关系，居支配地位的生产资料所有制的性质决定着社会经济制度的性质。生产资料所有权，亦即产权，是生产资料所有制在法律制度上的体现，它包括人们围绕生产资料及其他财产形态所形成的所有权、占有权、支配权、使用权、收益权和处置权。产权制度是划分、界定、实施、保护和调节产权，确认和处理产权主体责、权、利关系规则的基础，功能是巩固和规范市场主体的财产关系，约束市场行为，维护市场秩序，保证市场经济正常运行。产权制度的根本要求是在产权关系上做到“归属清晰、权责明确、保护严格、流转顺畅”。归属清晰就是各类产权的最终所有者得以准确界定并为相关的法律程序所认定；权责明确就是产权在各种形式如租赁、售卖、转让、合并等运营或流动中各相关主体权利到位，责任落实；保护严格就是产权归属一经准确界定并依法明确认定，就具有了排他性，并受到法律的严格保护，其他任何主体不可随意侵犯；流转顺畅就是产权主体有动力并有权按照自己的意愿配置其权利，包括使用的方向、数量及权利的让渡等。在市场经济条件下，市场主体只有拥有产权，才能获得经济利益，为了获取更多的经济利益，市场主体会尽可能谋求拥有更多的产权，追求产权因而成为各类市场主体积极参与市场竞争、努力创新、创造性地开展生产经营活动的强大动力。产权制度一经确立，就成为一切积极主动和富有创造性的经济行为发生的基础，成为经营行为得以有效约束和经营责任得以有效维护的基础，也成为市场机制提高资源配置效率的基础。

公司制度是现代企业制度的核心。现代企业制度实行法人治理结构，其结构如图 5－1 所示。在公司中，以股东大会为最高权力机构，下设董事会、监事会对企业经营决策与权力监督负责，经理层及其他下属部门负责具体决议的执行与企业日常经营活动。

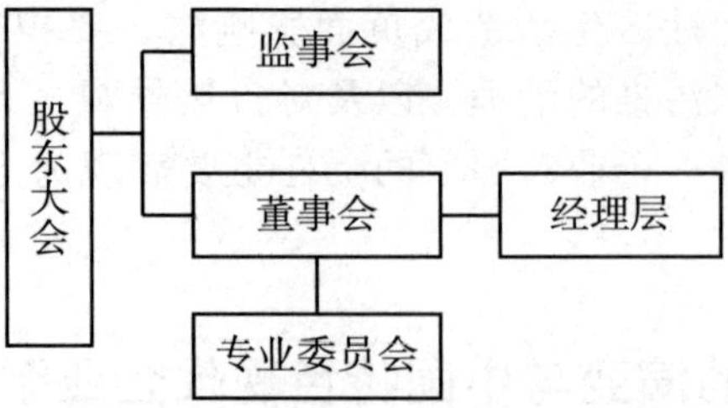

图5－1　现代公司制度的结构

股东大会由公司的全体股东组成，是公司的最高权力机构。董事会由股东大会任命的全体董事组建而成，对股东大会负责，是公司制企业中的决策机构。监事会是现代公司制企业内部的常设机构，其监事主要由股东选举产生，此外，我国《公司法》还规定监事会成员必须包括由职工代表大会等形式选举产生的职工代表，董事以及公司内部高级管理人员则不得兼任监事，以保证监事会行使职能的独立性、公正性。经理层是公司日常经营与管理活动的组织者、执行者。经理对董事会负责，由董事会授权行使其职能并执行董事会的决议。

在我国，企业改革的目标是建立和完善中国特色现代企业制度。2016 年 10 月，习近平在全国国有企业党的建设工作会议上指出，中国特色现代国有企业制度，“特”就特在把党的领导融入公司治理各环节，把企业党组织内嵌到公司治理结构之中，明确和落实党组织在公司法人治理结构中的法定地位，做到组织落实、干部到位、职责明确、监督严格。

三、企业家和企业家精神

企业家是指有专长、有成就的企业经营管理者、组织者。在现代企业中，企业家大体分为两类：一类是企业所有者企业家，这类企业家既是生产资料的所有者同时又是企业的经营管理者；另一类是受聘于所有者的职业企业家，这类企业家也被称为职业经理人。

在我国社会主义市场经济中，企业家在企业发展中具有重要地位和作用。改革开放以来，一大批有胆识、勇于创新的企业家茁壮成长，形成了具有鲜明时代特征、民族特色、世界水准的中国企业家队伍。在新时代，面对世界百年未遇之大变局，企业家要带领企业战胜前进中的困难，走向更辉煌的未来，就要弘扬企业家精神，在爱国、创新、诚信、社会责任和国际视野等方面不断提升自己，努力成为新时代构建新发展格局、建设现代化经济体系、推动高质量发展的生力军。

第一，增强爱国情怀。企业营销无国界，企业家有祖国。优秀企业家必须对国家、对民族怀有崇高使命感和强烈责任感，把企业发展同国家繁荣、民族兴盛、人民幸福紧密结合在一起，主动为国担当、为国分忧。爱国是近代以来我国优秀企业家的光荣传统。改革开放以来，我国也涌现出一大批爱国企业家。企业家爱国有多种实现形式，但首先是办好一流企业，带领企业奋力拼搏、力争一流，实现质量更好、效益更高、竞争力更强、影响力更大的发展。

第二，勇于创新。创新是引领发展的第一动力。企业家创新活动是推动企业创新发展的关键。改革开放以来，我国经济发展取得了举世瞩目的成就，这同广大企业家大力弘扬创新精神是分不开的。创新就要敢于承担风险。敢为天下先是战胜风险挑战、实现高质量发展特别需要弘扬的品质。企业家要做创新发展的探索者、组织者、引领者，勇于推动生产组织创新、技术创新、市场创新，重视技术研发和人力资本投入，有效调动员工创造力，努力把企业打造成为强大的创新主体。

第三，诚信守法。社会主义市场经济是信用经济、法治经济。法治意识、契约精神、守约观念是现代经济活动的重要意识规范，也是信用经济、法治经济的重要要求。企业家要做诚信守法的表率，带动企业和全社会道德素质和文明程度的提升。

第四，承担社会责任。企业既有经济责任、法律责任，也有社会责任、道德责任。任何企业存在于社会之中，都是社会的企业。只有真诚回报社会、切实履行社会责任的企业家，才能真正得到社会认可，才是符合时代要求的企业家。

第五，拓展国际视野。有多大的视野，就有多大的胸怀。改革开放以来，我国企业家在国际市场上锻炼成长，利用国际国内两个市场、两种资源的能力不断提升。企业家要立足中国，放眼世界，提高把握国际市场动向和需求特点的能力，提高把握国际规则的能力，提高开拓国际市场的能力，提高防范国际市场风险的能力，带动企业在更高水平的对外开放中实现更好发展，促进国内国际双循环。

习近平在企业家座谈会上的讲话

第二节　公有制企业

公有制企业是社会主义市场经济的根本基础，巩固和发展公有制企业，是坚持和发展中国特色社会主义的重要保证。公有制企业主要包括国有企业和集体企业。

一、国有企业

（一）国有企业的含义

在我国，国有企业也称全民所有制企业，是指由国家代表全体人民投资建立的生产经营单位。国有企业包括由中央政府和地方政府投资和控制的企业。国有企业兼具营利性法人和公益性法人的特点，其营利性体现为追求国有资产的保值和增值，其公益性体现为实现国家宏观调控目标、提供公共服务、保障和改善民生。国有企业是以国家所有制为基础建立的企业组织，国家所有制是社会主义全民所有制的重要实现形式。在国家所有制条件下，劳动者与归全民所有的生产资料结合在一起，国家所有制体现了全体人民根本利益的一致性。

在社会主义市场经济中，国有企业具有双重属性。作为生产资料全民所有的载体，国有企业属于全民所有，是推进国家现代化、保障全体人民共同利益的重要力量，是社会主义事业发展的重要物质基础和政治基础。作为企业法人组织，国有企业是独立的市场主体，具有自身的物质利益，必须适应社会主义市场经济的规律，在市场竞争中发展壮大，实现国有资本保值和增值。

（二）国有企业的地位

国有企业是社会主义制度的经济基础。国有企业主要集中于能源、交通、通信、金融、基础设施和支柱产业等关系国民经济命脉的重要行业和关键领域。国有企业的存在为社会主义经济制度的确立和巩固发展奠定了坚实基础，使人民生活水平的提高有了强大的物质保证。

国有企业是国家引导、推动、调控国民经济和社会发展的基本力量。发展和壮大国有企业，有利于实现宏观经济稳定运行，有利于实现产业升级换代，有利于提供公共产品和服务，有利于引导集体经济和非公有经济健康发展，有利于个人利益与社会利益的平衡、消除两极分化、实现共同富裕。

国有企业是增强综合国力、提升国家竞争力的重要保障。国有企业具有经营规模大、技术创新能力强、管理水平高、社会责任感强的突出优势，有助于国家实施创新驱动发展战略，有助于保持国家对关键行业和领域的控制力，有利于集中优势资源推动实现技术重大突破，也有利于国家统筹国内和国际两个市场，切实保障国家经济安全和国家竞争力的提高。

习近平总书记在2016年10月10日至11日举行的全国国有企业党的建设工作会议上强调，国有企业是中国特色社会主义的重要物质基础和政治基础，是我们党执政兴国的重要支柱和依靠力量。坚持党的领导、加强党的建设，是我国国有企业的光荣传统，是国有企业的“根”和“魂”，是我国国有企业的独特优势。新中国成立以来，国有企业发展取得了巨大的成就，为我国经济社会发展、科技进步、国防建设、民生改善做出了历史性贡献。

（三）国有企业改革的基本原则

在计划经济体制下，国有企业的活力和潜力没有得到充分发挥，所以必须改革。

从1978年开始，我国国有企业改革经历了扩大企业经营自主权、企业制度创新和结构调整、以国有资产管理体制改革推动国有企业改革等阶段，取得了重大进展，但面对新时代新要求，进一步深化国有企业改革仍然是一项重要任务，不仅关系到国有企业自身发展，也关系到供给侧结构性改革的顺利推进，关系到经济社会发展全局，关系到党的执政基础。

深化国有企业改革需要坚持以下原则：

第一，坚持和完善公有制为主体、多种所有制经济共同发展的所有制结构。深化国有企业改革必须毫不动摇地巩固和发展公有制经济，毫不动摇地鼓励、支持、引导非公有制经济发展，要坚持公有制主体地位，发挥国有经济主导作用，积极促进国有资本、集体资本、非公有资本等交叉持股、相互融合，推动各种所有制资本取长补短、相互促进、共同发展。

第二，坚持社会主义市场经济改革方向。国有企业改革要遵循市场经济规律和企业发展规律，坚持政企分开、政资分开、所有权与经营权分离，坚持权利、义务、责任相统一，坚持激励机制和约束机制相结合，促使国有企业真正成为依法自主经营、自担风险、自我约束、自我发展的独立市场主体。社会主义市场经济条件下的国有企业，要成为自觉履行社会责任的榜样。

第三，坚持增强活力和强化监管相结合。增强活力是搞好国有企业的本质要求，加强监管是搞好国有企业的重要保障，要切实做到两者的有机统一。继续推进简政放权，依法落实企业法人财产权和经营自主权，进一步激发企业活力、创造力和市场竞争力。进一步完善国有企业监管制度，切实防止国有资产流失，确保国有资产保值增值。

第四，坚持党对国有企业的领导。坚持国有企业改革的社会主义方向必须加强党的领导。加强党对国有企业的领导，就是要从制度上确保国有企业不变质，使国有企业真正成为保障全体人民共同利益的重要力量，成为党和国家事业发展的牢固物质基础和政治基础。加强党对国有企业的领导，就是要充分发挥企业党组织政治核心作用，加强企业领导班子建设，创新基层党建工作，深入开展党风廉政建设，坚持全心全意依靠工人阶级，维护职工合法权益，为国有企业改革发展提供坚强有力的政治保证、组织保证和人才保障，有力推动国有企业沿着正确的政治方向改革和发展。

（四）分类推进国有企业改革

对国有企业进行功能界定与分类，有助于根据不同类型国有企业的特点，有针对性地推进各项改革。根据国有资本的战略定位和发展目标，结合不同国有企业在经济社会发展中的作用、现状和发展需要，国有企业可分为竞争型商业类、战略型商业类、公益类三种类型。

1. 竞争型商业类国有企业的改革

竞争型商业类国有企业是主业处于充分竞争行业和领域的商业类国有企业。该类企业原则上都要实行公司制股份制改革，积极引入其他国有资本或各类非国有资本实现股权多元化，国有资本可以绝对控股、相对控股，也可以参股，着力推进整体上市。对竞争型商业类国有企业应重点考核经营业绩指标、国有资产保值增值和市场竞争力，提升企业价值创造能力和核心竞争力。另外，还应要求企业在追求经济效益最大化的同时兼顾社会效益。

2. 战略型商业类国有企业的改革

战略型商业类国有企业是指主业处于关系国家安全、国民经济命脉的重要行业和关键领域，主要承担重大专项任务的商业类国有企业。由于其所处行业的特殊性，该类国有企业要以保障国家安全和国民经济运行为目标，重点发展前瞻性战略型产业，实现经济效益、社会效益与安全效益的有机统一。战略型商业类国有企业改革，要保持国有资本控股地位，积极推进股权多元化改革。实行国有全资的企业，要积极引入其他国有资本，实现股权多元化；实行国有控股的企业，要支持非国有资本参股。对处于自然垄断行业的企业，要实行以政企分开、政资分开、特许经营、政府监管为主要内容的改革，根据不同行业特点实行网运分开、放开竞争性业务，促进公共资源配置市场化。

3. 公益类国有企业的改革

公益类国有企业以保障民生、服务社会、提供公共产品和服务为主要目标。该类企业必要的产品或服务价格由政府调控，但是要引入市场机制，根据政府要求和社会发展需要，提高公共服务效率和能力。公益类国有企业大多采用国有独资企业或国有资本绝对控股企业的形式。具备条件的可以推行投资主体多元化，也可以通过购买服务、特许经营、委托代理等方式，鼓励非国有企业参与经营。公益类国有企业以更好地提供公共产品和公共服务为导向，重点考核在合理成本条件下公益性业务的完成情况。对提供公共产品和公共服务造成的政策性亏损，应在客观评价的基础上给予补偿，保证企业可持续发展。

（五）公司制股份制改革

深化公司制股份制改革是目前国有企业改革的首要任务。建立现代企业制度是国有企业改革的核心任务。现阶段改革的重点是加大集团层面公司制改革力度。通过引入其他国有资本、集体资本、民营资本、外资等参与国有企业股份制改革，实现股权多元化。对国有全资公司，可以积极引入其他国有资本。实现股权多元化有利于产生资本聚集效应，有利于不同投资者在技术、管理、资源、文化等方面取长补短、优势互补，有利于形成有效制衡、运转协调的公司治理结构。

国有企业改制上市是推动国有企业改革的重要途径。公司上市可以实现直接融资，引入外部资本市场压力，推动企业内部经营机制转换，有利于形成有效的公司治理结构，提高公司知名度和品牌效应，开拓市场、吸引人才，提高经营管理水平。

探索国有资本转化为优先股和国家特殊管理股制度。实行优先股和国家特殊管理股制度，可以放大国有资本功能，为在特定领域内保持国有资本的带动力、影响力、控制力提供制度保障。

（六）健全公司法人治理结构

公司治理主体要各司其职，依法依规履行董事会的决策权、监事会的监事权、经理层的经营管理和执行权，充分发挥党组织的政治核心作用。

（七）完善国有资产管理体制

以管资本为主推进国有资产监管机构职能转变，是完善国有资产管理体制的基本原则。以管资本为主加强国有资产监管，就是要切实转变政府职能，推动政企分开、政府公共职能与国有资产出资人职能分开；科学界定国有资产出资人监管边界，推进所有权和经营权分离，不干预企业经营自主权；国有企业作为独立市场主体，享有经营自主权，对直接出资企业依法履行出资人职责。具体做法是：第一，国有资产监管机构要准确把握依法履行出资人职责的定位，科学界定国有资产出资人监管的边界，建立监管权力清单和责任清单，实现以管企业为主向以管资本为主的转变。第二，以管资本为主改革国有资本授权经营体制。第三，以管资本为主推动国有资本合理流动、优化配置。第四，以管资本为主推进经营性国有资产集中统一监管。稳步将党政机关、事业单位所属企业的国有资本纳入经营性国有资产集中统一监管体系，加强国有资产基础管理，建立覆盖全部国有企业、分级管理的国有资本经营预算制度。

二、集体企业

集体企业是集体所有制企业的简称，我国集体企业分为城镇集体企业和乡村集体企业。

（一）集体企业的性质和特点

集体企业是我国公有制经济中集体所有制经济的实现形式。兴建集体企业主要采取集资办厂或企业与地方自筹资金的方式，这就克服了资金短缺的困难。集体企业生产轻工业产品较多，所以生产周期较短，投资回收较快。集体企业实行独立经济核算，自负盈亏，企业经营好坏与职工自身利益紧密地联系在一起，必须根据市场变化，灵活经营和主动为用户服务，以争取用户的信任，打开销售渠道。

（二）集体企业的作用

作为我国公有制经济的重要组成部分，集体企业的发展和壮大有助于增强公有制的实力和巩固公有制的主体地位，有助于发挥对个体、私有制企业坚持社会主义方向的引导作用，集体企业是社会主义物质文明和精神文明建设的重要阵地。

集体企业上交的税金是国家财政收入的一个重要来源，在不少地方已成为财政的重要支柱，而乡镇集体企业还为增加农业投入、兴办农村社会事业提供了资金，从而减轻了农民负担。

集体企业具有规模小、投资少、经营灵活、适应市场能力强等优点，广泛存在于农业、工业、商业、服务业等领域，有利于扩大城乡就业。城镇集体企业可以安置城市中的大批剩余劳动力，而乡村集体企业则可以吸收农村中的大量剩余劳动力。

随着社会主义市场经济的发展，我国兴起了一些新型集体企业，特别是在农村兴办的农民专业合作社是市场经济条件下发展适度规模经营、发展现代农业的有效组织形式，有利于提高农业科技水平、提高农民科技文化素质、提高农业综合经营效益，要积极扶持、鼓励各地因地制宜探索不同的专业合作社模式。

第三节 非公有制企业

一、非公有制企业的含义

非公有制企业是指除公有制企业以外的其他所有制经济成分的企业。在我国现阶段，非公有制企业包括个体企业、私营企业，以及中外合资经营企业、中外合作经营企业、外商独资企业等。非公有制企业是社会主义市场经济的重要组成部分，发展非公有制企业是健全和完善社会主义市场经济体制的重要途径。

二、个体、私营企业

（一）个体企业

个体企业是由业主个人出资兴办，由业主自己直接经营的企业。除依法缴纳税收外，业主个人享有企业的全部经营所得，同时对企业的债务负有完全责任。个体企业一般规模较小，内部管理机构简单。个体企业主要存在于城乡的手工业、农业、商业、交通运输业和服务行业中，由零售商店、注册医师、注册律师、注册会计师、家庭农场等组成。个体企业经营者与所有者合二为一，经营方式灵活、决策迅速，但多数个体企业本身财力有限，难以做大做强。个体企业具有规模小、投资少、容易建立的特点，便于个人创业，增加就业机会。

（二）私营企业

私营企业指由自然人投资设立或由自然人控股，以雇佣劳动为基础的营利性经济组织。我国的私营企业分为私营有限责任公司、私营股份有限公司、私营合伙企业和私营独资企业。

现阶段私营企业的职工既是雇佣劳动者，又是国家的主人。社会主义条件下的私营企业职工和公有制企业职工一样都是工人阶级的组成部分，他们也是国家的主人和社会的主人，不仅享有法律赋予的权利，还肩负着建设社会主义国家的重任。

私营企业能够弥补国有经济和集体经济之不足，有利于满足国家建设和人民生活多层次、多方面的需要；可以把社会上闲置的资金、技术和劳动力充分有效地运用起来，变成现实的生产力，促进生产的发展，增加社会财富；能够开发和利用地方资源优势，发展对外贸易；为农村地区的生产从劳动密集型向技术密集型转化提供了一条重要的途径，对农业生产及其技术发展起了推动作用，促进了在专业化基础上手工业、工业、建筑业、服务业等行业的全面发展，进而促进了农村地区产业结构和社会结构的变化；可以生产大量物质产品和服务产品，从而满足人民群众多方面的需要；可以扩大就业，减轻国家安排就业的负担和压力。改革开放以来，我国私营经济增长速度快，已成长为国民经济中的重要力量。

三、外资企业

外资企业是外商投资企业的简称，是指依照中华人民共和国法律的规定，在中国境内设立的，由中国投资者和外国投资者共同投资或者仅由外国投资者投资的企业。其中，中国投资者包括中国的企业或者其他经济组织，外国投资者包括外国的企业和其他经济组织或者个人。我国的外资企业分为中外合资经营企业、中外合作经营企业和外商独资企业。

改革开放以来，我国积极吸收和引进国外的资金、技术和先进管理经验，取得了显著成效。外商投资企业对推动我国国民经济的发展发挥了积极作用。

外资企业能够带来先进技术，有助于提升我国技术水平，增强我国企业自主技术创新能力；有助于引进国外投资方的管理制度和管理方式，对提高企业管理水平可以起到立竿见影的效果；能够带来经营经验，加速中国企业的国际化进程；能够促进外贸事业的发展，促进外贸的迅速扩大；有利于增加就业，在一定程度上缓解我国的就业压力问题。

第四节　混合所有制企业

一、混合所有制企业的含义和性质

混合所有制企业是指由不同所有制经济联合或由不同出资者投资而形成的企业。国有资本、集体资本、非公有资本等交叉持股、相互融合的混合所有制经济，是基本经济制度的重要实现形式，有利于国有资本放大功能、保值增值、提高竞争力。

改革开放以来，我国已逐渐建立起公有制为主体、多种所有制经济共同发展的所有制结构，混合所有制经济是这样的所有制结构的重要实现形式，而混合所有制企业又是混合所有制经济的重要实现形式。对于混合所有制企业的性质，应当根据其所包含的经济成分的性质及其各占比重来进行具体分析。在以公有制性质的经济成分占主导地位的混合所有制企业内，以公有制为基础的生产关系成为居主导地位的生产关系，这样的混合所有制经济属于公有制经济的范畴；而在非公有制经济成分占主体地位的混合所有制企业内，国有资本与集体资本处于从属地位，该类混合所有制企业不属于公有制经济范畴。

在国有经济分布较为集中的关系国民经济命脉的重要行业与关键领域中，国有经济控股的混合所有制企业保证了公有制经济的主体地位，同时非公有制经济也可以在一定程度上突破行业壁垒，得以进入一些国有企业相对垄断的行业并在其中取得一定的发展空间。而在一般竞争性领域，混合所有制的发展一方面为国有企业注入了活力，使其可以通过较少量的国有资本带动大量非国有资本，在“量”上通过控股放大国有资本的支配范围，在“质”上通过重组等方式使原先发展不足、效益不高的企业提高了竞争力，巩固和发展了国有经济，保证了公有制经济的主体地位；另一方面，集体企业、民营企业等在与国有企业的融合过程中，也可以借助国有企业的资源优势将企业做大做强，扩大其原有产业规模，促进企业的发展。我国公有制经济与非公有制经济各有优势，发展混合所有制可以在保证公有制主体地位的同时，实现公有制经济与非公有制经济相互融合、取长补短、共同进步，既有助于各种所有制经济相互合作、共同发展，还能够较好地适应社会化大生产的要求，提高资源配置效率。

总之，混合所有制经济有利于国有资本、集体资本放大功能、保值增值、提高竞争力，有利于各种所有制资本取长补短、相互促进、共同发展，积极发展混合所有制经济是新形势下坚持公有制主体地位，增强国有经济竞争力、创新力、控制力、影响力、抗风险能力的有效途径和必然选择。

二、混合所有制企业的作用

我国对混合所有制的探索经历了不断深化、不断完善的过程，经过不懈的探索，终于在理论与实践结合上逐渐探索出一条发展混合所有制企业的道路。习近平指出，“要积极发展混合所有制经济，强调国有资本、集体资本、非公有资本等交叉持股、相互融合的混合所有制经济，是基本经济制度的重要实现形式”①，并强调了混合所有制经济在我国社会主义市场经济体制中的重要地位与作用，从而为推动国有企业改革进一步深化、为发展和壮大国有经济指明了方向。

实践证明，发展混合所有制企业对壮大中国特色社会主义经济具有重要作用。

第一，有利于增强国有经济稳定国民经济的能力和促进市场公平竞争的能力。基础性行业具有建设及维护投资大、回收期长、对人民日常生活与国民经济稳定运行影响大的特点，在这些行业中以国有企业为主发展混合所有制，有利于放大国有资本功能，有助于增强国有经济活力、控制力、影响力，维持国民经济稳定运行。同时，国有企业通过发展混合所有制，吸收民营企业入股，可以在行业中通过兼并、重组等方式使不同所有制资本相互融合，取长补短，共同发展，在一定程度上避免过多竞争主体在市场中进行无序与恶性竞争，客观上起到规范市场秩序、维护公平竞争的作用。

第二，有利于增强国有经济提高国家竞争力的能力和维护国家经济安全的能力。发展了混合所有制的国有企业既拥有了更为雄厚的资金实力，又建立起科学的经营管理机制，由此可以使国有企业竞争力普遍提高，进而带来国家竞争力的提高，并增强国有经济维护国家经济安全的能力。

---

① 习近平：《关于〈中共中央关于全面深化改革若干重大问题的决定〉的说明》，引自《中共中央关于全面深化改革若干重大问题的决定》，人民出版社2013年版。

第三，有利于扩大民营经济的发展空间。随着混合所有制改革在这些自然垄断和战略性行业的推进，产业链中一些带有竞争性质的环节被放开，民营资本进入这些带有竞争性质的环节，获得了更大的经营范围和更多的发展机遇，有力地促进了民营经济的发展。

第四，有利于扩大民营企业的经营规模。通过混合所有制，国有资本与民营资本交叉持股、相互融合，在扩大国有资本经营规模的同时，民营企业经营规模也相应地得到扩大，提高了民营企业的经营效率。

三、完善混合所有制企业治理结构

一要根据行业性质和特点的不同对股权结构进行分类安排。对于主业处于充分竞争行业和领域的商业类国有企业，需要在保证国有企业控制力的前提下，通过推动股权多元化进程，实现该领域国有企业的市场化改革，充分放大国有资本功能，提高经济效益。对于处于关系国家安全、国民经济命脉的重要行业和关键领域，主要承担重大专项任务的国有企业，在推进混合所有制改革时，应实行国有独资或控股的制度安排。对于公共交通、水电气热等提供公共产品与服务的行业领域中的公益类国有企业，在推进混合所有制改革与股权多元化时同样须根据不同的行业特征进行分类指导，在保证国有资本主导地位的前提下推进具备改革条件的企业实现投资主体多元化。

《国务院关于国有企业发展混合所有制经济的意见》

二要完善企业内法人治理结构。在混合所有制企业内，不同投资者主体与股东应当严格按照《中华人民共和国公司法》与本企业章程的规定平等地行使权利、履行义务，通过依法委派董事、监事并监督其工作来行使股东职权，对企业各类活动进行影响与监督。企业的法人治理结构必须要在保证法人所有权的完整以及企业利益相关者的切身利益的基础上，实现决策、监督、经营等职权的科学、合理、高效运用。

三要加强党的领导与建设。在发展混合所有制经济的过程中，要坚持党的建设与企业的发展同步开展，党的组织建设与企业的组织形式同步进行调整。要从党管干部、从严管党治党、加强对国有资本投资、明确党组织在公司法人治理结构中的法定地位等多个方面，把加强党的领导与完善公司治理统一起来，使党组织能够更准确、更有效地发挥出其领导核心作用与政治核心作用。

四要完善职业经理人制度。混合所有制企业应通过市场化方式选聘职业经理人，实行契约化管理，建立符合市场要求的激励约束机制，严格落实对职业经理人的任期管理与绩效考核，并加快建立退出机制。

五要探索发展企业员工持股制度。在混合所有制企业中推进员工持股，将企业内部重要工作人员自身的利益与企业的经营效益和发展状况紧密联系在一起，有利于进一步推动混合所有制企业股权结构多元化，从而形成国有股份、非国有股份与员工持股共同存在、共同作用的股权结构。

六要加强信用和资产评估机制与产权交易市场建设。首先，建立并完善集体经济、非公有制经济信用评估机制。其次，建立并完善国有资产评估机制。最后，完善产权交易市场建设，营造公平竞争的环境。

思考题：

1. 什么是企业？如何理解企业的性质？

2. 企业的目标是什么？企业目标是由什么决定的？

3. 什么是产权和产权制度？为什么说构建和完善现代企业制度必须加强产权制度建设？

4. 如何认识社会主义市场经济条件下企业家精神的内涵及企业家的地位和作用？

5. 如何理解国有企业在中国特色社会主义条件下的地位和作用？

6. 在深化国有企业改革中应该坚持哪些基本原则？如何理解？

7. 为什么要对国有企业进行分类改革？如何进行分类？结合国有企业改革实际加以说明。

8. 我国公有制企业和非公有制企业都有哪些类型？它们各自的特点是什么？

9. 如何实现国有资产管理从管企业为主向管资本为主的转变？

10. 如何发展和完善混合所有制企业？

第六章

中国经济中的农村、农业和农民

教学目的和要求

学习和掌握农村、农业、农民在中国经济中的重要地位，农村、农业改革的方向、措施和基本经验，农业经营方式转变与创新的理论逻辑、实践形式与发展方向，实施乡村振兴战略的重大意义和实现乡村全面振兴的基本路径。

教学要点

1. “三农”在中国经济中的重要地位和面临的问题。
2. 农村农业改革的基本经验。
3. 转变农业经营方式的理论逻辑与实践形式。
4. 实施乡村振兴战略是关系全面建设社会主义现代化国家的全局性、历史性任务。
5. 实现乡村全面振兴的基本路径。
6. 乡村振兴中的要素供给与资源配置方式。

中国经济中的农村、农业和农民问题，是改革开放和现代化建设中最重大的问题之一，关乎中国经济发展的前景和建成社会主义现代化强国、民族复兴宏伟目标的实现。其中农民问题处于中心地位。

第一节　“三农”在中国经济中的特殊地位和面临的主要问题

一、“三农”范畴的界定

“三农”是农村、农业、农民的简称。“三农”问题是指农村问题、农业问题以及农民问题。在“三农”问题研究中，农村、农业、农民分属于不同的研究层次，同时，围绕农民问题三者又紧密联系在一起。

农村既是空间概念，又是经济活动的主要载体。无论农民还是农业，都是在农村这一地域空间内存在。农村经济发展的好坏，外在表现为农村的住房、道路、环境等基础设施的优劣，内在决定于包括农业在内的农村各类产业发展状况。

农业是产业概念，是国民经济中具有基础性、战略性的产业。从三次产业分类看，农业属于第一次产业。在农业产业发展中，主要包括各类农产品的耕种、管理、收获、加工、销售等环节。

农民是身份概念，是社会主义市场经济的重要市场主体。在中国，农村土地集体所有制度以及城乡户籍制度，使得农民身份与农地是直接绑定在一起的。

在“三农”问题中，中心是农民。“三农”研究的出发点和落脚点是为了维护和保障广大农民的根本利益。当然，从农民利益出发研究问题，并不是要孤立地、静止地看待农民利益问题，而是要从国家发展战略的高度和经济发展现实需要出发，妥善处理国家利益、集体利益与农民利益的关系，以及城镇居民利益与农民利益的关系、资本利益与农民利益的关系等。

二、“三农”在中国经济中的特殊地位

几千年来，中华民族以农耕文明著称于世，在中国古代和近代的发展过程中，“三农”发展是整个经济社会发展的核心。中国古代社会朝代更替的根本原因之一是“三农”问题引发的社会矛盾激化。近代以来，特别是在新民主主义革命时期，广大农民是革命的主要力量。中国共产党正是真正代表最广大人民群众的根本利益，最终取得了新民主主义革命的胜利。

新中国成立后，面临复杂的国内外政治和经济发展形势，国家在实施重工业优先发展战略，逐步建立了独立的、比较完整的工业体系和国民经济体系的同时，不断加强“三农”工作，为新中国成立后的经济发展和社会稳定做出了巨大贡献。

1978 年，改革首先从农村开始，农村改革取得了重大突破，对全国改革开放和经济社会发展做出了重大贡献。在长期改革中，国家始终坚持把解决好农业、农村、农民问题作为工作的重中之重，2006 年在全国范围内取消了延续几千年的农业税。不仅如此，国家还提出我国总体上已进入以工促农、以城带乡的发展阶段，要坚持工业反哺农业、城市支持农村和“多予、少取、放活”的方针，持续加大对“三农”的支持力度。党的十八大以来，推进城乡统筹，实施乡村振兴战略，着力构建工农互促、城乡互补、全面融合、共同繁荣的新型工农城乡关系，成为“三农”问题的主旋律。

“三农”问题在我国经济中的特殊重要性集中表现在以下几个方面：

首先，农业是国民经济的基础，“三农”稳，中国稳。改革开放以来，我国粮食产量持续增加，确保了谷物基本自给、口粮绝对安全，从而为第二、第三产业发展和其他一切活动的开展奠定了基础。

其次，农村为城市发展提供劳动力支撑。我国城镇化快速发展是以产业快速发展为基础的，城市产业快速发展背后有大量农村进城务工人员保障劳动力供给，2019 年我国农民工总量达到 2.9 亿人。

再次，农民工及其市民化为农地经营权流转提供了可能。农民外出务工或者在城市定居，使得这些农户有了流转农地经营权的内在动机；农业科技水平的提升又为农地经营权流转提供了物质基础和技术保障。于是，种田大户、家庭农场、农业合作社等多种新型农业经营主体应运而生。

最后，农村建设用地整治为乡村产业发展和城镇化提供了土地供给保障。从理论上讲，城镇化是有利于土地资源集约利用的。在尊重农民意愿和经济发展规律的前提下，通过对农村建设用地进行合理整治和复耕，能够为乡村产业发展和城镇化建设提供必要的用地。

三、“三农”面临的主要问题

“三农”问题极其重要，但在发展中也面临诸多亟待解决的问题。具体表现在以下几个方面：

一是中国人多地少粮紧，农业生产压力大。我国人均耕地面积仅为 1.5 亩左右，不足世界平均水平的 40%。虽然我国的稻谷、小麦、玉米等主要粮食作物自给率超过了 98%，[①] 但是，粮食生产过程仍然存在耕地肥力透支较为严重、化肥农药施用量过大、单位农地劳动力投入较多、农产品供给无法跟上需求变化等问题。

二是农村资源和要素更多地向城市集中。农村发展动力偏弱，公共服务投入偏少，城乡发展差距较大。在现代经济发展过程中，从产业角度看，第一产业占 GDP 的比重在一定时期逐步下降，以至远低于第二、第三产业占 GDP 的比重，这是一种趋势。由于第一产业主要集中在农村，第二、第三产业主要集中在城市，所以在一定时期城市经济发展水平好于农村，这也是一种趋势。适应这样的趋势，在市场和政府的共同作用下，农村的劳动力、原材料等生产资源和要素不断向城市集中，是合乎规律的现象。生产要素从农村流向城市的结果，使城市发展产生了极化效应和虹吸效应。[②] 这种效应使得农村面临着日趋严峻的局面，主要表现在：农村青壮年劳动力外出务工，但老人和儿童仍需继续留在农村；农村集体经济发展滞后，农村基层组织的领导力、执行力和影响力难以有效提升。

三是农民数量多且收入较低，增收渠道偏少。我国农村人口数量多，一方面是指农村户籍人口总数要多于城市户籍人口数量，另一方面是指相对于单位农地所需劳动力而言，农村存在着较大数量的过剩人口。当前，随着机械化水平的提高，农业耕种已经主要不再依靠劳动力投入，农村人口向城市转移是必要的，也

---

① 国家统计局：《农业生产稳定增长　综合能力显著提高——十八大以来农业生产发展状况》，http://www.stats.gov.cn/tjsj/sjjd/201603/t20160304_1326842.html。

② 极化效应和虹吸效应在经济学研究中主要是指区域经济发展中形成的增长极对其周边资源、要素的吸引和集聚效应。这里的极化效应和虹吸效应是指城市经济发展对农村各类要素、资源的吸引和集聚效应。

是农民的理性选择。对多数农民而言，在农村实现增收的渠道并不多。可行的增收渠道有：流转农地经营权扩大耕种规模；改变种养结构提高效益；通过在本地务工或者外出就业的方式来增加收入。而以上三种增收渠道又有较强的约束条件。农地经营权流转，既需要流入农户有一定的经济实力支付租金，又需要流出农户有流转的真实意愿；改变种养结构，需要农户有相应的技术、经验以及初始资本金做支撑；发展农村第二、第三产业需要当地有相应的经济条件和人文自然环境为依托。

四是我国已较好解决农村绝对贫困问题，但是实现稳定脱贫逐步致富仍需各方持续攻坚。2020年我国将实现现行标准下农村贫困人口脱贫、贫困县全部摘帽、解决区域性整体贫困的脱贫攻坚目标，但是，脱贫摘帽不是终点，而是新生活、新奋斗的起点。为此，要做到摘帽不摘责任、不摘政策、不摘帮扶、不摘监管，要接续推进全面脱贫与乡村振兴有效衔接。①

习近平在决战决胜脱贫攻坚座谈会上的讲话（节选）

第二节　深化农村农业改革

一、农村农业改革的基本经验

1978年12月，党的十一届三中全会召开，开启了改革开放的新时期。我国经济体制改革首先从农村开始。在党的十一届三中全会精神指引下，家庭联产承包责任制迅速推广，逐步形成了以家庭承包经营为基础、统分结合的双层经营体制。实践表明，这样的体制使农业增产了、农村面貌改善了、农民收入增加了，给农业、农村、农民带来了发展动力、带来了希望。经过多年的实践探索，中国农村、农业领域的改革逐步积累和形成了一些宝贵的经验。

第一，坚持实践要求和理论创新相结合，推进农村、农业改革进程。实践是理论创新的源泉和检验理论的标准，理论是指导实践发展的指南。在农村、农业改革过程中，必须既要尊重实践要求，又要善于总结实践经验，创新理论，并以科学的理论指导实践。例如，包产到户的实践探索，为农村土地集体所有制下的承包责任制理论的产生创造了条件，而从理论上阐明农村土地集体所有制下的承包责任制是集体经济的具体形式，又能够指导在实践中更好地推进农村土地改革，更好地发展壮大农村集体经济。

第二，坚持以维护农民基本权益为核心，充分尊重农民的首创精神。在农村、农业领域改革过程中，仅仅关注农业生产力的变化还不够，因为即使农业生产力水平提高了，但是农民利益受损了，那么这项改革就不能认为是成功的。为了维护农民的基本权益，要充分尊重农民的首创精神。农民自发探索的改革路子在很大程度上能够满足农民的基本利益诉求，能够较好地适应当地发展的实际情况。

① 习近平：《在决战决胜脱贫攻坚座谈会上的讲话》，载于《人民日报》2020年3月7日，第2版。

第三，坚持社会主义市场经济的改革方向。农村农业领域改革的基本方向是要发展社会主义市场经济，只有让农村经济发展与社会主义市场经济发展的基本要求相适应，让农村各类资源和要素按照市场机制合理配置，才能有效激发农民的劳动热情，才能让农业产业具备更大的发展空间，让发展更具可持续性。需要注意的是，发展社会主义市场经济要坚持土地集体所有制保持不变，这是农民基本权益的重要制度保障。

第四，坚持党的领导，采取分类推进，因地制宜、试点先行的改革方式。农村改革越是深入，越需要根据农村发展实际，因地制宜地制定合乎实际的政策，并通过试点的方式推进改革进程。例如，在农村土地制度改革中，要区分耕地和建设用地；在精准扶贫过程中，要区分贫困户和非贫困户；在农业改革过程中，要区分家庭经营主体和其他各类新型农业经营主体。

二、全面深化农村农业改革的目标和措施

农村改革从 1978 年安徽小岗村开全国之先河实行大包干算起，至今已经 40 多年了。实践在发展，形势在变化，中国特色社会主义进入了新时代，要适应新时代的要求，进一步做好“三农”工作，就要进一步深化农村农业改革。

全面深化农村农业改革的目标是：坚持农业农村优先发展，按照产业兴旺、生态宜居、乡风文明、治理有效、生活富裕的总要求，建立健全城乡融合发展体制机制和政策体系，加快推进农业农村现代化。坚持“创新、协调、绿色、开放、共享”新发展理念，把推进农业供给侧结构性改革作为农业农村工作的主线，培育农业农村发展新动能，提高农业综合效益和竞争力。要用改革的办法推动农业农村发展由过度依赖资源消耗、主要满足量的需求，向追求绿色生态可持续、更加注重满足质的需求转变。

为实现这样的改革目标，应做到以下几点：

首先，把增加农民收入作为改革的中心任务。这是社会主义基本经济规律在农村农业领域的基本要求。为增加农民收入，要构建长效政策机制。通过发展农村经济、组织农民外出务工经商、增加农民财产性收入等多种途径，特别是要帮扶深度贫困地区尽快补齐发展短板，合力攻坚，不断缩小城乡居民收入差距，让广大农民尽快富裕起来。在政策上，要考虑如何提高粮食生产效益、增加农民种粮收入，不让种粮农民在经济上吃亏。同时，要着力加强供给侧结构性改革，保障有效供给的增加。

其次，把提质增效作为改革的主攻方向。我国农产品供给与城乡居民消费结构快速升级的要求尚不适应。要改变这一局面，就要深入推进农业供给侧结构性改革，并把提高农产品质量放在更加突出的位置。要以市场需求为导向，调优产品结构、调精品质结构、调顺产业结构。要优化农业产业体系、生产体系、经营体系，提高土地产出率、资源利用率、劳动生产率，促进农业农村发展由过度依赖资源消耗，向追求绿色生态可持续转变。农业的根本出路在于农业现代化，现代化的关键在于农业科技，农业科技的关键在于技术创新。要更加重视和依靠农

业科技进步，走内涵式发展道路。要适时调整农业技术进步路线，加强农业科技人才队伍建设，培养新型职业农民。

最后，加强体制改革和机制创新。体制机制问题是根本性、全局性和长期性问题，要彻底解决制约农村农业发展的深层次矛盾和问题，根本途径在于体制改革和机制创新。改革的重点在于：一是加快推进重要农产品价格形成机制和收储制度改革。理顺政府和市场的关系，使农产品的供给结构与需求结构能够更好匹配。二是深化农村产权制度改革，明晰农村集体产权归属，赋予农民更加充分的财产权利。落实农村土地集体所有权、农户承包权、土地经营权“三权分置”办法。① 通过经营权流转、股份合作、代耕代种、土地托管等多种方式，加快发展土地流转型、服务带动型等多种形式规模经营。探索宅基地所有权、资格权、使用权“三权分置”改革试点。三是改革财政支农投入使用机制。深化改革财政支农投入使用机制，整合统筹涉农资金，切实提高财政资金使用绩效。

第三节　转变农业经营方式

一、转变农业经营方式和农业现代化

农业经营方式是指农业经营过程中对土地、劳动力、农业机械、农业科技等资源和生产要素的利用方式。中国有着历史悠久的农耕文明，在自然经济发展阶段，农业经营方式总体上是以劳动力投入为主的小农经营模式。新中国成立后，我国农业经营方式经历了小农经营、合作经营、集体经营，再到农户家庭承包经营的转变。当前家庭农场、专业合作社、农业企业等新型经营主体实现的新型农业经营方式快速发展。在同一时期，一个国家可能同时存在多种类型的农业经营方式，如单个小农家庭的传统农业经营方式、家庭农场的适度规模经营方式、农业企业的现代化规模经营方式等。

转变农业经营方式就是要改变现有农业生产资源和要素的利用方式，其基本目标是为了实现农业现代化。农业现代化是一个动态的概念，随着时间和实践的发展，人们对农业现代化的认识也会出现新的变化。当前，农业现代化是中国特色新型工业化、信息化、城镇化和农业现代化“四化”同步发展中的重要环节。转变和创新农业发展方式，培育和发展新型农业经营主体，构建与之相适应的新型农业经营方式，是顺应农业现代化发展要求的重要任务。

中国特色农业现代化的六个特征

二、农业经营方式转变与创新的理论逻辑

随着我国农业经营方式的不断演进和创新，相关理论探索也在不断发展和完善。

① “三权分置”即是在以往的“两权分置”基础上，将原来的承包经营权一分为二，承包权还是归农民，经营权则独立出来，可以自己经营，也可以流转给他人经营。

首先，从产业融合发展的视角看，农业产业发展与第二产业和第三产业的广泛融合，既是解释农业经营方式创新的理论前提，又指出了农业经营方式创新的发展方向。第二、第三产业的发展既为农村劳动力转移提供了条件，为农业生产条件现代化和转变农业生产方式提供了物质基础，同时也为农业供给结构调整、农产品销售以及农民增收提供了需求保障。

其次，从农业家庭经营与农业分工合作的视角看，目前我国农业经营以农户家庭经营为主体，是在我国人地关系和生产力发展条件下的理性选择。农户家庭经营与农业现代化并不矛盾，在农户家庭经营的基础上可以实现多种形式的农业经营方式创新。在农业经营领域分工日益细化的条件下，农户家庭经营主体可以充分借助农业社会化服务体系和现代农业经营组织方式，实现现代农业生产要素在家庭经营模式中的广泛应用。当下的农户家庭经营模式已不再是以往孤立单干的小农经营方式，而是借助和融合新型农业生产要素，实现农户家庭经营基础上的现代农业经营方式。

最后，从政府与市场关系角度看，妥善处理好农业发展过程中的政府与市场关系是我国推进农业经营方式创新的体制机制保障。总体上看，政府和市场在农业经营领域都有其充分发挥作用的空间。市场机制在农业发展过程中的农产品价格形成机制、农作物种植结构调整以及新型农业组织形式的构建等方面需要发挥决定性作用。政府需要在农产品补贴、农地制度改革、农地用途管制等方面发挥重要作用。当前，要注意避免两种机制的越位和错配。政府不应该过多干预农业经营主体的自主经营决策，当然也不能让农业领域的资本本性在市场机制下完全自由发挥作用。

三、农业经营方式创新的实践形式与发展方向

中国农业经营方式创新具有深刻的现实背景。一是农村劳动力，特别是中青年劳动力向城镇大量转移，单一的务农收入难以满足多数农民对美好生活的需要。二是农业机械化水平的提升，弥补了因农村劳动力转移产生的农村劳动力短缺问题。三是互联网、大数据、物联网等信息智能技术在农业生产、流通和销售过程开始应用和推广。四是城镇居民不断增多的体验农耕文明的新要求催生了农业新业态。五是居民对绿色、有机、健康农产品的需求逐年增加，促进农产品不断提高品质以满足需求。

在实践中，广大农民群众创造了一系列农业经营的新形式。农业经营方式创新主要依托于农业经营主体创新以及与之相适应的农业组织形式创新、农业经营理念创新和相关利益联结机制创新。近年来家庭农场、种田大户、专业合作社和农业企业等各类新型农业主体及其经营方式，已经在农业产业链、价值链、信息链扩展等方面做出了成功示范。另外，随着农业社会化服务体系日益完善，代耕代种、统防统治等农业经营模式普遍推开。

实践在发展，农业经营方式也不会停留在现有的形式上。我国农业经营方式的创新方向将呈现以下特点：一是耕种适度规模化与劳动投入减量化将有助于减

少农业生产中的劳动、管理、水电、肥药等方面的投入，进一步提升农产品品质，增强农产品的市场竞争力。二是农业生产的专业化分工与合作，将有助于扩展农业产业链，实现农业与第二、第三产业的有机融合。三是信息化、数字化、智能化与农业现代化有机融合，将有助于新型农业经营主体更好地掌握消费者对农产品和农业新业态的需求变化，及时调整种养结构，持续提高农业供给水平。

第四节　乡村振兴战略

一、实施乡村振兴战略的重大意义

乡村振兴战略是中国特色社会主义发展进入新时代提出的重大发展战略，是我国建设现代化经济体系的重要组成部分。实施乡村振兴战略是解决好“三农”问题、实现农村农业现代化的根本举措，是补齐社会主义现代化建设全局短板的历史性任务。

为完成这一事关现代化建设全局的历史性任务，需要进一步做好以下几点：着力推进农村土地“三权分置”改革和农村集体产权制度改革，让乡村发展迸发新活力。紧跟信息化、智能化和数字化发展，加快推进数字乡村建设。在扎实开展脱贫攻坚的同时，推进全面脱贫与乡村振兴有效衔接。推进农业高质量发展，建设现代农业产业体系、生产体系和经营体系。通过培育农民合作社、家庭农场等新型经营主体，开展形式多样的社会化服务，实现小农户与现代农业发展有机衔接。坚持农村土地集体所有制性质，坚持共同富裕，发展新型集体经济，探索农村集体经济新的实现形式和运行机制，持续提升农村基层组织的经济实力与治理能力。在乡村形成人才、土地、资金、技术、数据、产业汇聚的良性循环。

二、多层次融合发展引领乡村振兴

党的十九大报告提出，实施乡村振兴战略的总要求是产业兴旺、生态宜居、乡风文明、治理有效、生活富裕。这五大要求之间相互关联、互为影响，其中产业兴旺居于核心地位。为了解决好农村产业发展和实现产业兴旺过程中面临的产业选择、经营方式和市场发展等问题，需要实现多层次融合发展。

首先，三次产业融合发展解决产业选择问题。乡村发展离不开农业，但是，实现乡村振兴不能只是依靠第一产业的发展。无论从国内已经实现乡村振兴村庄的发展实践看，还是从国外乡村发展的成功经验看，推进农村三次产业融合发展是实现乡村振兴的主要途径。三次产业融合主要是立足于农村现有的特色资源和生产经营活动，主动延长产业链、延伸价值链，从而实现农民生产生活水平的持续提升。

其次，多个经营主体融合发展解决经营方式问题。农村三产融合是推进农村产业发展的基本思路，要真正实现各种产业发展落地，就需要根据乡村产业发展的基本特点，实现多个经营主体的融合发展。在这一过程中，既要注重吸引、培育和发展各类新型经营主体，如家庭农场、专业合作社、农业企业等，也要根据农业生产本身的特点和农村人口数量与结构情况，特别要注重创新和发展小农户与现代农业发展的有机衔接机制，注重发展和壮大农村集体经济。

最后，城乡融合发展解决市场培育发展问题。无论是乡村产业经营过程，还是乡村生产的产品和服务的最终实现，都离不开各类市场的培育和发展。城乡融合发展是解决这一问题的关键所在。目前，我国推进城乡融合发展具备诸多有利因素：一是城市居民对有机绿色无公害农产品的需求不断增长，越来越多的城市居民向往到农村体验农耕文明和乡村民俗，这就为农业供给侧结构性改革和乡村三产融合发展提供了需求保障。二是互联网等信息技术在农村的普及以及农村电商的兴起，为实现乡村特色产品的产销对接提供了技术保障。三是高速铁路和公路等基础设施建设快速推进，为城乡人流、物流的便捷往来提供了现实物质基础保障。对城市而言，乡村振兴过程为城市资本、技术以及各类商品和服务的输出提供了更加广阔的市场。但要特别注意的是，城乡融合发展绝不能演变为城市对农村的单向汲取，绝不能让乡村振兴仅仅成为城市资本的盛宴。为此，在城乡融合发展过程中，既要保护城乡各类经济主体的基本权益，调动参与各方的积极性，更要着力构建维护农民基本权益的制度安排，防范资本的无序扩张。

三、乡村振兴中的要素供给与资源配置

农村要实现产业、人才、文化、生态、组织全面振兴，需要依靠农村外部力量的支持，更需要从农村内部入手，不断激发和增强农村生产要素活力，实现资源合理配置和利用，增强农村发展后劲。

首先，农村劳动力素质提升与农村能人培育方面。第一，提升农村劳动力素质，发展教育是根本。良好的教育，是农村孩子增长知识、实现更好发展的重要基础，是贫困家庭跳出贫困循环、摆脱贫困代际传递的重要手段，是农村适应现代农业发展、培养职业农民的必由之路。第二，要培养造就一支懂农业、爱农村、爱农民的“三农”工作队伍，逐步吸引和培育一大批扎根农村、懂技术、善经营、能带头致富的农村能人。让农业成为有奔头的产业，让农民成为有吸引力的职业，让农村成为安居乐业的美丽家园。

其次，农村土地制度创新与土地资源配置利用方面。深化农村改革，主线仍然是处理好农民和土地的关系。但无论怎么改，绝不能把农村土地集体所有制改弱了、改垮了、改没了。农村土地集体所有制是在马克思主义基本理论指导下，中国人民在实践中探索出来的公有制实现形式，是符合我国农村的发展实际和广大农民群众根本利益的制度安排，有助于更好地实现共同富裕。现阶段，农村土地问题主要是指农地经营权的依法自愿有偿规范流转问题，以及农村建设用地的合理配置和利用问题。总体上看，我国农地“三权分置”改革，既能够满足农地流转过程中交易双方的现实需要，又能够做到农业生产的统分结合收放自如，是

符合中国当前农村发展实际的现实选择。关于农村建设用地，需要重点关注两个方面的问题。一是农村集体经营性建设用地入市试点[①]以及宅基地所有权、资格权、使用权“三权分置”改革试点问题。目前我国只是选取了部分市县进行试点，符合条件的地块也大都局限在城镇周边的农村地区。二是农村建设用地复耕后形成的城乡建设用地指标增减挂钩问题。在城镇化快速发展的背景下，对符合条件地区的农村空闲宅基地等建设用地开展土地整治，建设用地复耕指标在一定范围内实现市场化配置的做法是可行的。但是在这一过程中必须充分尊重农民意愿，绝不能为了用地指标而强制推行。

最后，新科技、新理念在农村发展过程的实践转化和广泛应用方面。当前，实现农村繁荣发展的关键并不在于农村劳动力的多寡，而是在于与农业有关的新科技在农业生产过程中的广泛应用和推广，还在于与农民有关的新理念在农村发展过程中的灵活运用。例如，农作物新品种可以大幅提高农产品的产量和品质，进而提高亩产收益水平；互联网在农村的普及和应用，使得农村电商蓬勃发展；农民通过开展多种形式的合作和联合，相应的农业生产效率和效益都有大幅度提升。

思考题：

1. 当前“三农”发展面临的主要问题是什么？
2. 如何总结和理解我国农村农业改革的基本经验？
3. 当前深化农村农业改革的重点是什么？
4. 如何转变农业经营方式推进农业现代化？
5. 通过实地调查，谈谈如何实施好乡村振兴战略。

① 2015 年 2 月，全国人大常务委员会通过《关于授权国务院在北京市大兴区等三十三个试点县（市、区）行政区域暂时调整实施有关法律规定的决定》。2015 年 3 月，国土资源部在全国选取 15 个市（县），开展农村集体经营性建设用地入市试点工作。

第三篇　区域经济与产业结构

第七章

中国经济中的区域经济

教学目的和要求

学习和把握我国区域经济的基本特征、形成原因和发展目标，掌握中国特色社会主义区域经济理论，了解新时代我国实施区域发展战略的内容和措施。

教学要点

1. 区域经济。
2. 我国区域经济的基本特征、形成原因和发展目标。
3. 中国特色社会主义区域经济理论。
4. 新时代我国区域发展战略的内容、要求和措施。

任何经济活动都不能离开某一特定空间。不同类型和不同水平的经济活动与某一特定空间相结合，造就了类型众多的区域经济活动。我国幅员辽阔，在长期的发展实践中，形成了颇具特色的区域经济，成为我国国民经济重要的经济结构形式之一。实施区域协调发展战略，发展好区域经济，对于我国经济高质量发展具有重大意义。

第一节　我国区域经济的发展

一、区域经济

区域经济是对在某一区域范围内所有经济活动的总称。在这些经济活动中，有些经济活动是所有不同类型区域都享有的经济活动，如基础设施建设和发展生产性服务业等，有些经济活动是特定区域所独享的经济活动，如特定区域的专业化经济活动等。

根据区域经济的不同功能，区域经济又可以划分为具体区域和具体城市的区域经济，如城市经济、港口经济、自贸区经济等。区域经济以一定区域为其存在的基础，所反映的是不同生产要素如何与特定区域的区位条件相组合成为不同水平的生产力问题，以及特定区域的经济发展的内在规律。

从以上论述可以看出，区域经济主要以经济活动空间分布与协调，以及与此相关的区域决策为研究对象，涉及的研究内容主要包括以下几个方面：

第一，经济活动区位。区位分析是区域经济最古老的也是最重要的研究内容之一，它不仅研究企业区位、居住区位、公共设施区位选择问题，而且还把这些研究进一步延伸为空间均衡分析和空间动态分析。区位分析还研究区域内企业的竞争与合作，以及企业进入某区域或退出某区域问题。区位的研究是区域经济研究各种经济活动的基础。

第二，区域内经济活动的自组织能力。主要回答该区位的经济增长是如何发生或如何决定的、应选择何种发展模式、区域经济增长过程和趋势如何、区域根据其资源要素状况应选择何种产业结构、产业结构如何演进以及如何优化等问题。

第三，区际的分工与联系。区际分工是社会生产分工的空间组织形式，它不仅决定专门化部门、区际联系的性质和规模，同时也决定不同区域内部的部门间比例和一国整体结构的动态变化。区际分工与联系是一个事物的两个方面，其目的是实现区域经济效益或国家整体效益的最优。

第四，地域结构演进。从空间角度来考察区域经济，其最大的特点是经济活动在空间上的不平衡分布。经济活动首先出现在那些具有优势的区位上，然后通过不同的渠道向外扩散，这种结果必然在空间范围内形成经济活动强度和密度不相同的核心区和边缘区。核心区一般为城市、城市圈，边缘区一般是农村。区域经济不仅要研究城市经济，也要研究农村经济，还要研究如何实现城乡统筹、协调发展。

第五，政府调控。协调区内和区际的资源配置、经济活动和经济联系，需要制度保障和政策支持。我国的区域经济实践活动表明，市场机制是促进区域经济发展的有效机制，但单纯依靠市场无法实现区内外经济的协调发展，还需要更好地发挥政府的作用。

二、我国区域经济发展的成就

新中国成立之前，在占国土面积不到12%的狭长的东部沿海地带，集中了全国70%的工业生产能力，广大的内地几乎没有工业。同时，地区经济结构畸形单一，如1942年东北地区以采矿、冶金、军工为主的重工业产值占了工业总产值的79%以上，轻工业产值只占7%左右；相反，1949年上海轻纺工业产值占工业总产值的86%以上，重工业产值仅为13%左右。新中国成立后，为改变旧中国生产力布局极不平衡的状况，党和政府进行了积极的探索，逐渐形成了生产力均衡布局理论。在该理论指导下，我国尽可能实现生产力在沿海和内地之间的均衡布局，为缩小东西部发展差距做出了贡献，同时也促进了少数民族地区经济发展和城镇化的发展。

改革开放以来，我国区域经济发展的指导思想发生了历史性变化。首先，提出了区域非均衡发展理论，并在这一理论指导下，制定了优先发展东部沿海地区的战略，优先发展在资源、区位、人文以及发展水平上具有优势的东部沿海地区。分别确定深圳等四大经济特区和大连等 14 个沿海开放城市，开发开放上海浦东，并在投资布局、对外开放、优惠政策、体制改革上向东部沿海地区倾斜。其次，提出了“两个大局”的发展构想：第一步，让沿海地区先发展；第二步，沿海地区帮助内地发展，达到共同富裕。最后，把长期以来的“沿海”与“内地”二分法调整为“东中西”地带三分法，[①] 形成了三带并进的区域经济格局，由此为后期大规模开展西部开发、中部崛起以及东部率先发展战略奠定了基础。

随着改革开放的进一步深入，我国区域经济得到了空前的发展，但在这一过程中，区域差距也逐渐拉大，对实现国民经济的高质量发展产生了不利的影响。针对这种状况，1995 年 9 月召开的党的十四届五中全会提出，必须认真对待和正确处理东部和中西部地区之间的经济发展差距问题，把坚持区域经济协调发展、缩小地区发展差距作为一条长期坚持的重要方针。在这样思想的指导下，我国从 1999 年开始实施西部大开发战略、从 2003 年开始实施振兴东北地区等老工业基地战略、从 2006 年开始实施中部崛起战略，同时实施鼓励东部地区率先发展的战略。上述“四大板块”战略构成了我国促进区域协调发展的总体安排。《中华人民共和国国民经济和社会发展“九五”计划和 2010 年远景目标纲要》提出了区域经济协调发展的新概念并系统阐述了国家的区域经济协调发展战略。

以党的十八大为标志，中国特色社会主义进入新时代，我国进一步提出“一带一路”倡议，以及京津冀协同发展战略、长江经济带区域经济发展战略、推进粤港澳大湾区建设及黄河流域生态保护和高质量发展战略等，并着力统筹实施“四大板块”和区域经济发展新战略，区域经济取得了更大的发展。

三、我国区域经济的新任务

中国特色社会主义进入新时代，我国区域经济发展的内外环境正发生深刻变化，促进区域协调发展面临重大机遇，也存在诸多挑战，如区域发展差距仍然较大、老少边穷地区发展相对落后、促进区域协调发展的体制机制还不完善等。

面对新形势新挑战，我国区域协调发展的主要任务是：深入推进实施区域发展总体战略，重点实施好“一带一路”建设和京津冀协同发展战略、长江经济带发展战略、推进粤港澳大湾区建设及黄河流域生态保护和高质量发展战略；全力实施脱贫攻坚，扶持特殊类型地区发展，促进革命老区、民族地区、边疆地区、贫困地区加快发展；加快城市群建设发展；拓展蓝色经济空间；构建生态安全屏障；加强区域合作互动，推进区域协同发展，推动西部大开发、东北全面振兴、中部地区崛起、东部率先发展；促进产业有序转移与承接；积极参与国际区域合

① 当时的东部地带包括 11 个省市区，中部地带包括 9 个省区，西部地带包括 9 个省区，不包括港澳台以及琼渝。

作；建立更加有效的区域协调发展新机制。

完成区域发展的新任务，需要理论与实践的结合：

一是构建中国特色社会主义区域经济理论体系。在几十年探索的基础上，我国已初步形成了区域经济理论。但面对新问题新挑战，新的理论研究必须加强，构建中国特色社会主义区域经济理论体系和话语体系任重而道远。为此，要在坚持马克思主义理论的指导下着力进行两个方面的工作：首先，从理论分析、原理阐释着手，建立一个规范的区域经济学体系，其中心内容是区域发展基本理论、生产要素有序转移、区域经济发展机制、区域经济发展模式及突变原理、区域空间结构演化等。其次，坚持问题导向，从实践的要求出发，形成一套适合实际应用的理论体系，包括区域经济影响因素、区域产业选择和优劣分析、区域产业结构演进路径、区域经济空间布局与组织结构、区际经济联系、区域经济政策等。

二是突出问题意识，加强对重大区域经济问题的研究。在新的历史时期，我国区域经济发展遇到了一些新的重大问题，集中在环境生态建设、可持续发展、精准扶贫、区域合作、新型城镇化等方面，如区际协调发展与区际公平问题、新型城镇化与城市群问题、产业转移与转型升级问题、扶贫开发与区域公平问题、资源开发与生态环境建设问题、区域经济政策与区域管理问题等。加强对这些重大问题的研究，揭示区域经济发展规律，形成系统的区域经济学说，不仅可以为实践提供科学的指导，而且可以为世界区域经济学的完善和发展贡献中国智慧。

实施区域协调发展战略

第二节　中国特色社会主义区域经济理论

一、马克思主义区域经济思想

我国区域经济的发展是在马克思主义指导下进行的。马克思主义中包括丰富的区域经济思想，如生产力平衡布局和协调发展思想、城乡融合发展思想和区际分工与协作思想等。

（一）生产力平衡布局和协调发展思想

马克思主义经典作家在对资本主义社会基本矛盾进行分析的基础上，提出了未来社会生产力布局的一些原则。

恩格斯在《反杜林论》中指出：“只有按照一个统一的大的计划协调地配置自己的生产力的社会，才能使工业在全国分布得最适合于它自身的发展和其他生产要素的保持或发展。”① “从大工业在全国的尽可能均衡的分布是消灭城市和乡村分离的条件这方面来说，消灭城市和乡村的分离也不是什么空想。”② 马克思

① 《马克思恩格斯文集》（第9卷），人民出版社2009年版，第313页。
② 《马克思恩格斯文集》（第9卷），人民出版社2009年版，第314页。

在《资本论》中阐释了资本家的企业会尽可能接近原材料产地或市场的原因。他指出："如果由于这些原料价格的提高一方面引起了需求的减少，另一方面既引起了当地生产的扩大，又使人们从遥远的一向很少利用或者根本不利用的生产地区去取得供给，而这两方面加在一起又使原料的供给超过需求（而且是在原来的高价下超过需求），以致这种高价现在发生暴跌，那么，由此产生的结果，要从各种不同的角度来考察。"① 这意味着，区际发展水平的差异，导致不同地区的不同需求，而供求变化又导致价格波动，价格波动又影响不同地区的生产，因此工业生产接近原料产地，则可以节省运输成本，降低生产成本。从这些论述中可以发现，马克思主义经典作家在分析社会化大生产时，已经看到了资本主义工业生产一方面可以促进城乡联系和区际联系，另一方面又会导致严重的城乡对立和巨大的区际差距，因此提出了在无产阶级夺取政权后"增加国家工厂和生产工具，开垦荒地和改良土壤"，"把农业和工业结合起来，促使城乡对立逐步消灭"的主张，② 也就是说，马克思主义经典作家认为，未来的生产力布局应有利于促进工农结合和城乡结合。

列宁继承了马克思和恩格斯"按照一个统一的大的计划协调地配置自己的生产力"的思想，提出了要"制订俄国工业改造和经济发展计划"③，从而进一步丰富和发展了马克思和恩格斯关于社会主义社会生产力布局的思想，以此指导俄国国民经济建设。他认为，编制国家经济计划时，"首先把全国划分为若干个经济上独立的单位——区域"，然后"比较那些实行各种措施，特别是在实行电气化基础上所制定的经济计划的各种方案"。在这些区域规划的基础上，"便能比较容易地确定区域间合理协作的总方案和拟定全国电气化计划"，而全国电气化计划是"与一些其他的必要措施关联的，这些措施主要是大大地节省全国劳动力和最有效地利用各区域的自然资源"④，这意味着列宁是把发挥区域比较优势视为生产力布局的主要原则，同时他还强调了"使俄国工业布局合理，着眼点是接近原料产地，尽量减少从原料加工转到半成品加工一直到制出成品阶段时的劳动消耗"。⑤

（二）城乡融合发展思想

城乡关系是区域经济中的一个重要问题。马克思主义经典作家对城乡统筹发展问题给予了充分的关注，形成了马克思主义独特的城乡发展观。马克思和恩格斯在《德意志意识形态》中指出："物质劳动和精神劳动的最大的一次分工，就是城市和乡村的分离。"⑥ 这意味着，在一定的历史发展阶段，城乡分离是生产力发展的必然结果，城乡分离适应了生产力发展的方向因而有其合理性，它是资本主义生产方式取代封建制度的生产方式的产物，体现了历史的进步。但是，

---

① 《马克思恩格斯文集》（第7卷），人民出版社2009年版，第135页。

② 《马克思恩格斯文集》（第2卷），人民出版社2009年版，第53页。

③⑤ 《列宁全集》（第34卷），人民出版社1985年版，第212页。

④ ［苏］克尔日查诺夫斯基编：《苏联经济区域问题论文集（1917－1929）》，王守礼译，商务印书馆1961年版，第1页。

⑥ 《马克思恩格斯文集》（第1卷），人民出版社2009年版，第556页。

马克思主义经典作家也见证了资本主义工商业的繁荣造成的尖锐的城乡矛盾和对立，“城市已经表明了人口、生产工具、资本、享受和需求的集中这个事实；而在乡村则是完全相反的情况：隔绝和分散。”① 恩格斯在《英国工人阶级状况》一文中也对英国产业革命之后的城乡差距进行了详细的描述，即一边是伦敦等巨大而繁荣的城市，另一边是保持传统农业的孤立而贫穷的乡村。马克思和恩格斯正是从城乡对立和差别出发，探索消灭城乡对立和差别的一般规律，最终做出了“消灭城乡对立不是空想，正如消除资本家和雇佣工人间的对立不是空想一样。消灭这种对立日益成为工业生产和农业生产的实际要求。”② 对于消灭城乡差距的主要途径，马克思主义经典作家认为，有计划地合理布局生产力是实现城乡统筹的主要途径之一。恩格斯在《反杜林论》中指出：“只有按照一个统一的计划协调地配置自己的生产力的社会，才能使工业在全国分布得最合适于它自身的发展和其他生产要素的保持或发展。”在恩格斯看来，如果不是有计划地把“大工业在全国尽可能均衡地分布”，则资本主义生产的无政府状态将导致工业不断聚集在城市和城市规模不断扩大之间的“恶性循环”，“资本主义大工业不断地从城市迁往农村，因而不断地造成新的大城市”③。

列宁进一步发展了马克思和恩格斯的城乡统筹思想，在《俄共（布）党纲草案》（1919 年）中指出，消灭城乡对立、实现城乡统筹是“共产主义建设的根本任务之一”，“只有农业人口和非农业人口混合和融合起来，才能使其摆脱孤立无援的地位……正是农业人口和非农业人口的生活条件接近才创造了消灭城乡对立的条件”④。

（三）区际分工与协作思想

区际分工理论是马克思主义经济理论的精华之一，这种区际分工主要表现在两个方面：一是产业部门间的分工与协作；二是区域间的分工与协作。马克思和恩格斯在《德意志意识形态》一文中分析资本主义及其以前各社会经济形态生产力状况时，提出了社会生产的发展必然导致产业间、城乡间以及区域间的分工与协作的思想，他们指出：“一个民族内部的分工，首先引起工商业劳动同农业劳动的分离，从而也引起城乡的分离和城乡利益的对立。分工的进一步发展导致商业劳动同工业劳动的分离。同时，由于这些不同部门内部的分工，共同从事某种劳动的个人之间又形成不同的分工。”⑤ 这意味着，随着社会生产力的发展，首先形成工商业与农业的分工，接着形成商业与工业的分工，最后形成不同生产工序上的分工，也就是随着社会生产的发展，产业分工越来越细化，出现越来越多的产业部门。列宁也在《俄国资本主义的发展》一文中指出：“商品经济的发展使单独的和独立的生产部门的数量增加。这种发展的趋势是，不仅把每一种商品的生产，甚至把产品的每一

① 《马克思恩格斯文集》（第 1 卷），人民出版社 2009 年版，第 556 页。
② 《马克思恩格斯全集》（第 18 卷），人民出版社 1964 年版，第 313 ~ 314 页。
③ 《马克思恩格斯文集》（第 9 卷），人民出版社 2009 年版，第 313 页。
④ 《列宁全集》（第 2 卷），人民出版社 2013 年版，第 197 页。
⑤ 《马克思恩格斯文集》（第 1 卷），人民出版社 2009 年版，第 520 页。

部分的生产都变成专门的生产部门，而且不仅把产品的生产，甚至把产品准备好以供消费的各个工序都变成单独的生产部门。”① 总之，在马克思主义经典作家看来，社会生产的分工与协作是社会生产力水平提升的重要标志，也是生产力水平进一步提升的前提条件。任何生产活动都选择在某种特定区位进行，在不同区位上组织不同的经济活动，因而就必然存在区际分工问题和协作问题。

二、马克思主义区域经济思想在中国的发展

把马克思主义区域经济思想与我国实际相结合，形成了毛泽东思想和中国特色社会主义理论体系中的区域经济理论，为我国区域经济发展提供了科学指导。

（一）生产力均衡布局理论

新中国成立后，以毛泽东为核心的第一代领导集体，为改变旧中国遗留下的生产力布局，进行了不懈的探索，逐渐形成了生产力均衡布局理论，为实现我国区域经济均衡发展提供了重要的理论指导。

针对新中国成立初期沿海和内地工业发展不平衡的状况，毛泽东提出：“平衡工业发展的布局，内地工业必须大力发展。”② 针对国内国际形势的变化，又提出，“新的工业大部分应当摆在内地，使工业布局逐步平衡，并且有利于备战”，③ 为使西部少数民族地区得到更好的发展，毛泽东又提出“我们要诚心诚意地积极帮助少数民族发展经济建设和文化建设”。④ 在这些思想的指导下，新中国成立初期的经济建设取得了重大成就，奠定了我国工业化的基础，促进了生产力的均衡布局，缩小了东西部地区之间的差距。

（二）区域经济非均衡发展理论

党的十一届三中全会以后，以邓小平为核心的第二代中央领导集体，在继承前一代领导集体探索成果的基础上，构建了既符合中国国情又顺应世界发展潮流的区域经济发展战略，区域经济发展的指导思想也由过去的平衡发展向不平衡发展转换。

20 世纪 70 年代末和 80 年代初，我国从实际情况出发，提出了东部沿海地区优先发展的思想。邓小平提出，“在经济政策上，允许一部分地区、一部分人生活先富起来，从而带动其他地区、其他人，使全国各族人民都能比较快富裕起来”，同时还提出，“沿海地区要加快对外开放，使这个拥有两亿人口的广大地带较快地先发展起来，从而带动内地更好地发展”。⑤

1988 年 9 月，邓小平又把沿海和内地的关系概括为“两个大局”，“沿海地

① 《列宁全集》（第 3 卷），人民出版社 2013 年版，第 17 页。
② 《毛泽东著作选读》（下册），人民出版社 1986 年版，第 723 页。
③ 《毛泽东著作选读》（下册），人民出版社 1986 年版，第 724 页。
④ 吴传清主编：《马克思主义区域经济理论研究》，经济科学出版社 2006 年版，第 74 页。
⑤ 《邓小平文选》（第 3 卷），人民出版社 1993 年版，第 278、366 页。

区要加快对外开放，使这个拥有两亿人口的广大地带较快地先发展起来，从而带动内地更好地发展，这是一个事关大局的问题。内地要顾全这个大局。反过来，发展到一定的时候，又要求沿海拿出更多力量来帮助内地发展，这也是个大局。那时沿海也要服从这个大局”，① “第一步，让沿海地区先发展；第二步，沿海地区帮助内地发展，达到共同富裕”。② 以沿海地区率先发展，沿海地区适时扶持内陆地区，最终实现共同富裕为基本内涵的“两个大局”的发展构想，既强调了区域经济非均衡发展，又强调了区域经济非均衡中的均衡，是区域经济非均衡发展理论的进一步升华。这一发展构想也成为新时期我国区域经济发展战略的核心内容，并在实践中进一步发展成为区域协调发展理论。

（三）区域经济协调与协同发展理论

在非平衡发展理论指导下，随着改革开放的推进，我国东部沿海地区取得了长足的发展，相比之下中西部地区则明显滞后。在这种情况下，我国《关于国民经济和社会发展“九五”计划和2010年远景目标纲要的报告》首次提出了“区域经济协调发展”③，“十五”计划纲要进一步强调了东部沿海地区的发展和“实施西部大开发，促进地区协调发展”，“十一五”规划强调了协调发展和建立和谐社会的战略目标。

党的十八大以来，我国区域经济理论不断丰富发展，取得了一系列重大突破。党的十九大报告提出，要实施区域协调发展战略。十九届四中全会进一步提出，要构建区域协调发展新机制，形成主体功能明显、优势互补、高质量发展的区域经济布局。至此我国区域协调发展理论框架也已形成，其基本内涵是区域协调发展要发挥各自比较优势，实行区际合作与优势互补，核心是适度倾斜与协调发展相结合。

（四）城乡统筹理论

中国共产党人在领导全国人民进行社会主义建设过程中，建立了具有中国特色的社会主义城乡统筹理论体系，提出了不同于西方发达国家的新型城镇化理论，提出了适合于我国社会主义新农村建设的思路、对策以及精准扶贫的基本思路。党的十九大报告指出，要以城市群为主体构建大中小城市和小城镇协调发展的城镇格局，加快农业转移人口市民化。党的十九届四中全会进一步提出，要实施乡村振兴战略，完善农业农村优先发展和保障国家粮食安全的制度政策，健全城乡融合发展体制机制。这些理论是马克思主义城乡关系理论的最新发展。

（五）新时代以人民为中心的平衡充分发展理论

中国特色社会主义进入新时代，我国社会主要矛盾已经转化为人民日益增长

---

① 《邓小平文选》（第3卷），人民出版社1993年版，第277~278页。

② 中共中央文献研究室编：《邓小平年谱1975－1997》（下），中央文献出版社2004年版，第1253页。

③ 中共中央文献研究室编：《十四大以来重要文献选编》（中），人民出版社2011年版，第471、477页。

的美好生活需要和不平衡不充分的发展之间的矛盾。党的十八大以来，从实现“两个一百年”奋斗目标和中华民族伟大复兴的高度，基于治国理政的新实践，我国提出了统筹推进“五位一体”总体布局和协调推进“四个全面”战略布局；基于以人民为中心的发展思想和价值取向，提出了创新、协调、绿色、开放、共享的新发展理念。党的十九大报告进一步提出，必须坚持以人民为中心的发展思想，不断促进人的全面发展、全体人民共同富裕。

解决发展不平衡问题，关键是要树立新发展理念，从全局的高度思考发展、策划发展，更加注重城乡协调、区域协调、社会群体间的协调以及经济与社会其他方面之间的协调。解决发展不充分问题，关键是要大力发展社会生产力，破除一切制约生产力发展的障碍，释放一切社会活力与创造力，不断提高发展水平、发展能力与发展绩效。

发展依然是解决中国问题的总钥匙，破解当前社会主要矛盾，必须紧紧抓住发展这个“第一要务”。实现更平衡更充分的发展，主攻方向是通过切实转变发展方式、优化经济结构、转换增长动力，建设现代化经济体系；着力点是供给侧结构性改革，以供给侧结构性改革为主线，着力加快建设实体经济、科技创新、现代金融、人力资本协同发展的产业体系，着力构建市场机制有效、微观主体有活力、宏观调控有度的经济体制，不断增强我国经济创新力和竞争力；制度保障是全面深化改革，通过全面深化改革，用制度创新来纠正不正确的发展理念，用体制机制来保障发展主体的权利，通过营造良好的制度环境促进发展走向平衡，实现充分发展。

第三节　实施区域协调发展战略，拓展区域发展空间

一、京津冀协同发展战略

（一）京津冀协同发展战略的意义

推动京津冀协同发展是一个重大国家战略，其核心是有序疏解北京非首都功能，调整经济结构和空间结构，走出一条内涵集约发展的新路子，探索出一种人口经济密集地区优化开发的模式，促进区域协调发展，形成新增长极。

京津冀地区是我国经济最具活力、开放程度最高、创新能力最强、吸纳人口最多的地区之一。但是在长期发展中，京津冀地区发展面临许多困难和问题。北京过多地集聚了各种非首都功能，人口过度膨胀，交通日益拥堵，大气污染严重，房价持续高涨。京津冀地区水资源严重短缺，环境污染问题突出，已成为我国东部地区人地关系最为紧张、资源环境超载最为严重、生态联防联治要求最为迫切的地区，加上功能布局不合理，城镇体系结构失衡，区域发展差距悬殊。

实施京津冀协同发展战略，是适应我国经济发展步入新常态，应对资源环境

压力加大、区域发展不平衡矛盾日益突出等挑战，加快转变经济增长方式、培育增长新动力和新的增长极、优化区域发展格局的现实需要。推动京津冀协同发展，有利于破解首都发展长期积累的深层次矛盾和问题，优化首都核心功能，走出一条有中国特色的解决“大城市病”的路子；有利于完善城市群建设，优化生产力布局和空间结构，打造具有较强竞争力的世界级城市群；有利于引领经济发展新常态，增强对环渤海地区和北方腹地的辐射带动能力，为全国转型发展和全方位对外开放做出更大贡献。推动京津冀协同发展，又是探索改革路径、构建区域协调发展体制机制的需要。京津冀区域发展差距很大，是我国发展不协调的矛盾最为突出、区际发展问题解决难度最大的地区之一。京津冀协同发展，要打破行政壁垒，构建开放的区域统一市场，建立区域统筹协调发展新体制，为推动全国区域协同发展探索出一条新路子。①

（二）推进京津冀协同发展要遵循的基本原则

一是改革引领，创新驱动。加大改革力度，消除隐形壁垒，破解影响协同发展的深层次矛盾和问题，加快建立有利于疏解北京非首都功能、推动协同发展的体制机制。强化创新驱动，建立健全区域创新体系，整合区域创新资源，形成京津冀协同创新共同体。

二是优势互补，一体发展。充分发挥各自的比较优势，加快推动错位发展与融合发展，创新合作模式与利益分享机制，在有序疏解北京非首都功能的进程中实现区域良性互动。

三是市场主导，政府引导。加快完善市场机制，促进生产要素在更大范围内有序流动和优化配置。加大简政放权力度，切实转变政府职能，更好地发挥统筹协调、规划引导和政策保障作用。

四是整体规划，分步实施。打破传统思维定式，从京津冀区域发展全局谋划疏解北京非首都功能，加强战略设计，推进布局调整。制定科学管用的实施方案，分阶段、有步骤地加以推进。

五是统筹推进，试点示范。立足现实基础和长远需要，把握好疏解北京非首都功能、推动协同发展的步骤，对已达成共识、易于操作的领域率先突破，选择有条件的区域率先开展试点示范，发挥引领带动作用。

（三）京津冀协同发展战略的实施

实施京津冀协同发展战略，要着力加强顶层设计，着力加大对协同发展的推动，着力加快推进产业对接协作，着力调整优化城市布局和空间结构，着力扩大环境容量生态空间，着力构建现代化交通网络系统，着力加快推进市场一体化进程。

雄安新区的设立是实施京津冀协同发展战略的重大举措，具有重大现实意义

① 本部分的编写参考了《京津冀协同发展领导小组办公室负责人就京津冀协同发展有关问题答记者问》，新华网，http：//news. xinhuanet. com/politics/2015 -08/23/c_1116342156. htm。

和深远历史意义。雄安新区作为北京非首都功能疏解集中承载地，有利于有效缓解北京“大城市病”，探索人口经济密集地区优化开发新模式，加快补齐区域发展短板，提升区域经济社会发展质量和水平。2019 年 1 月 24 日，中共中央、国务院发布《关于支持河北雄安新区全面深化改革和扩大开放的指导意见》，赋予雄安新区更大的改革自主权，着力在创新发展、城市治理、公共服务等方面先行先试、率先突破，构建有利于增强对优质北京非首都功能吸引力、符合高质量发展要求和未来发展方向的制度体系，努力打造贯彻落实新发展理念的创新发展示范区。[①]

京津冀协同发展，应率先在交通、生态环保、产业三个重点领域集中力量推进，力争率先取得突破。在空间布局上，京津冀协同发展将有序推动疏解北京非首都功能，构建以重要城市为支点，以战略性功能区平台为载体，以交通干线、生态廊道为纽带的网络型空间格局。有序疏解北京非首都功能是京津冀协同发展战略的核心，其重点是疏解一般性产业尤其是高消耗产业，区域性物流基地、区域性专业市场等部分第三产业，部分教育、医疗、培训机构等社会公共服务功能，部分行政性、事业性服务机构和企业总部等四类非首都功能。疏解非首都功能，应坚持政府引导与市场机制相结合，既充分发挥政府规划、政策的引导作用，又发挥市场的主体作用；坚持集中疏解与分散疏解相结合，考虑疏解功能的不同性质和特点，灵活采取集中疏解或分散疏解方式；坚持严控增量与疏解存量相结合，既把住增量关，明确总量控制目标，也积极推进存量调整，引导不符合首都功能定位的功能向周边地区疏解。

二、长江经济带战略

（一）长江经济带战略及其意义

长江经济带横跨我国东中西三大区域，覆盖长江沿线的 11 个省市，面积约为 205 万平方公里，人口约 6 亿，GDP 占全国的 45%。从经济发展角度来看，长江经济带不仅包括经济发达的长三角地区，还囊括了经济欠发达的云南、贵州等省份。

2014 年 9 月，国务院印发的《关于依托黄金水道推动长江经济带发展的指导意见》将长江经济带战略作为国家重大发展战略。党的十九大报告进一步指出，以共抓大保护、不搞大开发为导向推动长江经济带发展。

伴随我国经济发展进入新常态，依托黄金水道推动长江经济带发展，打造中国经济发展新引擎，对于协调东部与中西部经济发展具有重要的战略意义。

一是在经济增速换挡的背景下提供重要的发展支撑。实施长江经济带战略有利于打破行政区域限制，促进资源要素自由流动；有利于发挥市场作用，引导资源合理配置，加速长三角地区优质产能向中西部地区转移，将东中西部贯通起

① 《中共中央 国务院关于支持河北雄安新区全面深化改革和扩大开放的指导意见》，中国政府网，2019 年 1 月 24 日。

来，促进东中西部三个地区、四大板块的联动，从宏观层面统筹区域发展，优化产业空间配置。

二是推动经济增长转型。长江经济带建设，有利于发挥长三角地区的创新引领作用，打造以上海为中心的创新示范高地，推进产业转型升级；有利于引导生产要素向具有竞争优势的地区集聚，打造产业集群，推动产业改造升级，推进去产能、去库存，淘汰效率低、污染严重的落后产能；有利于打造核心竞争优势，培育和壮大区域新兴产业，加快优势产业的承接，发展特色产业，加大信息技术对传统产业的融合力度；有利于长江流域整合比较优势，实现共同发展。

三是打造全新的开放格局。长江经济带是欧亚大陆桥、海上丝绸之路和陆上丝绸之路商品的主要来源地，也是我国重要的内河航运通道，长江黄金水道又是海上、陆上丝绸之路的连接干道，海陆互通。在东部地区，发挥亚欧大陆桥铁路运输的多节点联动优势，以长江黄金水道为依托，实现海陆联运；在中部地区，通过安徽合肥与陕西西安的陆路及铁路直接相连，通过巢湖港区以水路直接入江，贯穿南北地区大动脉；在西部地区，发挥云南、重庆等省份作为“一带一路”建设重要节点的作用，通过对接“一带一路”建设，形成海上丝绸之路、路上丝绸之路和长江黄金水道“三条 21 世纪通道”。形成这种全方位的开放格局，可以引导产业向中西部以及沿线国家转移。

（二）长江经济带战略的实施

一是优化空间发展布局。长江经济带横跨长三角城市群、长江中游城市群以及成渝城市群，沿江有上海、武汉、重庆三大航运中心。根据长江经济带各区域的功能以及发展情况，按照“生态优先、流域互动、集约发展”的思路，打造“一轴、两翼、三极、多点”的空间格局。①

二是坚持生态保护，绿色发展。长江经济带的建设，要把保护和修复生态环境放到首位，不搞大发展，共抓大保护，要划定水资源开发利用红线、生态保护红线以及水功能区限制纳污红线，建设人与自然和谐的生态绿色通道。为此，应做到以下几点：第一要控制水污染；第二要加强水生态修复，保护江湖水生物多样性，加强沿江森林保护和生态修复；第三要有效保护和合理利用水资源，加强水资源保护就是要合理分配和利用淡水资源；第四要充分利用长江岸线资源，合理规划岸线功能。

三是加速新型城镇化发展。长江经济带战略的核心在于协调区域发展，引导产业合理布局，加速城市群的辐射作用，推动新型城镇化的发展。为此，应做到以下几点：第一，优化城镇空间布局，发挥三大城市群的带动作用。第二，加快农业转移人口市民化，拓宽进城落户渠道，实施差别化落户政策。第三，加强新

① “一轴”是指长江黄金水道为依托，发挥上海、武汉、重庆三大航运中心的作用，构建沿江绿色发展轴。“两翼”是指拓展长江主线轴向南北两侧腹地延伸，通过加强交通基础设施建设，促进重要节点城市的互联互通，增强人口和产业的集聚力。“三极”是指长三角城市群、长江中游城市群和成渝城市群，培育长江经济带三大增长极。“多点”是指三大城市群以外的地级城市，加强与中心城市的经济互动和联系，发展优势产业，建设特色城市。

型城市建设，以提升城市内涵为关键，建设和谐宜居的新型城市。第四，城乡统筹发展，推进美丽乡村建设，加强农村基础设施建设，提升农村文化特色。

四是构建现代化综合交通运输体系。应做到以下几点：第一，重点打通长江干流和支流等黄金水道，统筹公路、铁路、航空以及管道建设，提升长江水道航运，进一步提升干线通航能力，促进大区域的航运网络形成。第二，要统筹港口规划布局，强化港口的分工协作，加强与地区产业的联动合作，优先发展枢纽港口，积极发展重点港口，适度发展一般港口，大力发展现代航运服务。第三，加快铁路建设步伐，促进铁路、高速公路与重要港口的连接线建设，加快综合交通运输网络的建设，积极发展铁水、公水、空铁等多式联运。

三、拓展和优化区域经济空间

近年来，我国区域发展空间布局逐步优化，区域良性互动格局加快形成。但是在经济发展新常态下也面临诸多挑战，特别是区域发展差距仍然较大、老少边穷地区发展相对落后、一些区域无序开发情况比较突出、促进区域协调发展的体制机制还不完善等问题亟待解决。因此，要以区域经济发展战略为引领拓展和优化区域经济空间。同时要进一步完善区域政策体系，构建区域协调发展新机制，完善京津冀协同发展、长江经济带发展、长江三角洲区域一体化发展、粤港澳大湾区建设、黄河流域生态保护和高质量发展等国家重大区域战略推进实施机制，形成主体功能明显、优势互补、高质量发展的区域经济布局。要健全城乡融合发展体制机制。①

（一）优化和拓展经济活动空间的主要内容

第一，深入推进“四大板块”战略。积极统筹协调东中西部和东北地区发展，积极推进沿大江大河、沿边沿海和沿重要交通干线的经济增长带建设，促进生产要素在更广区域内有序自由流动，构建东中西、南北方协调联动发展的新格局。持续推进西部大开发战略，发挥好“一带一路”建设对西部大开发的带动作用，促进生产要素向西部地区流动和集聚，着力培育新的经济增长点和增长极，不断提升基础设施建设和基本公共服务水平。大力推进东北等老工业基地振兴战略，着力完善体制机制，大力推进重点领域改革，积极推进结构调整，支持产业结构单一地区加快转型，促进资源型城市可持续发展。进一步发挥中部地区承东启西、连接南北的独特优势，加快综合交通运输体系建设，有序承接产业转移，积极推进新型城镇化，全面深化对内对外开放合作，进一步吸纳人口、集聚产业和增强综合实力。支持东部地区率先创新发展，着力推动全面深化改革和制度创新，加快实现创新驱动发展，进一步扩大对外开放合作，加快建立全方位开放型经济体系，积极探索陆海统筹新机制，更好地发挥在全国经济增长中的重要引擎和辐射带动作用。

---

① 《中共中央　国务院关于新时代加快完善社会主义市场经济体制的意见》（2020 年 5 月 11 日），中国政府网，http：//www. gov. cn/zhengce/2020 - 05/18/content_5512696. htm。

第二，脱贫攻坚和特殊类型地区发展。支持资源型地区经济转型发展。加快边疆发展，确保边疆巩固、边境安全。发挥政治优势和制度优势，推进精准扶贫、精准脱贫，创新扶贫开发方式，加快实施发展生产、易地扶贫搬迁、生态补偿、教育扶贫、社保兜底等精准扶贫工程，健全扶贫工作机制，因人因地施策，提高扶贫实效。加强贫困地区基础设施建设，不断提高贫困地区公共服务水平，完成存量危房改造，提升医疗服务水平，抓好义务教育和职业培训。同时加大对革命老区、民族地区、边疆地区和困难地区的支持力度：支持革命老区开发建设，完善革命老区振兴发展支持政策；将加快民族地区发展摆到更加突出的战略位置，坚持和完善民族区域自治制度，推动建立各民族相互嵌入式的社会结构和社区环境；推进边疆地区开发开放，加强基础设施互联互通，大力推进兴边富民行动；促进资源枯竭、产业衰退、生态严重退化等地区转型发展，研究支持产业衰退地区振兴发展的政策措施。

第三，加快城市群建设。要支持京津冀、长三角、珠三角三大城市群在制度创新、科技进步、产业升级、绿色发展等方面走在全国前列，建设具有世界影响力的城市群；支持北京、上海建设具有全球影响力的科技创新中心，建设一批创新型省份和城市，为全国创新驱动发展做好示范；提升东部地区城市群开放竞争水平，培育中西部地区城市群，深化对内对外开放，壮大现代产业体系，完善基础设施网络；依托省会城市、重要节点城市等区域性中心城市，加强区域协作对接，加快产业转型升级，形成辐射带动区域整体发展的城市群。促进城镇发展与产业就业支撑和人口集聚相协调，统筹推进国家级新区、产城融合示范区、临空经济区等发展，制定促进县域特色经济发展的政策举措，加快推进城乡协调发展。

第四，拓展蓝色经济空间。坚持陆海统筹，加快建设海洋强国。科学开发海洋资源，保护海洋生态环境，拓展我国发展战略空间。按照以陆促海、以海带陆、人海和谐的原则，促进海洋经济发展，加强陆海基础设施对接，促进陆海产业融合发展，构建陆海统筹开发格局；以全国海洋经济发展试点区建设为重点，优化海洋产业结构，打造若干海洋经济圈和特色海洋产业园区；加强远洋和大洋深部资源的开发利用，严格控制围填海规模，强化近海、海岸带和沿海滩涂的保护与合理开发利用，适时出台关于加强沿海滩涂保护与开发的政策措施；推进海岛保护利用，预留后备开发资源，推动海岛地区经济社会发展，创新绿色、节能、环保的生态型海岛经济发展新模式。

（二）优化和拓展经济活动空间的政策保障

第一，增强区域政策顶层设计和区域政策的精准性。① 在科学划分区域类型的基础上，以我国区域发展总体战略为基础框架，以不同地区主体功能定位、经济社会发展水平和基本公共服务水平为基本依据，推进建立和完善内涵清晰、措

① 本部分的编写参考了国家发展改革委 2016 年发布的《关于贯彻落实区域发展战略 促进区域协调发展的指导意见》，中国政府网，http://www.gov.cn/xinwen/2016-09/07/5106087/files/1cf31edd5191417f82ff644611ae01f1.pdf。

施有效、管理规范、分类指导的区域政策体系；加强区域发展环境影响评价及水资源论证，依法开展环境影响跟踪评价，促进区域经济与资源环境协调发展；提高我国区域经济政策的精准性，完善区域政策与财政政策、货币政策、产业政策、投资政策、消费政策、价格政策协调配合的政策体系，缩小政策单元，完善差别化的区域发展政策，提高区域政策协同性、精准性、可操作性和有效性；对制造业体系比较完整、产能过剩行业比重较大、国有企业比重较大、生态功能和农业地位重要、滞缓衰退严重和资源枯竭等不同类型地区，出台有针对性的政策举措，积极推进供给侧结构性改革，破解发展瓶颈和发展难题，提升综合竞争力和实力，推动结构优化和动力转换；区域政策要注重区域间社会事业均衡发展和基本公共服务均等化，要加大对老少边穷等欠发达地区的扶持力度，加大一般性转移支付比重，提高地方自身发展能力。

第二，加强区域合作互动。首先，推动京津冀、长三角、珠三角不断扩大协同合作领域和范围，支持中西部重点经济区加快一体化发展，打破地区分割和利益藩篱，清理和废除妨碍全国统一市场和公平竞争的各种规定和做法，促进各种生产要素的有序自由流动。其次，促进产业有序转移与承接，支持承接产业转移示范区建设，进一步优化产业空间布局，推动区域产业结构优化调整，创新各类园区管理模式和运行机制，充分发挥高新技术产业开发区在产业转移升级中的作用，培育新的经济增长点。再次，进一步加大对民族地区、革命老区、集中连片特殊困难地区的对口支援或帮扶力度，积极探索两岸合作新模式。最后，积极参与国际区域合作，以“一带一路”建设为统领，实行更加积极主动的开放战略，完善互利共赢、多元平衡、安全高效的开放型经济体系，积极探索扩大内陆沿边开放新模式和新路径，加强区域、次区域合作。

第三，健全区域协调发展机制。健全市场机制，有效发挥政府、企业和社会组织等多元主体的作用，构建多层次、多领域的区域合作网络，形成东西互动、南北协调的合作发展格局；强化互助机制，完善发达地区对欠发达地区的对口支援制度和措施，促进对口支援从单方受益为主向双方受益进一步深化；健全扶持机制，以推进基本公共服务均等化为方向，加大对欠发达地区的支持力度，继续在经济政策、资金投入和产业发展等方面加大对中西部地区的支持，进一步完善对粮食主产区、资源产区的利益补偿机制，建立健全稀缺资源、重要农产品的价格形成机制；健全生态保护补偿机制，坚持谁受益、谁补偿原则，完善对重点生态功能区的生态保护补偿机制和地区间横向生态保护补偿制度，探索市场化的生态保护补偿机制。

思考题：

1. 简述马克思主义区域经济思想。
2. 简述中国特色社会主义区域经济理论及其发展历程。
3. 我国区域协调发展战略的主要内容是什么？

第八章

经济结构、产业结构与经济发展方式

教学目的和要求

学习和掌握经济结构、产业结构的含义及其主要影响因素，把握产业结构演进的基本趋势及逻辑，了解新中国成立以来产业结构的演进过程，掌握现阶段中国产业结构存在的主要问题，明确中国通过产业结构调整，加快经济发展方式转变的思路和措施。

教学要点

1. 经济结构、产业结构、经济发展方式的基本内涵。
2. 产业结构的主要影响因素及产业结构演进的基本趋势及逻辑。
3. 新中国成立以来产业结构演进的进程及现阶段存在的主要问题。
4. 推动我国产业结构调整、加快经济发展方式转变的思路和措施。

经济结构与经济总量是国民经济的两个重大方面，二者相互作用、相互影响，共同决定着经济发展的水平与质量。长期以来，我国经济结构不够合理，特别是产业结构不合理，已成为制约我国经济发展方式转变、经济高质量发展的重要因素。加快调整产业结构，优化经济结构，是加快转变经济发展方式、实现经济高质量发展的必然要求。

第一节 经济结构

一、经济结构的含义

经济结构是指国民经济的基本构成，是国民经济各组成部分的地位和相互比例关系。经济结构可从多个角度加以界定：从一定社会生产关系总和的角度看，经济结构专指社会经济结构，其中最基本的是生产资料所有制结构，即各种所有制成分在所有制中的地位和所占比例；另外，经济结构还包括分配结构等。从国民经济各部门及社会再生产各方面或环节角度看，经济结构可分为产业结构、区域经济结构、城乡经济结构，以及需求结构、供给结构等。每一种经济结构内部又包含具体的结构要素，如产业结构包括第一、第二、第三产业，需求结构包括投资需求、消费需求和出口需求等。从微观角度看，经济结构还包括企业组织结构、产品结构等。

对于经济结构的研究，本书将在多个章节中分别进行。所有制结构、分配结构将在社会主义基本经济制度中研究；国民经济需求结构、供给结构将在宏观经济分析中研究；区域结构将在区域经济中研究；城乡结构将在“三农”问题中研究等。本章将集中分析对于我国经济具有特别重要意义，目前又特别需要加以调整优化的产业结构。

二、经济结构合理化判定标准与影响因素

一个国家特定时期的经济、技术及要素条件，决定了相应的经济结构。经济结构是否合理，在很大程度上决定了该国这一时期经济发展的水平和质量。判定一个国家特定时期的经济结构是否合理，主要看它是否能合理有效地利用国内外一切有利条件，特别是充分有效地利用本国的各种要素和资源；能否保障国民经济各部门的协调发展；能否有效促进科技进步和要素生产率提高；能否既有利于促进近期经济增长，也有利于实现长远经济发展目标。概括起来，判断一个国家特定时期的经济结构是否合理，主要看它是否能够有效提升本国经济发展质量、效益和水平，促进社会生产力的快速发展。

经济结构的合理化是一个地区性、动态性范畴，不同国家经济结构的合理化标准及要求是不同的，同一国家在不同历史时期及发展阶段的经济结构合理化标准也不一样。

影响经济结构合理化的主要因素有以下几种：

一是经济发展阶段。一个国家所处的经济发展阶段以及在该阶段所确定的发展目标对该国经济结构具有重要影响。新中国成立初期，面对相当薄弱的经济基础，为尽快改善人民生活并力争追赶世界发达国家的发展目标，我国确定了以重工业为主导的产业结构，重点增加投资，提高积累率，由此形成的经济结构尽管存在一定缺陷，并造成许多不良后果，但选择这样一种经济结构与当时我国所处的经济发展阶段直接相关。

二是科学技术进步。科学技术进步是影响一个国家经济增长和经济结构的重要因素。随着科学技术的进步及应用程度的提高，产业结构也会进一步优化升级，以劳动密集型产业为主导的产业结构将被以资本密集型产业为主导的产业结构所代替，进而被以技术密集型产业为主导的产业结构所代替。

三是经济体制。经济体制直接影响资源配置方式及其效率，从而对经济结构具有重要影响。我国在计划经济体制下形成的经济结构，在转向社会主义市场经济体制之后，在许多方面都发生了变化和调整。随着经济体制改革的不断深化，

我国经济结构将发生新的变化和调整。

四是市场发育程度和在资源配置中的作用程度。在市场经济中，经济结构的形成由市场决定。市场的发育程度、市场机制的完善程度对经济结构的形成和完善将产生决定性的影响。在我国社会主义市场经济中，政府也要更好地发挥作用，但市场在资源配置中的作用仍然是决定性的。

五是政府政策。政府政策对经济结构的影响，主要表现为政府制定的财政政策、货币政策、产业政策、收入分配政策、区域布局政策等，会直接、间接地影响产业结构、收入分配结构、需求结构、区域结构等。

六是国际经济环境。在经济全球化和开放经济条件下，一个国家的经济发展及经济结构不可能不受外部环境的影响。外部经济发展环境的变化会直接影响一个国家内外需结构、外贸进出口结构等的变化，进而对产业结构、区域经济结构、收入分配结构等产生一定影响。

第二节　产 业 结 构

一、产业结构及其分类

产业是具有某种同类属性的企业经济活动形成的集合体。产业结构是指产业之间的技术经济联系，以及不同产业之间形成的比例关系。

对于产业结构的分类，有不同的方法。

一种是马克思的两大部类划分法。马克思在对社会再生产过程进行分析时，重点剖析了物质生产领域中的社会总产品。他根据产品在再生产过程中发挥的作用不同，从实物形态上将社会总产品划分为两大部类，即生产生产资料的第Ⅰ部类和生产消费资料的第Ⅱ部类。前者是指生产各种生产资料的部门，主要包括各种生产工具、设备、原料、材料的生产部门，所生产的产品主要用于生产性消费；后者主要是指生产各种个人消费品的生产部门，生产的产品主要用于个人消费。两大部类的分类方法，是马克思研究资本主义社会再生产过程的理论基础。马克思通过对两大部类产品消耗的物质补偿和价值补偿关系的研究，得出了社会进行简单再生产和扩大再生产的实现条件。从一般意义上看，一个社会生产的产业或部门结构是在一般分工和特殊分工基础上产生和发展起来的。两大部类分析法，如果抽象掉资本主义生产关系的性质，对我国产业结构调整具有重要指导意义。

社会生产的两个部类

另一种是三次产业分类法。该分类方法由英国经济学家阿·格·费希尔（Allan G. B. Fisher）于1935年首次提出。他认为，人类的经济活动可分为三次产业，即第一次产业、第二次产业和第三次产业。其中，第一次产业是和人类第一个初级生产阶段相对应的农业和畜牧业；第二次产业是和工业的大规模生产阶段相对应的、以对原材料进行加工并提供物质资料，以制造业为主的产业；第三次产业是以非物质产品为主要特征，包括商业在内的服务业。[①] 这一分类方法反映了一个国家所有产业之间的结构及其关系，成为当今世界比较流行的产业结构分类方法。

产业结构的主要分类

二、产业结构的影响因素

影响产业结构的因素有以下一些：

一是资源禀赋条件。资源禀赋条件是一个国家产业结构模式选择的基础条件。一般情况下，自然资源相对丰裕的国家，其所选择的产业结构多具有一定程度的资源开发和加工特征，而资源相对匮乏的国家就不适合选择这种类型的产业结构。当然，在现代经济社会，随着经济全球化与区域经济一体化的不断发展，资源、要素在各国间的流动越来越频繁，在很大程度上改变了不同国家资源禀赋条件的差异，从而在产业结构的选择方面，资源禀赋条件的影响相对减弱。

二是要素投入。最重要的生产要素首先是劳动力。劳动力要素对一个国家产业结构的影响可分为数量和质量两个维度。无论从需求拉动还是从供给角度，保持相对适度的劳动力数量对于形成和优化一个国家的产业结构都是必要的。而从促进产业升级和竞争力提升角度，人口素质或质量无疑具有更为重要的作用。一个国家要想实现产业结构优化升级和经济高质量发展，则既应保持适度的人口增长率，同时更要着力提高人口素质，积累充足的人力资本。其次是资本投入。资本是支撑产业发展的重要因素。资本供给对产业结构的影响主要包括两个方面：一方面是资本充裕度的影响。充裕的资本有利于促进产业技术创新、构建产业发展平台、完善产业发展基础等，从而促进一个国家产业结构的发展和转型升级。一个国家的资本充裕度一般受这个国家特定时期经济与社会发展水平、居民储蓄率、资本积累状况等的影响。另一方面是资本投向及使用效率的影响。在资本数量一定的条件下，一个国家产业结构的转型升级和竞争力提升，很大程度上取决于资本的投向以及使用效率。只有使资本投向符合产业结构优化升级要求，并保持较高的资本使用效率，才能有效促进产业结构的发展和转型升级。

三是技术进步。一个国家特定时期的产业结构基本形态及水平，很大程度上取决于该时期的技术进步水平及其对产业的影响程度。从作用机理上说，产业结构的转换、升级主要取决于各产业部门之间生产率增长速度的差异，而这种差异很大程度上又取决于各部门技术创新水平及应用程度的不同。那些率先实现了技术突破的部门，通过显著提升部门的劳动生产率，成为成长迅速的部门，并可能进一步发展为这一时期国家的主导性产业；相反，那些技术创新能力不足、创新成果应用缓慢的产业或部门，将由于劳动生产率提升缓慢、产业竞争力不强而趋于衰弱，直至被淘汰。技术进步对产业结构变动的影响首先是影响产业结构中的主导产业，进而带动一般产业的变动，从而实现整个产业结构的变动。技术进步还会通过产生新产业、新业态等，促进产业结构转型升级。历史上的三次产业革

① 苏东水主编：《产业经济学》，高等教育出版社2000年版，第25页。

命，都曾通过根本性技术创新，推动了当时产业结构的转型升级。当今正在迅速发展的第四次科技革命，一方面通过改造提升传统产业，另一方面通过形成新的产业部门，引发全球产业结构的深刻变革。

四是市场需求。国民经济总需求包括消费需求、投资需求和出口。对于出口，我们将在后面加以研究，这里先对消费和投资的影响进行分析。

消费需求对产业结构的影响包括消费规模和消费结构两个方面。消费规模或消费量又受到人口数量和人均收入水平的影响，这又与一个国家的经济发展水平及状况相关。一般来说，一个国家的人口越多，消费需求的绝对量就越大，会刺激产业的发展以满足人们需求的不断增加。但对于经济相对落后的国家，人口的过快增加会降低人均国民收入水平和消费规模，从而不利于该国产业结构的发展和升级。当一个国家的国民经济及人均国民收入水平处于相对较高的水平时，保持适度的人口增长，对于增加社会需求量、拉动产业结构发展与升级具有重要作用。消费结构对产业结构具有重要影响。在市场经济条件下，个人消费结构对产业结构的影响最为直接和显著。它不仅直接影响最终产品的生产结构和规模，还间接影响中间产品的需求状况。随着人均收入水平的提高，个人需求趋于多样化和多层次，由此将促进产业结构实现层级式升级。

投资是支撑企业扩大再生产、产业扩张和技术创新的重要力量。保持适度的投资率，是促进产业发展和升级的重要物质条件。在保持一定投资量的条件下，投资方向、投资结构与投资效率对产业结构具有直接影响。对于重点发展或优先发展的产业，增加投资是促进其快速发展的重要条件。

消费和投资作为社会需求的两大主要部分，二者的比例或结构对产业结构具有重要影响，直接决定了消费品生产产业与资本品生产产业的比例关系。为此，政府应采用一定的投资政策、消费政策，合理引导投资流向，以达到调整投资结构，进而调整产业结构的目的。

五是国际贸易与国际投资。在经济全球化条件下，国际贸易通过本国产品的出口，拉动本国需求增长，通过进口外国产品，影响国内产品的供求结构与态势，进而影响产业结构。对于我国这样的发展中大国而言，通过适当扩大出口和对外贸易，拉动国内需求，并通过进口获得产业发展所需的资源、要素和技术等，对于拓展产业发展空间，完善产业体系，促进产业结构升级，具有十分重要的作用。

国际投资包括本国企业在外国的投资和外国企业在本国的投资。对外投资会导致本国产业的对外转移，外国投资则促使国外产业的对内转移，二者都会引起国内产业结构的变化。相比之下，外国直接投资对国内产业结构的影响更为显著，具体表现在三个方面：第一，外资企业投资、生产的产品品种、数量变化会直接改变投资国现有产业结构。第二，外资企业中间产品的供应结构和最终产品销售结构的变化会直接影响国内产业结构的变化。第三，外资企业的技术创新会直接或间接地促进引进投资国产业结构的升级，特别是在外资投资过程中，一些外资企业将研发机构引进被投资国，这将有利于实现外资技术创新成果的外溢，促进引进投资国产业结构的优化升级。一个国家向国外投资也会对本国产业结构产生一定影响，这种影响主要取决于向国外投资的类型。如果是向国外输出国内相对过剩的产能，这在一定程度上有利于缓解国内产能过剩，为产业结构调整创造有利的条件和空间。如果是通过并购国外企业、研发机构、销售网络等实现对外投资，则有利于本国产业更深地嵌入全球产业分工体系，从而有利于产业价值链升级。当然，如果对外投资不当，也会对本国产业结构带来一定不利影响。如20世纪七八十年代，以美国为代表的发达国家将制造业大规模转移到发展中国家，造成不同程度的产业空心化、经济过度虚拟化等问题。

产业结构除了受到国内外经济因素的影响外，还受到政治、文化、社会、法律等多种非经济因素的影响。例如，若考虑就业、民生和社会福利问题，一个国家就应适当发展部分劳动密集型产业，而不能一味地追求产业结构的高级化。再如，文化因素对产业结构的影响越来越明显，一定的社会文化思潮和价值追求，在一定程度上会影响一个国家产业结构的形态。法律对一个国家产业结构也具有一定影响，健全的法律法规环境将有利于促进国内外投资，促进产业结构发展和升级，特别是当今知识产权保护、技术创新收益分配等方面的法律法规，有利于保障技术创新，促进科技成果转化，从而促进产业结构转型升级。

三、产业结构演进的基本趋势

从人类经济社会发展的历史进程看，产业结构的演进呈现两种基本趋势。

一是产业结构合理化。产业结构合理化主要是指国民经济各产业间比例关系趋于协调，产业结构适合生产力发展要求。20世纪30年代，英国经济学家科林·克拉克（Colin G. Clark）在配第关于产业结构分类的基础上，进一步分析了经济发展过程中劳动力在三次产业间的分布及变化趋势，总结出以下基本结论：随着经济的发展，即人均国民收入水平的提高，劳动力首先由第一产业向第二产业转移；当人均国民收入水平有了进一步提高时，劳动力便向第三产业转移。劳动力在第一产业的数量将减少，在第二产业和第三产业的数量将增加。该结论被称为“配第—克拉克定理”，它揭示了经济发展过程中产业结构演进的基本趋势。[①]

现代经济发展主要表现为工业化的推进过程，在工业化过程中，三次产业的地位和作用会发生相应的变化。根据美国经济学家罗斯托（Walt W. Rostow）的观点，一个国家的工业化过程可分为五个阶段：前工业化时期、工业化初期、工业化中期、工业化后期和后工业化时期。在前工业化时期，第一产业占主导地位，第二产业获得一定发展，第三产业的地位较低、作用较小。在工业化初期，第一产业产值在国民经济中的比重逐渐减小，地位逐步下降，第二产业得到较快发展并逐步占据主导地位，且工业发展的中心从轻工业为主向基础工业为主转变，与此同时第三产业也得到一定发展，但其在国民经济中的地位和作用仍不显著。到工业化中期，第二产业的主导地位更加突出，工业发展的重心由基础工业转向高加工度工业，同时第三产业的地位与作用明显上升。到工业化后期，第二

① 臧旭恒等：《产业经济学》（第三版），经济科学出版社2005年版，第321页。

产业所占比重开始下降，第三产业的地位与作用迅速上升，其所占产值和就业比重不断提高，并逐步在国民经济中占据主导地位。在后工业化阶段，信息化快速发展并迅速普及，信息产业逐步发展成为国民经济的支柱产业。当今世界，新一轮科技革命和产业革命正在加速发展，新一代信息技术迅速向传统产业渗透，同时形成许多新的产业、业态和模式，全球产业结构正在经历一场新的深刻变革。

二是产业结构高级化。产业结构高级化主要是指在产业结构演进中各产业特别是主导产业不断升级，以适应科技进步和生产力发展的要求。主导产业是指在一个国家或地区经济发展过程中出现的在国民经济发展中居于主导地位、通过产业关联影响整个产业结构，并对整个国家或地区经济增长具有主导带动作用的产业部门。在不同的发展阶段，一个国家或地区的主导产业往往是不同的。从人类社会经济发展的进程看，农业经济时代，农业是主导产业。进入工业经济时代，主导产业经历了一个多次转换的过程。在工业化初期，以轻纺工业为主导产业。这一时期，由于需求拉动、技术要求相对简单、从第一产业分离出来的劳动力较为便宜等因素的影响，轻纺工业得到较快发展，并成为经济发展的主导产业。随着工业化的发展，以原料和燃料动力等基础工业为重心的重化工业逐步发展起来，并逐渐取代轻纺工业成为经济的主导产业。在这一阶段，技术要求不高的机械、钢铁、造船等低度加工组装型重化工业得到迅速发展，在国民经济中的比重越来越大，并成为经济发展的主导产业。但重化工业作为资本、技术高度密集型产业，其发展对产业的技术创新能力有较高的要求，由此，以低加工组装型重化工业为主导的阶段必然进一步发展为以高加工组装型工业为主导的阶段。在这一时期，随着高新技术的迅速发展和广泛应用，技术要求较高的精密机械、精细化工、石油化工、机器人、电子计算机、飞机制造、航天器、汽车及机床等高附加值组装型重化工业得到较快发展，并成为国民经济的主导产业。随着产业结构的发展和演进，服务业的比重逐渐提升并逐步取代工业成为国民经济的主导产业。这时，第二产业的发展速度逐步放缓，特别是传统工业下降幅度加快，而高新技术产业仍有较快发展。第三产业包括服务业、运输业、旅游业、商业、房地产业、金融保险业、信息业等的发展速度明显加快，并在 GDP 中占有较大份额。在服务业内部，随着产业升级和技术创新加快，技术含量和附加值较高的现代服务业所占比重不断提升并成为服务业的主体。当今社会，伴随着服务业的快速发展和新一代信息技术的广泛应用，信息产业获得迅速发展，并逐步成为国民经济的主导产业，由此标志着人类社会进入信息化社会或智能经济社会。

产业结构的演进

第三节　转变发展方式与调整产业结构

一、新中国成立以来产业结构的演进

改革开放之前，我国在特定条件下建立起以重工业为主导的产业结构。这种

产业结构使我国在一个较短的时期内形成了相对完整的工业体系和国民经济体系，奠定了工业化发展的基础，也为改革开放后实现国民经济持续快速增长奠定了必要的物质基础。但重工业过度超前发展，导致农业和轻工业发展滞后，人民生活水平难以大幅提高。

改革开放以来，我国摒弃了优先发展重工业的思路，大力发展农业和轻工业。改革开放初期，以家庭联产承包责任制为主要内容的农业经济体制改革，极大地焕发了亿万农民的积极性，使长期处于落后状态的农业得到快速发展，农业产值所占比重从1978年的27.9%上升到1984年的31.8%。1984年以后，经济体制改革的重点由农村转移到城市工业，轻工业得到快速发展。工业内部轻、重工业产值所占比重由1978年的43.1∶56.9改变为1990年的49.4∶50.6，轻、重工业的结构趋于协调。与此同时，第三产业也得到了较快发展，在GDP中所占比重由1984年的25.5%上升到1991年的34.5%。[①]

到20世纪90年代后期特别是进入21世纪，随着经济发展环境和条件的变化，我国产业结构重新进入重化工业为主导产业的阶段，并带动国民经济进入新一轮快速增长期。这一时期的"重新重工业化"是由以居民消费结构升级为主，包括城市化步伐加快和国际产业转移等多种因素共同促成的，是我国工业化发展和改革开放共同促进的必然结果，符合工业化国家产业发展的一般规律和趋势。这一时期的重化工业化快速发展，一方面带动了经济的持续快速增长，大大推进了我国工业化进程，但另一方面也造成资源消耗较大、环境污染严重等问题。

2001年我国加入世界贸易组织，全面参与经济全球化进程，产业结构的发展演变越来越受到国际产业分工与竞争的影响。随着产业越来越深地嵌入全球产业链，我国承接了越来越多的国外直接投资。借助资源、要素等比较优势，我国获得了可观的国际分工比较利益，特别是通过引进国外资金、技术和管理经验，带动了国内企业技术进步和管理水平提高，由此促进了产业结构的优化升级。但是，在参与国际产业分工的过程中，由于技术创新特别是自主创新能力不强，产业的国际竞争力不高，导致我国产业在一段时间内主要处于国际价值链中的低端。

2008年国际金融危机发生后，我国产业结构调整面临的国内外环境条件发生了巨大变化。发达经济体经济复苏乏力，一些新兴经济体经济下滑，加之国内要素成本上升，导致我国经济长期快速增长所依赖的投资和出口增长乏力，经济发展出现新特征，进入新常态，国民经济由高速增长进入高质量发展阶段。从产业结构看，经过多年发展和调整，我国产业结构发生了许多具有趋势性的变化。首先，三次产业结构进一步优化。2017年，第一产业增加值占国内生产总值的比重为7.9%，第二产业增加值比重为40.5%，第三产业增加值比重为51.6%。其次，工业内部结构正在发生积极变化。高技术产业比重从2010年的8.9%上升到2014年的10.6%；装备制造业比重从2012年的28.2%上升到2014年的30.4%；高耗能产业比重从2011年的30.7%下降到2014年的28.4%；采矿业比

① 本节中的数据来自各年度《中国统计年鉴》。

重从2012年的13.9%下降到2014年的11%。[①] 最后，服务业内部结构进一步优化，现代服务业比重不断上升。除此之外，随着“互联网+”行动计划等一系列战略及规划的实施，新产业、新业态、新模式、新技术等的支撑引领作用不断凸显，我国产业数字化、网络化、智能化升级趋势越来越明显，产业结构转型升级步伐进一步加快。

二、产业结构存在的主要问题

我国产业结构调整取得了明显成效，但也存在急需解决的问题，主要有以下一些：

一是农业基础相对薄弱，现代化水平亟待提高。主要表现为：农业基础设施落后，农业抗风险能力有待提高，如水利建设不足、农业灾害预警系统建设滞后等表现得较为突出；农业现代化建设滞后，分散化的经营体制使得农业生产缺乏与下游消费市场间的有效对接，难以形成规模效益，制约着农业现代化水平的提高。

二是工业国际竞争力有待提升。我国已经是工业大国，但还不是工业强国，制造业国际竞争力还不强。主要表现为：制造业处于全球产业链中低端环节，在品牌、营销等高端环节发展滞后；一些行业的自主核心技术创新不足，与发达国家还有较大差距。

三是服务业内部结构有待优化、水平有待提高。主要表现为：服务业增加值在国内生产总值中的比重不仅低于服务业发展程度较高的高收入国家，也低于许多中低收入国家；服务业内部结构不合理，带有公共服务性质的消费性服务业如医疗、教育等发展不足，生产性服务占比较低。

四是产业发展的绿色低碳化水平偏低，可持续性有待提高。主要表现为：资源能源利用率较低，环境污染较为严重；物耗高、能耗高、污染高的“三高”产业所占比重过高，制约着可持续发展的实现。

三、以产业结构调整为主攻方向加快转变经济发展方式

经济发展方式是指实现经济增长、经济结构优化和经济质量提高的途径和模式。

在新中国成立后的社会主义建设实践中，我国形成了靠要素大量投入实现经济增长的速度型的比较粗放的发展方式，这种发展方式曾经带来过经济的高速增长，但经济效益差，不可持续、牺牲环境的弊端比较突出。改革开放以来，这种经济发展方式有所改变，但没有发生根本性的转变。中国特色社会主义进入新时代，我国经济已由高速增长转向高质量发展阶段。为适应新时代建设社会主义现

① 许宪春：《我国经济结构的变化与面临的挑战》，载于《中国领导科学》2015年第8期，第11～13页。

代化强国、实现民族复兴的需要，适应世界新科技革命的挑战、增强国民经济整体素质和发展潜力的需要，必须毫不动摇地加快经济发展方式转变，不断提高经济发展质量和效益，不断提高我国经济的国际竞争力和抗风险能力，使我国发展质量越来越高、发展空间越来越大、发展道路越走越宽。

经济发展方式转变，就是由单纯靠要素投入实现的粗放型增长到依靠科技进步和创新驱动为主实现增长的转变，从不合理的经济结构到高级、优化的经济结构的转变，从单纯的经济增长到创新、协调、绿色、开放、共享高质量发展的转变。

加快经济发展方式转变的内容和措施很多，其中调整优化经济结构特别是产业结构是主攻方向。产业结构调整就是通过经济结构的合理化、高级化，使其适应并促进生产力的发展。以产业结构调整优化为主攻方向加快转变发展方式的主要措施包括以下一些：

一是加快构建新型制造业体系，大力发展实体经济。推进制造业数字化、网络化、智能化发展，重点是加快推进新一代信息技术和制造业融合发展，要顺应新一轮科技革命和产业变革趋势，以供给侧结构性改革为主线，以智能制造为主攻方向，加快工业互联网创新发展，加快制造业生产方式和企业形态的根本性变革，大力发展实体经济，夯实融合发展的基础支撑，健全法律法规，提升制造业数字化、网络化、智能化发展水平。推进制造业绿色化发展，重点是加强工业产品生产制造过程中的节能环保技术、工艺和装备的推广应用，全面推行清洁生产，发展绿色、循环、低碳经济，提高资源、能源利用效率，构建起绿色制造体系。加快推进制造业服务化。借助于新一代信息技术，大力发展生产性服务业，创新制造业发展模式，发展服务型制造。通过拓展延伸制造企业的服务链条，强化制造业服务环节，推动生产型制造向服务型制造转变。

《新一代人工智能发展规划》

二是构建现代服务体系。大力发展现代服务业、构建现代服务体系是优化我国产业结构、构建现代化产业新体系的重要内容。第一，进一步改造提升以生活性服务业为主要内容的传统服务业，促进其向精细化、高品质化转变。重点是进一步丰富服务内容、创新服务方式、提升服务体验，更好地满足居民多层次、个性化的服务消费需求。进一步激发居民新的服务需求，形成服务供给与需求相互促进、不断升级的良性循环。第二，大力发展生产性服务业。大力推动流通性服务业的信息化、智能化水平，鼓励更多的流通企业向平台服务商转型，增强产业的综合服务功能；促进生产性服务业的技术、管理和商业模式创新，围绕产业价值链核心环节，整合配置资源，实现向产业链中高端延伸；大力发展电子商务等服务业新业态、新模式，推动生产性服务业向专业化发展，向国际价值链高端延伸。第三，大力推进服务业改革开放。进一步消除制约服务业发展的深层次体制机制障碍，改革不合理的产业限制制度，进一步放宽市场准入，推动各类市场主体参与服务供给，为服务业快速发展提供有力的制度保障。深入推进服务业对外开放，开展银行、保险、证券、养老等设立外商独资机构试验。吸纳全球高端资源发展我国现代服务业，提高服务业发展的国际化水平。大力发展服务贸易，提高服务贸易在贸易发展中的比重和档次。

三是大力发展战略性新兴产业。战略性新兴产业代表新一轮科技革命和产业变革的方向。大力发展战略性新兴产业对于发展现代化经济体系、培育发展新动能具有重要作用。第一，强化创新驱动。将创新作为推动战略性新兴产业发展的根本动力，聚焦突破核心关键技术，进一步提高自主创新能力，发展壮大新一代信息技术、高端装备、新材料、生物、新能源汽车、新能源、节能环保、数字创意等战略性新兴产业。第二，坚持需求引领。将市场需求作为拉动战略性新兴产业发展的关键因素。强化新产品、新服务的示范引领作用，以消费升级带动产业升级。第三，促进集聚发展。产业的集约集聚发展是战略性新兴产业发展的基本模式。要促进以科技创新为引领的产业集聚，提升产业集群持续发展能力和竞争力。重点推动产业链和创新链的协同发展，加快培育新业态、新模式，打造特色产业集群。第四，强化要素支撑。加快推进人才体制改革创新，完善相关人才政策，特别是通过调整改革人才分配制度，全面激发人才创业创新的动力和活力。发展完善资本市场体系，完善风险投资机制，为战略性新兴产业发展提供强有力的金融支持。

四是加快推动传统产业转型升级。第一，要加强技术创新和对传统产业的技术改造、提升，提高产业技术创新能力和产品附加值。第二，要把改造提升传统产业与发展新兴产业更好地结合起来，重点围绕两化融合、节能降耗、质量提升、安全生产等领域，推广应用新技术、新工艺、新装备、新材料，更好地满足消费者对高质量、高品质产品和服务的需求，提高企业效益。第三，推进产业重组和组织结构调整，重点支持企业间战略合作和跨行业、跨区域、跨所有制的兼并重组，提高产业的规模化、集约化经营水平，打造一批具有较强核心竞争力的企业集团。第四，积极推进互联网、大数据、新一代人工智能与传统产业深度融合，促进传统产业优化升级。

五是抢抓新产业革命机遇，大力发展新产业、新业态。第一，着力提升要素质量和水平，提高要素生产率。通过转变人口政策、加大教育投入、改革教育体制、完善培训制度等，提升人力资本质量、水平。优化资本要素，强化对新产业、新业态的金融支持。第二，强化技术创新能力，为新产业、新业态发展提供强有力的技术保障。进一步深化科技创新体制改革，完善创新生态系统，强化自主创新能力，加快科技成果转化。第三，提高政府产业政策的作用效能。在发展新产业、新业态过程中，政府在产业政策功能定位、重点作用领域及方向、具体作用方式与方法等方面应力求积极、准确、到位，实施差别化产业政策，创新政策作用方式，力求提高政策效能。第四，创新体制机制，为新产业、新业态发展创造良好的制度环境。一方面，推进简政放权、放管结合、优化服务改革、转变政府职能，健全有利于激励创新的知识产权保护与归属制度，营造有利于创新和公平竞争的市场环境；另一方面，探索包容有效的审慎监管方式，有效引导新经济领域的创业、投资健康发展，对企业不良竞争行为加以限制。

思考题：

1. 经济结构合理化判定标准与主要影响因素是什么？
2. 产业结构的内涵与主要影响因素是什么？
3. 通过实际调查研究，谈谈我国产业结构存在的主要问题有哪些。
4. 谈谈以产业结构调整为主攻方向，转变经济发展方式的主要措施。

第四篇　宏观经济与政府职能

第九章

中国宏观经济中的总量与结构

教学目的和要求

学习和掌握分析宏观经济运行的基本范畴，了解宏观经济与微观经济的关系，理解宏观经济运行的一般原理和方法，认识我国宏观经济运行目标的一般性和特殊性。

教学要点

1. 宏观经济与微观经济的关系。
2. 按比例分配社会劳动时间规律。
3. 宏观经济指标体系。
4. 社会总供给与社会总需求的关系。
5. 社会资本再生产中的结构和比例关系。
6. 决定宏观经济运行的社会生产关系。
7. 市场经济宏观运行的一般目标。
8. 中国特色社会主义经济的宏观目标。

宏观经济是从整体上把握的国民经济，宏观经济分析是从整体上分析国民经济运行中的各种关系。本章既阐述宏观经济运行的一般原理，也阐述中国特色社会主义宏观经济运行的基本特征。

第一节　按比例分配社会劳动时间

一、宏观经济与微观经济

为了便于探索并认识经济规律，人们通常把国民经济划分为微观经济和宏观经济。

微观经济通常是从个量上分析经济行为主体的特点、活动规律，如分析市场中的居民、企业、农户的投资及消费行为的特征和规律问题，就属于微观经济分析；宏观经济则是从总量上分析社会经济整体运行的特点、活动规律，如一个国家国民经济总供给和总需求问题、货币供应总量问题、财政收支问题、增长问题、就业问题、物价总水平问题等，都属于宏观经济问题。

经济活动本身是一个相互联系、相互作用的有机整体，微观经济和宏观经济之间存在辩证关系，并非简单的量的相加的关系。西方经济学在分析宏观问题时把宏观经济看作微观上量的简单相加，总供给曲线和总需求曲线就是建立在微观经济中个量分析的供求曲线，在总量相加基础上推理出来的，虽然有一定的道理，但其局限性也是明显的：其一，总量经济并非是简单的个量经济的总和，它可以大于或者小于个量经济的简单相加。道理是明显的，例如，各个汽车生产企业生产的汽车总和为 200 万辆，但社会实际需要的汽车是 100 万辆，那么就国民经济总量而言，有效的汽车就只是 100 万辆，其他 100 万辆就是浪费。这就是通常所说的“$1+1<2$”的道理。其二，总供给和总需求曲线至多只能描述经济总量关系，不能分析经济结构关系。事实上，国民经济整体不仅仅包含总量，还包含结构，一个健康的经济体，一定是总量平衡和结构平衡的有机统一。

在经济学理论体系中，最早系统提出在总量和结构有机统一中认识国民经济运动规律的科学理论体系是马克思主义政治经济学。马克思在《资本论》中无论是分析生产过程，还是分析流通过程，都始终是在宏观和微观的有机结合中进行的，其中关于个别资本和社会总资本运动关系的分析最为典型。如果我们抽去其社会生产关系特征，其中的思想方法，同样可以用来分析社会主义市场经济中的相关问题。

个别资本就是指单个企业的资本。在市场经济中，每个企业都是独立的市场主体，企业资本在独立循环和周转过程中实现价值增殖。但是个别资本不是孤立地运动，而是相互之间彼此联系、互为条件。一个资本的销售阶段，就是另一个资本的购买阶段，处于不同运动阶段的各个个别资本之间彼此有机联系在一起，这些有相互联系的个别资本就构成了社会资本。

社会总资本是由相互联系的个别资本构成，但不是个别资本的简单相加。个别资本与社会总资本运动有所不同，在个别资本运动分析中，只考虑企业利润最大化如何实现，对于资本家和工人的个人消费问题，不需要考虑。这里的消费，只是企业对生产资料的需要，即生产消费，没有生活消费。但对社会总资本运动的分析，则既要考虑生产消费，也要考虑不同阶级的个人消费，即要考虑消费总量和消费结构两方面的问题。因此，马克思经济学中的宏观分析既包括社会经济总量问题，也包括部门之间、产业之间的结构问题。从社会再生产的角度看，这些结构既有生产结构，也有消费结构。而西方宏观经济学着重分析社会总供给和总需求所反映的总量问题，基本不分析结构问题。

二、按比例分配社会劳动时间规律

依据马克思主义政治经济学基本原理，宏观经济运行是否稳定和平衡，取决于全社会范围内不同部门之间的生产是否遵循按比例分配劳动这一深层经济规律。社会总供给与社会总需求是否平衡，仅仅是这一深层规律作用结果的外在表现。

按比例分配社会劳动时间，是各个社会形态中人类经济活动遵循的共同规律。在市场经济条件下，按比例分配社会劳动时间规律的要求有：第一，合理地分配社会劳动时间。按比例分配社会时间规律同价值规律等其他规律一起，调节着社会生产与社会需求之间的比例关系，调节着社会劳动与社会生产之间的比例关系，使之相互适应，从而达到合理分配社会劳动的目的。第二，促进国民经济按比例发展。按比例分配社会劳动时间规律作用的结果，会促进生产、分配、交换、消费、社会再生产各个环节之间，社会总供给和总需求之间，三次产业之间，生产发展与人口增长之间等重大比例关系的协调，以保证社会再生产能顺利进行。第三，有效地节约社会资源。遵循按比例分配社会劳动时间规律，可以增加社会所需要的商品，减少社会所不需要的商品，逐步形成适应社会需要的社会生产结构，从而促进社会劳动的有效利用和社会资源的节约。

按比例分配社会劳动时间规律是客观规律，发展社会主义市场经济，要自觉遵循这一客观规律。自觉遵循这一规律有两种基本的途径：一是充分发挥市场在资源配置中的决定性作用，即市场调节。二是更好地发挥政府作用，自觉地利用计划等调节经济的形式。

宏观经济不是微观个体的总量相加，是因为微观主体的行为目标存在自发性、盲目性，微观主体之间行为既有合作的一面，也有冲突的一面，对此马克思有深刻认识。在企业内部资源配置中，企业自觉地遵循按比例分配劳动时间的规律。而企业在市场上的行为，遵循的是价值规律，也就是部门之间按比例分配劳动时间的规律。企业遵循两种不同的规律，是由企业内部分工和企业之间社会分工的差异决定的。这就表现为企业在微观领域与宏观领域遵循的规则是不同的，“在工场手工业中（企业内部——作者注），保持比例数或比例的铁的规律使一定数量的工人从事一定的职能”。[①] 也就是说，企业内部按比例分配劳动是根据企业内部分工确定工人的职能来完成的。而在宏观领域，不同部门之间要保持比例关系则不同，由于价值规律具有自发性、盲目性和滞后性，所以“在商品生产者及其生产资料在社会不同劳动部门中的分配上，偶然性和任意性发挥着自己的杂乱无章的作用”。[②] 然而，这并未否定宏观经济顺利运行必须要遵循的深层次规律即按比例分配劳动时间的规律，如果在全社会范围内按比例分配劳动时间规律遭到严重扭曲和破坏，宏观经济就会表现出严重失衡，不仅在总量上失去平衡，在结构上也会失去平衡，从而有可能造成经济危机。

长期以来，有人认为计划与市场是并列关系，或者是非此即彼的关系，甚至有人把计划与计划经济体制视为同一个范畴，这些认识都是不准确的。从资源配置和经济运行的内在规律看，计划，即自觉按比例分配劳动时间，无论是对微观领域还是宏观领域来说，都是本质的、内在的要求。所不同的是，在市场经济中，微观

①② 《马克思恩格斯文集》（第5卷），人民出版社2009年版，第412页。

领域企业内的计划和宏观领域部门之间的按比例分配劳动时间，遵循的具体规律不同，但因此否定资源配置实质是按比例分配劳动时间的本质属性是不正确的。

西方经济学以资本为核心的理论，一方面主张在企业内按计划配置资源，另一方面否定有意识的计划调节和政府干预。相反，社会主义市场经济既承认价值规律在资源配置中的决定性调节作用，又强调计划和按比例分配劳动时间的内在要求。正确处理计划和市场的关系，是社会主义市场经济的重要特色和制度优势。

分工和工场手工业

三、国民生产总值、国内生产总值和国民收入

对宏观经济运行的认识，要借助一些经济学范畴。西方经济学中通常使用国内生产总值、国民收入等概念分析宏观经济的运行。国民生产总值（GNP）是指一个国家或地区的居民在一年内所生产的全部最终产品和劳务的价值总和。它不包含各种中间消耗及其价值。国内生产总值（GDP）是指既定时期一国领土范围内生产的最终产品和劳务的价值总和。国民生产总值和国内生产总值的区别在于是否考虑开放经济对一个国家宏观经济的总体影响。由于当代世界经济是开放经济，所以在世界范围内，衡量国家之间宏观经济水平的指标一般都采用 GDP。

GDP 有两种核算方法：支出法和收入法。

支出法就是通过核算在一定时期内整个社会购买最终产品的总支出。这个总支出包括四个部分：第一部分为居民的消费支出。第二部分为投资支出，投资包括两大类：一类是固定资产投资，如厂房、商业住宅、机械设备等；另一类是存货投资，即企业在一定时期存货的增加或减少。第三部分为政府购买支出，是指各级政府购买物品或劳务的支出。第四部分是净出口，出口意味着收入从国外流入，是用于购买本国产品的支出。

用支出法计算 GDP 的公式可以写成：

GDP = 消费（C）+ 投资（I）+ 政府购买（G）+ 净出口（X－M）

收入法就是用要素收入即企业生产成本核算国内生产总值。具体包括以下几个部分：一是工资、利息和租金等生产要素报酬；二是非公司企业主收入，如医生、律师、小业主收入，他们使用自己的资金，自我雇用，其工资、利息、利润和租金混在一起作为非公司的企业收入；三是公司税前利润，包括公司所得税、社会保险税、股东红利以及公司未分配利润等；四是企业转移支付以及企业间接税等。五是资本折旧。

GDP 直观地反映出一国宏观经济一年内产品和劳动的总体水平，代表一个国家经济的增长速度，所以被广泛采用。但 GDP 也存在局限性，主要是它只能反映一国经济总量，但不能反映总量背后的经济结构和经济关系，如一个国家 GDP 增长很快，但很可能增长的大部分利润被外资企业获得了，GDP 指标无法反映这一问题；再如 GDP 不能反映一个国家贫富差距、增长的环境代价等。因此，有人提出绿色 GDP 等概念，但尚未得到普遍认可和使用。

国内生产净值（NDP）是从 GDP 中扣除资本折旧后得到的。国民收入减去固定资产及设备的折旧部分，反映的是一个国家一年内最终形成的净产值。

国民收入（NI）是指按生产要素报酬计算的一个国家一年的总收入。国民收入是从国内生产净值中扣除间接税和企业转移支付加政府补助金。用公式表示为：

国民收入 = GDP - 折旧 - 间接税 - 企业转移支付 + 政府补助金

在西方经济学中，通常用国民收入等式反映社会总供给与总需求的关系。这个公式与 GDP 公式没有本质区别：

国民收入 = 消费（C）+ 投资（I）+ 政府购买（G）+ 净出口（X - M）

马克思主义政治经济学使用价值体系衡量宏观经济发展状况。在市场经济中，商品的价值构成为 $W = C + V + M$，全社会的商品价值构成为 $\sum W = C + V + M$。

马克思主义政治经济学认为，只有物质生产领域才是创造新价值的领域，而非物质生产领域，如纯粹流通的商业领域、金融领域、政府部门、服务行业等，不创造新价值。这些领域获得收入分配，是从物质生产领域新创造价值中再分配的结果。这样，按照马克思主义政治经济学的观点，国民收入概念是指一年内一个国家物质生产领域新创造的价值总和，即 $\sum V + M$。与西方经济学所说的国民收入概念相比，马克思主义政治经济学中国民收入概念属于狭义的国民收入概念，而西方经济学中的国民收入则是广义的国民收入概念，因为它包含非物质生产部门一年新形成的价值总和。西方经济学认为非物质生产部门也创造价值，这一点是不科学的。比如美国经济近些年来金融化程度非常高，虚拟经济严重脱离实体经济，造成产业结构的严重扭曲。但在广义国民收入统计中，我们能够看到的仍然是美国国民收入水平很高这一现象。直到 2008 年美国金融危机爆发，人们才恍然大悟，支持美国宏观经济高增长的其实是泡沫经济。当物质生产部门创造的新价值不能支撑虚拟经济泡沫的时候，经济泡沫必然破裂，从而引起经济—金融危机。因此，从理论上说，马克思主义政治经济学的狭义国民收入更为科学。当然，西方经济学广义国民收入概念在一般意义上的经济核算中，更能直观地反映一个国家一年收入的整体水平，所以依然是西方经济学研究宏观经济的理论基础。这也是我国宏观经济分析中借鉴使用国民生产总值、国民收入等概念的原因。

正因为国民收入有狭义和广义之分，所以国际上曾经有两种核算体系：一种是物质产品平衡体系（简称 MPS），该体系以马克思主义社会再生产理论为依据，将物质生产部门的社会总产值和国民收入作为反映一国宏观经济运行的基本指标。另一种核算体系是西方国民收入核算体系（简称 SNA），该体系以 GNP 为基础，包括物质生产部门和非物质生产部门提供的产品和劳务，全部计入核算体系。物质产品平衡体系（MPS）曾经在计划经济体制的国家使用；西方国民收入核算体系（SNA）在 1953 年被联合国经济和社会事务部统计处采用，之后这套核算体系被世界上多个国家采用。为与世界范围统计口径相衔接，目前我国也采用 SNA 的核算体系，但这并不否认在理论分析层面 MPS 平衡体系更为科学。

中国国民经济核算体系（2016）

第二节　社会总供求及其结构

一、社会总供给与社会总需求

在市场经济中，供给和需求是理解市场运动状态的基本范畴。从宏观经济的角度看，就是全社会范围内的供给和需求关系，通常称之为社会总供给和社会总需求。

社会总供给是指一个国家（或地区）在一定时期内可提供给全社会使用的商品和服务的总量。在开放经济条件下，社会总供给还包括进口的商品和劳务。

影响社会总供给的基本因素是市场价格水平。一般来说，价格与总供给水平同方向变化，即价格水平越高，供给量越大，价格水平越低，供给量越小。除此之外，影响社会总供给的因素还包括一个国家的科学技术水平、管理水平和经济体制等因素。在开放经济中，影响社会总供给的因素还包括开放程度以及进出口情况等。

社会总需求是指一个国家（或地区）在一定时期内全社会对商品和劳务的有支付能力的需求总量。在开放经济条件下，社会总需求还包括出口需求。因此，社会总需求包括投资需求、消费需求和国外需求三个部分。

投资需求是指一个国家（或地区）在一定时期内对投资品的需求。从结构上来看，投资需求既包括固定资产的投资，如厂房、机器、设备等，也包括对流动资产的投资，如库存投资、国家物资储备投资等。投资需求反映的是生产者之间的相互需求关系，因此投资需求本质上是为增加供给做准备。

消费需求是指一个国家（或地区）在一定时期对消费品的需求。从结构上看，消费需求包括个人消费需求和公共消费需求两个部分。个人消费需求是指居民个人在日常生活中对各种消费品和服务的需求。社会消费需求包括非物质生产部门（如教育、科学、文化、卫生等部门）对公共消费形成的需求，以及为公共需要提供服务的部门（如国家机关、军队、警察等部门）对公共消费形成的需求。消费需求反映的是生产者与最终消费者之间的关系，也被称为最终需求。

在开放经济条件下，总需求还包括国外需求，一个国家或地区对外出口水平越高，表明国外总需求量越大。

对社会总需求的理解，要区别“需求”和“需要”这两个范畴。“需要”是指在一定生产力发展水平下，人们为了满足生产生活需要应该获得的使用价值。一个社会如果是为需要而生产，也就是为使用价值而生产，如社会主义生产目的是满足人们日益增长的物质文化生活的需要，这里的“需要”就是指使用价值。因此，“需要”是可以在不同经济条件和经济关系中通用的范畴。但“需求”范畴则不同，它是与市场经济相联系的范畴，需求与价格、支付能力相联系，在市场经济条件下，只有那种有支付能力并且愿意支付而形成的需要，才构成实际需求。一个人在社会上，可能存在对某种使用价值的强烈需要，比如住房，但如果没有支付能力去购买，也不能形成现实的需求；相反，一个人从使用价值的角度并不需要住房，但他有足够的购买力，可以买多套商品房，用来投资或投机，则这个人在市场中就形成了现实的需求，但并不是满足其对使用价值的需要。认清社会总需求中“需要”和“需求”的差别，对理解市场经济中的资源配置和政府对不同性质的商品进行分类调控，有重要的理论意义。①

社会总供给和社会总需求是反映宏观经济运行总量的一对范畴，从宏观经济运行状态看，社会总供给和社会总需求有三种情况：第一种情况是社会总供给大于社会总需求，表现为产品积压库存增加、通货紧缩、价格下跌、经济增长率下降等，这就是过剩经济；第二种情况是社会总供给小于社会总需求，表现为商品供不应求、通货膨胀、物价上涨、经济过热，这就是短缺经济；第三种情况是社会总供给与社会总需求基本相等，这就是平衡经济。社会总供求关系中的平衡是相对的，不平衡是绝对的。一般说来，社会总供求关系只要保持在国民经济运行的合理区间，适当的波动不会影响国民经济的正常运转。在完全无政府干预的市场经济中，资源配置都是市场主体自发进行的，因此，虽然每个企业的生产活动都是有计划的，但整个宏观经济却经常处于不平衡状态中。

社会总供给和社会总需求只是反映宏观经济运行中的总量关系，并不反映总量背后的结构关系，这种结构表面上看是部门之间、产业之间的技术关系，但本质上是社会生产关系。

二、社会资本再生产中的结构和比例关系

马克思关于社会资本再生产的原理虽然是对资本主义经济运动规律的揭示，但其中的原理和方法同样可以用于认识社会主义市场经济中的宏观经济运行背后的深层关系。

马克思关于社会资本再生产原理是以物质生产部门一定时期生产的社会总产品作为分析对象，既考虑了总产品的价值构成和实物构成，也考虑了社会总产品的部门构成，即产品结构，还考虑了生产、交换和分配各个环节的关系。马克思主义政治经济学宏观经济研究的出发点是社会总产品。所谓社会总产品，是指一定时期内（通常为一年）全社会物质生产部门所生产的全部产品的总和。

从物质形态上，马克思主义政治经济学把社会总产品划分为生产资料和消费资料两大部类，又从价值上把社会总产品分为不变资本价值（c）、可变资本价值（v）和剩余价值（m），既考察社会总产品实现中的总量问题，也考察结构问题。

如在简单再生产条件下，国民经济总量和结构之间必须满足以下三个实现条件：

① 刘凤义、杨善奇：《我国住房问题的政治经济学分析》，载于《当代经济研究》2018 年第 1 期，第 22 ~ 32 页。

$$\text{I}(v+m)=\text{II}c$$
$$\text{I}(c+v+m)=\text{I}c+\text{II}c$$
$$\text{II}(c+v+m)=\text{I}(v+m)+\text{II}(v+m)$$

这三个条件既考虑了物质形态上商品必须实现交换，又考虑了价值形态必须遵循等价交换原则，实质就是总量和结构的有机统一。

如果我们用总供给和总需求来表示，上述公式可以进一步变形：

$$\text{I}(c+v+m)=S1 \quad \text{II}(c+v+m)=S2$$
$$\text{I}c+\text{II}c=D1 \quad \text{I}(v+m)+\text{II}(v+m)=D2$$

社会总供给与社会总需求的平衡公式则为：

$$S1+S2=D1+D2$$

其中，S1 代表第Ⅰ部类供给总量，S2 代表第Ⅱ部类供给总量。D1 代表全社会对生产资料的需求总量，D2 代表全社会对消费资料的需求总量。需要强调的，马克思主义政治经济学中的两大部类之间的关系，不仅包括总量平衡，还包括结构平衡。而总供给和总需求的关系通常反映的是总量问题，不反映结构问题，这是需要加以注意的。

当然，马克思主义政治经济学原理只是揭示物质生产部门社会总供给与社会总需求的平衡问题。如果我们把现实中的社会劳务供给 S3 和需求 D3 问题引入社会总供求平衡公式，则社会总供给与社会总需求平衡公式为：

$$S1+S2+S3=D1+D2+D3$$

需要指出的是，按照马克思主义政治经济学基本原理，虽然服务部门为社会提供的服务构成社会总供给，但由于服务部门不创造价值和剩余价值，所以在社会总需求方面，要进一步分析。

$$S3=\text{III}c+v+m$$

其中，c 是不变资本，v + m 在价值形态上是工人工资和资本家的剩余价值。由于服务业不创造价值和剩余价值，所以第Ⅲ部类的 v + m 都是第Ⅰ部类和第Ⅱ部类中剩余价值再分配过来的。第Ⅲ部类工人和资本家的消费则是构成第Ⅱ部类的总需求的一部分。

马克思主义政治经济学关于宏观经济总量平衡和结构平衡的基本思想，对于我们分析社会主义市场经济的宏观经济平衡问题具有重要的指导意义。

三、决定宏观经济运行的社会生产关系

马克思社会资本再生产原理还进一步揭示了宏观经济运行背后起决定作用的是生产、分配、交换和消费之间的关系。生产、分配、交换和消费的相互关系表现为：第一，生产决定消费，消费反作用于生产。第二，生产决定分配，分配反作用于生产。第三，生产决定交换，交换为生产和消费提供媒介。马克思说："一定的生产决定一定的消费、分配、交换和这些不同要素相互间的一定关系。当然，生产就其单方面形式来说也决定于其他要素。例如，当市场扩大，即交换范围扩大时，生产的规模也就增大，生产也就分得更细。随着分配的变动，例

如，随着资本的积聚，随着城乡人口的不同的分配等等，生产也就发生变动。最后，消费的需要决定着生产。不同要素之间存在着相互作用。每一个有机整体都是这样。”①

当国民经济的生产、分配、交换和消费之间良性循环时，宏观经济运行就表现为持续健康稳定的发展。一个国家国民经济能不能实现良性循环，采取什么样的经济循环模式，是由这个国家经济发展内外部具体条件决定的。比如在一个封闭的经济体中，国民经济良性循环要依靠良好的国内资源和国内市场进行；而在一个开放的经济体中，国民经济良性循环可以依靠国际国内两个市场、两种资源。我国在改革开放以前，由于历史条件的制约，国民经济循环基本上是国内循环；改革开放以后，国民经济循环在国内循环的基础上，逐渐加大了国际经济循环，形成了国际国内经济双循环的态势；2008 年国际金融危机以来，由于外部环境的变化，我国经济已经在向以国内大循环为主转变。2020 年新冠肺炎疫情爆发以来，受美国单边主义、贸易保护主义愈演愈烈的影响，我国国民经济开始转向推动形成以国内大循环为主、国内国际双循环相互促进的新发展格局。

习近平在经济社会领域专家座谈会上的讲话

从马克思宏观经济模型中也可以看出，不同部门之间的交换要顺利实现，各部门之间的生产要保持比例关系，即各部门生产要符合社会总劳动时间在各部门之间按比例分配的规律。当然在市场经济中，这个分配不是哪一个人、哪一个部门决定的，而是通过价格信号、供求和竞争机制来实现的。

当我们说社会总需求时，还必须进一步分析是谁的需求，需求消费背后反映的是阶级、阶层关系，他们的收入分配决定他们的消费水平、消费结构和消费特点。正如马克思指出的：“‘社会需要’，也就是说，调节需求原则的东西，本质上是由不同阶级的互相关系和它们各自的经济地位决定的，因而也就是，第一是由全部剩余价值和工资的比率决定的，第二是由剩余价值所分成的不同部分（利润、利息、地租、赋税等等）的比率决定的。”② 如果不理解这一点，当宏观经济遇到过剩时，盲目使用所谓的财政政策、货币政策，是不会产生预期效果的。

西方经济学有供给学派和需求管理学派。凯恩斯主义经济学是需求管理学派的代表，这一理论本质上是运用刺激总需求的办法解决资本主义经济有效需求不足的理论。凯恩斯理论在西方国家曾经取得了一定效果，促进了第二次世界大战后资本主义经济的繁荣，但进入 20 世纪 70 年代以后，西方国家经济中出现了严重的滞胀，凯恩斯主义越来越无能为力。其根本的原因在于凯恩斯理论没有触碰到资本主义制度的生产社会化与生产资料私人占有的痼疾。

以供给学派为理论基础的里根经济学在这样的背景下登台。里根经济学的实质是，运用降低税收和减少公共开支、放松政府管制、减少国家对企业的干预、支持市场自由竞争等新自由主义政策措施，解决一系列结构问题。但实际的效果却是财政不堪重负，贫富差距不断拉大，经济逐渐走向虚拟化。其根本的原因同样在于没有触碰到资本主义制度的生产社会化与生产资料私人占有的痼疾。

---

①《马克思恩格斯文集》（第 8 卷），人民出版社 2009 年版，第 23 页。

②《马克思恩格斯文集》（第 7 卷），人民出版社 2009 年版，第 202 页。

我国的供给侧结构性改革，是在马克思主义政治经济学原理和方法科学指导下提出来的：“供给和需求是市场经济内在关系的两个基本方面，是既对立又统一的辩证关系，二者你离不开我、我离不开你，相互依存、互为条件。没有需求，供给就无从实现，新的需求可以催生新的供给；没有供给，需求就无法满足，新的供给可以创造新的需求。供给侧和需求侧是管理和调控宏观经济的两个基本手段。需求侧管理，重在解决总量性问题，注重短期调控，主要是通过调节税收、财政支出、货币信贷等来刺激或抑制需求，进而推动经济增长。供给侧管理，重在解决结构性问题，注重激发经济增长动力，主要通过优化要素配置和调整生产结构来提高供给体系质量和效率，进而推动经济增长。”① 这是我们党在新的历史条件下，结合中国实际，对宏观经济中供求关系认识的新发展。

习近平在省部级主要领导干部学习贯彻党的十八届五中全会精神专题研讨班上的讲话

第三节　社会主义市场经济宏观经济目标和综合平衡

一、市场经济宏观运行的一般目标

社会主义市场经济宏观运行的目标，既包括市场经济运行的一般目标，也包括社会主义市场经济宏观运行的特殊目标。市场经济运行的一般目标主要包括经济增长、充分就业、稳定物价和国际收支平衡四个方面。

第一，经济增长。经济增长通常用 GDP 增长率来表示。一般说来，一个国家经济增长要尽量保持稳定和可持续性。经济增长速度太快或者太慢都对经济发展不利。经济增长速度过快，可能造成经济关系不协调、经济比例失衡、资源和环境承受压力过大等。经济增长过慢，表明这个国家资源配置和利用不充分、不合理，就业就会减少、人民收入下降，影响国民生活水平和质量的提高。

第二，充分就业。在西方经济学中，充分就业这个概念是从资本的角度说的。从资本的角度看，能够使资本利用效率最优的就业水平，就是充分就业水平，在充分就业的情况下，可以存在失业，这种失业被称为是自然失业。

第三，稳定物价。物价稳定是宏观经济平稳运行的重要基础，物价不稳定通常带来两种后果，即通货膨胀或者通货紧缩。无论是通货紧缩还是通货膨胀，都会影响各类市场主体对经济运行前景的信心，造成不良后果。因此，保持物价总水平稳定是宏观经济健康协调发展的重要标志，也是企业和个人形成稳定生产和消费预期的重要前提。

第四，国际收支平衡。开放经济条件下，一个国家宏观经济运行稳定与否，与国际收支是否平衡密切相关，因为国际收支直接影响一个国家的社会总供给和总需求的关系。一个国家长期出现大量逆差和长期出现大量顺差，都会影响国民

① 习近平：《在省部级主要领导干部学习贯彻党的十八届五中全会精神专题研讨班上的讲话》，人民出版社 2016 年版，第 30～31 页。

经济的平稳发展。因此，实现国家收支平衡，有效利用国际国内两个市场、两种资源，是一国持续稳定发展的重要保证。

二、中国特色社会主义经济的宏观目标

宏观经济目标总是与一定的社会制度相联系的，是由这个国家的基本经济制度和生产目的决定的。中国特色社会主义宏观经济运行除了有上述一般性目标之外，还有特殊的宏观目标。

一是全面建成小康社会和建成社会主义现代化强国。党的十九大对全面建成小康社会、全面建设现代化国家、建成社会主义现代化强国进行了战略部署，开启了全面建设社会主义现代化国家新征程。党的十九大确定的目标也是我国宏观经济发展的目标，宏观调控的措施和政策应该有利于促进这一目标的实现。

二是发展和完善中国特色社会主义制度。要实现全面建成小康社会和建成社会主义现代化强国的目标，必须坚持和完善中国特色社会主义制度。中国特色社会主义制度是在新中国成立70多年、改革开放40多年伟大实践中建立和不断发展的，是在对近代以来170多年中华民族发展历程的深刻总结中建立和不断发展的，是科学社会主义理论逻辑和中国社会发展历史逻辑的辩证统一，具有深厚的历史渊源和广泛的现实基础。中国宏观经济的目标和手段，都必须有利于完善和发展中国特色社会主义制度。

三是坚持以人民为中心，不断提高人民生活质量。坚持以人民为中心是宏观调控的根本指导思想和目标，不断提高人民生活水平和质量，满足人民美好生活需要，是社会主义宏观调控的根本目的。宏观调控的一切措施都要有利于使就业比较充分，就业、教育、文化、社保、医疗、住房等公共服务体系更加健全，基本公共服务均等化水平稳步提高。“十三五”规划中提到我国经济社会发展的主要目标是：人民生活水平和质量普遍提高；就业、教育、文化体育、社保、医疗、住房等公共服务体系更加健全，基本公共服务均等化水平稳步提高；教育现代化取得重要进展，劳动年龄人口受教育年限明显增加；就业比较充分，收入差距缩小，中等收入人口比重上升；我国现行标准下农村贫困人口实现脱贫，贫困县全部摘帽，解决区域性整体贫困。

三、保持宏观经济持续健康发展

判断我国宏观经济能否持续健康发展，根本性标准还应该看生产关系与生产力是否相适应相统一。如果生产关系的调整不能适应生产力的发展，生产力就会以破坏形式迫使生产关系做出调整，如果生产关系超过了生产力发展的阶段和水平，同样会阻碍甚至破坏生产力的发展。由于生产力处于不断发展变化中，因此，生产关系适应生产力的发展也是处于动态变化之中。在现实经济关系中，随着经济社会的发展变化，通过不断改革和调整生产关系解放和发展生产力，就成为国民经济发展的迫切要求。

改革开放40多年来，我国之所以能够取得举世瞩目的伟大成就，保持国民经济总体上平稳运行，包括面对2008年以来的世界金融危机这样大的冲击，我国经济也能够稳定发展，正是得益于我们始终坚持在生产力和生产关系的辩证统一关系中，统筹规划我国的经济社会发展战略和目标。

中国特色社会主义进入新时代，要求保持我国宏观经济持续健康发展。要做到这一点，关键在于加强党对经济工作的集中统一领导，完善党领导经济工作的体制机制，保证我国经济沿着正确的方向发展；坚持以人民为中心的发展思想，将其贯穿到统筹推进“五位一体”总体布局和协调推进“四个全面”战略布局之中；发挥基本经济制度显著优势，不断提高我国国家治理体系和治理能力现代化，把制度优势转化为治理效能。

思考题：

1. 如何理解马克思主义经济学中按比例分配社会劳动时间的思想？
2. 社会主义市场经济中宏观经济运行的基本原理是什么？
3. 如何理解中国特色社会主义经济宏观目标的一般性和特殊性？

第十章

中国宏观经济中的政府和市场

教学目的和要求

学习并深刻理解政府和市场的基本关系、社会主义市场经济中政府的经济职能，以及如何创新和完善宏观调控方式。

教学要点

1. 从国家性质认识政府和市场的关系。
2. 社会主义市场经济中政府和市场的新型关系。
3. 社会主义市场经济中政府的经济职能。
4. 社会主义市场经济宏观调控的经验。
5. 创新完善社会主义市场经济中的宏观调控。

社会主义市场经济中的宏观调控，在完善中国特色社会主义制度、推进国家治理体系和治理能力现代化中具有重要的地位。而政府和市场的关系既是我国经济体制改革必须妥善处理的核心问题，也是宏观经济中必须妥善处理的核心问题。本章将从我国实际出发，借鉴别国经验，对这些重大问题进行探讨。

第一节　政府和市场的关系

一、从国家性质认识政府和市场的关系

认识政府和市场的关系，要坚持辩证唯物主义和历史唯物主义的世界观与方法论。政府和市场的关系包括两个层面：一个层面是国家性质层面；另一个层面是市场经济一般规律层面。

政府和市场的关系与国家性质密切相关。但西方经济学在认识二者关系时，通常忽略国家性质，所以总是在“大市场小政府”或者“大政府小市场”两种模

式中兜圈子。从国家性质层面看，政府和市场的关系本质上是国家和市场的关系。

国家是人类社会发展到一定阶段的产物。从产生开始，国家就具有双重属性：一重属性是阶级统治的暴力工具，另一重属性是维护公共利益的机关。后一重属性服从于前一重属性，因为所谓的公共利益，从根本上说要服从统治阶级的利益。

政府作为最高国家权力机关的执行机关、最高国家行政机关，其性质是由国家性质决定的，因此，政府经济职能与国家性质密切相关，现实中没有脱离国家性质的政府。既然国家具有双重属性，政府同样也具有双重属性，一方面具有阶级性，另一方面具有维护公共利益的属性，而维护公共利益的属性要服从其阶级属性。在人们认识政府和市场的关系问题时，如果完全抛弃政府的阶级性，把政府仅仅看作是公共利益的代表者和维护者，这是片面的。

资本主义国家政府的职能，从直接的层次看是力求在宏观经济运行中保持增长、充分就业、稳定物价和国家收支平衡等，但从根本上看是要维护资产阶级的利益和资本主义制度的长治久安。

社会主义的中国，国家性质与资本主义国家有了本质的不同。《中华人民共和国宪法》明确规定："中华人民共和国是工人阶级领导的、以工农联盟为基础的人民民主专政的社会主义国家。社会主义制度是中华人民共和国的根本制度。中国共产党领导是中国特色社会主义最本质的特征。""中华人民共和国的一切权力属于人民。人民行使国家权力的机关是全国人民代表大会和地方各级人民代表大会。""中华人民共和国国务院，即中央人民政府，是最高国家权力机关的执行机关，是最高国家行政机关。"同时还规定，"国家在社会主义初级阶段，坚持公有制为主体、多种所有制经济共同发展的基本经济制度，坚持按劳分配为主体、多种分配方式并存的分配制度"。[①] 经过多年的实践，我们认识到，公有制为主体、多种所有制经济共同发展，按劳分配为主体、多种分配方式并存和社会主义市场经济体制等，都是必须坚持的社会主义基本经济制度。

《中华人民共和国宪法》

我国这样的根本社会制度、根本领导制度、根本政治制度和基本经济制度，既体现了我国社会主义国家的阶级性质，也反映了广大人民群众的根本利益，最大限度地实现了社会主义国家阶级性和公共利益性质的二重属性的统一，即国家阶级统治职能和经济职能的统一。在这样的制度基础上产生的国家和市场的关系，亦即政府和市场的关系，不仅来源于国家的经济职能，而且源自社会主义生产关系内在的要求，即政府不仅应该而且能够以调节者的身份对国民经济进行宏观调控，还可以凭借公有制的主体地位，代表社会共同利益在全社会范围内合理配置资源，克服生产社会化与生产资料私人占有制的矛盾，这是社会主义市场经济重要的制度优势。

把政府和市场关系的本质理解为国家与市场的关系，正确处理我国政府和市场的关系，就要坚持和发展中国特色社会主义制度，推进国家治理体系和治理能力现代化。而这一切的基本前提和领导制度保证，是坚持中国共产党的领导。

---

① 《中华人民共和国宪法》，法律出版社 2018 年版，第 60、77、61 页。

“坚持党的领导，发挥党总揽全局、协调各方的领导核心作用，是我国社会主义市场经济体制的一个重要特征。……在全面深化改革过程中，我们要坚持和发展我们的政治优势，以我们的政治优势来引领和推进改革，调动各方面积极性，推动社会主义市场经济体制不断完善、社会主义市场经济更好发展。”①

二、从市场经济一般性认识政府和市场的关系

我国的社会主义市场经济，既具有中国特色，也具有现代市场经济的一般性。所以对于政府和市场的关系，既要从国家根本性质上加以认识，也要从市场经济一般规律上加以把握。

在市场经济中，市场在资源配置中起决定性作用。市场中的价值规律通过供求机制、价格机制和竞争机制的相互作用，在部门内部激励创新，在部门之间调节社会资源使其在社会范围内按比例配置。但价值规律的作用具有自发性、盲目性和滞后性，所以发挥调节作用时会出现“市场失灵”。弥补的办法是政府干预，于是产生了宏观调控。这是通常意义上从市场经济一般规律上对政府和市场关系的理解。

这种理解有一定道理，但也容易引起认识上的误区，似乎政府和市场是相互分割的，只要市场能够正常运行，就不需要政府。长期以来，西方经济学始终坚持这样一种认识方法，认为政府只有在“市场失灵”的情况下才有必要出手干预。更为极端的观点甚至认为，即使出现“市场失灵”，也不需要政府出面干预，因为也会存在“政府失灵”问题。这些认识都是片面的。

依据马克思主义政治经济学基本原理和方法，政府和市场的关系不是一种机械的、非此即彼的关系，而是辩证统一的关系。人类社会生产活动无论是在微观领域还是在宏观领域，都要遵循按比例分配劳动的规律。在市场经济中，按比例分配劳动时间是通过价值规律来实现的，但是由于价值规律的自发性和盲目性会导致部门之间资源配置的比例失调、结构扭曲等，出现产能过剩、经济危机等问题，国家有必要采取各种宏观调控手段加以干预，其实质是国家利用“看得见的手”来修复被破坏的比例和结构。这种干预反映了人类社会对市场经济的认识从“自发”走向“自觉”的过程。政府和市场之间既有相对明确的边界，又辩证统一。“在市场作用和政府作用的问题上，要讲辩证法、两点论，‘看不见的手’和‘看得见的手’都要用好，努力形成市场作用和政府作用有机统一、相互补充、相互协调、相互促进的格局，推动经济社会持续健康发展。”②

三、社会主义市场经济中政府和市场的新型关系

实践中，我国政府和市场之间的真实关系是：市场总是在社会主义制度基础

① 《习近平谈治国理政》，外文出版社2014年版，第118页。
② 《习近平谈治国理政》，外文出版社2014年版，第116页。

上，在政府的宏观规划和政策引导下，在法律的范围内运行的；而政府的调控又总是要尊重市场经济规律，发挥市场在资源配置中的决定性作用。二者你中有我，我中有你，彼此融合，相得益彰。如果只看到政府和市场各自的相对独立性，看不到二者的有机联系，很容易滑向只要市场、不要政府调节的路上去。相反，如果只看到政府和市场之间的联系性，看不到二者之间的相对独立性，又容易导致政府和市场边界不清，造成政府越位、过度干预等问题。因此，探索并妥善处理政府和市场之间的关系是发展中国特色社会主义经济的重大课题。

我国经济体制改革是在坚持社会主义制度的前提下，从计划经济体制向社会主义市场经济体制转变，这一转变过程的核心问题是妥善处理政府和市场的关系。关于政府和市场关系的认识，改革开放以来我国经历了不断深化的过程，随着实践的发展和认识的深化，我国逐渐形成了有中国特色的社会主义市场经济条件下新型政府和市场的关系。

第一，在方法论上，突破政府和市场的二分法。我们摆脱了把政府和市场完全对立起来，认为大市场只能对应小政府、大政府只能对应小市场这种认识上的羁绊，从国家性质和职能二重性角度出发，认为政府和市场是内生关系，二者之间辩证统一、相辅相成。这是我们认识社会主义市场经济中政府和市场关系的方法论基础。

第二，确认市场在资源配置中起决定性作用，但不是起全部作用。市场在资源配置中起决定性作用，是针对我国市场经济体制发展进程中面临的问题提出来的。经过多年的实践，我国社会主义市场经济体制日趋成熟，但仍然存在一些束缚市场主体活力、阻碍市场和价值规律充分发挥作用的弊端。这些弊端不解决好，完善的社会主义市场经济体制就难以形成。强调市场在资源配置中的决定性作用，就是针对全面深化改革中存在的问题，减少政府对微观领域的直接干预，加快建设统一开放、竞争有序的市场体系，建立公开透明的市场规则，把市场机制能有效调节的经济活动交给市场，让市场在所有能够发挥作用的领域充分发挥作用，让企业和个人等市场主体发挥更大活力去创造财富。

第三，发挥中国特色社会主义制度优势，更好地发挥政府的作用。科学的宏观调控，有效的政府治理，是发挥社会主义市场经济体制优势的内在要求。坚持公有制主体地位，做强做优做大国有企业和国有资本，是更好发挥政府作用的经济基础。坚持党的领导，发挥党总揽全局、协调各方的领导核心作用，是我国社会主义市场经济体制的一个重要特征。

“看不见的手”和“看得见的手”都要用好

第四，科学认识计划与市场的关系。计划与市场的关系是政府和市场关系的一个重要方面。从本质上说，计划与市场并非简单的并列关系，在资源配置中，市场起决定性作用，而计划则具有事先、自觉的导向性。在我国社会主义市场经济中，社会主义与市场经济的结合不是机械式地拼装，而是一种有机结合。社会主义自觉按比例分配社会劳动时间的规律和市场经济中的价值规律之间，是一种辩证统一、相辅相成的关系。社会主义市场经济中的国家经济社会发展战略和中长期规划，是计划的重要形式，对经济的发展和完善具有先导性、引领性。这些战略、规划的实施，为我国社会主义市场经济的发展确定了明确的方向，为宏观经济的平稳发展提供了重要保障。在过去长期建设社会主义的探索中，我们曾经实行过计划经济体制，结果走了弯路。由此使一些人把计划等同于计划经济，这是误解。实际上，计划是资源配置的一种手段，计划经济则是一种经济体制，这种经济体制在苏联曾经成为一种固化的模式并束缚了经济的发展。1978 年我国开始的经济体制改革，摒弃的是计划经济体制而不是计划，对于经济计划继续保留，改变的只是形式而已。

第二节　社会主义市场经济中政府的经济职能

一、社会主义市场经济需要更好地发挥政府的作用

在社会主义市场经济中，既要充分发挥市场在资源配置中的决定性作用，同时又要更好地发挥政府的作用。理由如下：

一是保证社会主义制度优势的发挥和社会主义生产目的的实现的需要。社会主义生产的根本目的是满足人民日益增长的美好生活需要，促进人的全面发展。为实现这一目的，既要充分发挥市场在资源配置中的决定性作用，又要更好地发挥政府的作用，这是社会主义市场经济不同于资本主义市场经济的重要特点。

二是保证国家战略和发展目标实现的需要。国家战略和规划是政府从全局出发，代表全体人民的长远利益，遵循经济发展的客观规律，对国民经济社会发展进行长远规划和调节。为实现国家战略规划的目标，只靠市场作用还不够，还必须更好地发挥政府的作用。

三是保证国有资产保值增值的需要。在我国，国有经济是推进国家现代化、保障人民共同利益的重要物质基础和政治基础，在国民经济发展中起主导作用。国家代表全体人民对国有经济进行监督和管理，以有效防止国有资产流失，保证国有资产保值增值，推动国有经济做强做优，不仅要发挥市场的作用，也要更好发挥政府的作用。

四是保证国民经济高质量发展、实现共同富裕目标的需要。促进国民经济高质量发展、实现共同富裕，是我国新时代的重要奋斗目标。实现这样的目标，无疑要充分发挥市场的作用，同时也要更好地发挥政府的作用。

二、社会主义市场经济中政府经济职能的内容

要更好地发挥政府的作用，前提是对政府职能要有科学清晰的界定。经过多年实践探索，我们已认识到，社会主义市场经济中政府的经济职能主要是经济调节、市场监管、社会管理、公共服务和生态环境保护。

一是经济调节。政府通过制定国家战略和规划，并运用经济手段、法律手段，以及必要的行政手段，对国民经济进行宏观管理和调控，以实现经济社会发

展目标、宏观经济总量和结构平衡，确保短期利益和长期利益、个人利益和社会公共利益有机结合，保持国民经济高质量发展。

二是市场监管。政府依法对市场主体及其行为进行监督和管理，保障市场公平竞争环境。同时加强法制建设，建立健全社会信用体系，全面完善产权制度，全面实施市场准入负面清单制度，全面落实公平竞争审查制度，建立健全统一开放、竞争有序的市场体系，推进要素市场制度建设，实现要素价格市场决定、流动自主有序、配置高效公平。

三是社会管理。政府在坚持以经济建设为中心的同时，协同推进政治、文化、社会、生态文明等领域发展，推动社会管理朝着有效经济治理方向迈进。通过制定社会政策和法规，依法管理和规范社会组织和社会事务，化解社会矛盾，维护社会公平正义，保证社会良好的经济秩序与和谐稳定的社会环境。不断完善经济领域法律法规体系，健全执法司法对市场经济运行的保障机制，全面建立行政权力制约和监督机制，完善发展市场经济监督制度和监督机制等，推动社会主义市场经济健康发展。

四是公共服务。政府通过提供公共产品和服务，为社会成员参与社会经济、政治、文化活动提供保障和创造条件，满足人民日益增长的美好生活需要。同时鼓励支持社会力量兴办公益事业，满足人民多层次、多样化的需求，使改革发展成果更多更公平地惠及全体人民。

五是生态环境保护。“生态环境是关系党的使命宗旨的重大政治问题，也是关系民生的重大社会问题。”① 政府从不断满足人民群众日益增长的优美生态环境需要出发，提供更多优质生态产品，解决好生态问题，做好生态环境保护职能。从人与自然和谐共生出发，从良好生态环境是最公平的公共产品、是最普惠的民生福祉的认识出发，自觉地把经济社会发展同生态文明建设统筹起来，树立保护生态环境就是保护生产力、改善生态环境就是发展生产力的观念，践行“绿水青山就是金山银山”的理念，坚持节约资源和保护环境的基本国策，坚持节约优先、保护优先、自然恢复为主的方针，坚定走生产发展、生活富裕、生态良好的文明发展道路，建设美丽中国。

《中共中央 国务院关于新时代加快完善社会主义市场经济体制的意见》

三、社会主义市场经济中政府经济职能的转变

改革开放以来，我国不断推进政府管理体制改革，转变政府职能，取得了明显成效。政府职能不断优化，市场配置资源的基础性作用显著增强，社会管理和公共服务得到加强；政府组织机构逐步优化；科学民主决策水平不断提高，依法行政稳步推进，行政监督进一步强化。从总体上看，我国的政府管理体制基本适应经济社会发展的要求，有力保障了改革开放和社会主义现代化建设事业的发展。但是，中国特色社会主义进入新时代，改革开放进入关键时期，世界面临百

① 《习近平出席全国生态环境保护大会并发表重要讲话》（2018 年 5 月 19 日），新华社，http://www.gov.cn/xinwen/2018-05/19/content_5292116.htm。

年未有之大变局，面对新形势、新任务，政府对微观经济运行干预过多，社会管理和公共服务仍比较薄弱，在一定程度上制约着经济社会发展。深化政府管理体制改革、进一步转变政府职能势在必行。

改革政府管理体制，转变政府职能，是全面深化改革的重要内容，是上层建筑适应经济基础客观规律的必然要求，是实现“两个一百年”奋斗目标、建设社会主义现代化国家、实现中华民族伟大复兴的必然要求，贯穿我国改革开放和社会主义现代化建设的全过程。要总结我国的实践经验，借鉴别国的有益做法，坚决破除制约使市场在资源配置中起决定性作用、更好发挥政府作用的体制机制弊端，围绕推动高质量发展，建设现代化经济体系，加强和完善政府经济调节、市场监管、社会管理、公共服务、生态环境保护职能，调整优化政府机构职能，全面提高政府效能，建设人民满意的服务型政府。

一是完善宏观调控体系，加强政府调节经济的能力。要从国情出发，不断完善宏观调控体系，创新宏观调控的方式方法。科学设定宏观管理部门的职责和权限，强化制定国家发展战略、统一规划体系的职能，更好地发挥国家战略、规划的导向作用。完善宏观调控体系，创新调控方式，构建发展规划、财政、金融等政策协调和工作协同机制。强化经济监测预测预警能力，综合运用大数据、云计算等技术手段，增强宏观调控前瞻性、针对性、协同性。加强和优化政府财税职能，进一步理顺统一税制和分级财政的关系，夯实国家治理的重要基础。加强和优化金融管理职能，增强货币政策、宏观审慎政策、金融监管的协调性，优化金融监管力量，健全金融监管体系，守住不发生系统性金融风险的底线，维护国家金融安全。加强、优化、转变政府科技管理和服务职能，完善科技创新制度和组织体系，加强知识产权保护，落实创新驱动发展战略。加强和优化政府“三农”工作职能，扎实实施乡村振兴战略。构建统一高效的审计监督体系，实现全覆盖。加强和优化政府对外经济、出入境人员服务管理工作职能，推动落实互利共赢的开放战略。

二是深入推进简政放权，创新行政管理方式。继续推进政府机构改革，将政府职能真正转到经济调节、市场监督、社会管理、公共服务和生态环境保护上来，形成行为规范、运转协调、公正透明、廉洁高效的行政管理体制。深入推进简政放权。最大限度减少政府对市场资源的直接配置和对市场活动的直接干预，提高资源配置的效率和公平性，激发各类市场主体活力。加快要素价格市场化改革，放宽服务业准入限制，优化政务服务，完善办事流程，规范行政裁量权，大幅降低制度性交易成本，鼓励更多社会主体投身创新创业。全面实施市场准入负面清单制度，保障各类市场主体机会平等、权利平等、规则平等，营造良好的营商环境。

三是完善市场监管和执法体制。加强和优化政府反垄断、反不正当竞争职能，打破行政性垄断，防止市场垄断，清理废除妨碍统一市场和公平竞争的各种规定和做法。加强和优化政府法治职能，推进法治政府建设。改革和理顺市场监管体制，整合监管职能，加强监管协同，形成市场监管合力。深化行政执法体制改革，统筹配置行政处罚职能和执法资源，相对集中行政处罚权，整合精简执法队伍，解决多头多层重复执法问题。一个部门设有多支执法队伍的，原则上整合为一支队伍。推动整合同一领域或相近领域执法队伍，实行综合设置。减少执法层级，推动执法力量下沉。完善执法程序，严格执法责任，加强执法监督，做到严格规范公正文明执法。

四是完善公共服务管理体制。健全公共服务体系，推进基本公共服务均等化、普惠化、便捷化，推进城乡区域基本公共服务制度统一。加强和优化政府在社会保障、教育文化、法律服务、卫生健康、医疗保障等方面的职能，更好地保障和改善民生。推进非基本公共服务市场化改革，加强、优化、统筹国家应急能力建设，构建统一领导、权责一致、权威高效的国家应急能力体系，提高保障生产安全、维护公共安全、防灾减灾救灾等方面的能力，确保人民生命财产安全和社会稳定。

五是改革自然资源和生态环境管理体制。实行最严格的生态环境保护制度，构建政府为主导、企业为主体、社会组织和公众共同参与的环境治理体系，为生态文明建设提供制度保障。完善生态环境管理制度，统一行使全民所有自然资源资产所有者职责，统一行使所有国土空间用途管制和生态保护修复职责，统一行使监管城乡各类污染排放和行政执法职责。强化国土空间规划对各专项规划的指导约束作用，推进“多规合一”，实现土地利用规划、城乡规划等有机融合。

六是坚持党的领导。坚持党的领导，发挥党总揽全局、协调各方的领导核心作用，是中国特色社会主义最本质的特征。在政府管理体制改革和职能转变中，要加强党的集中统一领导，统筹设置相关机构和配置相近职能，完善党政机构布局，正确理解和落实党政职责分工，理顺党政机构职责关系，形成统一高效的领导体制，保证党实施集中统一领导，保证其他机构协同联动、高效运行。

《中共中央关于深化党和国家机构改革的决定》

第三节　创新和完善宏观调控方式

一、社会主义市场经济中宏观调控的必要性

宏观调控是政府履行经济职能的重要内容。所谓宏观调控，是指政府以满足人民美好生活需要和国民经济高质量发展为目标，综合运用经济的、计划的、法律的和必要的行政手段，对整个国民经济运行和发展进行调节和控制。在社会主义市场经济条件下实行宏观调控，既是现代市场经济运行的一般要求，也是社会主义制度发展完善的特殊要求。

第一，实行宏观调控是实现经济发展战略目标和社会主义生产目的的需要。社会主义生产目的是为了满足人民日益增长的美好生活需要，这个根本目的是通过各个不同发展阶段的具体发展目标实现的。我们要实现“两个一百年”目标，实现民族复兴，最终走向共同富裕的奋斗目标，必须通过政府的宏观规划、政策引导和调控，引领市场经济为实现社会主义发展目标服务。

第二，实行宏观调控是保持社会经济总量平衡和结构平衡的需要。社会化大生产要求各部门之间保持一定比例关系，这种比例关系的实质就是要求资源配置要在全社会范围内按比例分配总劳动时间。要保持国民经济总量平衡和结构平衡，单纯依靠市场自身是不够的，必须更好地发挥政府宏观调控作用，从国民经济整体布局及地区之间、产业之间的相互关系出发，进行整体协调，在利用市场机制的基础上，引导国民经济在综合平衡中发展。

第三，实行宏观调控是协调企业利益和社会利益的需要。企业作为具有独立利益的市场主体，往往追求自身利益最大化。而经济社会发展中，涉及一些长远利益、社会利益的内容，分散的企业往往难以做到。这就需要政府出面，除了政府建立国有企业外，还可以通过宏观调控政策引导私有制企业去做。

第四，实行宏观调控是保证中国特色社会主义共享发展的需要。从国内外的实践经验看，教育、住房、医疗等领域，如果完全交给市场，很容易造成不公平问题，共享发展难以落到实处。因此，在这些公共领域，主要应该由政府出面提供公共产品，即使是交给市场由私人企业提供，政府也必须建立严格的准入制度和监控体系，确保公共领域为全民提供共享机会，从而体现社会主义制度的优越性。

二、社会主义市场经济宏观调控的经验

改革开放以来，随着社会主义市场经济的逐渐确立和不断发展，我国宏观调控也积累了丰富的实践经验。这些经验是进一步完善宏观调控的宝贵财富。

一是坚持市场机制和宏观调控的有机结合。健全的市场机制和有效的宏观调控，都是社会主义市场经济体制的有机组成部分。坚持发挥市场机制作用和加强宏观调控有机结合，不断完善宏观调控体系，综合运用国家计划统筹、经济政策、法律手段和必要的行政手段，充分发挥我国社会主义制度决策高效、组织有力、集中力量办大事的显著制度优势，促进经济健康、平稳发展。

二是坚持处理好短期目标与长期发展的关系。我国社会主义市场经济发展中涉及的宏观问题比较复杂，不仅有国民经济总量问题，也有结构问题，而且总量问题往往和结构问题相互交织，结构问题制约着总量问题等。因此，在探索宏观调控的过程中，应既重视需求方面的管理，也重视供给方面的管理，在运用财政政策和货币政策的同时，既注重总量调控，也注重结构调整和产业升级、加快发展方式转变。

三是坚持宏观调控与深化改革相结合。我国宏观经济遇到的问题，不仅有宏观经济本身运行的问题，还有体制的问题，因此要将宏观调控与改革相结合。在加强和改进宏观调控的同时，政府应积极推进宏观经济领域的体制改革，努力推动形成有利于经济增长方式转变的体制机制，主要包括：深化财政税收体制改革；深化金融体制改革；深化资源性产品价格和资源税收改革，调整中央和地方对资源性产品的收益分配；深化教育、卫生领域改革，促进社会事业进步和经济社会协调发展。在推进这些改革的过程中，不断改进调控方式，在保持政策稳定

性、连续性的同时，适时适度进行渐进式的“微调”和“预调”，提高调控政策的灵活性、应变性，保持宏观调控的有效性和宏观经济运行的稳定性与持续性。

四是坚持宏观调控与微观监管相结合。为了实现经济高质量发展，配合宏观调控的需要，我国在继续放松传统管制的基础上，建立健全适应市场经济发展需要的经济性和社会性管制，如进一步放松与市场经济发展不相适应的传统管制政策法规和手段，取消一些领域原有的对私营经济的准入限制，逐步建立健全比较规范的对自然垄断和金融业等授权垄断领域的产业准入和价格等结构性管制及基于财务健全性的审慎性监督等。通过对管制制度的改革，与常规的宏观调控措施形成了一定的合力，极大地配合了宏观调控的需要。

五是坚持发展经济与改善民生的内在统一。我国政府宏观调控不仅着眼于市场经济本身，还坚持以人民为中心，把改善民生作为经济发展的出发点和落脚点，坚持共享发展，在经济平稳增长的基础上，促进居民收入持续提高，健全公共服务体系，着力解决群众最关心、最直接、最现实的利益问题，不断增进人民福祉。

三、创新完善社会主义市场经济中的宏观调控

中国特色社会主义进入新时代，为了推动实现“两个一百年”的奋斗目标，在宏观调控领域，要不断创新和完善宏观调控的方式和手段，提高宏观经济治理能力。

一是进一步探索完善区间调控方式。区间调控是指宏观调控目标不再钉在一个固定的增长率上，而是设定一个合理的调控区间。在实践中我国区间调控主要是针对稳定经济增长提出来的，实践证明效果是好的，面对新时代新形势，进一步探索区间调控方式是完善宏观调控的重要内容。

二是进一步探索完善定向调控方式。定向调控是针对国民经济发展中的短板以及薄弱环节进行精准调控的方式。如针对“公共服务”短板、“三农”和小微企业发展中的问题，有针对性地采取降税、降费、降准、降息等措施，收到的成效是明显的。定向调控方式实质上使宏观调控具有结构性特点，这种调控方式比仅仅着眼于总量的调控方式更具有针对性和有效性。区间调控与定向调控各有侧重，区间调控侧重于平衡总量关系，定向调控侧重于调整结构，两者紧密结合，形成稳增长调结构合力，丰富了宏观调控的目标内涵和方式手段。面对新时代新形势，进一步探索定向调控方式也是完善宏观调控的重要内容。

三是进一步探索完善相机调控方式。相机调控是与区间调控、定向调控有机结合的调控方式。相机调控侧重于短期调控，主要是依据政策目标，择机选择政策工具，把握好财政、货币政策推出和实施的最佳时机，最大限度地降低政策挤出效应，最大限度地实现政策的预期调控效果。相机调控是我国在宏观调控方式和理念上的又一重要创新。面对新时代新形势，进一步探索完善相机调控方式也是完善宏观调控的重要内容。

四是进一步探索完善供给和需求双向调控方式。需求调控与供给调控各有特点，各有利弊，将二者结合起来，有助于提高宏观管理水平，防止经济比例关系

失调，克服总供给与总需求的失衡，实现国民经济健康协调稳定运行。

五是进一步探索完善宏观经济治理体制。要加快建立与高质量发展要求相适应、体现新发展理念的宏观调控目标体系、政策体系、决策协调体系、监督考评体系和保障体系；加快建立现代财税制度；强化货币政策、宏观审慎政策和金融监管协调；全面完善科技创新制度和组织体系；完善产业政策和区域政策体系；以一流营商环境建设为牵引持续优化政府服务；构建适应高质量发展要求的社会信用体系和新型监管机制。①

完善社会主义市场经济中的宏观调控是一门大学问，想要做好这门学问，需要不断跟上实践的步伐，不断总结经验，在实践探索中不断提高经济治理的质量和水平。

思考题：

1. 谈谈对社会主义市场经济中政府和市场关系的认识。
2. 如何转变和优化我国政府职能？
3. 如何创新和完善社会主义市场经济宏观调控方式？

① 《中共中央　国务院关于新时代加快完善社会主义市场经济体制的意见》，中华人民共和国中央人民政府网，2020. 5. 18. http：//www. gov. cn/zhengce/2020 - 05/18/content_5512696. htm。

第十一章

宏观调控中的政策

教学目的和要求

学习和掌握中国特色社会主义经济制度下宏观调控体系的构成，增强对于货币政策、财政政策等各种宏观调控手段的理解和综合运用各种手段进行宏观调控的能力。

教学要点

1. 货币需求和供给的基本理论。
2. 中国货币政策和金融体制改革。
3. 中国财政政策和财政体制改革。
4. 产业政策、收入分配政策的调控对象和特点。
5. 计划、法律、行政等手段。
6. 综合运用各种政策手段进行宏观调控。

在社会主义市场经济条件下，要推进国家经济治理体系和治理能力现代化，对国民经济进行宏观调控，需要综合运用各种政策和手段。财政政策和货币政策是宏观调控的基本经济政策，除此之外，还有产业政策、收入分配政策、法律手段以及必要的行政手段等。

第一节　货 币 政 策

一、货币需求与货币供给

（一）货币的本质

货币是固定充当一般等价物的特殊商品。它本质上体现的是一种社会关系。

货币的基本职能是价值尺度和流通手段。价值尺度意味着货币可以利用自身价值表现其他商品价值，而这种表现的基础是货币自身或其所代表的价值。流通手段意味着在商品交换中，所有商品都以货币为媒介进行交换。除了以上两种基本职能外，货币还具有支付手段、贮藏手段和世界货币三种职能。货币支付手段这一职能的出现，使得信用开始出现和发展，并最终改变了整个货币体系。而贮藏手段则意味着商品流通的不断扩展让货币成为财富的一般形态。商品交换和货币流通越出一国的界限，就需要一些货币在世界范围内承担一般等价物的职能，形成世界货币。

货币或商品流通

在不同社会制度下，货币所反映的社会关系也不相同。在社会主义市场经济中，货币既作为一般等价物使交换成为可能，也作为货币资本。作为资本的货币，既可以体现公有制性质的公有资本，也可以体现非公有制性质的资本。因此，对货币政策要结合具体的经济关系进行分析。

（二）货币需求

对于一般商品经济而言，流通中所需的货币量与两个因素有关：一是流通中商品的总价值量的大小；二是货币自身的周转速度。平均而言，货币需求量等于流通中的总价值量与货币平均周转速度之比。流通中的商品的价值量规模越大，需要的交换媒介就越多，对货币的需求量就越大。而货币平均周转速度越快，在同一时间段内等量货币被用作交换媒介的次数就越多，货币的需求量就越小。这就是马克思所揭示的货币流通规律。

随着货币支付手段和信用的发展，对货币的需求也发生了变化。由于支付手段使得买卖在时空上发生了分离，一次商品交换发生之后，货币可以不马上进行给付。因此，在同一时间段内，流通中商品的价值量与需要的交换媒介之间不再相等。这时流通中所需要的货币量为流通中的总价值量减去当期内通过信用购买的价值量，再加上历史上的信用需要在当期内支付的量，最后再减去这两种信用相互抵消的部分。

在现代市场经济中，对货币的需求量要考虑实体经济和虚拟经济两个部分。实体经济是指直接为生产消费和生活消费提供产品或服务的经济，如工业、农业、交通运输、商贸物流、建筑业、销售服务等，都属实体经济。与实体经济对应的资本是实际资本。虚拟经济则是指以虚拟资本为经营对象，以谋取利润或报酬为目的的经济活动，通俗地说，就是不以实体经济为基础的以钱赚钱的经济。虚拟经济活动包括对虚拟资本的买卖、中介、咨询等。此外，彩票业、赌博业等也属于脱离实际经济活动的行业，因而属于虚拟经济。与虚拟经济对应的资本是虚拟资本。

在社会主义市场经济条件下，发展国民经济要处理好实体经济与虚拟经济的辩证关系，以实体经济发展为基础，促进实体经济和虚拟经济协调发展，形成实体经济和虚拟经济良性互动的国民经济运行机制。

（三）货币供给

在贵金属充当货币的时代，货币的供给完全是由这种贵重金属的产量决定的。随着货币支付手段职能的发展，企业之间开始赊购赊销，商品交割并不伴随着货币的转移，这就在很大程度上缓解了货币使用上的紧张。而随着这种商业信用的不断发展，赊购赊销形成的商业票据逐步开始被转让流通，这种汇票就成为一种信用货币的形式。

商业信用的发展促进了经济发展，但也受到商品流转方向、企业自身资本量和信用水平的限制。银行的介入突破了这些局限性。银行券的产生极大地突破了货币发行的限制，银行券的持有者不会同时到银行要求兑付，因此银行可以让所发行的银行券大于自身所持有的储备，并且在银行的发展过程中，银行券的发行量超出自身所持有储备数量的比例可以越来越大。银行券在最初是由众多的小银行分散发行的。国家为了能够维持金融的稳定，逐渐将银行券的发行权力集中于一家或几家银行之中，这些垄断了发行权的银行被称为中央银行，其发行的银行券的信用由国家来保证。这样信用货币就从最初的企业之间的信用，逐渐上升为银行的信用，最终上升为国家的信用。在现代市场经济中，由于国家成为整个信用体系的最后基石，其信用顺序表现为从国家信用到银行信用，最后再到商业信用的自上而下的信用体系。在这个体系下，信用货币的创造包括两个部分：中央银行发行基础货币，商业银行在此基础上创造存款货币。

中央银行发行基础货币的方式一般来说分为四种，即再贴现、再贷款、买卖有价证券和买卖外汇、黄金。再贴现就是银行将自身所持有的票据根据一定的贴现率向中央银行申请贴现，中央银行将票据贴现后，把扣除利息后的货币发放给商业银行。再贷款是在商业银行缺少流动性时，中央银行根据商业银行的申请，以贷款的方式将货币发放给商业银行。除此之外，央行还通过买卖有价证券和外汇、黄金，将一笔与其价格相等的货币投放到市场上。在所有这些货币发行的过程中，中央银行将购买、贴现获得的票据、债券、金属和外汇，以及发放贷款形成的债权计入自身的资产，而对应发行的货币则形成中央银行的负债，这样央行的每一笔负债或者说货币的发放都对应着相应的资产，以此来监控货币的发行数量。

商业银行获得中央银行投放的货币之后，这笔货币并不会单纯作为银行的存款停留下来，而是会通过银行间的运作将其不断放大。在获得一笔货币之后，这笔货币作为存款缴纳一定的存款保证金，然后会被贷放出去，贷放出去的存款又在其他银行形成了新的存款，而在缴纳存款保证金之后再次被贷出，最终一笔基础货币被商业银行放大多倍，形成流通中的存款货币，这就是所谓的“货币乘数”。

（四）通货膨胀与通货紧缩

通货膨胀即货币发行量超过流通中实际需要的货币量而引起的货币贬值、物价总水平持续上涨的现象。通货紧缩即货币发行量不能满足流通中实际需要的货币量而引起的货币升值、物价总水平持续下跌的现象。

在贵金属充当货币的时代，货币自身是有价值的，所以通货膨胀和通货紧缩一般不会发生。在金属货币由纸币代替以后，纸币本身仅仅是代表一定量真实货币的符号，自身是没有价值的。这就使得纸币在其发行量超出社会所需要的量时，无法退出流通作为贮藏手段被贮藏起来，而只能继续留在流通领域。当纸币的供给超过整个社会对货币的需求时，纸币所代表的总价值就大于实际经济中创造的真实价值，从而造成一种虚假的购买力，这种虚假的购买力会引起通货膨胀。相反，在信用货币不足的时期，会产生通货紧缩。

二、货币政策工具

货币政策是宏观调控的基本政策之一。货币政策主要是通过利用各种经济杠杆，调整货币的供给和需求，进而调节经济运行和发展。

中央银行的主要功能有三个：一是有效控制货币发行，维持币值稳定。二是制定和运用货币政策，促进经济平稳运行和持续增长。三是维护金融体系安全，防范金融风险的发生。

货币政策的实施要有基本工具。在我国，这些工具主要有贴现率、公开市场业务、强制结汇制度和货币乘数。

商业银行向中央银行贴现需要给付一定量的利息，这个利息率即贴现率，是由中央银行自行确定的。当贴现率较高的时候，商业银行为获得等量货币所需要付出的成本就较高，从而在同等条件下就会选择较少的贴现。同时，商业银行的资金成本会进一步传导，从而也让商业票据更少地向商业银行贴现，这也减少了商业银行需要向中央银行贴现的票据数量。商业银行较少寻求贴现就意味着中央银行可以发放更少的基础货币。反之，当贴现率较低时，商业银行就会更多地向中央银行贴现，中央银行就会发放更多的基础货币。

公开市场业务是指中央银行通过买进或卖出有价证券，吞吐基础货币、调节货币供应量的活动。根据经济形势的发展，当中央银行认为需要收缩银根时，便卖出证券，相应地收回一部分基础货币，减少金融机构可用资金的数量；相反，当中央银行认为需要放松银根时，便买入证券，扩大基础货币供应，直接增加金融机构可用资金的数量。

除了控制基础货币，中央银行还可以控制货币乘数来影响市场上的货币总量，其中最主要的方式就是调整存款准备金率。因为货币乘数等于存款准备金率的倒数，存款准备金率的调整将会对货币的发行产生重大影响，因此，存款准备金率的调整也被认为是最有力量和最需慎重的货币政策工具。

三、我国货币政策的运用与金融体制改革

（一）货币政策的运用

我国货币政策的制定和运用，既要借鉴国际经验，更要坚持中国特色。这些特色主要表现在以下几个方面：

一是政策目标的多重性。20 世纪 90 年代后半期以来，世界上很多国家都认为应该把控制通货膨胀作为货币政策的唯一目标。改革开放以来，在探索中央银

行如何运用货币政策方面，我国始终坚持多重目标综合平衡。这是因为中国经济处于改革时期，在市场化程度、货币政策的运作机制、货币政策的传导机制等方面都有自己的特点，货币政策同时关注保持低通货膨胀、高增长、高就业、国际收支平衡这四大政策目标，尽管各目标相互之间可能存在一定的矛盾，但货币政策的制定和实施始终坚持在这些目标中寻求均衡，这也是我国货币政策目标实施中的辩证法。我国成功应对了1997年亚洲金融危机和2008年世界金融危机，已经用实践证明货币政策的多重目标综合平衡的做法是成功的。

二是政策的制定和实施具有结构性特点。我国货币政策的制定和实施中一个重要特征就是既要考虑对总需求的调控，也要考虑结构调整问题。我国历次货币政策调整都或多或少地包含了诸如对产业采取差别利率、差别贷款额度等调控方式。这种调控政策使得需要得到政策扶持的产业或企业不会因为“一刀切”的紧缩政策而受到过度冲击，从而实现了优化产业结构的目的。不仅如此，我国货币政策还被用于配合收入分配、区域调控政策等，对缓解收入分配差距和地区差距起到了重要作用。我国能够实施结构性的货币政策，与以国有金融体系为主导的所有制结构有关，因为差别和精准的货币政策本身就要求政府和中央银行对金融体系有较强的控制能力，而国有银行体系就成为维持这种控制能力的重要保证。

三是政策的调控效果具有直接性特点。在我国，银行体系是以国有商业银行为主导的，国有银行作为企业一方面以营利为目的，另一方面也要执行国家的政策意图。因此，当中央银行代表政府意志调整货币量时，就可以通过直接影响国有商业银行的行为来影响整个金融系统的运行，从而能够更直接有效地实现货币政策要达到的预期调控目标。

（二）金融体制改革

完善的金融体制是实施有效货币政策的重要条件。为促进国民经济的健康发展，我国金融体制需要进一步深化改革。

一是完善基础货币投放机制。随着中国国内经济结构、国际收支结构和人民币国际地位的变化，人民币基础货币的投放机制也需要进一步完善。这主要体现在两个方面：首先，推动货币政策从数量型转向价格型。目前我国中期借贷便利等创新性政策工具已经逐步成为基础货币投放机制的重要组成部分，从而可以在外汇占款逐渐减少的背景下实现扩表。这一方面可以增加货币政策的自主性，另一方面也能改变利率形成机制，形成短期和中期利率同步调整的机制。其次，形成精准的、定向的货币发行机制。目前我国正逐步形成以再贷款、再贴现为主，辅之以“三档两优”政策（即将银行按规模和服务对象分为三档，对存款准备金进行分类管理，并针对普惠性金融和服务县域经济的贷款进行准备金优惠的存款准备金体系），以此强化金融服务实体经济的水平，以及金融业对小微企业、农业农村的支持力度。

二是货币政策要灵活适度、精准导向。现代金融活动日益复杂化，而金融活动与实体经济之间的相互融合也日益紧密，这意味着预防金融风险紧迫性的增加。同时，虽然和平发展仍是世界的主题，我国仍处在战略机遇期，但经济形势复杂严峻，不稳定性、不确定性较大，机遇和挑战都有新的变化。面对这样的形势，金融政策既要守住不发生系统性金融风险的底线，又要保持货币供应量和社会融资规模合理增长，推动综合融资成本明显下降。要确保新增融资重点流向制造业、中小微企业。

三是构建金融业双向开放新体制。开放是国家繁荣发展的必由之路。全方位对外开放是金融发展的必然要求。应推进金融业双向开放，促进加快形成以国内大循环为主体、国内国际双循环相互促进的新发展格局。首先，扩大金融业双向开放，全面实行准入前国民待遇加负面清单管理制度，在扩大服务业、金融业市场准入的同时，推进资本市场的双向开放。其次，有序实现人民币资本项目可兑换。推进"一带一路"建设，加强同国际金融机构合作，参与亚洲基础设施投资银行、金砖国家新开发银行建设，发挥丝路基金的作用，吸引国际资金共建开放多元共赢的金融合作平台。推动建立多元化的全球融资框架，实现我国金融资产全球布局。再次，有序推动人民币国际化，使其成为可兑换、可自由使用的货币。最后，积极参与全球治理，以更加包容的姿态参与全球经济金融治理体系。

第二节　财 政 政 策

一、国家治理的基础和重要支柱

财政是以国家为主体，为了实现国家职能、满足社会公共需要而对社会总产品进行分配和再分配的经济活动和形成的关系，是国家治理的基础和重要支柱。财政政策是国家为维持经济平稳发展和运行，综合运用各种财政调节手段，调节经济总量和结构，进而调节整个国民经济的政策。科学的财税体制是优化资源配置、维护市场统一、促进社会公平、实现国家长治久安的制度保障。

二、财政收入

（一）财政收入的来源

国家要完善和发展中国特色社会主义制度，推进国家治理体系和治理能力现代化，维护上层建筑运转，调节经济运行，需要足够的经济收入，这种以国家身份获得的经济收入统称为财政收入。财政收入本质上是一种社会剩余，其主要来自税收、国有企业上缴的利润和国债。除此之外还有其他收入，如罚没收入等，但所占比重很小。

税收是国家凭借政治权力无偿获得社会剩余的最主要形式。在现实经济关系中，税收可以分为商品税、收入税、资源税和财产税四种基本形式。其中前两种税是对当期经济活动征税，属于流量税，而后两税则是对历史上形成的财富进行征税，属于存量税。对于流量税而言，其中的商品税是直接对商品及其价格进行征税，国家直接参与初次分配，属于间接税。而收入税则是对已经分配完成的收入再进行征税，属于直接税。

国有企业利润是国有企业依法上缴的利润，也是国家财政收入的重要来源。国有企业上缴的利润是国家作为全民所有资产的代表，凭借国有资产的所有权对使用国有资产进行经营活动的企业征收的部分纯收入。

国债收入是指国家通过发行债务的方式筹集的资金，这也是财政收入的一种来源。国债与税收、国有企业上缴利润最大的区别在于：国债是一种有偿获得的收入，需要偿还本金和利息，而国债资金的支出在多数情况下并不能在未来带来资金的回流和增值，这实际上就决定了国债发行要适度，否则可能造成无力偿还的后果。

（二）财政收入的作用

财政收入来源不同，其作用也有不同。财政收入的作用可以归结为三大类：筹集财政资金、调控经济运行和调节收入分配。

国家要履行职能，必须有经济收入，财政收入是基本渠道。没有一定的财政收入，国家机关就无法运转，更无法执行其他相应的经济职能。因此，筹集资金是国家财政收入的重要作用。

财政可以通过收入和支出调整资源在社会不同主体和不同部门之间的配置以调控经济。财政收入在调控经济中的这种作用主要是靠灵活运用税率杠杆，通过筹集资金和集中资源实现的。

在社会主义市场经济中，虽然公有制占主体地位并在此基础上实行按劳分配为主的分配制度，但由于同时存在多种经济形式和多种分配方式，同时在市场经济条件下，价值规律的作用通过优胜劣汰的机制有可能将生产者逐渐分化，因此，社会收入差距有可能被扩大。如果国家不进行有效调节，既不利于社会生产力的发展，也不利于社会的公平和稳定。针对这样的情况，国家需要通过多种手段调节收入分配，以缩小收入的差距，财政收入就是其中最重要的手段之一。

三、财政支出

（一）财政支出的分类

国家的财政收入需要通过购买产品和劳务、无偿发放、转移支付、借贷等方式支付出去，以实现自身的职能和社会发展目标，这种以国家为主体的支付活动就是财政支出。

财政支出可以按照多种方式分类，比较典型的方式有两种。

一种是按支出的经济性质分类，可以将财政支出分为购买性支出和转移性支出。购买性支出就是指政府购买商品和劳务的支出。转移性支出是指政府无偿向居民、企业、事业及其他单位组织提供财政资金的支出行为，包括社会保障支出、财政补贴支出等。这两类支出的主要区别在于：购买性支出将财政资金转化为商品和劳务，直接构成社会总需求，对经济产生直接影响。而转移性支出则只是实现了资金转移，财政资金在支出之后如何作用于经济，仍然需要经过接受资金的组织和个人的决策，而不能直接对社会总需求产生作用。

另一种是按生产性质分类。从国家的财政支出角度看，有些支出是进入生产性的活动领域，通常被称为生产性支出，另一些支出则是进入非生产性领域，通常被称为非生产性支出。具体来说，国家用于固定资本投资等方面的支出属于生产性支出，而国防、司法、行政、教育等方面的支出则属于非生产性支出。

生产性支出和非生产性支出的区分对于确立财政支出与经济增长之间的关系具有重要的意义。由于只有生产性活动才会带来社会财富总量的增加，这就意味着如果社会不断增加生产性活动支出使其在财政总支出中的比重加大，社会财富的增加速度就会加快。反之，如果社会不断增加非生产性活动支出使其在财政总支出中的比重加大，社会财富的增加速度就会下降。从财政支出的角度看，一个国家在财政支出总量既定的前提下，投入生产活动的支出比例高，有利于社会财富的增长。但并不是非生产活动比例越低越好，生产性活动与非生产性活动要保持合理的比例关系，才能使社会经济整体平衡发展。

（二）财政支出的作用

财政支出可以通过购买商品和劳务、向经济主体进行转移支付等方式来影响社会经济活动，是财政作用最主要的体现。财政支出从总体上说是有利于完善和发展中国特色社会主义制度，推进国家治理体系和治理能力现代化，具体表现为以下四个方面：

一是执行国家基本职能。国家最基本的职能是维护国家机器和社会生产关系的稳定运行，国家机器要发挥保护特定社会制度下的生产资料所有制、维持社会秩序、维护国家主权等一系列职能。而实现这些职能需要国家通过财政支出加以保证。

二是调节经济。在社会主义市场经济条件下，如果完全放任市场发挥作用而国家不加调节，经济会由于其自身的不稳定性而产生波动。对于各种原因引起的宏观经济波动，国家可以通过财政政策加以调节，以达到稳定经济的目标。例如当消费需求不足时，国家可以通过一系列转移支付来提高劳动者收入，从而促进其消费的提升和总需求的增加。当投资需求不足时，国家可以通过对生产进行财政补贴和税收减免的方式帮助刺激投资。当出口需求不足时，净出口下降，国家也可以通过出口退税和出口补贴的方式帮助出口企业恢复竞争力和利润率，从而提高净出口和总需求。

三是保持经济的可持续发展。为了保持经济的可持续发展，在社会主义市场经济条件下，国家可以通过财政补贴、税收减免的方式刺激企业从事有益于长期经济增长和对生态环境有益的行业，也可以通过投资和让国有企业介入的方式来直接经营这些行业，或者将二者结合起来。

四是调节收入分配。收入分配的相对公平是经济发展和社会稳定的必要基础。财政收入可以通过向高收入人群征税来遏制过高收入，财政支出则可以通过给予低收入人群补贴来提高他们的收入，这种补贴形式不仅包括转移支付，还可以通过提供低价的公共服务、技能培训项目等方式来实现。

四、财政平衡与失衡

为了充分发挥财政的作用，要求保持财政收支的基本平衡。在实际经济中财政支出和财政收入之间的不平衡是经常发生的。一种情况是财政支出大于财政收入，通常称为财政赤字；另一种情况是财政收入大于财政支出，通常称为财政盈余。财政赤字和财政盈余如果保持在一定幅度，不影响国民经济的正常运行，则可以视为一种正常状态，如果超过国民经济正常运行所容许的程度，对于宏观经济将会产生不利影响。

财政赤字过大往往是由政府投资消费支出过大、经济过热引起的，它反映的是国民经济总需求大于总供给的状态，表现为投资膨胀，消费膨胀，物价上升过快，资源被过度利用，经济运行主要受供给制约；相反，财政盈余往往是由政府投资消费支出过小、经济不景气引起的，它反映的是国民经济总需求小于总供给的状态，表现为失业增加，企业开工不足，一部分经济资源未被利用，经济运行和发展主要受需求不足的制约。

财政政策就可以利用这样的道理，对国民经济宏观运行进行逆调节：在社会总需求小于总供给的情况下，即在经济不景气时期，政府可以增加财政支出，扩大赤字，或者使需求者感到增加购买对自己有利，或者使供给者感到增加产量对自己有利，从而使消费需求增加，并进而刺激投资增加。这样促进总需求上升，有助于实现总供给与总需求的平衡。反之，当社会总需求大于社会总供给时，选择的财政政策则相反。

上述逆周期调节的财政政策，也是目前财政政策最主要的形式，这种政策强调利用财政的赤字和盈余来调节经济中的总需求和总供给之间的关系，在短期内平滑经济由于这二者之间的差异所带来的宏观经济波动。但是这种对于财政政策的理解，尤其是对于社会主义市场经济条件下的财政政策来说，是不全面的。

总供给和总需求的平衡与失衡表面看起来是一个经济总量问题，但从根本上说决定总量的是经济结构。如前所述，总需求不足是投资和消费的相对变化所致，而这种变化可能来源于部门之间比例失序导致的再生产条件的破坏，也可能来自初次分配中工资与利润比例的失调。因此，结构失衡才是总量失衡的根本原因。基于此，财政政策也不可能抛开经济结构来分析经济总量，而同时要着眼于解决结构问题，运用财政政策进行结构性调节。强调这一点对于理解社会主义市场经济条件下的财政政策尤其关键，我国的财政政策向来非常重视财政收支对经济结构的干预，当经济中的需求不足主要来源于消费不足时，更多地强调通过改善收入分配、提高转移支付、补贴消费等方式来刺激经济。同时也要注意控制投资需求，以防止过度投资带来的总供给快速上升给经济造成更大的压力。而在投资不足时则更多的是通过政府直接投资、税收减免等方式将社会剩余有效转化为投资，以此刺激总需求。

由此可见，财政政策作为宏观调控的一项政策，不仅应该调节国民经济总量，还包括利用财政支出和财政收入政策来调节产业结构、调节收入分配，不应局限于调节经济现象之间的关系，还应该调节人们之间的社会生产关系。只有在这个意义上，我们才能真正理解国家通过财政手段干预调节经济的实质。

五、财政体制改革

我国的财政体制改革要在三个方向发力：

一是财政政策要更加积极有为、注重实效。面对新冠肺炎疫情的冲击和世界经济复杂严峻的形势，财政要保障重大项目建设资金，注重质量和效益。应更好地发挥财政政策对经济结构优化升级的支柱作用。财政政策可以通过调整自身结构，尤其是支出结构，对经济结构进行相应的调整。在产业结构调整中，财政要更多支持在产业升级中居于关键性地位的产业；同时在贯彻创新发展战略中，应加大对于基础研究、原始创新的投入力度。在区域结构上，财政要加大对于农村的支持力度，尤其是农村的基础设施建设，改善农村消费环境。除此之外，要通过财政政策支持国家重大区域战略的落地，实现区域间的平衡发展。

二是理顺中央和地方财政之间的关系，建立事权和支出责任相适应的财政体制。在财政收支体制中，一个关键性的问题是中央和地方的财政收入与支出的划分。深化财税体制改革，要适度加强中央在知识产权保护、养老保险、跨区域生态环境保护等方面的事权；减少并规范中央和地方的共同事权，逐步理顺事权关系。中央和地方按照事权划分相应承担和分担支出责任。健全地方税体系，调整地方税税制，扩大地方税管理权，从而逐步解决地方财政收入方面的问题，并在此基础上逐步结束地方政府在融资方面的职能，规范地方的融资平台。

三是实施全面预算绩效管理，提高财政资金使用效率。要扩大预算绩效管理的覆盖范围，实现全方位、全过程的预算绩效管理体系；健全预算绩效管理制度，完善预算管理流程和标准，硬化预算绩效管理约束。

第三节　其他政策和手段

一、产业政策

产业政策是指为达到产业优化的目标，根据世界经济发展趋势和国内经济发展目标，选择确定支持什么产业、限制什么产业的政策。狭义的产业政策一般是指产业结构政策，广义的产业政策包括产业结构政策、产业组织政策、产业技术政策和产业布局政策。产业政策一般是通过投资政策、技术政策、货币政策、劳动政策、外贸政策以及其他有关政策的配合加以实施，所以产业政策也指这些政策的总和。

（一）产业政策的功能

产业结构政策是按照国民经济发展的目标，对不同产业采取投资、税收、利率、价格等方面的手段进行干预和调控的一系列政策。产业组织政策是调整一个产业内部企业与企业之间关系的政策。产业组织政策主要关注产业内的企业规模、企业行为和市场的结构等方面的内容。产业技术政策主要是通过制定有关政策，影响产业内技术的研发和使用，推动产业发展，促进产业结构优化，包括鼓励企业引进新技术、开发新技术等各种政策。产业布局政策是指通过政策手段对产业在地区间的布局进行干预的调控政策。这一调控政策既是一种产业政策，也是一种区域政策，其内容主要包括三个方面：一是不同地区之间的产业分布，即地区间分工；二是地区内部的产业结构；三是地区内部的产业组织。

产业政策的功能主要有以下几种：一是建立高效率的生产体系。产业政策要根据规模经济的要求，适应市场规模和范围，促进产业内部各企业组织之间关系的合理化，建立高效率的生产体系，使产业生产能力不断接近最佳规模，达到资源优化配置的目标。二是组织合理的产业关系。产业政策通过对企业投资在不同部门之间的引导作用，使企业借助市场机制手段，逐渐使投资趋向合理化方向。三是维护产业竞争秩序。产业政策引导企业和产业在某一领域的数量和产能，在产业内部的企业之间建立合理的竞争秩序。

（二）产业政策的特点

产业政策作为一种宏观调控政策，与其他调控政策相比有自身的特点。一是产业政策是对生产领域进行调控的政策。产业政策通过政策引导，影响企业投资决策，以实现国家的战略目标或者宏观经济的稳定。产业政策直接作用于生产环节，因此，其对经济的影响也比较直接和深远。二是产业政策是一种结构性政策。产业结构政策、产业组织政策、产业技术政策和产业布局政策涉及产业之间的结构、产业内部企业之间的结构、产业技术发展的方向和产业在地区间的结构等内容，所以它本身已经不单纯是一种宏观总量调控政策，也是一种结构性调控政策，这是产业政策的复杂性之所在。

改革开放以来，针对宏观经济经济运行特点和经济发展战略要求，我国逐渐开始运用产业政策调控经济。总体上看，我国的产业政策在促进经济增长、调整经济结构等方面发挥了积极作用。但由于我国社会主义市场经济中的产业政策还处于不断探索中，所以，在产业政策实施过程中，难免存在政府干预不当、政策定位不准、政策实施不到位等问题，这些都属于需要进一步改进的问题，不能因此就否定产业政策本身在我国宏观经济中的重要地位和作用。

二、收入分配政策

收入分配政策是对国民收入初次分配和再分配进行调节的政策。收入分配政策是缩小收入分配差距、实现共享发展和共同富裕的重要手段。

收入分配政策可以根据调节的收入分配的不同阶段分为初次收入分配政策和再分配政策。

初次收入分配政策主要是调节参与生产的各个生产要素所有者之间的关系。在我国社会主义初级阶段，最为主要的是调节按劳分配和多种分配方式的关系。在国民收入初次分配中，完全依靠市场自发调节会导致收入分配差距扩大甚至两极分化，因此，国家进行干预调节是必要的，干预调节的重要手段是收入分配政策。

再分配政策主要是对初次分配形成的收入格局进行再调节的政策。初次分配的政策调节对社会公平有一定的作用，但仍然存在调节不到的领域。首先，即使经过初次调节，生产领域内仍然会存在过高收入和过低收入的情况，这就需要国家利用相应政策再次进行调节。其次，社会上存在许多不直接参与生产活动的主体，如政府部门和教育、卫生、科研机构，也包括无法正常参与生产活动的社会成员，如失业工人和失去劳动力能力的人等。这些不能直接参与生产的主体无法在初次分配中获得相应的收入。这就需要再分配政策发挥作用，将一部分社会收入再分配给这些主体。通过政府的再分配之后，国民收入就会形成居民的可支配收入，也就是国民收入的最终分配格局。因此，再分配政策对于收入分配的调节起到“最终调节者”的作用。

收入分配政策主要通过工资、财政预算、税收等手段实现其功能。工资是社会总需求的重要组成部分，通过调节初次分配的工资结构、工资水平，保证社会总需求与总供给的平衡。一方面，政府规定最低工资标准，以保障社会成员的最低生活水平；另一方面，通过财政预算的方式，在宏观层面对积累和消费的比例以及工资总水平进行调节，使工资总量保持在合埋的水平。税收是实施收入分配政策的重要手段，合理利用税收杠杆可以调动劳动者的积极性，提高劳动生产率。通过征收个人累进所得税、遗产税等，抑制高收入人群的过高收入，有利于实现社会公平，防止收入分配差距过大。同时，政府可以将税收用于公共投资，改善社会供给结构，增加有效供给，进而增加就业，提高劳动者收入。政府转移支付是发挥收入分配政策职能的重要方面，政府通过增加转移支付，可以缩小地区之间、城乡之间的收入差距，促进社会公平。另外，政府可以通过各种福利措施，如对失业者、低收入阶层发放救济金、补助金等，改善低收入、无收入和无劳动能力人群的生活处境。

收入分配政策具有以下特点：一是与其他手段相结合。收入分配政策作为一种宏观调控政策，在大部分条件下都需要借助其他调控政策的手段实现其调控目的，尤其是再分配政策主要依赖财政收入和支出进行调控，因此，这一政策只有与其他调控政策相结合，才能够更好地发挥作用。二是对宏观经济的影响更具长远性。收入分配政策本身的调控对象是收入分配格局，会直接影响生产效率的改进，从而在长期中为经济增长和发展提供动力，因此收入分配对宏观经济影响尽管是间接的，但却是深远的。

三、计划、法律、行政等手段

在宏观调控中，除了货币政策、财政政策、产业政策和收入分配政策外，还有计划手段、法律手段和行政手段等。

计划手段是指国家通过制定发展战略及国民经济和社会发展的中长期规划调节经济运行的宏观调控手段。战略和规划在社会主义市场经济中具有引导性、前瞻性、方向性、战略性功能，深刻认识社会主义市场经济中的计划的这种功能，对我们理解社会主义市场经济从自发市场经济向自觉市场经济转变有重要意义。

法律手段主要指国家为了宏观调控的目的而对法律法规的运用。市场经济是法治经济，法治是实行宏观调控和维护市场经济秩序的保证。在市场经济中成千上万的经济主体彼此建立的经济关系需要法律加以约束，而国家对于经济主体活动的调控同样需要法律手段来加以规范和保障。

行政手段主要指国家利用具有强制性的命令、指令等方式直接干预经济的调控手段。之所以要采用行政手段进行宏观调控，主要是出于两个方面的原因：一是宏观调控的经济手段和法律手段不能完全解决宏观调控中存在的问题。二是在某种条件下，国民经济不能完全按照市场逻辑运行，例如在国家遭遇自然灾害或国家安全受到威胁的时期，需要集中社会一切能够集中的力量来消除可能存在的危险，在这样的条件下，就需要政府直接使用行政指令来控制经济运行。

四、多种政策手段的综合运用

在实际的国民经济宏观调控中，各种政策手段不是孤立实施而是综合协调运用的。一般来说，国家战略、规划起导向作用，法律起保障作用，行政手段起补充作用。在正常情况下，宏观调控要以经济手段为主，特别是以财政政策和货币政策的结合为主。

财政政策和货币政策的结合形式，大致有两类情况和四种形态：一类是正结合，又可分为松财政和松货币、紧财政和紧货币两种形态；另一类是逆结合，又可分为紧财政和松货币、松财政和紧货币两种形态。这里所说的紧和松，是指紧缩和放松的意思。在进行宏观调控时，需要根据不同时期面临的发展重点及所要解决的经济问题，从实际出发做出选择。例如在当前，面对中国特色社会主义新时代带来的新机遇和世界百年未有之大变局带来的新挑战，实施更加积极有为的财政政策和更加灵活适度、精准导向的货币政策，就是必要的选择。

思考题：

1. 我国的货币政策有哪些特点？
2. 谈谈对财政体制改革的认识。
3. 谈谈我国实施产业政策的必要性。
4. 联系当前经济形势，谈谈如何综合运用宏观调控手段促进经济健康发展。

第五篇　经济发展与改善民生

第十二章

经济增长与经济发展

教学目的和要求

学习和掌握经济增长与经济发展的含义、影响因素和相互关系，我国经济发展进入“新常态”的趋势性变化的表现，“两个一百年”战略目标，建设现代化经济体系的自觉性。

教学要点

1. 经济增长与经济发展的含义、影响因素及相互关系。
2. 我国经济发展进入“新常态”的趋势性变化。
3. 如何引领经济发展新常态。
4. “五大”新发展理念与“两个一百年”战略目标。
5. 国民经济由高速增长转向高质量发展阶段。
6. 贯彻新发展理念，建设社会主义现代化经济体系。

经济发展是人类社会进步的基石，是解决我国一切问题的基础和关键。发展必须是科学发展，必须坚定不移地贯彻创新、协调、绿色、开放、共享的发展理念。本章拟探讨经济增长与经济发展的影响因素和相互关系，以及中国特色社会主义进入新时代后，经济增长与国民经济高质量发展的若干重大问题。

第一节　经济增长与经济发展的含义及决定因素

一、经济增长与经济发展的含义及相互关系

（一）经济增长与经济发展的含义

经济增长指在一定时期，一个国家或地区产品和劳务数量的增加，或按人口

平均的实际产出的增加。经济增长侧重从“量”的角度考察经济变化，既可以是经济总量的变动，也可以是人均产出的变动。

经济发展不仅指经济总量和人均产出的变动，同时也指经济结构的变化、人民生活质量的提高和环境与生态的改善，以及由此带来的社会的发展和变革。经济发展反映的不仅是财富量的增加和扩张，而且意味着经济增长过程中质量、结构特别是人民生活的变化。所以通常而言经济发展往往与社会发展联系在一起，称为经济社会发展。

（二）经济增长与经济发展的测度

衡量经济增长采用的常用指标有国民生产总值（GNP）增长率、国内生产总值（GDP）增长率、国民收入（NI）增长率及它们对应的人均增长率，以及消费者物价指数（CPI）、生产者物价指数（PPI）、固定资产投资额、三次产业占国内生产总值的比例等。上述指标便于比较，但也存在缺点——如无法反映收入分配状况，可能存在由于汇率、核算体系不同而导致的统计失真问题，无法反映非贸易品的价格与经济增长过程中的社会代价，难以体现人们实际享受的福利（如闲暇时间、幸福程度）等。

联合国衡量经济社会发展的常用指标为人类发展指数（Human Development Index，HDI），该指数由联合国开发计划署（UNDP）于1990年提出。人类发展指数是预期寿命指数、教育指数和收入指数的几何平均数。其中预期寿命指数衡量的是出生时的预期寿命，反映的是获得健康生活水平的需求；教育指数是大于或等于25岁的人在学校接受教育平均年数和预期受教育年限指数，反映的是获得文化知识的需求；收入指数由经过平价处理的人均GDP来衡量，反映的是提高生活品质的需求。

（三）经济增长与经济发展的相互关系

经济增长与经济发展既有联系又有区别。经济增长和经济发展都是描述一个国家或地区在一定时期内（通常为长期）的经济变动状况。但经济增长侧重于数量角度，而经济发展不仅体现国民经济规模的扩大，也反映国民经济结构的改善和人民生活质量的提高。因此，经济发展不仅包括经济增长，而且所涉及的内容比经济增长更为广泛。经济增长是经济发展的基础，但并不等于经济发展。若经济增长过程中贫富差距不断加大、人民生活水平降低、环境污染加重、自然资源持续浪费等，则会引起经济发展程度降低，即有增长而无发展。

世界银行在《1991年世界发展报告：发展的挑战》中指出，发展面临的最大挑战是改善贫困国家的生活质量，而更好的生活质量一般包括更高的收入、更好的教育与健康标准、更清洁的环境、更大的个人自由、更丰富的文化等。可以看出，经济发展的本质是全方位的变迁——从微观角度看，它可以使个人的精神层面与物质层面拥有更好的状态；从宏观角度看，它可以使整个社会群体的多样化需求得到更好的满足。因此，经济增长为经济发展提供了必要条件，经济发展的含义相对经济增长更为丰富，发展是目的，增长是手段。

二、经济增长与经济发展的决定因素

在社会化大生产及市场经济条件下，影响经济增长和经济发展的因素主要有劳动力供给的数量及质量、资本投入量及投资结构、自然资源的数量及开发利用程度、科技进步及其应用程度、制度和体制、对外开放程度等。

（一）劳动力供给的数量及质量

劳动力对于经济增长和发展的影响体现在数量和质量两个方面。劳动力数量代表简单投入的劳动力数量，劳动力质量表示劳动者的知识、技能和经验等方面的水平。随着生产活动的日益复杂化，前者对经济增长的推动作用越来越小，而后者对经济增长的决定与影响作用日益明显。一般情况下，其他要素不变时，劳动力数量越大、质量越高，则经济增长与发展越快。①

（二）资本投入量及投资结构

资本投入量及投资结构是另一重要因素，二者共同影响经济增长与发展。资本投入量受到资本积累率及投资率的影响——既定资本情况下，积累率和投资率越高，资本投资水平相应越高。投资结构对于经济增长和发展的影响体现在投资方式和投资领域两方面：在投资方式上，分为外延（粗放型）模式和内涵（集约型）模式。前者是指在资本有机构成、生产技术水平及劳动生产率没有提高的情况下，依靠生产资料和劳动力的投入实现扩大再生产；后者指通过改进生产工具、提高资本有机构成和劳动生产率实现扩大再生产。

投资领域涉及各个资本投资的具体部门。不同阶段在不同部门进行的投资，对于经济增长和经济发展将产生不同的作用，这种影响一方面体现在经济增长及经济发展的速度上，另一方面反映在经济增长及经济发展的结构上。

（三）自然资源的数量及开发利用程度

自然资源指存在于自然界中能够为人类利用的自然物和自然力的总称。丰富的自然资源为经济增长和经济发展提供了可能，但其影响经济增长或发展的具体程度与实际开发利用程度相关。一般而言，在其他条件相同的情况下，自然资源越丰富、开发利用程度越高，越有利于经济增长和发展。

上述三种影响经济增长或经济发展的因素是有形的，对经济增长的促进作用随投入的增加而增加，但其对经济发展中“质”“结构”或“程度”的提升则有赖于科技进步及其应用程度、制度和体制及对外开放的程度。

---

① 郭凯明、余靖雯、龚六堂：《人口政策、劳动力结构与经济增长》，载于《世界经济》2013 年第 11 期，第 72 ~92 页。

（四）科技进步及其应用程度

科学技术对经济增长和经济发展发挥着越来越重要的作用。恩格斯曾在为马克思举行的葬仪上特别追述了马克思关于自然科学的基本思想，他指出："科学是一种在历史上起推动作用的、革命的力量。"① 科技对经济增长和经济发展的作用有赖于其在经济活动中的实际应用程度，具体表现为通过教育培训等途径提高"人力资本"，通过研发活动优化投资方式，通过实际应用加深既有自然资源的开发利用程度等，以此全方位影响经济增长和发展。

（五）制度和体制

制度和体制决定着一个国家或地区经济活动的实现形式，同时也决定着经济增长和经济发展成果的分配形式、资源使用效率及潜力。合理的制度和体制为持续的经济增长和发展提供了保障；反之，不合理的制度和体制会阻碍经济增长和发展。

中国特色社会主义制度是党和人民在长期探索中形成的科学制度体系，我国国家治理一切工作和活动都依照中国特色社会主义制度展开，我国国家治理体系和治理能力是中国特色社会主义制度及其执行能力的集中体现。②

改革开放以来，我国的经济发展实践证明，经济体制的改革极大地推动了经济增长和发展。在中国特色社会主义进入新时代、国民经济由高速增长转入高质量发展阶段的情况下，全面深化改革对于推动我国生产力发展、促进经济高质量发展仍将产生重要作用。当前，我国正处于经济体制改革的深水区，通过体制机制改革，充分发挥制度优势，对进一步促进经济增长和经济发展极为重要。

（六）对外开放程度

经济全球化条件下，国家的对外开放程度对经济增长和发展具有重要影响。这种影响表现在两个方面：一方面，通过积极参与全球经济活动，突破国内资源和国内市场的限制，充分发挥本国的比较优势和竞争优势，解决经济增长和发展过程中的资源约束问题；另一方面，对外开放也会导致世界经济危机迅速传导。因此国家应在保障本国的主权和正当利益的基础上承担国际义务。例如，在全球经济萧条时期，避免使用"以邻为壑"的贸易政策，同时要警惕他国对本国实行这一政策；正确妥善地处理与应对经济危机、全球气候变暖、环境污染等问题。

---

① 《马克思恩格斯文集》（第3卷），人民出版社2009年版，第602页。

② 《中共中央关于坚持和完善中国特色社会主义制度推进国家治理体系和治理能力现代化若干重大问题的决定》，人民出版社2019年版。

第二节　中国特色社会主义进入新时代和经济发展新常态

一、中国特色社会主义进入新时代

新中国成立特别是改革开放以来，我国经济社会发展取得了世所罕见的奇迹，站到了新的历史起点上。国家经济实力、科技实力、国防实力、综合国力进入世界前列，国际地位实现了前所未有的提升，中华民族的面貌发生了前所未有的变化，正以崭新的姿态屹立于世界的东方。党的十九大庄严宣告：经过长期努力，中国特色社会主义进入了新时代，这是我国发展新的历史方位。[①]

中国特色社会主义进入新时代，意味着近代以来久经磨难的中华民族迎来了从站起来、富起来到强起来的伟大飞跃，迎来了实现中华民族伟大复兴的光明前景；意味着科学社会主义在21世纪的中国焕发出强大生机活力，在世界上高高举起了中国特色社会主义伟大旗帜；意味着中国特色社会主义道路、理论、制度、文化不断发展，拓展了发展中国家走向现代化的途径，给世界上那些既希望加快发展又希望保持自身独立性的国家和民族提供了全新选择，为解决人类问题贡献了中国智慧和中国方案。

中国特色社会主义新时代，是承前启后、继往开来、在新的历史条件下继续夺取中国特色社会主义伟大胜利的时代，是决胜全面建成小康社会、进而全面建设社会主义现代化强国的时代，是全国各族人民团结奋斗、不断创造美好生活、逐步实现全体人民共同富裕的时代，是全体中华儿女勠力同心、奋力实现中华民族伟大复兴中国梦的时代，是我国日益走近世界舞台中央、不断为人类做出更大贡献的时代。

中国特色社会主义事业进入新时代，我国社会的主要矛盾已经转化为人民日益增长的美好生活需要和不平衡不充分发展之间的矛盾。我国稳定解决了十几亿人的温饱问题，总体上实现小康，不久将全面建成小康社会。人民美好生活需要日益广泛，不仅对物质文化生活提出了更高要求，而且在民主、法治、公平、正义、安全、环境等方面的要求日益增长。同时，我国社会生产力水平总体上显著提高，社会生产能力在很多方面进入世界前列，但更加突出的问题是发展不平衡不充分，这已经成为满足人民日益增长的美好生活需要的主要制约因素。我国社会主要矛盾的变化是关系全局的历史性变化，为解决主要矛盾，要在继续推动发展的基础上，着力解决好发展不平衡不充分的问题，大力提升发展质量和效益，更好地满足人民在经济、政治、文化、社会、生态等方面日益增长的需要，更好

---

① 习近平：《决胜全面建成小康社会　夺取新时代中国特色社会主义伟大胜利——在中国共产党第十九次全国代表大会上的报告（2017年10月18日）》，人民出版社2017年版。

地推动人的全面发展、社会全面进步。

中国特色社会主义进入新时代，但我国仍处于并将长期处于社会主义初级阶段的基本国情没有变，我国是世界最大发展中国家的国际地位没有变。要牢牢把握社会主义初级阶段这个基本国情，牢牢立足社会主义初级阶段这个最大实际，以经济建设为中心，坚持改革开放，自力更生，艰苦创业，为把我国建设成为富强民主文明和谐美丽的社会主义现代化强国而奋斗。

习近平在中国共产党第十九次全国人民代表大会上的报告

二、经济发展进入新常态

我国正处于社会主义初级阶段，在经历过经济高速增长阶段之后，经济发展进入新常态。所谓新常态，是指一种趋势性、不可逆的发展状态，意味着中国经济已进入一个与过去三十多年高速增长期不同的新阶段：第一，增长速度从高速增长转向中高速增长；第二，经济结构不断优化升级，第三产业和消费需求逐步成为主体，城乡区域差距逐步缩小，居民收入占比上升，发展成果惠及更广大民众；第三，发展动力从主要依靠资源和低成本劳动力等要素投入转向创新驱动。

经济发展进入新常态，我国经济呈现出一些新的特征：第一，从消费需求看，个性化、多样化消费渐成主流；第二，从投资需求看，基础设施互联互通和一些新技术、新产品、新业态、新商业模式的投资机会大量涌现；第三，从出口和国际收支看，全球总需求不振，高水平引进来、大规模走出去正在同步发生；第四，从生产能力和产业组织方式看，传统产业供给能力大幅超出需求，产业结构必须优化升级；第五，从生产要素相对优势看，要素的规模驱动力减弱，经济增长将更多依靠人力资本质量和技术进步；第六，从市场竞争特点看，统一全国市场、提高资源配置效率是经济发展的内生性要求；第七，从资源环境约束看，环境承载能力已经达到或接近上限，推动形成绿色低碳循环的发展新方式成为迫切任务；第八，从经济风险积累和化解看，伴随着经济增速下调，各类隐性风险逐步显性化；第九，从资源配置模式和宏观调控方式看，必须全面把握总供求关系新变化，科学进行宏观调控。

经济发展进入新常态

这些趋势性变化说明，我国经济正在向形态更高级、分工更复杂、结构更合理的阶段演化，认识新常态、适应新常态、引领新常态是我国经济发展的大逻辑。

三、立足新时代适应把握引领经济发展新常态

经济发展进入新常态，将给我国带来新的发展机遇：第一，我国经济增速虽然放缓，但发展质量将进一步提高；第二，我国经济增长更趋平稳，增长动力将更为多元；第三，我国经济结构优化升级，发展前景将更加稳定；第四，政府大力简政放权，市场活力将得到进一步释放；第五，世界经济虽然不确定性增加，但和平发展仍是时代主题。

新常态也伴随着新问题、新矛盾，一些潜在风险渐渐浮出水面。能不能适应新常态，关键在于全面深化改革的力度。为此，我国将主动适应和引领经济发展

新常态，坚持以提高经济发展质量和效益为中心，把转方式、调结构放到更加重要的位置，使市场在资源配置中起决定性作用，更好地发挥政府的作用，以创新驱动为核心，推进供给侧结构性改革，更加有效地维护公平正义，更加有力地保障和改善民生，促进经济社会平稳健康发展。

首先，要从主要强调增长速度转变为强调质量和效益。其次，坚持以提高发展质量和效益为中心，加快发展方式转变。实现发展质量和效益的提高，必须遵循规律、按规律办事，要把转方式、调结构放到更加重要的位置，更加扎实地推进经济持续健康发展。再次，加快实施创新驱动战略。最后，推进供给侧结构性改革。

供给侧结构性改革实质上是改革政府公共政策的供给方式，使其更好地与市场导向相协调，充分发挥市场在配置资源中的决定性作用。要用改革的办法推进结构调整，为提高供给质量激发内生动力、营造外部环境。要把依靠全面深化改革推进供给侧结构性改革摆上重要位置，坚定改革信心，突出问题导向，加强分类指导，注重精准施策，提高改革效应，放大制度优势。推进供给侧结构性改革，是对全面深化改革决心的重要检验。通过改革才能解决老问题、迎来新希望。

推进供给侧结构性改革，是适应和引领经济发展新常态的重大创新，是适应国际金融危机发生后综合国力竞争新形势的主动选择，是适应我国经济发展新常态的必然要求。推进供给侧结构性改革要统筹国内国际两个大局，按照“五位一体”总体布局和“四个全面”战略布局，牢固树立和贯彻落实创新、协调、绿色、开放、共享的发展理念，适应经济发展新常态，坚持改革开放，坚持稳中求进工作总基调，坚持稳增长、调结构、惠民生、防风险，实行宏观政策要稳、产业政策要准、微观政策要活、改革政策要实、社会政策要托底的总体思路。①

宏观政策要稳，就是要为结构性改革营造稳定的宏观经济环境。产业政策要准，就是要准确定位结构性改革方向。微观政策要活，就是要完善市场环境、激发企业活力和消费者潜力。改革政策要实，就是要加大力度推动改革落地。社会政策要托底，就是要守住民生底线。推进供给侧结构性改革，战略上要坚持稳中求进、把握好节奏和力度，战术上要抓住关键点，主要是抓好去产能、去库存、去杠杆、降成本、补短板五大任务。

第三节　经济发展新理念和发展战略

一、发展理念与发展战略

发展理念是指一系列与发展相关问题的思想和观念。发展理念是发展行动的先导，是发展思路、发展方向、发展着力点的集中体现。

---

① 《中央经济工作会议在京举行》，载于《人民日报》2015 年 12 月 22 日。

经济发展战略是指关于经济发展中带有全局性、长远性、根本性的总的构想，是一个国家和地区关于国民经济发展的基本理念及其为此而实施的总体方针政策。经济发展战略具有战略性、全局性和前瞻性。制定经济发展战略必须有科学的依据，要从一国的基本国情出发，遵循经济社会发展的客观规律，并考虑国际政治和经济的形势及条件，找出经济发展的规律性，做出科学决策。

二、经济发展新理念

新中国成立特别是改革开放以来，中国共产党领导中国人民在继承和发展马克思主义关于发展的思想、总结中国和世界经济发展实践经验、吸收国外有益的发展理论成果的基础上，形成了中国特色社会主义经济发展理论，深刻回答了什么是经济发展、中国需要怎样的经济发展、怎样实现经济发展等问题，为经济社会的全面协调可持续发展提供了科学的理论指导。创新、协调、绿色、开放、共享五大新发展理念是其最新成果。

关于经济发展新理念

新发展理念坚持以人民为中心的发展思想，把实现人民幸福作为发展的目的和归宿，强调发展为了人民、发展依靠人民、发展成果由人民共享。围绕人民这一中心，必须坚定不移地把发展作为党执政兴国的第一要务，坚持解放和发展社会生产力，坚持社会主义市场经济改革方向，推动经济持续健康发展。

新发展理念内涵丰富。

创新是引领发展的第一动力。必须把创新摆在国家发展全局的核心位置，不断推进理论创新、制度创新、科技创新、文化创新等各方面创新，让创新贯穿党和国家的一切工作，让创新在全社会蔚然成风。

协调是持续健康发展的内在要求。必须牢牢把握中国特色社会主义事业总体布局，正确处理发展中的重大关系，重点促进城乡区域协调发展，促进经济社会协调发展，促进新型工业化、信息化、城镇化、农业现代化同步发展，在增强国家硬实力的同时注重提升国家软实力，不断增强发展整体性。

绿色是永续发展的必要条件和人民对美好生活追求的重要体现。必须坚持节约资源和保护环境的基本国策，坚持可持续发展，坚定走生产发展、生活富裕、生态良好的文明发展道路，加快建设资源节约型、环境友好型社会，形成人与自然和谐发展的现代化建设新格局，推进美丽中国建设，为全球生态安全做出新贡献。

开放是国家繁荣发展的必由之路。必须顺应我国经济深度融入世界经济的趋势，奉行互利共赢的开放战略，坚持内外需协调、进出口平衡、“引进来”和“走出去”并重、引资和引技引智并举，发展更高层次的开放型经济，积极参与全球经济治理和公共产品供给，提高我国在全球经济治理中的制度性话语权，构建广泛的利益共同体。

共享是中国特色社会主义的本质要求。必须坚持发展为了人民、发展依靠人民、发展成果由人民共享。我国需要做出更有效的制度安排，使全体人民在共建共享发展中有更多获得感，增强发展动力，增进人民团结，朝着共同富裕的方向稳步前进。

新发展理念是马克思主义基本原理与当代中国实际相结合的产物，是中国特色社会主义理论体系关于发展的最新成果。牢固树立并切实贯彻创新、协调、绿色、开放、共享的新发展理念，是关系我国发展全局的一场深刻变革。要充分认识这场变革的重大现实意义和深远历史意义，深化改革，开拓前进，推动我国发展迈上新台阶。①

三、新发展战略

社会主义国家的经济增长和经济发展与社会发展密切联系，并通过经济社会发展战略规划引导其方向。

改革开放以来，我国制定并实施了现代化建设的“三步走”战略，经过努力，取得了一系列新的历史性成就，国家面貌发生了新的历史性变化，中国特色社会主义进入了新时代。但是，我国仍处于并将长期处于社会主义初级阶段的基本国情没有变，我国是世界最大发展中国家的国际地位没有变。同时，我国发展仍处于可以大有作为的重要战略机遇期。根据这样的判断，2017 年党的十九大又进一步提出：从 2017 年到 2020 年，是全面建成小康社会的决胜期。要紧扣我国社会主要矛盾变化，统筹推进经济建设、政治建设、文化建设、社会建设、生态文明建设，坚定实施科教兴国战略、人才强国战略、创新驱动发展战略、乡村振兴战略、区域协调发展战略、可持续发展战略、军民融合发展战略，突出抓重点、补短板、强弱项，特别是要坚决打好防范化解重大风险、精准脱贫、污染防治的攻坚战，使全面建成小康社会得到人民认可、经得起历史检验。同时，党的十九大也提出，从 2017 年党的十九大到 2022 年党的二十大，是“两个一百年”奋斗目标的历史交汇期。我们既要全面建成小康社会、实现第一个百年奋斗目标，又要乘势而上开启全面建设社会主义现代化国家新征程，向第二个百年奋斗目标进军。

从全面建成小康社会到基本实现现代化，再到全面建成社会主义现代化强国、实现中华民族伟大复兴，是新时代中国特色社会主义发展的战略安排。要按照这样的战略安排，坚韧不拔、锲而不舍，奋力谱写社会主义现代化新征程的壮丽篇章！

第四节 贯彻新发展理念 建设现代化经济体系

一、我国经济已由高速增长阶段转向高质量发展阶段

改革开放 40 多年来，我国经济经历了高速增长，为综合国力的提高、人民生活的改善提供了条件，缩短了与发达国家的差距。但过去的经济高速增长在很

① 逄锦聚、洪银兴、林岗、刘伟等主编：《政治经济学》（第六版），高等教育出版社 2018 年版，第 322 页。

大程度上依赖传统生产要素投入，产品主要以低附加值为主，经济增长方式较为粗放。在我国经济发展进入新常态、中国特色社会主义进入新时代的条件下，新旧动能的转化趋势不断强化，经济发展的内在支撑和外部需求条件都已发生巨大的变化，这要求我国经济要实现由高速增长向高质量发展的转变。

党的十九大审时度势，明确提出我国经济已由高速增长阶段转向高质量发展阶段，正处在转变发展方式、优化经济结构、转换增长动力的攻关期，建设现代化经济体系是跨越关口的迫切要求，也是我国发展的战略目标。必须坚持质量第一、效益优先，以供给侧结构性改革为主线，推动经济发展质量变革、效率变革、动力变革，提高全要素生产率，着力加快建设实体经济、科技创新、现代金融、人力资源协同发展的产业体系，着力构建市场机制有效、微观主体有活力、宏观调控有度的经济体制，不断增强我国经济创新力和竞争力。①

二、建设现代化经济体系是建成社会主义现代化强国的要求

实现建成社会主义现代化强国的目标，要求贯彻新发展理念，建设现代化经济体系。

现代化经济体系，是由社会经济活动各个环节、各个层面、各个领域的相互关系和内在联系构成的一个有机整体。

我国要建设的现代化经济体系，既与发达国家的现代化经济体系有一些共性，也要具备中国特色。

我国现代化经济体系由七个主要的子体系构成，即：创新引领、协同发展的产业体系；统一开放、竞争有序的市场体系；体现效率、促进公平的收入分配体系；彰显优势、协调联动的城乡区域发展体系；资源节约、环境友好的绿色发展体系；多元平衡、安全高效的全面开放体系；充分发挥市场作用、更好发挥政府作用的经济体制。

建设现代化经济体系具有迫切性和重要意义：

首先，建设现代化经济体系是建成社会主义现代化强国的迫切要求。建成社会主义现代化强国，实现中华民族伟大复兴的中国梦，不断提高人民生活水平，必须坚定不移地把发展作为党执政兴国的第一要务，坚持解放和发展社会生产力，坚持社会主义市场经济改革方向，推动经济持续健康发展。只有形成现代化经济体系，才能更好地顺应现代化发展潮流和赢得国际竞争主动，也才能为其他领域现代化提供有力支撑。

其次，建设现代化经济体系是适应我国经济已由高速增长阶段转向高质量发展阶段的必然要求。从国内看，我国经济发展进入新常态，已由高速增长阶段转向高质量发展阶段，正处在转变发展方式、优化经济结构、转换增长动力的攻关期，改革已进入深水区、攻坚期，全面建成小康社会进入决胜期，同时，长期积

① 习近平：《决胜全面建成小康社会　夺取新时代中国特色社会主义伟大胜利——在中国共产党第十九次全国代表大会上的报告（2017 年 10 月 18 日）》，人民出版社 2017 年版。

累的结构性矛盾仍然突出。从国际看，国际金融危机深层次影响还在持续，世界经济复苏进程仍然曲折，逆经济全球化思潮抬头。在这样的情况下，建设现代化经济体系成为跨越关口的迫切要求和我国发展的战略目标。只有建成现代化经济体系，实现我国经济高质量发展，才能推动经济建设再上新台阶。

最后，建设现代化经济体系是化解我国社会主要矛盾、推进经济建设的客观要求。我国社会主要矛盾已经转化为人民日益增长的美好生活需要和不平衡不充分的发展之间的矛盾。必须坚持创新、协调、绿色、开放、共享的发展理念，统筹推进“五位一体”总体布局，协调推进“四个全面”战略布局，推动城乡、区域、经济社会协调发展，处理好经济发展和环境保护的关系，实现国内发展和对外开放良性互动。这正是现代化经济体系建设的基本要求。

三、统筹规划建设现代化经济体系

现代化经济体系是统一整体，建设现代化经济体系要贯彻新发展理念，统筹规划，一体建设、一体推进。

党的十九大提出了深化供给侧结构性改革、加快建设创新型国家、实施乡村振兴战略、实施区域协调发展战略、加快完善社会主义市场经济体制、推动形成全面开放新格局六项措施，对此本书将在有关章节分别阐释。

实现“两个一百年”奋斗目标，建成社会主义现代化强国，实现中华民族伟大复兴的中国梦，不断提高人民生活水平，必须坚定不移把发展作为党执政兴国的第一要务，贯彻发展新理念，建设现代化经济体系，推动经济持续健康发展。

思考题：

1. 阐述经济增长与经济发展的含义、决定因素及两者之间的关系。
2. 我国经济发展进入新常态有哪些具体的趋势性变化，谈谈新时代如何把握引领新常态。
3. 谈谈对五大新发展理念的理解。
4. 建设社会主义现代化经济体系的要求和意义。

第十三章

创新发展与经济增长动力转换

教学目的和要求

学习和掌握创新的内涵、类型、方式、主体、来源及其对经济发展的作用，经济增长动力转换的要求、趋势以及我国经济增长动力转换的必然性、紧迫性，创新驱动发展战略的内涵、意义和措施。

教学要点

1. 创新的内涵及其在经济发展中的作用。
2. 经济增长动力转换的要求和趋势。
3. 我国经济增长动力转换的必然性和紧迫性。
4. 实施创新驱动发展战略的意义、思路和措施。

人类社会发展的历史表明，经济长期、持续、稳定的高质量发展的根本是创新。创新是民族进步的灵魂，是一个国家经济发展、兴旺发达的第一动力。为此，要深入实施创新驱动发展战略，加快形成以创新为主要引领和支撑的经济体系和发展模式。

第一节　创新及其在经济发展中的作用

一、创新的内涵及各类创新的关系

创新是指为满足社会需求，以现有的知识和物质，在特定的环境中，改进或创造新的事物，并能获得一定有益效果的行为。

从唯物论意义上说，创新是人的创造性实践行为，人类社会通过对物质世界的利用和再创造，形成新的物质形态；从认识论的角度来说，创新就是更有广度、深度地观察和思考世界，将其作为一种日常习惯贯穿于具体实践活动中；从辩证法的角度来说，创新包括从认同到批判的暂时过程，也包括自我批判的永恒循环过程。一般地说，创新包括科技创新、理论创新、制度创新、文化创新等。其中，科技创新是基础与前提，制度创新是保证与关键，理论创新是核心与灵魂，文化创新是环境与氛围。

科技创新通常包括知识创新、技术创新和现代科技引领的管理创新。其中，技术创新是指生产技术的创新，包括开发新技术，或者将已有的技术进行应用创新。重大的技术创新会导致社会经济系统的根本性转变。理论创新是指人们在社会实践活动中，对原有理论体系或框架的新突破、新修正、新发展，以及对理论禁区和未知领域的新探索。理论创新能够推动实践活动的层次与质量，为社会创造出更多、更有价值的成果与财富，同时也能不断扩充人们的精神财富和物质财富，推动社会的发展和进步。

制度创新是指对原有制度进行革新和创造的过程。制度创新的核心内容是社会政治、经济和管理等制度的革新，是支配人们行为和相互关系的规则的变更，也是组织与其外部环境相互关系的变更，其直接结果是激发人们的创造性和积极性，并能够推动知识的创新、社会资源的合理配置以及社会财富的积累，进而推动生产力发展和社会进步。良好的制度环境是创新的产物，其中创新型政府发挥着重要作用，只有拥有创新型政府，才会形成创新型的制度与文化。

文化创新是指人们在社会实践、文化交流和文化传承的基础上，依据时代的特征，构建文化的新内容，赋予文化时代性的变革。不同民族文化之间的交流、借鉴与融合，是文化创新的必经过程。文化创新不是对传统的否定，而是对传统的扬弃，取其精华，去其糟粕，进而形成符合时代发展要求的新文化。

科技创新、理论创新、制度创新、文化创新相互联系，共同促进经济社会的持续健康发展。

首先，科技创新与制度创新相互联系和促进。科技创新属于生产力的革新与进步，制度创新属于生产关系的调整与变革。科技创新较之制度创新对现代经济增长具有首要的推动作用，同时，制度创新又具有相对独立性，对科技创新具有重要的能动作用。当制度适应科技创新要求时，就能促进科技创新；不适应时，便会阻碍科技创新。科技创新和制度创新是一种相互依存、相互促进的辩证关系。从长期看，科技创新会推动制度创新，制度创新则会保障科技创新的功能得以发挥与实现。

其次，文化创新为制度创新和科技创新营造有利的软环境。由于制度创新和科技创新对传统文化提出了新的挑战，因此文化创新显示出一定的必要性。随着经济全球化进程的推进，各国在政治、经济、科技、文化等方面的交往日益增多，在此过程中，我们不仅要学习借鉴其他国家的优秀文化部分，也要勇于向风险和不确定性挑战，打破现有的权力和利益藩篱，鼓励创新活动中的每个主体的积极性、创造性和合作精神，有利于创新的舆论环境和文化环境。只有将制度创新、科技创新和文化创新融为一体，创新才能从根本上实现。

最后，理论创新既是对科技创新、制度创新和文化创新结果的强有力的解释，又是科技创新、制度创新和文化创新的先导。源于创新实践的理论创新，并不仅仅是对创新实践经验的概括和总结，更是对创新实践活动、经验和成果的批判性反思和规范性矫正。同时，理论创新又可以先于创新实践，并超越创新实践。理论创新作为创新实践活动中新的途径、思维方式和价值观念，构成了实践活动的内在否定性，这种内在否定性通过理论创新来引导科技创新、制度创新和文化创新不断发展与突破。

二、创新的方式、主体与来源

创新的方式包含两个层次：第一个层次是自主创新；第二个层次是协同创新。

自主创新包括原始创新、集成创新和引进消化吸收再创新。原始创新是指过去未出现过的重大科学发现、技术发明、原创性主导技术等创新成果。在创新方法系统中，原始创新是最根本的创新，可以引发颠覆性的变革。集成创新由原始创新发展而来，是指对现有的产品或知识进行重组和搭配而形成新的产品或事物，形成新的功能和作用。引进消化吸收再创新是常用的创新方法——首先利用先进技术和产品存在的时空差异，引入、学习并掌握其关键技术，再适时将核心技术进行转移，创造出具有自身特色并适合本土的技术和产品。

协同创新是以知识增值为核心，并经由企业、政府、知识生产机构和中介机构等为了实现重大科技创新而开展的大跨度整合的创新模式。协同创新通过国家意志的引导和机制安排，促进企业、大学、研究机构发挥各自的能力优势、实现各方的优势互补，加速技术推广应用和产业化，协作开展产业技术创新和科技成果产业化活动，是当今科技创新的新范式。协同创新突破了以上三种模式的主体屏障，通过构建国家创新生态体系，集聚和整合创新资源，系统地运用创新方法，释放创新能量。注重协同创新，一方面要注重整合创新方法，另一方面要注重整合创新主体。

创新的来源是实践。创新源于实践，贯彻于实践，成功与否也依靠实践检验。因此，实践是根本，是创新的源泉。

创新的主体是人民群众。人民群众作为推动历史前进的社会力量，是实践活动的主要力量。创新依靠人民群众的创造力和智慧，不断研究新情况、开拓新思路、形成新认识、研发新成果、建立新制度和解决新问题。从创新主体的类型来看，以往的主流观点认为企业是主要的创新主体，其中跨国企业创新可以突破创新主体的国别界限，联结不同制度环境，减少投资的不确定性和交易费用。近年来，消费者创新成为颇为流行的创新方式。其好处在于消费者本身就是顾客，可以从顾客的角度提出需求，而且他们本身期望能从解决方案中获得高收益，具有强烈的寻求解决方案的意愿。

三、创新在经济发展中的作用

创新是一个民族进步的灵魂，是一个国家兴旺发达的不竭动力。习近平在党的十九大报告中指出，创新是建设现代化经济体系的战略支撑。创新使新的生产方法在经济发展中得以运用，使旧的经济结构被破坏，新的经济结构得以产生。创新是解决生产力与生产关系、经济基础与上层建筑间基本矛盾的重要手段与方式。

创新可以推动生产力的进步。先进的科技手段被劳动者所掌握，便会成为劳动者的劳动工具并作用于劳动对象，最终转化为物质生产力，提高了生产资料的使用效率和劳动者素质与人们认识自然和改造自然的能力。科学技术应用于生产过程，便转化为现实的生产力。科学技术的创新不仅是变革自然界的强大力量，而且使科技和生产力的诸要素有效地组成一个整体，成为促进社会生产力发展的重要因素，这种创新应用到生产中便会逐渐显示出巨大的经济价值。科技创新可以推动世界先进生产力的无限发展。而同时，制度创新甚至文化创新对生产力的发展具有极强的反作用。

创新可以缩短生产时间和流通时间，可以通过改进运输工具、交通条件来缩短资本周转时间，加速资本周转，进而促进社会物质财富的增加。

创新可以变革生产组织形式、推动产业结构升级。科技创新发展可以促进社会生产内部的分工，变革劳动力与生产资料的结合方式，产生规模效应。同时，单个企业通过发明新科技，改变生产方式和生产手段，可以通过合作或者一个大产业带动多个相关产业的方式实现产业关联，推动整个行业生产方式的创新，最终实现社会产业革命。在这样的创新过程中，企业和科技创新人才又会创造出新的科技发明元素，从而推动产业结构的循环式发展。从古代的农业革命、近代的工业革命到现代的科技革命，创新无时不在社会生产和变革中发挥着巨大的作用，逐步引领人类进入更加高级的社会，促进生产方式的变革。

创新可以改善分配机制。分配制度的理论创新，使我国形成了以按劳分配为主体、多种分配方式并存的分配制度。制度的创新及发展，可以优化激励约束机制，激发社会生产潜力，对经济增长产生巨大的推动作用。同时，关注机会均等和成果共享，也可以促进经济增长。此外，创新通过扩散对经济产生强烈的刺激作用，这种刺激作用不仅能够在同一部门内部叠加，更能够在不同部门和领域内进行“联动”，使得更多的企业和部门能够在扩散中享受到创新所带来的好处。创新还可以促进可持续发展。人类是自然界的一部分，人类通过新技术、改良机器等科技创新手段，可以使废旧物资得到合理的利用，节约资源，变废为宝，减少环境污染和生态破坏，使经济持续发展。

在我国经济发展进入新常态的背景下，靠什么来培育新的增长动力和竞争优势？创新是应对问题的“良方”，更是推动发展的“引擎”。只有坚持创新发展，才能推动发展方式从要素驱动转向创新驱动、从依赖规模扩张转向提高质量效益，为经济保持中高速增长、产业迈向中高端水平提供坚实支撑和强劲动力。因此，应深刻认识创新发展对加快经济转型发展的重要性和紧迫性，更加自觉地把工作着力点放到推动创新驱动上来，以创新驱动增强可持续发展能力，以创新驱动提高竞争力。

四、创新的理论渊源和我国对创新理论的创新

马克思对创新有过全面、丰富的论述。马克思以唯物史观研究资本主义经济运行规律，将经济社会形态的发展理解为一种历史的过程，使创新成为科学世界观与方法论相互联系的有机体系。

马克思在《资本论》中从三个基本环节上具体分析了资本家进行科技创新与再创新的内在动力机制或内在机理：第一，个别资本家对超额剩余价值或超额利润的内在追逐，刺激其进行科技创新以降低商品生产的个别劳动时间；第二，在市场竞争规律的作用下，其他资本家基于竞争压力直接采用新技术与新生产方法，从而促使个别资本家的科技创新得以在全社会推广，并导致科技创新的连锁社会扩散效应；第三，当新技术在全行业或全社会普及时，平均利润规律的作用导致起初进行科技创新的个别资本家因使用新技术而获取的超额利润趋向为零，为此，在剩余价值规律和竞争规律的内在作用下，又将展开新一轮的科技创新活动，由此推进科学技术与社会生产力的不断创新与发展。①

在制度创新方面，马克思在《资本论》中具体分析了协作与分工、工厂立法与工厂制度、信用制度与公司制度，以及产权制度乃至社会制度变革等对生产力发展的促进作用。马克思又在《机器、自然力和科学的应用》② 一文中提出了以科技进步为中心的综合创新理论，指出了从依据工具进行生产活动到现代社会的机器生产是传统社会走向现代社会的重大创新，这种创新以技术进步为直接推动力。

马克思认为，创新是解决生产力与生产关系、经济基础与上层建筑间基本矛盾的基本手段与方式；科学成为支撑创新、引领创新的直接推动力是以科学与直接劳动分离为条件的；科技创新从以工厂为载体的劳动组织创新和以城市为载体的社团组织发展两个角度推动制度创新。此外，他还指出，内生、可持续增长与发展，不仅需要科技创新推动生产力的发展，还应当适当主动引导生产力发展的方向，在发展过程中减少对环境的破坏，避免对资源的过度掠夺与开发。马克思相关理论思想为正确认识技术创新与自然资源的关系提供了重要的思想来源，也为我国自主创新驱动发展战略的内核与特征提供了基本的理论来源和分析框架。

国外其他学者对创新也有深入的研究。如美国经济学家约瑟夫·熊彼特认为，所谓创新就是建立一种新的生产函数，把之前未出现过的关于生产要素和生产条件的新组合引入生产体系，以实现对生产要素或生产条件的“新组合”，具体表现为五种创新模式，包括新产品、新生产方式、新市场、新材料及其来源和新组织形式。他强调创新是经济增长的内生因素，要将创新放在本源驱动力的地位上。熊彼特的创新理论对我国乃至世界的经济发展产生了巨大的影响，是我国

① 马克思：《资本论》（第二版）（第3卷），人民出版社2004年版，第366页。

② 《马克思恩格斯全集》（第47卷），人民出版社2006年版，第359页。

实施创新驱动发展战略的学术渊源之一。①

在马克思创新理论指导下，我国吸收借鉴西方经济理论中的有益成分，不断丰富创新的内涵、意义及方式，极大地扩展了马克思主义的创新理念。例如，毛泽东旗帜鲜明地反对爬行主义，开创性地提出实现科技跨越式发展的思想，邓小平提出“科学技术是第一生产力”，江泽民提出“创新是一个民族进步的灵魂，是国家兴旺发达的不竭动力”，胡锦涛提出“走中国特色自主创新道路”。

党的十八大以来，习近平在系列讲话中多次对创新进行论述，其中涵盖了创新的方方面面，包括理论、制度、实践上如何创新，也包括科技、人才、文艺、军事等方面的创新。他强调“创新是引领发展的第一动力”。② 创新是发展的加速器、改革的方法论，坚持创新发展，就是要把创新摆在国家发展全局的核心位置，让创新贯穿国家一切工作，让创新在全社会蔚然成风。创新始终是推动一个国家、一个民族向前发展的重要力量。实施创新驱动发展战略，就是要推动以科技创新为核心的全面创新，明确需求导向和产业化方向，坚持企业在创新中的主体地位，发挥市场在资源配置中的决定性作用和社会主义制度优势，增强科技进步对经济增长的贡献度，形成新的增长动力源泉，推动经济持续健康发展。

《中共中央关于制定国民经济和社会发展第十三个五年规划的建议》诞生记

在新时代，要把创新摆在国家发展全局的核心位置，在全社会形成崇尚创新、鼓励创新、支持创新、践行创新的舆论环境和社会风尚，为中华民族伟大复兴注入强劲的发展动力。

第二节　经济增长动力转换与拓展发展空间

一、经济增长动力转换的一般趋势

经济增长动力指一个国家或地区经济增长的力量来源，是经济学关注的核心问题。

影响经济增长的因素是多元的，资本的投入、效率的提高，都会推动经济增长。马克思在《资本论》中指出，劳动生产力是由多种情况决定的，其中包括劳动者的平均熟练程度、科学的发展水平和它在工艺上应用的程度、生产过程的社会结合、生产资料的规模和效能，以及自然条件。

经济增长动力转换的内涵及一般趋势

从人类经济社会发展的历史看，经济增长的动力不是一成不变的，在不同的国家、不同的经济发展阶段，经济增长动力会不断转换。转换的一般趋势是：从需求角度看，外向型的经济通常以投资拉动和出口拉动为特征，而内向型经济主要依赖国内需求拉动特别是消费需求拉动。当一个国家从国内市场狭小的发展中

---

① 熊彼特：《经济发展理论》，中国社会科学出版社 2009 年版，第 73 页。

② 习近平：《决胜全面建成小康社会　夺取新时代中国特色社会主义伟大胜利——在中国共产党第十九次全国代表大会上的报告》，人民网，http：//cpc. people. com. cn/n1/2017/1028/c64094 - 29613660. html。

国家向国内需求巨大、经济发展相对成熟的国家转变时，经济增长动力必然经历由投资、出口拉动向消费需求拉动的转换。从供给的角度看，伴随着经济发展水平的提高，一国增长动力会由资源、资本、劳动等传统要素投入向创新和生产效率提高转换，其中创新成为推动经济发展的决定因素。无论是产业结构的高度化，还是产业内部合理化，都要求实现从资源投入驱动向创新驱动转变。因此，动力转换的本质就是提升创新在经济发展中的作用，降低经济发展对传统资源投入的依赖。

二、我国经济增长动力转换的迫切性

新中国成立特别是改革开放以来，中国经济创造了世所罕见的长期高速增长奇迹。这种支持高增长的传统动力，在需求层面主要依靠出口和投资拉动，在供给层面主要依靠要素投入规模扩张，在产业层面主要依靠工业带动。

经过几十年高速增长后，我国经济发展进入新常态，已由高速增长阶段转向高质量发展阶段，正处在转变发展方式、优化经济结构、转换增长动力的攻关期。这种转变要求我国必须坚持质量第一、效益优先，以供给侧结构性改革为主线，推动经济发展质量变革、效率变革、动力变革；要求提高全要素生产率，着力加快建设实体经济、科技创新、现代金融、人力资源协同发展的产业体系；要求着力构建市场机制有效、微观主体有活力、宏观调控有度的经济体制，不断增强我国经济创新力和竞争力。同时，随着中国特色社会主义进入新时代，我国经济发展的国际环境也发生了重大改变，世界正处于百年未有之大变局。

首先，劳动、资本和技术的供给发生了根本性的改变。改革开放初期，经济发展的初始禀赋优势明显，劳动力资源丰富且工资成本较低，人口红利为经济的腾飞提供了先决条件。同时，利用本身的比较优势，我国大量引进外资和技术，在国际市场中赢得了国际贸易竞争的主动权，获得了经济增长的动力。但是技术进步作为其中的重要因素仍然显示出其瓶颈性的制约，我国在自主创新的技术研发、零部件生产环节与发达国家仍有较大差距，要素生产率受到明显约束，限制了经济的高质量发展。

其次，总需求拉动经济增长的动力不足，亟须供需匹配以适应新的经济发展环境。中国经济发展进入新常态，一个重要特征即为投资、消费和出口结构的深刻变化：一是过去由投资、出口为主拉动经济增长已不再适应高质量发展的需要，加强消费对经济增长的拉动势在必行。二是伴随传统的消费者需求由过去模仿型排浪式消费走向了以互联网新型技术为基础的个性化、多样型消费，然而传统制造业标配式生产无法满足多样化、个性化的消费需求，生产要素规模经济效应减弱。由此我国必须依赖人力资本效率的提升和技术进步驱动经济增长，尽快改变过去由投资、出口为主导的经济增长形式。

最后，现实经济状况表明我国目前生态环境的承载能力已经达到或接近临界值，低碳、绿色的经济发展要求转变经济增长动力，以推动高质量发展。过去简单依赖劳动力的数量和资源消耗的粗放型经济增长方式已经影响到我国居民当前的生存质量，新常态下，优化经济结构、寻找经济持续增长的新动力、防范和化解经济风险成为当前工作的重中之重。

三、经济增长动力转换与拓展发展空间

（一）转换经济增长动力

快速、平稳地实现经济增长动力转换，需要采取以下措施：

一是创新驱动。创新驱动主要是指未来的发展要靠科技创新驱动，而不是依赖传统的劳动力以及资源能源驱动。随着我国经济发展进入新常态，过去的低成本优势逐渐消失。但是与低成本优势相比，技术创新具有不易模仿、附加值高的特点，所以创新驱动所带来的经济增长将体现出持续时间长、竞争力强的优势。实施创新驱动发展战略，加快实现由低成本优势向创新优势的转换，可以为我国经济持续发展提供强大动力。

二是新要素驱动。传统的生产要素主要是指劳动、资本、土地和企业家才能、技术和制度等。随着新科技革命的迅速发展，一些新的生产要素如信息、人工智能、大数据等对于高质量发展将发挥越来越大的作用。所以在以新技术改造为主要方式提升传统要素使用效率的同时，要更加发挥新的生产要素在推进经济高质量发展中的作用。

三是调整并进一步发挥消费、投资、净出口“三驾马车”共同拉动经济增长的作用。我国经济发展中存在居民高储蓄率、高投资率的优势，但也存在低消费率的问题。随着经济由高速增长阶段转向高质量发展阶段以及国际环境不断变化，特别是逆经济全球化使出口受阻，我们一方面要审时度势，适时将依靠外需拉动经济增长转向大力扩大内需，特别是要提高国内消费水平，另一方面要着力提高投资效率，增加有效投资。国家应重点投资现代农业、循环经济、贫困地区发展、环境保护、高科技产业、现代服务业以及相关产业的基础设施建设，并实现高效的投资驱动带领创新驱动，最终以创新驱动促进经济发展。

（二）拓展经济发展空间

快速、平稳地实现经济增长动力转换，有利于拓展我国当前经济的发展空间。例如，通过引导产业有序转移、促进新兴产业发展等举措，形成抑制过剩产能、节能减排的良性循环，从而促进经济全面协调均衡可持续发展，保证经济发展的稳定性和可持续性；通过提升科研领域的创新驱动能力，实施“互联网＋”行动计划，推进中国制造技术升级，引导企业增强研发能力，带动多要素协同经济发展；注重投资、消费、进出口协同拉动——在消费方面，提升消费层次，调整和完善国民收入分配格局，夯实消费增长的经济基础；在投资方面，优化投资结构，注重社会事业、民生领域和生态环境投资，将投资重点放在信息产业、服务业以及消费转化效应较大的教育、文化、旅游、卫生等社会事业领域和消费基础设施上；在贸易方面，要转变贸易发展方式，优化贸易结构，创新贸易促进方

式和手段，构建新型贸易促进体系，加快培育新的出口支柱产业，提高出口规模和商品档次。

促进经济平衡发展的良好经济增长动力转换模式不仅有助于构建和谐社会，也将从消费、投资、贸易等多个方面保证经济持续稳定增长，为我国经济发展提供持久动力。

第三节　实施创新驱动发展战略

一、创新驱动发展的内涵

习近平强调，实施创新驱动发展战略，是立足全局、面向未来的重大战略，是加快转变经济发展方式、破解经济发展深层次矛盾和问题，增强经济发展内生动力和活力的根本措施。在日趋激烈的全球综合国力竞争中，必须坚定不移走中国特色自主创新道路，增强创新自信，深化科技体制改革，不断开创国家创新发展新局面，发挥科技创新的支撑引领作用，加快从要素驱动发展为主向创新驱动发展转变，加快从经济大国走向经济强国。要加强科技人才队伍建设，为人才发挥作用、施展才华提供更加广阔的天地，鼓励人才把自己的智慧和力量奉献给实现“中国梦”的伟大奋斗。①

创新驱动发展战略有两层含义：一是中国未来的发展要靠科技创新驱动，而不是传统的劳动力与资源能源驱动。科技发展要紧紧围绕经济社会发展的中心任务，解决制约经济社会发展的关键问题，建立以企业为主体、以市场为导向、产学研相结合的创新体系，让企业成为创新主体，使高技术与传统产业全面结合。二是创新以驱动发展为目的。创新是发展的动力之源，是加快转变经济发展方式的中心环节。以科技创新促进转型升级，以转型升级推动科学发展，切实提高经济增长的质量和效益，是破解发展中面临的深层次矛盾、实现又好又快发展的关键。经验表明，创新驱动发展，本质上就是依靠自主创新，充分发挥科技的支撑和引领作用，实现科学与全面协调可持续的发展。

对于创新驱动发展，要明确以下基本观点：

一是不能将创新驱动的内涵简单理解为技术创新。因为创新驱动在本质上是一项系统工程，它不仅包括技术创新，而且还包括产业创新、制度创新、文化创新、产品创新、组织创新、管理创新等多方面内容。

二是不能将创新驱动的目的简单地理解为推动经济再次高速增长。多国发展的轨迹表明，一国或地区经济在经历高速增长过程之后，会进入一个缓慢调整或增速相对较低的时期，如果在这一时期，一国或地区的经济结构得不到有效转

① 《习近平强调实施创新驱动发展战略》，中国共产党新闻网，http：//cpc. people. com. cn/n/2013/0304/c64094－20672920. html。

型，可持续性的经济增长将难以为继。我国经济在经历了几十年的高速增长之后，目前正处于“换挡期”，实施创新驱动发展战略最重要的目的是优化产业结构、实现经济发展方式和发展动力的转变。

三是不能简单地将创新驱动的手段理解为持续加大要素投入。要素投入只是创新驱动的必要条件，而不是充分条件，过度强调加大要素投入有以偏概全之嫌，因为风险因素的存在和资源结构性匹配的缺乏往往使大量投入无法变为有效产出，最终会使创新驱动陷入十分尴尬的境地。

二、实施创新驱动发展战略的意义

实施创新驱动发展战略决定着中华民族的前途命运，要充分认识科技创新的巨大作用，把握世界科技创新发展趋势，紧紧抓住和用好新一轮科技革命和产业变革的机遇，把创新驱动发展作为面向未来的一项重大战略实施好。[①]

实施创新驱动发展战略是我国放眼世界、立足全局、面向未来所做出的重大抉择。将科技创新摆在国家发展全局的核心位置，实现进入创新型国家行列的目标，必须充分认识实施创新驱动发展战略的重大意义，抓住重点，形成合力。

第一，实施创新驱动发展战略对促进改革有重要意义。我国资源、能源、环境、人力资本等因素对国民经济发展的约束依然较强，使得社会发展出现不利局面。摆脱这一困境的出路就是实施创新驱动发展战略。创新有助于社会主义市场经济的发展，在各种资源能源有限的条件下，能够有效地利用创新动力，保护生态环境不受威胁，促进经济可持续发展，平衡个人收益和社会收益，为成为创新型国家提供源源不断的动力。最重要的是将科技创新与经济创新融为一体，为创新发展创造更好的环境，最大限度地扩大科技、人口等红利，从而实现“红利改革”的成功运行。

第二，创新驱动发展战略对我国形成国际竞争新优势、增强长期发展动力具有战略意义。方兴未艾的新一轮科技革命和产业变革与我国加快转变经济发展方式形成历史性交汇，为我们实施创新驱动发展战略提供了重大机遇。进入发展新阶段，我国在国际上的低成本优势逐渐消失，然而与低成本优势相比，技术创新具有不易模仿、附加值高等突出特点，由此建立的创新优势持续时间长、竞争力强。实施创新驱动发展战略，加快实现由低成本优势向创新优势的转换，可以为我国持续发展提供强大动力。

第三，创新驱动发展战略对我国提高经济增长的质量和效益、加快转变经济发展方式具有现实意义。我国经济总量已位居世界第二，但发展中不平衡、不协调、不可持续问题依然突出。要推动新型工业化、信息化、城镇化、农业现代化的同步发展，必须及早转入创新驱动发展轨道，把科技创新潜力更好地释放出来，充分发挥科技进步和创新的作用。同时，科技创新不仅可以直接转化为生产

① 《习近平：实施创新驱动不能等待观望懈怠》，新华网，http：//www.xinhuanet.com/politics/2013－10/01/c_117582862.htm。

力，还具有乘数效应，可以放大各生产要素的生产力，提高社会整体生产力水平。实施创新驱动发展战略，可以全面提升我国经济增长的质量和效益，有力推动经济发展方式转变；可以改造提升传统产业，提高产业竞争力；可以降低资源能源消耗、改善生态环境，推动美丽中国建设。

第四，创新驱动发展战略对“两个一百年”目标和民族复兴有着举足轻重的作用。中华民族是具有非凡创造力的民族，创新精神就是中国新时期的时代精神，这为实现中国特色社会主义现代化奠定了基础。如今，国际竞争需要依靠科学技术和创新能力，我们在创新发展的道路上不能迟疑，不能停留。科技兴则民族兴，科技强则国家强。党的十九大做出了实施创新驱动发展战略的重大部署，强调科技创新是提高社会生产力和综合国力的战略支撑，必须摆在国家发展全局的核心位置。这是党的重大战略抉择，要深入理解实施创新驱动发展战略的意义，增强企业和民族的创新意识。

三、实施创新驱动发展战略的关键环节

实施创新驱动发展战略是一项系统工程，要抓住以下重点关键环节，着力推进。

第一，着力推动科技创新与经济社会发展紧密结合。关键是要处理好政府和市场的关系，通过深化改革，进一步打通科技和经济社会发展之间的通道。一方面，市场是社会需求的风向标，要让市场成为配置创新资源的决定性力量，让企业真正成为技术创新的主体，在市场竞争之中激发有价值的科技创新，推动技术创新成果的扩散，使之转化为强大的社会生产力。另一方面，政府在关系国计民生和产业命脉的领域要积极作为，优先支持那些能促进经济发展方式转变、可开辟新经济增长点的科学技术，重点突破制约我国经济社会可持续发展的瓶颈，在市场失灵之时准确把握社会需求，以长远而敏锐的眼光确定总体技术方向和路线，抢占未来科技创新制高点。

第二，着力增强自主创新能力。大幅提高自主创新能力，关键是要努力掌握核心技术。当务之急是要健全激励机制、完善政策环境，从物质和精神两个方面激发科技创新的积极性和主动性，坚持科技面向经济社会发展的导向，围绕产业链部署创新链，围绕创新链完善资金链，消除科技创新中的“孤岛现象”，破除制约科技成果转移扩散的障碍，提升国家创新体系整体效能。目前创新驱动所需要素投入配置过程中的扭曲现象严重，在进一步加快实施创新驱动发展战略的过程中，要完善以大中型企业为主体、中小企业为重要组成部分的创新机制，要根据地区特点统筹协调东、中、西部政策支持力度，要更加重视基础性科技研发的经费投入，要建立和完善以培养技能型劳动力为目的的职业教育体系。

第三，着力完善人才发展机制。关键是要牢固确立人才第一的观念，建立更为灵活的人才管理机制，用好用活人才。要深化教育改革，推进素质教育，创新教育方法，提高人才培养质量，努力形成有利于创新人才成长的育人环境。要积极引进海外领军人才、拔尖人才、紧缺人才，制定更加积极的国际人才引进计

划，吸引更多海外创新人才到我国工作。充分发挥高校和科研院所在知识创新中的重要作用，支持高校联合企业建设一批适应战略性新兴产业发展需求的重点学科和研发机构。同时，还要打通人才流动、使用、发挥作用中的体制机制障碍，最大限度地调动科研人员的创新积极性。

第四，着力营造良好的政策环境。要加大对科技型产业的资金支持力度，加快科技体制机制改革创新，营造激励创新的良好政策环境。建立科技创新资源合理流动的体制机制，促进创新资源高效配置和综合集成；建立政府作用与市场机制有机结合的体制机制，让市场充分发挥决定性调节作用，政府充分发挥引导、调控、支持等作用，进而激发全社会的创新活力；建立科技创新的协同机制，以解决科技资源配置过度行政化、封闭低效、研发和成果转化效率不高等问题，促进科技与金融紧密结合，形成以财政资金为引导、社会资本为主体的多元化创业投资格局；建立科学的创新评价机制，加快构建支持创新、鼓励创新、保护创新的政策环境，积极营造尊重劳动、尊重知识、尊重人才、尊重创造的浓厚氛围，使科技人员的积极性、主动性、创造性充分发挥出来。

第五，着力扩大科技开放合作。要深化国际交流合作，充分利用全球创新资源，在更高起点上推进自主创新，并同国际科技界携手努力为应对全球共同挑战做出应有贡献。加大对国际科技合作的支持力度，推进基础性、前沿性和战略性技术研发合作与成果应用。加快建设对外技术转移中心，推动国家级国际科技合作平台升级，引领优势产能和创新合作。加强机制性科技人才交流，培养国际化青年科研人员，加强国际科技创新合作能力建设。推动一流科研机构和企业在我国建立合作研发机构，引导先进技术产业化、商业化。

思考题：

1. 谈谈创新的内涵以及创新在经济发展中的作用。
2. 概述经济增长动力的内涵及一般趋势。
3. 论述我国经济增长动力转换的必要性。
4. 简述我国实施创新驱动发展战略的内涵及意义。
5. 推动实施创新驱动发展战略要抓好哪些关键环节？

第十四章

协调发展与发展中的重大关系

教学目的和要求

学习和掌握协调发展是社会主义经济的内在要求，也是马克思主义发展理论的重大创新；了解和掌握城乡协调发展的影响因素、我国城乡协调发展的成就及问题，以及实现城乡协调发展的思路和措施；认识和把握新型工业化、信息化、城镇化、农业现代化协调发展的意义、内容及实现路径；深刻认识社会主义物质文明和精神文明协调发展的重要意义。

教学要点

1. 协调发展是社会主义经济的内在要求。
2. 马克思主义协调发展理论的重大创新。
3. 城乡协调发展的主要影响因素。
4. 我国城乡协调发展取得的成就、存在的问题及进一步推进的思路与措施。
5. 工业化与信息化深度融合的基本实现思路。
6. 工业化与城镇化良性互动的实现路径。
7. 新型城镇化与农业现代化协同发展的实现路径。
8. 实现物质文明和精神文明协调发展的重大意义。

协调发展是引领我国经济发展的新发展理念之一，基本要求是要在经济发展过程中坚持统筹兼顾、综合平衡的原则，协调和处理好发展中涉及的各种重大关系，实现国民经济持续、协调、健康发展。协调发展包括产业之间、区域之间、城乡之间等的协调发展。由于产业之间、区域之间的协调发展在有关章节已有阐述，本章主要分析城乡的协调发展，工业化、信息化、城镇化、农业现代化的同步发展，以及物质文明与精神文明的协调发展。

第一节 国民经济持续健康发展的内在要求

一、中国特色社会主义经济发展的内在要求

现代经济有两大基本特征：一是生产的社会化；二是市场经济。

生产的社会化主要是指随着生产力发展特别是科技进步而形成的社会生产组织化、规模化、协作化，主要表现为生产资料和劳动力集中在企业中进行有组织的规模化生产；专业化分工水平明显提高，各种产品生产之间的协作更加密切；生产部门之间相互协作、彼此依存，形成一个不可分割的整体。社会化生产要求保持其内部各部分、各环节之间的协调，以便使社会经济按比例协调发展。社会化大生产和分工条件下保持经济协调发展，是科技进步和生产力发展的内在要求，也是现代经济发展的必然要求。

市场经济是市场在资源配置中起决定作用的经济，市场经济具有激励创新、依靠市场机制自动配置资源形成社会化生产需要比例的功能，但市场的自发调节和事后调节会造成社会劳动的浪费，所以需要政府发挥作用，使市场经济协调发展。

中国特色社会主义经济不仅是社会化大生产经济，同时也是市场经济，实现国民经济的协调发展，是社会主义经济的内在要求。

二、马克思主义协调发展理论的重大创新

协调发展是马克思主义关于经济社会发展理论的基本原理之一。马克思不仅提出人类社会是一个由各种相互联系、相互制约、相互转化的因素和领域构成的“有机体”的理论，① 提出“要想得到和各种不同的需要量相适应的产品量，就要付出各种不同的和一定量的社会总劳动量。这种按一定比例分配社会劳动的必要性，决不可能被社会生产的一定形式所取消，而可能改变的只是它的表现方式”的理论②，而且还详尽地论述了社会再生产协调发展需要的客观比例，形成了社会再生产理论。③ 这些理论是对人类社会经济发展规律的深刻认识，也是社会经济实现协调发展的基本理论基础。

新中国是在“一穷二白”基础上建立起来的。新中国成立初期，不但经济基础薄弱，而且面临着经济结构和重大经济关系的严重失调。为促进国民经济健康发展，以毛泽东为代表的中国共产党人开始了对社会主义经济发展道路的艰辛探

---

① 《马克思恩格斯全集》（第 37 卷），人民出版社 1971 年版，第 426 页。
② 《马克思恩格斯全集》（第 4 卷），人民出版社 1972 年版，第 580 页。
③ 马克思：《资本论》第二卷第二十章，引自《马克思恩格斯文集》（第 6 卷），人民出版社 2009 年版。

索，其中就包括对实现经济协调发展、处理好一系列重大经济关系道路的探索。1956年，毛泽东在调查研究的基础上，发表了著名的《论十大关系》[①]，深刻总结了我国社会主义建设的经验，提出了探索适合我国国情的社会主义建设道路的任务，对于实现社会主义经济的协调发展具有重要指导意义。

《论十大关系》

改革开放以来，处理好国民经济重大比例关系，实现国民经济的持续协调发展，一直是现代化建设的内在要求。1988年，邓小平提出沿海和内地要协调发展的“两个大局”的战略思想，[②] 明确提出了实现区域经济协调发展的战略要求。

进入21世纪，随着我国经济社会发展环境、条件的变化，实现经济协调发展的内涵和要求也发生了新的变化。为此，党的十八大报告提出，要全面落实经济建设、政治建设、文化建设、社会建设、生态文明建设“五位一体”总体布局。[③]“五位一体”总体布局是党对“实现什么样的发展、怎样发展”这一重大战略问题的科学回答，蕴含着丰富而鲜明的协调发展内容。

党的十八大以来，以习近平同志为核心的党中央根据我国经济发展面临的国内外环境条件的变化，提出创新、协调、绿色、开放、共享五大发展理念，坚持协调发展，牢牢把握中国特色社会主义视野总体布局，正确处理发展中的重大关系，重点促进城乡区域协调发展，促进经济社会协调发展，促进新型工业化、信息化、城镇化、农业现代化同步发展，在增强国家硬实力的同时，注重提升国家软实力，经济、社会发展的整体性、协调性明显提升，不断增强发展的整体性。[④]

协调发展理念是对马克思主义人类社会经济发展规律认识的深化和具体化，是对马克思主义协调发展理论的创造性运用和发展。

协调发展的国内外经验与教训

第二节　城乡协调发展

一、实现城乡协调发展的意义

促进城乡协调发展，实现城乡一体化发展，是一个国家工业化、城镇化和农业现代化发展到一定阶段的必然要求。在我国现阶段，实现城乡协调发展既是经济社会可持续发展的必要条件，也是贯彻落实协调发展理念的基本要求。

---

① 毛泽东：《论十大关系》1956年4月25日发表，载于《人民日报》1956年12月26日，收入《毛泽东文集》（第7卷），人民出版社1999年版。

② 邓小平指出：“沿海地区要加快对外开放，使这个拥有两亿人口的广大地带较快地先发展起来，从而带动内地更好地发展，这是一个事关大局的问题。内地要顾全这个大局。反过来，发展到一定的时候，又要求沿海拿出更多力量来帮助内地发展，这也是个大局。那时沿海也要服从这个大局。”《邓小平文选》（第3卷），人民出版社1993年版，第277页。

③ 《胡锦涛文选》（第3卷），人民出版社2016年版，第622页。

④ 中共中央宣传部：《习近平总书记系列重要讲话读本》，学习出版社、人民出版社2016年版，第134页。

城市、农村作为我国整个国民经济系统的两大子系统，只有保持统筹互动、相互协调，才能实现整个国民经济的持续协调发展。一方面，农村的发展离不开城市，要进一步提高农民收入水平和生活质量，实现农村繁荣发展，离不开城市的支持和反哺。因为大量的人才、设备、技术、资金和市场集中在城市，大量的非农就业机会和岗位集中在城市，大量的农产品需求集中在城市，大量优质的教育、医疗等基本公共服务集中在城市，而农村大量基本公共服务供给和建设需要城市发展提供的财税支持。另一方面，城市的发展也离不开农村，农村不仅为城市的发展提供必要原材料和大量的剩余劳动力，而且为城市资本积累做出贡献，农村大量资金通过各种渠道流到城市，为城市经济快速发展提供必要要素供给和资源保障。城乡之间的经济活动是一个不可分割的整体，二者之间的不协调甚至失衡，必然降低整体经济运行效率。

二、城乡协调发展的主要影响因素

影响城乡协调发展的主要因素有以下一些：

第一，城乡生产要素的流动。首先是农村劳动力向城市的流动。农业剩余劳动力由传统农业部门向现代部门转移是实现城乡结构转换的关键。一方面，农业剩余劳动力向现代部门的转移可以缓解劳动力和耕地之间的紧张关系，有利于土地的规模化、产业化、集约化经营，提高农业生产效率，增加农业从业人员收入，从而缩小城乡收入差距；另一方面，农业剩余劳动力向城市现代部门转移，可解决城市工业、服务业发展所需劳动力不足问题，促进城市产业发展，从而更好地实现工业反哺农业，城市支持乡村，最终实现城乡一体化发展。其次是城乡资本流动。从长期来看，城市现代部门率先发展进而反哺农村传统部门，是缩小城乡差距的重要途径。但在经济发展的初期，资本短缺是普遍面临的一个问题。因此，农村传统部门的资本合理流动至城市现代部门进而实现资本的积累，成为现代部门成长和扩张的重要保障。当城市现代部门发展到一定阶段后，资本将由非农部门向农业部门流动，支持农业部门的发展，实现城市资本对农业的反哺，使农村基础设施、农业生态环境得以完善，并对消除城乡二元结构、实现城乡协调发展具有重要推动作用。

第二，体制因素的影响。在高度集中的计划经济体制下，首先，为了实现优先发展重工业的战略，政府将大量的农村资金输送到工业部门，导致农村经济发展缓慢。其次，城乡分割的市场制度阻断了城乡产品流通渠道。为了降低工业部门职工的工资和生活成本，对农产品实行低价格收购政策。农民难以对自己生产的产品自由处置，也挤压了农民的正常消费和资本积累。再次，城乡户籍隔离体制阻碍了城乡间劳动力的自由流动，也抑制了人口城市化的进程。最后，差异性较大的城乡社会保障制度基本将农民排除在社会保障体系之外，制约了城乡结构的转换。社会主义市场经济体制的建立和完善，促进了城乡要素流动和资源配置，促进了城乡协调发展。

第三，技术进步的作用。首先，技术进步促进城市现代部门的扩张。技术进步是产业结构演变的根本动力，它通过降低农产品的生产成本和价格，进而为现代部门提供充足的原材料供给，增强其积累能力，推动城市现代部门的规模扩张。同时，技术进步降低了现代部门产品成本，扩大了其产品市场需求，引导产业结构实现由低级向高级化的依次更替。其次，技术进步促进传统农业部门的改造。技术进步可扩大农业资源的利用范围，为农业生产提供更高质量的生产资料，改善农产品质量，提高农业生产效率或投入产出比率，增强农业的质量效益和竞争力，提高农业的现代化水平，缩小与城市现代部门的差距。

第四，城乡产业结构的差异。传统农业部门与现代工业和服务业部门的不同产业特性，导致两大部门劳动生产率的差异，是造成城乡二元经济结构的重要原因。在生产方面，农业生产活动是一种经济和自然活动相互混合、相互作用的过程，比其他产业具有更大的自然风险。同时，农业生产具有较强的土地资源依赖性，分散化经营特征明显，导致农业不能获取像其他产业那样显著的分工经济效益。在消费方面，根据恩格尔定律，随着经济发展和居民收入水平的提高，居民消费将更多地转向发展资料和享受资料（这些资料往往更多地依赖于工业和服务业），在农产品消费上的支出占比会不断降低，农产品的市场需求规模扩张和经济发展速度呈现不一致。在交易方面，农业生产往往具有周期性和季节性，导致农业生产者难以对市场价格变动做出及时有效的反应。正是由于农业产业与现代工业和服务业的不同产业特性，导致了农业和工业、服务业的不均衡发展，由此造成经济发展中明显的城乡二元结构。

第五，基础设施的投入。基础设施是指为社会生产和居民生活提供公共服务的物质设施，它不仅包括公路、铁路、机场、通信等经济性公共设施，还包括教育、科技、医疗卫生、体育、文化等社会性公共基础设施。长期以来，我国城乡在基础设施投入方面存在着巨大差距，导致了城乡发展的不平衡。一方面，经济性基础设施的投入不平衡。城乡在交通运输、邮电通信等多个方面投入不平衡。由于城镇的集聚效应，城镇拥有便捷的交通网络、现代化的邮电通信系统，而农村存在饮水安全、道路不畅和电力供应不足等问题。另一方面，社会性基础设施投入的不平衡。城乡在医疗卫生、教育文化方面存在着显著差异。在农村，简陋的医疗卫生事业难以适应农民健康发展的需要，同时，在管理体制、运行机制和人才方面，问题尤为突出。

三、我国城乡协调发展的成就和面临的问题

经过多年的发展和改革，我国城乡关系总体呈现协调发展态势。首先，城乡关系进入城乡统筹的发展阶段。我国工农业关系已从农业支持工业走向工业反哺农业、城市支持农村的发展阶段。随着国家强农惠农富农政策的制定和实施，我国逐步构建起以工促农、以城带乡、工农互惠、城乡一体的新型工农、城乡关系，城乡关系将更加协调。其次，新型城镇化建设和乡村振兴战略的实施，推动了城乡一体化进程。2019 年末，中国（大陆）常住人口的城市化率为 60.60%，户籍人口的城镇化率为 44.38%。城镇化率增长速度的加快促进了各种生产要素

在空间上的集聚，优化了资源的配置，改变了我国城镇化严重滞后于工业化的现状。在城镇化的质量方面，我国正处在以“物”的城镇化转向以“人口”的城镇化和“绿色”城镇化为特征的深度城镇化发展阶段，更加注重推进流动人口的市民化，提高城镇化的实际水平。

我国城乡协调发展的历程

在城乡协调发展中也面临诸多问题。

第一，城乡收入差距依然较大。随着经济的发展，我国城镇居民收入和农村居民人均纯收入都逐年增加，但二者差距仍然较大。2019 年，农村居民人均可支配收入为 16021 元，城镇居民人均可支配收入为 42359 元，二者的差额仍达 26338 元。[①]

第二，城乡资源及要素配置不合理。由于城乡收入差距的存在，以及市场配置资源能力的差异，农村不但不能有效吸引城市资源，而且农村现有的许多资源不断流向城市，加剧了城乡发展的失衡。

第三，城乡公共服务存在较大差距。长期以来，我国农村公共服务不论是在“质”上还是在“量”上，均弱于城市。近年来，经过努力，农村公共服务在“量”上有了很大发展，但是在义务教育、公共医疗、社会保障等方面，与城市相比仍存在较大差距。

第四，农业现代化推进缓慢制约了城乡协调发展。目前，农村土地的集体所有制形式和一家一户的分散式经营制度，使得农业规模经营生产方式难以充分实行，在相关土地制度和政策没有根本转变的情况下，农业生产效率较低的态势难以在短期内得到明显改观。

四、实现城乡协调发展的思路及措施

我国经济已由高速增长阶段转向高质量发展阶段，要求全面推进城乡一体化，构建以城带乡、城乡一体、良性互动、共同繁荣的新型城乡关系，实现城乡协调发展。

首先，进一步深化改革，推进制度创新，促进城乡融合发展。破除体制机制弊端，推动城乡要素自由流动、平等交换，加快形成工农互促、城乡互补、全面融合、共同繁荣的新型工农城乡关系。发挥市场机制对于土地流转的引导作用，允许农民依法以多种方式对承包地经营权进行流转，发展新型农业经营主体，鼓励和支持承包土地向龙头企业、专业大户、家庭农场、农民专业合作社等新型农业经营主体流转，引导农业适度规模经营，提升现代农业发展水平。与此同时，要全面深化城乡综合配套改革，建立并完善城乡统一的户籍登记制度、土地管理制度、就业管理制度、社会保障制度以及公共服务体系和社会治理体系，促进城乡要素自由流动、平等交换和公共资源均衡配置，实现城乡一体化发展。

其次，建立城乡统一市场，有效发挥市场在城乡资源配置中的决定作用，更好地发挥政府的作用。建立和完善城乡统一的劳动力、自然资源、资本和建设用

① 国家统计局网站。

地等要素市场，使市场在城乡资源配置中发挥决定性作用。更好地发挥政府在城乡一体化进程中的作用。一是强化政府在城乡一体化进程中的顶层设计和制度安排；二是加快补齐城乡一体化发展中的一些短板，如农村基础设施建设以及教育、医疗和其他社会服务体系建设等；三是政府通过制度安排、资金投入和市场建设等，为更好地发挥市场机制在农村经济发展中的决定性作用创造条件和提供保障。

最后，提升公共服务供给能力，推动城乡公共服务均等化。进一步提高公共服务支出占财政总支出的比例。创新转移支付方式，提高一般性转移支付的比重，减少专项性转移支付比重，完善转移支付制度。

第三节　新型工业化、信息化、城镇化、农业现代化协调发展

一、落实协调发展理念的重要途径

坚持走中国特色新型工业化、信息化、城镇化、农业现代化协调发展道路，推动信息化和工业化深度融合、工业化和城镇化良性互动、城镇化和农业现代化相互协调，是贯彻落实协调发展理念的基本内容和重要途径。“四化协调”的本质是“四化”之间的互动，是将整个国民经济作为一个整体系统，从实现经济的协调发展、促进整个经济发展方式转变的角度，提出的新的经济发展路径。

“四化协调”发展主要包括三方面的内容：一是信息化与工业化的深度融合；二是工业化与城镇化的良性互动；三是城镇化与农业现代化相互协调。

二、加快推进工业化与信息化深度融合

信息化与工业化融合是指信息化与工业化在发展过程中相互渗透、融为一体，互为动力、共同发展的过程。具体表现为在国民经济各个领域应用信息技术。这一过程是产品信息化、生产过程信息化、市场需求和生产供给信息化、决策信息化、管理信息化的过程。在这一过程中，工业化以机械化、电气化、自动化为代表，信息化以数字化、智能化和网络化为代表。工业化是信息化的基础，是信息化发展的载体；信息化是工业化发展的手段和推动力量，为工业化发展提供新的供给基础和需求空间。“两化融合”有利于提高工业化效率，加快经济发展方式转变，实现产业结构优化升级，有利于提高我国资源环境系统效率，实现经济的可持续发展。

当今世界，互联网、大数据、人工智能等新一代信息技术正得到迅速发展和广泛应用，新一代信息通信技术与先进制造技术深度融合正在加快推进。在这种

情况下，只有加速推进信息化和工业化融合创新，才能从根本上提升我国产业竞争力，实现经济高质量发展。

近年来，我国抢抓信息化发展的重要机遇，大力推进两化深度融合，取得了明显的进展和成效。一是用信息化手段改造提升传统产业，工业发展质量和效益不断提升；二是大力推进物联网、云计算、大数据等新一代信息通信技术不断融入工业研发、生产、服务和管理等各个环节，不断催生新业态、新模式，工业产品智能化水平大幅提升；三是新兴产业快速发展，两化融合的产业支撑能力不断增强。但我国两化融合还存在诸多问题与制约因素。第一，两化融合的总体水平还不高。两化融合总体上还处于起步阶段，多数企业仍以信息化手段单项应用为主，信息化集成应用水平不高，面临着智能装备不足、组织结构僵化、流程管理缺失等问题。第二，两化融合的产业基础仍显薄弱。无论是新一代信息技术还是智能制造关键装备，都面临着标准和知识产权缺失、关键器件依赖进口、集成服务能力不强、核心技术受制于人等问题，特别是尚未构建起跨学科、跨领域的政产学研协同、以企业为主体的制造业创新体系，从而无法对两化深度融合提供强有力的技术支持。第三，“信息孤岛”障碍仍较严重。主要是我国企业的信息化绝大多数是分头建设起来的，统一规划不足，造成企业不同部门之间信息传输不顺畅，由此在生产、财务、人事、销售等环节形成“信息孤岛”，造成信息资源难以共享，信息化升级缓慢。第四，推进两化深度融合的法律法规体系及制度、政策等的建设相对滞后。

新时代推进两化深度融合，要以智能制造作为主攻方向，把握新一轮产业革命与全球新一代制造技术变革的新趋势，加快推进新一代信息技术与制造业深度融合，以实现重大智能装备和产品的自主可控为突破点，以提升制造企业的研发、生产、管理等的智能化水平为着眼点，加快完善制造业国家创新体系和综合标准化体系，建设智能制造人才培养体系，打造我国制造业竞争新优势，加快实现由工业大国向工业强国的转变。

三、推进工业化与城镇化良性互动

工业化与城镇化的协调发展是促进发展中国家经济社会发展的重要动力。工业化是指一个国家或地区工业产值在国民生产总值中的比例以及工业就业人数在总就业人数中的比例不断上升的过程。从资源配置的角度看，工业化过程是产品的来源和资源的去处从农业领域转向非农领域的过程；从产业结构角度看，工业化则是农业在国民收入和就业中的份额下降，而非农产业份额上升的过程。城镇化是伴随着经济增长及产业结构非农化引发生产要素从农村向城市流动和集中，社会从业人员由第一产业向第二、第三产业转移的过程。该过程首先表现为城市及其人口数量的增加和规模的扩大，进而表现为城市资源更为合理的利用和城市空间形态的不断优化，从而带动农村快速发展，最终实现城市（城镇）、农村的一体化发展。

现代经济发展条件下，一个国家或地区的工业化与城镇化之间存在相互作用、相互影响的关系。一方面，工业化是城镇化发展的基础和支撑。首先，工业化通过实现产业升级促进城镇化的发展。其次，工业化为城镇化发展提供必要的物质基础和动力。另一方面，城镇化为工业化发展注入强大动力。首先，城镇化为工业化积聚越来越多的人力、技术等生产要素。其次，城镇化发展推动一个国家或地区的经济由以农业为主转向以工业为主，进而转向以服务业为主，从而实现产业升级和工业化发展。

我国工业化与城镇化协调发展取得了重要进展，但也面临一些问题：第一，体制性及机制性因素制约。目前，我国在土地制度、户籍制度、行政区划体制、行政体制、财税体制、农村组织化程度等方面都存在一定缺陷，制约着城镇化的推进及其与工业化的协调发展。第二，城市基础设施及公共服务能力明显不足，大量进入城市的农民工并没有享受到与城市居民平等的公共服务。第三，城镇化发展水平区域差异较大，发展不平衡。第四，城镇化发展中大城市的规模扩张较快，中小城镇的发展相对缓慢，城镇化发展质量需要提升。第五，产业升级与城镇化发展需要进一步有效结合。

推动工业化与城镇化进一步协调发展，采取的措施有以下几种：

第一，进一步健全、完善推进工业化与城镇化协调发展的体制机制。一是要进一步完善农村发展体制机制，深化户籍制度改革，完善土地承包制和经营权流转制度，促进农村剩余劳动力的转移。二是加快建立健全覆盖城乡的社会保障制度，促进城乡公共服务体系的均等化发展。三是改革干部考核机制，将一个地区的城镇化率以及城镇公共基础设施和公共服务的发展状况作为重要考核指标。

第二，加快转变城镇发展模式。一是实现大城市与中小城镇的有机协调发展。二是城镇化发展实现由速度扩张型向质量效益型的转变。

第三，把产业结构优化升级与推进城镇化发展协调起来。在大力发展高新技术产业、战略性新兴产业和现代服务业的同时，适当发展具有比较优势的劳动密集型产业，吸引更多的农村剩余劳动力就业。加快发展现代农业，提高农业劳动生产率，促进农村剩余劳动力转移。

四、新型城镇化与农业现代化协同发展

城镇化也称城市化，从一般意义上说主要是指乡村人口向城市转移的过程。[①] 在我国现阶段，“新型城镇化”主要是指以人为本的城镇化，以城乡统筹、城乡一体、产城互动、节约集约、生态宜居、和谐发展为基本特征的城镇化，是大中小城市、小城镇、新型农村社区协调发展、互促共进的城镇化。农业现代化是传统农业向现代农业发展演进的过程。实现农业现代化，就是用现代工业提供的技

① 世界上许多国家镇的人口规模比较小，有的国家没有镇的建制，故“urbanization”通常是指“城市化”，而中国一些镇的人口规模与国外的小城市相当，在典型的城乡二元结构下，乡村人口不仅向城市（city）集聚，而且向城镇（town）转移，为强调我国城市化道路的特殊性，通常将“urbanization”译为“城镇化”。

术装备武装农业，用现代生物科学技术等改造传统农业，提高农业的综合生产能力和市场竞争力，同时保护生态环境，促进人与自然和谐相处，实现可持续发展的过程。

从总体上看，新型城镇化与农业现代化存在相互影响、相互促进的关系。一方面，新型城镇化有利于促进农业现代化的发展；另一方面，农业现代化推动新型城镇化加速实现。

新时代实现新型城镇化与农业现代化协同发展的途径和措施有以下一些：

一是深化体制机制创新，加快推进新型城镇化。加快新型城镇化发展的重点是通过制度创新，清除新型城镇化发展中遇到的各种限制与障碍，促进新型城镇化顺利推进。第一，加快户籍制度改革。第二，改革土地制度。完善被征用地农民的保障机制，严格土地用途管制。第三，深化住房制度改革。以满足新市民住房需求为主要出发点。通过建立租购并举的住房制度，将公租房扩大到非户籍的转移人口。第四，深化相关财政、金融体制改革。建立相应的激励机制，使地方政府有积极性去解决转移人口的落户问题。第五，进一步完善基本公共服务。将农民工纳入社保体系和保障房体系，改善农民工的居住条件、子女入学条件，逐步实现公共服务对常住人口的全覆盖。另外，还要改革城镇管理体制，进一步调整、规范城镇规模结构、机构设置。同时，应发展各具特色的中小城市和小城镇。

二是通过构建现代农业三大体系加快推进农业现代化。要把构建现代农业产业体系、生产体系、经营体系作为推进农业现代化的主要抓手，走“产出高效、产品安全、资源节约、环境友好”的农业发展道路。构建现代农业产业体系，重点是通过优化农业结构，充分发挥各地比较优势，促进粮经饲统筹、农牧渔结合、种养加一体、一二三产业融合发展，延长产业链、提升价值链，提高农业的经济效益、生态效益和社会效益，促进农业产业转型升级。构建现代农业生产体系，重点是要用现代物质装备武装农业，用现代科学技术服务农业，用现代生产方式改造农业，转变农业要素投入方式，推进农业发展从拼资源、拼消耗转到依靠科技创新和提高劳动者素质上来，提高农业资源利用率、土地产出率和劳动生产率，增强农业综合生产能力和抗风险能力，从根本上改变农业发展依靠人力畜力、“靠天吃饭”的局面。构建现代农业经营体系，重点是要加大体制机制创新力度，培育规模化经营主体和服务主体，加快构建职业农民队伍，促进不同主体之间的联合与合作，发展多种形式的适度规模经营，提高农业经营集约化、组织化、规模化、社会化、产业化水平。

三是进一步推进国家城乡融合发展试验区改革探索，着力促进城乡要素自由流动和公共资源合理配置，持续提升城乡融合水平。重点促进各类要素更多地向乡村流动，推动公共服务向农村延伸、社会事业向农村覆盖，实现城乡基础设施统一规划、统一建设、统一管护。全面推开农村集体经营性建设用地直接入市，加快引导工商资本入乡发展，促进城乡公共设施联动发展。

《国家新型城镇化规划（2014～2020年）》

《中共中央　国务院关于建立健全城乡融合发展体制机制和政策体系的意见》

《2020年新型城镇化建设和城乡融合发展重点任务》

第四节　物质文明和精神文明协调发展

一、社会主义本质要求的重要方面

物质文明与精神文明是人类认识世界、适应世界、改造世界全部有形的与无形的、物质的与非物质的成果的总括和结晶，它们共同构成了丰富多彩的人类文明。

实现人的全面发展是马克思设想的未来社会的重要特征。所谓人的自由而全面发展，主要体现为：在生产力高度发达、物质财富十分丰富的同时，人们的智力与体力都得到充分的发展，人们的精神境界达到相当高的水平，即人类社会的物质文明与精神文明都达到高水平。因此，建设和发展中国特色社会主义，不仅要大力发展社会生产力，提高物质文明水平，而且要不断发展社会主义精神文明，实现二者协调发展。

在物质文明与精神文明的关系中，物质文明是基础。社会主义的本质是在共产党领导下，解放和发展生产力，消灭剥削，消除两极分化，最终达到共同富裕。发展生产力、提高物质文明水平是发展社会主义精神文明的物质基础和保障。精神文明对物质文明具有重要的反作用。人们对精神、文化生活的追求和道德素质的提升，会直接影响人们的物质生产能力和生产效率，从而对物质文明建设产生重要影响。实现高度精神文明，同样是社会主义的基本特征。

物质文明与精神文明相互联系、相互影响，共同推动中国特色社会主义的发展。

二、中国特色社会主义的重要内容

改革开放以来，我国物质文明建设取得了举世瞩目的成就，国家综合实力有了显著增强，但也应该看到，一个时期以来，我们在精神文明建设方面有所松懈，以至于出现了一些不容忽视的问题，如理想信念动摇、精神空虚、道德滑坡、诚信缺失等。以上问题如得不到有效纠正而任其发展，必将导致一系列社会问题，甚至有可能使物质文明建设的成果得而复失。

社会主义精神文明是社会主义社会的重要特征，是社会主义现代化建设的重要目标和保证。物质文明与精神文明的不协调发展，既违背社会主义的本质要求，也制约中国特色社会主义建设。基于此，党的十八大以来，我国在大力发展经济、发展社会生产力的同时，高度重视社会主义精神文明建设，提出了加强社会主义精神文明建设、促进中华民族优秀传统文化繁荣等一系列重大举措，大大丰富了社会主义精神文明的内容。党的十八届五中全会提出五大发展理念，其中的协调发展明确将实现物质文明和精神文明协调发展作为重要的内容，标志着我国两个文明建设进入新的发展阶段。党的十九大报告进一步强调坚定文化自信，推动社会主义文化繁荣兴盛，推动社会主义精神文明与物质文明协调发展，是新时代物质文明和精神文明协调发展的理论指南。

三、实现“两个一百年”奋斗目标的重要保证

实现“两个一百年”奋斗目标和中华民族伟大复兴，不仅要满足人民群众不断增长的物质需求，也要满足人民日趋多样化的精神文化需求。为此，必须实现物质文明和精神文明的协调发展。一方面，坚持以经济建设为中心不动摇，进一步深化改革，为物质文明建设建立强有力的体制保障；进一步推进开放，建设更高水平的新型开放型经济体系，为物质文明建设注入新的动力；强化创新驱动，推进产业转型升级，推进绿色发展，提高经济发展的质量、效益、公平和可持续性。另一方面，大力推进精神文明建设，坚持用中国化马克思主义武装全党、教育人民，坚持用社会主义核心价值观凝聚共识、汇聚力量，继承和弘扬中华优秀传统文化，努力推出更多传播当代中国价值观念、体现中华文化精神、反映中国人审美追求的精品力作。坚定文化自信，增强文化自觉，加快文化改革发展，努力建设社会主义文化强国。进一步强化法治观念和理念，推进文化建设领域的立法和规范建设，为精神文明建设提供强有力的法制保障。繁荣发展文学艺术、新闻出版、广播影视事业。

思考题：

1. 为什么说协调发展是国民经济持续健康发展的内在要求？
2. 现阶段我国城乡协调发展的主要制约因素和进一步推进城乡协调发展的措施是什么？
3. 我国工业化与信息化深度融合的重要意义与推进思路是什么？
4. 我国工业化与城镇化实现良性互动的主要制约因素和推进路径是什么？
5. 我国实现新型城镇化与农业现代化协同发展的路径是什么？

第十五章

绿色发展与建设生态文明

教学目的和要求

学习和掌握绿色发展理念的内涵和基本要求，中国特色社会主义生态文明建设的范畴、任务和思路，提高统筹经济社会发展同生态文明建设的认识，增强推进生态文明建设、优化生态环境、打赢污染防治攻坚战的自觉性。

教学要点

1. 生态文明建设与绿色发展理念的基本范畴和内涵。
2. 马克思主义关于人与自然关系的理论。
3. 西方经济学中关于环境资源的理论借鉴。
4. 新时代坚持生态文明建设和绿色发展的重要意义、要求和思路。

绿色发展是我国新发展理念之一，生态文明建设事关中华民族永续发展。贯彻绿色发展理念，处理好经济发展与环境保护的关系，把生态文明建设融入经济、政治、文化、社会建设各方面和全过程，利用环境保护推进经济转型升级，坚持绿色发展、循环发展、低碳发展，努力实现两者的协调和共赢，是经济社会发展的重要任务。

第一节　绿色发展和生态文明

一、永续发展的必要条件

绿色发展是建立在生态环境和资源承载力的约束条件下，将环境保护作为实现可持续发展重要支柱的一种新型发展模式和生活方式。其基本要求包括：一是要将环境资源作为社会经济发展的内在要素；二是要把实现经济、社会和环境的可持续发展作为绿色发展的目标；三是要把经济活动过程和结果的“绿色化”“生态化”作为绿色发展的主要内容和途径；四是努力实现经济社会发展和生态环境保护协同共进，为人民创造美好的生产生活环境。

生态文明是人类为保护和建设美好生态环境而取得的物质成果、精神成果和制度成果的总和，是贯穿于经济建设、政治建设、文化建设、社会建设全过程和各方面的系统工程，反映了一个社会的文明进步状态。

人类发展活动必须尊重自然、顺应自然、保护自然，否则就会遭到大自然的报复。人因自然而生，人与自然是一种共生关系，对自然的伤害最终会伤及人类自身，这是无法抗拒的规律。

自工业革命以来，人类经济社会飞速发展。人类通过工业技术革命提高了生产力，使得自身物质需求得到空前的满足。与此同时，工业革命在推进人类社会的发展过程中，也导致人与自然之间的关系出现了不和谐，生态环境不断恶化，最终演变成足以威胁人类生存和发展的全球性问题。如何处理好经济发展和环境保护的问题，走绿色发展道路，成为全球关注的重要话题。

1987 年，联合国世界环境与发展委员会在题为《我们共同的未来》的报告中，首次提出了“可持续发展”概念。可持续发展是指“既能满足当代人的需要，又不对后代人满足其需要的能力构成危害的发展”。[①] 可持续发展的提出是对现代化进程中追求经济无限增长的反思和批判，强调的是环境与经济的协调发展，其目标是追求代内公平和代际公平，既要满足人类当代的需要，经济充分发展，同时也要有效地保护资源和生态环境，避免威胁到人类后代的生存和发展。

改革开放以来，我国经济社会发展取得了历史性成就，同时，在快速发展中也积累了大量生态环境问题，成为明显的短板，成为人民群众反应强烈的突出问题。这样的状况，必须下大气力扭转。1992 年，我国首次把可持续发展战略纳入经济和社会发展的长远规划；1997 年，党的十五大报告把可持续发展战略确定为国家战略；2002 年，党的十六大报告把“可持续发展能力不断增强”作为全面建设小康社会的目标之一；2012 年，党的十八大报告明确指出，要把生态文明建设放在突出地位，融入经济建设、政治建设、文化建设、社会建设各方面和全过程，实现中华民族永续发展；2017 年，党的十九大报告指出，到 21 世纪中叶，要实现国家治理体系和治理能力现代化，实现物质文明、政治文明、精神文明、社会文明、生态文明的全面提升。因此，必须坚持节约优先、保护优先、自然恢复为主的方针，形成节约资源和保护环境的空间格局、产业结构、生产方式、生活方式，还自然以宁静、和谐、美丽。

二、人民对美好生活需要的重要体现

人民对美好生活需要的重要目标即幸福。幸福是人们所体验到的一种积极的存在与发展状态。

---

① 1987 年联合国世界环境与发展委员会发表的《我们共同的未来》专题报告中的定义。

自然资源和生态环境与人类幸福的关系密不可分。一方面，自然资源和生态环境状态影响着人类幸福感。海洋、大气、森林、河流、湿地等良好的生态环境对人的幸福感有积极作用，而雾霾天气、水体等环境污染以及极端恶劣气候等环境因素对人的幸福感存在负面影响。生态环境的改变策略可以实现人们的幸福感提升，如到风景优美的地区旅游或定期居住、享受宜人的气候等。自然资源通过开采与利用实现其经济价值，进而促进经济增长，影响人类幸福。良好的生态环境对人类的积极影响包括精神疲劳的短期恢复、从疾病中更快地康复以及人类健康和幸福感的长期全面提高。不良的生态环境会降低人们的幸福感。另一方面，人的幸福感状况也影响着生态可持续发展，具有高幸福感的人会做出更多有利于生态可持续发展的行为，如生态责任行为和亲环境行为等。

社会主义基本经济规律是贯穿社会主义再生产全过程的规律，社会主义基本经济规律包括社会主义生产目的。我们要建设的现代化是人与自然和谐共生的现代化，既要创造更多物质财富和精神财富以满足人民日益增长的美好生活需要，也要提供更多优质生态产品以满足人民日益增长的优美生态环境需要。

三、建设美丽中国的必然要求

党的十八大报告在论述“生态文明建设”时，首次提出了“美丽中国”。十九大报告进一步指出，从2020年到2035年，要实现生态环境根本好转，美丽中国目标基本实现；在21世纪中叶，建成富强民主文明和谐美丽的社会主义现代化强国。“美丽中国”建设要求自然之美和人与自然的和谐之美。这种美丽是建立在节约资源、保护环境基础之上的。建设美丽中国，需要科学的生态文明理念和生态文明实践。

建设生态文明是中华民族永续发展的千年大计，绿色是永续发展的必要条件，是人民对美好生活追求的重要体现。必须坚持人与自然和谐共生，树立和践行“绿水青山就是金山银山”的理念，坚持节约资源和保护环境的基本国策，统筹山水林田湖草系统治理，实行最严格的生态环境保护制度。加快建设资源节约型、环境友好型社会，推动绿色发展、循环经济和低碳发展，形成节约资源、保护环境的空间格局、产业结构、生产方式、生活方式，建设美丽中国，为人民创造良好的生产生活环境，为全球生态安全做出贡献。

第二节 绿色发展的理论

一、马克思和恩格斯关于人与自然和谐发展的理论

早在马克思所处的时代，经济发展所带来的环境问题就已经引起马克思和恩格斯的高度重视。马克思、恩格斯的经典著作中蕴含着丰富的人与自然和谐发展

的思想，从经济学的角度，这些思想可概括如下：

第一，自然环境是生产要素。物质变换是通过劳动进行的，劳动是人类一切历史的起点。人类通过劳动这一活动，改变自然的物质形态，使其变成能够满足人类自身生产所需的物质产品，与此同时，人类又将这一过程中的废弃物排放到自然环境当中，这两个过程实现了人与自然之间的物质变换。关于劳动与物质变换的关系，马克思说："劳动首先是人和自然之间的过程，是人以自身的活动来中介、调整和控制人和自然之间的物质变换的过程。"① 同时，马克思也指出，劳动除了需要作为主体的人之外，还需要自然资源。

第二，工业化与生态环境问题。工业革命在给人类社会带来巨大财富的同时，也带来了生态危机和环境灾难。马克思从唯物史观的视角研究生态问题，创造性地提出，自然环境是生产力中非常重要的一部分，赞成人们可以有计划地利用自然，但并不赞成对自然的根本驾驭。马克思用事实说明了资本主义生产如何污染环境并引致公共健康等问题，认为需要通过行动来解决自然的异化，以便创造一个可持续发展的社会。

第三，人与自然关系问题。马克思、恩格斯系统研究了人与自然之间的辩证关系，认为人与自然的关系和人与人的关系是有机统一的，并提出了劳动与劳动过程理论，科学地揭示了人与自然的关系以及人类应如何正确认识和处理同自然界的关系。马克思认为，自然是在人类社会的生产过程中形成的自然，是人类生产实践改造的对象，人类社会通过生产活动，将自然逐渐转化为"人化自然"。他强调，不能把人游离于自然界之外，更不能认为人是自然界的主宰。要想真正理解人与自然之间的关系，就要走出人类中心主义的误区。马克思强调，要合理使用自然资源。

第四，环境外部性问题。马克思、恩格斯较早发现并提出了人类生产生活对生态环境造成的负外部性问题。如恩格斯在批判传统生产方式时指出："我们不要过分陶醉于我们人类对自然界的胜利。对于每一次这样的胜利，自然界都对我们进行报复。"② 他们还揭示了环境负外部性的隐蔽性与长期性，"到目前为止存在的一切生产方式，都仅仅以取得劳动的最近的、最直接的效益为目的。那些只是在晚些时候才显现出来的、通过逐渐的重复和积累才产生效应的较远的结果，则完全被忽视了。"③

第五，技术进步与可持续发展。马克思主义自然辩证法指出了处理人与自然关系的准则，通过人类自身发展与技术进步最终迈向人与自然的和谐。马克思、恩格斯提出利用科技进步来改善环境问题，这是绿色发展的理论源泉，可以说，绿色发展理念是对马克思主义生态观的继承与发展。

第六，生产关系将影响和改变人与自然的关系。在资本主义社会里，资本支

---

① 马克思：《资本论》（第1卷），引自《马克思恩格斯文集》（第5卷），人民出版社2009年版，第207~208页。

② 恩格斯：《自然辩证法》，引自《马克思恩格斯文集》（第9卷），人民出版社2009年版，第559~560页。

③ 恩格斯：《自然辩证法》，引自《马克思恩格斯文集》（第9卷），人民出版社2009年版，第562页。

配一切，生产者都以追求剩余价值最大化为目标进行社会生产活动，这样人与自然之间的平等关系被弱化，取而代之的是索取与被索取的关系。在这一思想的指引下，人类会不加节制地从自然界掠夺资源，不加节制地向自然界排泄废弃物，导致人与自然之间的物质变换出现断裂，制造人与自然直接的矛盾。可见，资本主义的生产方式破坏了人与自然的内在统一性，造成了人与自然之间物质变换的断裂。要真正实现人与自然的和谐相处，就必须变革资本主义制度，铲除资本主义私有制，实现生产资料社会所有，即实现社会主义和共产主义。在共产主义社会中，生产资料由社会占有；人与自然之间的关系不再是索取与被索取，而是平等关系。这样人们才会善待自然、保护自然，合理运用劳动来调节人与自然之间的物质变换关系。社会主义和共产主义使得人与自然之间的物质变换正常化，化解了人与自然之间的矛盾。正如马克思指出的，这种共产主义，是人和自然界之间、人与人之间的矛盾的真正解决。①

马克思、恩格斯的上述思想是绿色发展的理论源泉。同时，马克思、恩格斯经典著作中蕴含着大量的可持续发展的思想，如循环和节约经济思想、适度人口增长思想、全面协调发展思想、适度和绿色消费思想等，这些思想为可持续发展提供了科学的方法论和理论基础。

二、中国化马克思主义对绿色发展思想的继承和发展

重视人与自然和谐相处，我国有悠久的历史传统。儒家有“天人合一”的思想，其基本内涵是将自然与人类和谐统一有机融合；道家主张宁静释然，把万物川流不息所遵循的“道”融入人类的生活方式、生产方式当中。中华文明数千年积淀的丰富的生态智慧至今仍给人以深刻启迪。

中国共产党在领导中国人民进行革命、改革、建设的过程中，重视对优良传统的弘扬，同时坚持将马克思主义关于生态文明的基本原理与中国实际相结合，积极探索认识自然规律，利用大自然为人类谋福利，逐步形成了毛泽东思想和中国特色的社会主义理论体系中的生态文明思想。

毛泽东在认真总结社会主义建设初期经验教训的基础上认为，人要掌握自然规律，与自然和谐相处、平等对话，而不是统治自然、驾驭自然。他指出：“天上的空气，地上的森林，地下的宝藏，都是建设社会主义所需要的重要因素。”②同时还强调，要实现废物利用，变废为宝。毛泽东从人与自然关系的角度，以我国当时的国情为基础，统筹生态、工农业发展和人民生活的实际需要，从兴修水利（如治理水患、围湖造田、保持水土）、发展林业（如因地制宜、开荒种地、植树造林）、合理利用资源（如增产节约、综合利用、减少消耗）、实行人口政策（如提倡生育、节制生育、控制人口），以及治理公共环境（如治理污染、清

① 马克思：《1844年经济学哲学手稿》，引自《马克思恩格斯全集》（第42卷），人民出版社1979年版，第120页。

② 毛泽东：《论十大关系》，引自《毛泽东文集》（第7卷），人民出版社1999年版。

除四害）等多角度多领域，提出相应的计划，处理人与自然的关系，以求为人民群众谋取利益。周恩来意识到资本主义发达国家“先污染，后治理”工业化道路的弊端，提出从源头预防环境污染，避免重蹈资本主义国家的覆辙。[①] 在社会主义建设初期关于人与自然关系的探索过程中，虽然在有的方面走过弯路，但总体上为其后的社会主义经济建设积累了宝贵的经验。

1978 年改革开放开始，以邓小平为代表的中国共产党人准确把握时代趋势，提出“科学技术是第一生产力”，抓住科技这一中心，以科技为依托对生态环境进行改善，鼓励从国外引进生态治理技术，改善我国的生态环境。在实践中，对生态环境的保护从农业开始并取得成效。在此期间，我国的环境法律制度取得了长足的进步。1979 年，全国人大常委会颁布了第一部《中华人民共和国环境保护法（试行）》，这是我国关于生态文明建设的首要法律依据，意味着我国的生态文明建设与环境保护开始走上法治道路。

以江泽民为核心的党中央提出了“三个代表”重要思想，从新的高度去认识和发展生态文明理论体系。在此阶段，提出了可持续发展战略，强调要解决人口、资源与环境之间的不协调问题，同时继续加强有关生态文明建设的法律法规。不仅如此，还提出了要走新型工业化道路[②]、经济发展与环境保护并行的重要思想。

以胡锦涛为总书记的党中央提出了“科学发展观”，强调一方面要积极应对全球气候变化，另一方面要抓住绿色经济变革契机，推动经济发展的转型升级。他提出，生态文明建设是涉及生产方式和生活方式根本性变革的战略任务，建设生态文明，要以资源环境承载力为基础，以自然规律为准则，以可持续发展为目标，建设资源节约型、环境友好型社会。[③] 党的十七大报告中提出“建设生态文明”，号召“节约能源资源和保护生态环境”，强调“使生态文明观念在全社会牢固树立”，将生态文明建设视为全面建设小康社会的五大新要求之一，这是“生态文明”概念在党的纲领性文件中首次明确出现。报告还明确了生态文明建设的内涵与本质，利用“科学发展观”对可持续发展战略进行了整体展开，并将和谐社会主义构建与社会主义生态文明建设相结合，明确提出生态文明建设的重要战略。报告指出：“可持续发展，就是要促进人与自然的和谐，实现经济发展和人口、资源、环境相协调，保证一代接一代地永续发展。”这既是从生态文明方面对社会主义和谐社会的描述，也体现了中国特色社会主义建设中尊重自然、顺应自然、保护自然的重要思想。在具体实践中，我们坚持了改造传统产业，大力发展环保等战略性新兴产业，同时加大绿色经济、循环经济和低碳经济在整体经济结构中的比重，推动经济绿色转型。

党的十八大以来，以习近平同志为核心的党中央继承和发展了马克思主义，使马克思主义生态文明建设思想不断发展、不断创新，焕发出强大的生命力。

---

① 李琦：《在周恩来身边的日子——西花厅工作人员的回忆》，中央文献出版社 1998 年，第 333 页。

② 新型工业化是指利用高新技术特别是信息网络技术对传统工业进行改造，使工业的发展以高新技术、信息技术为动力，促进产业之间的协调、互补、互动和联合，具有可持续性。

③ 胡锦涛同志在省部级主要领导干部专题研讨班开班式上发表的重要讲话，2012 年 7 月 23 日。

习近平同志指出："走向生态文明新时代，建设美丽中国，是实现中华民族伟大复兴的中国梦的重要内容。"①

党的十九大确立了习近平新时代中国特色社会主义思想，明确新时代我国社会主要矛盾是人民日益增长的美好生活需要和不平衡不充分的发展之间的矛盾。当前最突出的不平衡之一，就是人与自然关系的不平衡、经济发展和生态环境的不平衡。为解决这些矛盾，必须坚持以人民为中心的发展思想，牢固树立社会主义生态文明观，推动形成人与自然和谐发展现代化建设新格局，切实保护生态环境，不断促进人的全面发展。

习近平关于社会主义生态文明建设的论述

习近平的中国特色社会主义生态文明观和绿色发展理念，是中国特色社会主义生态文明思想的伟大创新，与马克思主义生态文明思想一脉相承，将可持续发展理论和科学发展观理论提升到了新的高度。

三、国外理论的借鉴

早在17世纪，西方经济学家就注意到了环境容量对经济增长的限制问题，认为人口增长要受到物质资料的约束。这些都是"生态环境承载力"对增长限制的一些早期讨论。

西方主流经济学将自由市场经济奉为圭臬，认为生态和环境问题的根源在于污染的负外部性与生态环境资源的公共物品属性，生态危机源于市场失灵。由于排污主体为污染行为所承担的私人成本小于社会成本，给环境造成了负面影响，包括大气污染、酸雨、水污染、土壤损害和全球变暖等，导致环境的负外部性问题。杰弗里·希尔（Geoffrey Heal）认为，生态问题的解决，需要改革市场经济制度，在市场调节作用下达到资源配置最优。②

西方经济学对生态环境问题的探讨是从资源的稀缺性与跨期分配角度进行的。经济学家们认为，资源是有限的，发展要满足当代人的需要，同时要兼顾后代人的需要与福利。工业革命以来，人类社会发生了巨大变化，发展模式也在不断变化，工业革命之后的发展模式是黑色发展模式，以物质财富的增长为目标，以高消耗、高投入为基础，形成了以GDP增长为核心的增长模式。而这种不加限制的增长没有考虑到生态环境的承载力，如果继续下去，将导致人类生存环境的不断恶化，最终增长超越生态边界，造成增长停止。正是因为意识到了传统增长的不可持续性，人们才开始探索新的增长方式并不断转型。

进入20世纪，随着工业文明的不断进步，生态环境问题在西方国家不断显现，吸引了部分学者对生态环境问题进行研究。最早的具有生态环境思想的研究来自美国生态作家蕾切尔·卡逊（Rachel Carson），她在1962年出版的《寂静的春天》一书中运用数据分析得出结论：过度使用化学农药将会给人类带来毁灭性

① 习近平：《绿水青山就是金山银山——关于大力推进生态文明建设》，引自《习近平总书记系列重要讲话读本》，学习出版社2016年版，第230~239页。

② 杰弗里·希尔：《自然与市场——捕获生态服务链的价值》，胡颖廉译，中信出版社2006年版，第120~121页。

的灾难。同一时期的罗马俱乐部报告《增长的极限》，使西方社会开始认真反思经济增长与资源环境之间的关系，被认为是现代生态环境思想的起源。

哈丁（Hardin，1967）提出了“公地悲剧”理论模型，首次运用博弈理论阐释了人类对公共资源的过度利用问题以及内在逻辑。此后，许多专家学者运用公共理论和产权理论等，对生态环境与资源问题进行了大量的专门研究，如环境质量与经济增长关系问题、环境税收与排污权交易问题、土地属性与使用问题、矿产资源的勘探与开采问题、能源的利用与保护问题、森林的功能与管理问题、海洋与水资源的保护与利用问题，以及资源管理问题等。①

西方经济学认为，环境污染问题的核心在于负外部性导致私人生产过多，超过了帕累托最优时的产量水平。由于私人生产要对生态环境产生影响，而环境污染具有负外部性，所以社会边际成本要高于私人边际成本，社会边际外部成本即为两者之间的差额。社会整体福利达到最大化时的产量应该是边际社会收益与边际社会成本的交点所决定的产量，而私人为追求利润最大化，会将其产量定在边际私人收益与边际私人成本的交点所决定的产量上（此时产量水平要高于前者）。

庇古（Arthur Pigou）的一个重要理论创新是提出了“庇古税”，他通过比较分析私人边际成本与社会边际成本之间的差异，认为由于“市场失灵”，环境污染产生了负外部性。他提出应该由政府根据污染所造成的危害对边际私人成本小于边际社会成本的排污者征税，使税收额水平正好等于外部性造成的社会损害程度，以达到外部成本内部化，将污染成本加到产品价格中去。这为政府征收环境税与资源税等提供了最初的理论基础。“污染者付费原则”（polluter pays principle，PPP 原则）是庇古税理论的一种应用，即要求所有的污染者都必须为其造成的污染直接或者间接地支付费用，由经济合作与发展组织（OECD）在 20 世纪 70 年代提出。在实践中，庇古税理论与产权理论都得到了实际应用，前者包括污染税、补贴、排污费等价格规制政策，后者包括污染许可证、排放许可证、可交易许可证等数量规制政策。②

制度经济学代表人物科斯（Coase，1960）反对政府以收税的形式进行干预，认为污染问题的关键在于如何使外部性的价值在损害方和受害方之间分配。他主张在资源产权界定清晰的前提下，由排污者与受害者之间进行谈判和交易，如损害补偿或产权交换等，自行解决污染问题。一旦产权得以明确，只要市场交易成本足够低，产权的初始分配并不影响资源的配置效率，通过对初始产权的交易重组，外部性可以有效地被内部化，政府在解决外部性问题中的作用在于确定初始产权的分配。根据这种思路，戴尔斯（Dales，1968）提出了排污权交易（cap and trade），政府根据环境容量和经济目标等实际情况制定排污量上限（cap），排污许可证的设定按此上限设立，并可在产权市场交易，使得排污量控制较好的企业能够获得排污许可证出让的收益，而超排的企业需要出资购买排污权配额

---

① 马中：《环境与自然资源经济学概论》（第三版），高等教育出版社 2019 年版，第 32 页。

② 马中：《环境与自然资源经济学概论》（第三版），高等教育出版社 2019 年版，第 168 ~ 175 页。

(trade)。①

环境库兹涅茨曲线（environmental Kuznets curve，EKC）假说用来描述经济发展中环境质量和人均收入的关系，是研究经济增长和环境污染之间关系最典型的理论假说。该假说认为，环境质量将随着经济增长表现出先恶化再改善的变化趋势，其变化的拐点在经济增长和人均收入达到一定水平时，进而将环境和经济增长的关系称为倒U形关系。②

西方经济学在研究和解决生态环境难题中的各种理论，比如环境外部性理论、庇古税与排污权交易理论等，为我国生态文明建设和绿色发展提供了一定的理论借鉴。但是，西方经济学理论对于生态与环境问题的讨论与研究缺少对发展中国家特别是对中国现实国情的具体考量，只可借鉴不可照搬。由于中国特色社会主义经济建设的特殊性与时代性等要求，我们必须结合我国国情的阶段性特征，探索适合我国国情的解决发展面临的生态环境难题的理论和措施。

第三节　开创社会主义生态文明新时代

一、坚持人与自然和谐共生

人与自然是生命共同体，人与自然的关系是人类生存与发展的基本关系，人类社会的发展史，也是人与自然的关系史。人与自然共处在地球生物圈之中，人类的繁衍与社会的发展离不开大自然，必须以大自然为依托；同时又必须认识并尊重自然规律，让大自然造福于人类，服务于人类。人与自然的关系主要表现在两个方面：一是人类对自然的影响与作用，包括从自然界索取资源与空间，享受生态系统提供的服务，向环境排放废弃物；二是自然对人类的影响与反作用，包括资源环境对人类生存发展的制约，自然灾害、环境污染与生态退化对人类的负面影响。

人类发展活动必须尊重自然规律，才能有效防止在开发利用自然上走弯路，避免遭到大自然的报复。随着人类社会生产力发展水平的不断提高和人类对客观自然规律认识的不断深化，在人类社会不同的发展阶段，人类对人与自然关系的认识有显著的不同。在原始社会，人类的生产活动以采集和狩猎为主，人类对自然十分依赖，在很大程度上受到自然环境、自然条件的制约，所以人类和自然保持着一种最为原始的和谐关系。在农业社会，人类的生产活动主要为农业种植，人与自然在整体上还处于一种和谐融洽的关系，但是在某些区域内也出现了过度开垦、资源争夺的局部不平衡。在工业社会，人类的科技水平达到了前所未有的

---

① 马中：《环境与自然资源经济学概论》（第三版），高等教育出版社2019年版，第204~209页。

② 环境质量和经济增长两者并非完全遵循“倒U形曲线”的简单关系，经济发展到一定水平时环境质量未必一定会改善。巴茨和凯利（S. Bartz & D. L. Kelly，2008）应用“校准—模拟法”研究发现，美国的环境质量和经济增长间无“倒U形关系”，对EKC假说提出了挑战。

高度，对大自然的利用和改造能力也越来越强，加之人口爆发式增长，所以人类对自然的索取越来越多，生态环境逐渐恶化，人与自然的关系也呈现出一种不和谐的状态。需要重视的是人类大规模、无节制地开发自然、利用自然、改造自然，已经对地球产生了不可逆的负面影响，无序的人类活动造成的后果已经威胁到了人类自身命运。

20世纪60年代以来，人类逐渐认识到环境恶化的严峻挑战，可持续发展的理念随之广泛地兴起和蓬勃发展，这是人类发展观的一次质的飞跃，它既是划时代的发展观，又是崭新的世界观、文明观和自然观，深刻地揭示了经济社会繁荣背后人与自然的冲突，对传统的“征服自然”等不可持续发展观提出了挑战。1992年在巴西里约热内卢召开的联合国环境与发展大会，通过了《里约热内卢宣言》和《21世纪议程》两个纲领性文件，标志着可持续发展观被全球持不同发展理念的各个国家所普遍认同，走可持续发展之路、实现人与自然和谐发展成为全世界的共识，促进人与自然和谐发展成为人类的共同使命。

在新的发展阶段，促进人与自然和谐共生，就是要树立尊重自然、顺应自然、保护自然的生态文明理念；坚持节约资源和保护环境的基本国策，有序利用自然，调整优化空间结构，构建科学合理的城市化格局、农业发展格局、生态安全格局、自然岸线格局；建立统一规范的国家生态文明试验区，根据资源环境承载力调节城市规模；推动传统制造业绿色改造，推动建立绿色低碳循环发展产业体系；发展绿色金融，设立绿色发展基金；提倡绿色消费等。

二、坚持“绿水青山就是金山银山”

2013年9月7日，习近平在纳扎尔巴耶夫大学发表演讲并回答学生提问时指出：“我们既要绿水青山，也要金山银山。宁要绿水青山，不要金山银山，而且绿水青山就是金山银山。”自然界是人类社会产生、存在与发展的基础和前提，人类可以通过社会实践活动有目的地利用自然、改造自然，但不能凌驾于自然之上，其行为方式必须符合自然规律。生态文明是人类社会进步的重大成果，是实现人与自然和谐发展的必然要求。建设生态文明，要以资源环境承载能力为基础，以自然规律为准则，以可持续发展、人与自然和谐为目标。保护生态环境关系人民的根本利益和民族发展的长远利益，功在当代、利在千秋。坚持把节约优先、保护优先、自然恢复作为基本方针，把绿色发展、循环发展、低碳发展作为基本途径，把深化改革和创新驱动作为基本动力。

根据世界各国的历史经验，在发展道路上面临两种选择：一种是先行完成工业化进程，待全社会步入后工业化发展阶段后再治理环境；另一种是在实现工业化的进程中同步保护生态环境，实现生态增长。作为世界上最大的发展中国家，资源环境约束不允许我国走“先污染后治理”的老路。一方面，我们要继续工业化进程，加速物质财富的积累；另一方面，我们必须要以生态文明理念为指导对传统的工业化模式加以改造和提升。所以，我们只能选择经济发展与绿色发展同步的中国特色社会主义发展之路。

我国资源虽然总量大，但人均少、质量不高，主要资源人均占有量与世界平均水平相比普遍偏低，重要能源和资源对外依存度严重偏高，石油、铁、铜、铝等均超过50%，600多个城市中有400多个缺水。我国的基本国情、资源禀赋和发展的阶段性特征，决定了必须全面节约和高效利用资源，大力推动绿色发展，牢固树立和坚持践行“绿水青山就是金山银山”的理念。

生态文明建设事关中华民族永续发展和“两个一百年”奋斗目标的实现，保护生态环境就是保护生产力，改善生态环境就是发展生产力。生态环境问题归根到底是经济发展方式问题。要正确处理好经济发展同生态环境保护的关系，切实把绿色发展理念融入经济社会发展各方面，推进形成绿色发展方式和生活方式。否则，能源资源短缺与生态环境恶化将对经济可持续发展带来严重影响，我国发展的空间和后劲将越来越小。

推动形成绿色发展方式和生活方式，要坚持和贯彻新发展理念，正确处理经济发展和生态环境保护的关系，坚决摒弃损害甚至破坏生态环境的发展模式和以牺牲生态环境换取一时一地经济增长的做法，让良好的生态环境成为人民生活的增长点、成为经济社会持续健康发展的支撑点、成为展现我国良好形象的发力点。要加快构建科学适度有序的国土空间布局体系、绿色循环低碳发展的产业体系、约束和激励并举的生态文明制度体系、政府企业公众共治的绿色行动体系，加快构建生态功能保障基线、环境质量安全底线、自然资源利用上线三大红线。要切实加快转变经济发展方式、加大环境污染综合治理、加快推进生态保护修复、全面促进资源节约集约利用、倡导推广绿色消费和完善生态文明制度体系。要切实保证领导干部在生态环境保护中起到关键的作用，落实领导干部任期生态文明建设责任制，实行自然资源资产离任审计等。①

要坚持“绿水金山就是金山银山”，贯彻新发展理念，转变发展方式、优化经济结构、转换增长动力。循环经济和低碳经济都是新的发展模式。循环经济既要循环又要经济，其核心是资源的循环利用，要解决废物变资源的产业对接、技术应用、空间布局、市场效益问题；低碳经济既要低碳又要经济，其核心是经济活动中的碳排放逐步降低，要缓解温室气体对气候变化的影响。循环经济发展要与产业园区建设、产业集群建设统一规划；低碳经济要与能源安全、节能减排统筹规划。低碳经济发展模式与循环经济发展模式既密切相关，又各有侧重。低碳经济发展模式强调经济活动中的碳排放逐步降低，循环经济发展模式强调经济活动中的资源循环利用和高效利用，两者都是我国建设资源节约型、环境友好型社会的重要内容。

三、建设良好生态环境是最普惠的民生福祉

人类的生产、生活离不开生态环境。人民不断增长的对美好生活的需要包括

① 习近平在中共中央政治局第四十一次集体学习时强调：推动形成绿色发展方式和生活方式，为人民群众创造良好生产生活环境，见《人民日报》2017年5月28日，第1版。

对良好生态环境的需要。良好的生态环境包括很多因素，诸如水资源质量、动物多样性、空气质量、气候变化等。生态安全就是指保持健康的生态环境，使其适合人类自身生存和发展。随着人口的增长和社会经济的发展，人类活动对环境的压力不断增大。尽管世界各国在生态环境、生态安全建设上已取得了不小的成就，但并未能从根本上扭转环境逆向演化的趋势。我国自20世纪80年代开始把保护环境作为基本国策以来，特别是党的十八大把生态文明建设纳入中国特色社会主义事业“五位一体”总体布局以来，生态文明建设取得了重大进展，但生态安全形势仍不容乐观，主要表现在土地退化、生态失调、植被破坏、生态多样性锐减并呈加速发展趋势等。

习近平指出：“我们在生态环境方面欠账太多了，如果不从现在起就把这项工作紧紧抓起来，将来会付出更大的代价。”① 作为发展中的大国，我国不能走欧美“先污染后治理”的老路，而应探索走出一条环境保护新路。要正确处理经济发展同生态环境保护之间的关系，绝不以牺牲环境、浪费资源为代价换取一时一地的经济增长。要协调推进新型工业化、信息化、城镇化、农业现代化和绿色化，走出一条经济发展和生态文明相辅相成、相得益彰的新发展道路，让良好生态环境成为人民生活质量的增长点、成为展现我国良好形象的发力点，为子孙后代留下可持续发展的“绿色银行”。

建设良好生态环境要加大环境治理力度。建设社会主义生态文明，环境质量是其中最重要的一个方面。我国环境质量已成为实现全面建成小康社会的短板和瓶颈。改变这样的局面，要求我们以改善环境质量为核心，采取切实的措施，实现与全面建成小康社会相适应的环境质量目标。

建设良好生态环境要为人民提供更多优质生态产品。随着经济社会的快速发展，人民群众对清新空气、清澈水质、清洁环境等生态产品的需求越来越迫切。必须加快解决突出的环境问题，让人民群众切身感受到污染可以治理、环境能够改善、优质生态产品能够增加。

建设良好生态环境要推动绿色发展。我国经济发展进入新常态，特别是在新冠肺炎疫情爆发、经济下行压力加大的形势下，必须注重平衡和处理好发展与保护的关系，着力推进生产方式和生活方式绿色化。以环境保护优化发展方式、拓展发展空间、增强发展动力，坚持区域上守住生态红线、行业上守住排污总量、准入上守住环境门槛，既推动污染物排放降下来、环境质量好起来，又促进经济平稳发展、量增质更优。

建设良好生态环境要实施污染防治行动计划，推进污染物达标排放和总量减排，严密防控环境风险。实施环境风险全过程管理，加强危险废物污染防治，开展危险废物专项整治。

建设良好生态环境要加强环境基础设施建设。加快垃圾处理设施、污水处理设施和管网的建设改造，推进无害化处理和资源化利用，实现生活污水、垃圾处理设施全覆盖和稳定达标运行。推进环境保护大数据建设。

① 《习近平关于社会主义生态文明建设论述摘编》，人民出版社2017年版，第3页。

建设良好生态环境要加强制度建设。从当前和长远结合上实行最严格的环境保护制度。创新环境治理理念和方式，强化排污者主体责任，形成政府、企业、公众共治的环境治理体系。加强环保督察巡视，建立领导干部环境质量评价考核以及环境保护责任离任审计机制。探索建立跨地区环保机构，推行全流域、跨区域联防联控和城乡协同治理模式。建立健全排污权有偿使用和交易制度。

四、坚持山水林田湖草统筹治理

新时代的生态文明建设，要求我们坚持全方位、全地域、全过程的系统思维，统筹兼顾、整体施策、多措并举。

由于环境污染具有空间外溢性和时间累积性的特征，典型污染物的产生有原地累积、区域传输、二次转化、多重叠加等形式。生态文明建设与环境治理中，要协调解决好关键性、长期性、综合性的系统问题，实现政府治理和社会调节、企业居民自治良性互动，推动市域、县域、乡域并进。要完善污染防治中联合调查、数据共享、评估预测、会商分析、应急预警、跟踪监测和联防联控的协同应对模式，建立适合新时代中国特色社会主义的生态环境综合治理体系。要以提高环境质量为核心，以解决损害群众健康的突出环境问题为重点突破口，坚持预防为主、综合治理，强化大气、水、土壤等污染防治。

要以系统工程思路抓生态建设。习近平强调，环境治理是一个系统工程，要按照系统工程的思路，抓好生态文明建设重点任务的落实，切实把能源资源保障好，把环境污染治理好，把生态环境建设好，为人民群众创造良好生产生活环境。① 大自然是一个相互依存、相互影响的系统，山水林田湖草要统筹治理。

优化国土空间开发格局，以主体功能区规划为基础统筹各类空间性规划，推进“多规合一”。加快实施主体功能区战略，按照人口资源环境相均衡、经济社会生态效益相统一的原则，统筹人口分布、经济布局、国土利用、生态环境保护，科学布局生产空间、生活空间、生态空间，推动各地区依据主体功能区定位发展，保障国家和区域生态安全，提高生态服务功能。

加强自然环境资源的产权保护。要推动对水流、森林、山岭、草原、荒地、滩涂等自然生态空间的统一确权登记，建立完整的自然资源资产调查、评价和核算制度，形成归属清晰、权责明确、监管有效的自然资源资产产权制度。只有产权清晰，才能通过发挥市场在资源配置中的决定性作用实现自然资源的经济效益、生态效益和社会效益的最佳配置。

加强维护生态安全，要以生态保护红线、永久基本农田、城镇开发边界三条控制线确保生态安全。要实施重要生态系统保护和修复重大工程，建立市场化和多元化的生态补偿机制，优化生态安全屏障体系，提升生态系统质量和稳定性。推进荒漠化、石漠化、水土流失综合治理和湿地保护恢复，完善天然林保护制度，扩大退耕还林还草。健全耕地草原森林河流湖泊休养生息制度，扩大轮作休

① 《习近平总书记系列重要讲话读本（2016年版）》，人民出版社2016年版，第236页。

耕试点。

全面促进资源节约，树立节约集约循环利用的资源观。从资源使用这个源头抓起，把节约资源作为根本之策，推动资源利用方式根本转变。加强能源和水资源、耕地与建设用地、矿产资源等勘查保护与合理开发，提高综合利用水平。大力发展循环经济，促进生产、流通、消费过程的减量化、再利用、资源化。

全面节约和高效利用资源，要大力推动节能、节水、节地、节矿等，降低能耗、物耗，实现生产系统和生活系统循环链接。通过健全制度和机制，实施能、水、地、矿等资源总量和强度双控行动，完善市场调节、标准控制和考核监管，高效利用资源。建立健全用能权、用水权、碳排放权等初始分配与交易制度，建立和完善产权交易市场。

在节能方面，重点要推进能源消费革命。推进工业、建筑、交通运输、公共机构等领域节能，开发、推广节能技术和产品，开展能源评审和绩效评价。在节水方面，实行最严格的水资源管理制度，以水定产、以水定城，建设节水型社会。对水资源短缺地区实行更严格的产业准入。在节地方面，坚持最严格的节约用地制度，调整建设用地结构，降低工业用地比例，严控新增建设用地，探索实行耕地轮作休耕制度试点。在节矿方面，强化矿产资源规划管控，严格分区管理、总量控制和开采准入制度，提高矿产资源开采率、选矿回收率和综合利用率。完善优势矿产限产保值机制。建立矿产资源国家权益金制度，健全矿产资源税费制度。

五、坚持用最严格制度、最严密法治保护生态环境

建设生态文明，必须建立系统完整的生态文明法治体系，实行最严格的生态资源的源头保护制度、损害赔偿制度、责任追究制度、生态治理与修复制度等，用法律制度保护生态环境。只有实行最严格的制度、最严密的法治，才能为生态文明建设提供可靠保障。

建设生态文明，必须依靠制度和法治。构建源头预防、过程控制、损害赔偿、责任追究的生态环境保护体系，完善产权清晰、多元参与、激励约束并重、系统完整的生态文明制度体系。要加快制度创新，强化制度执行，让法律制度成为刚性的约束和不可触碰的高压线，这是全面深化改革总目标即“完善和发展中国特色社会主义制度，推进国家治理体系和治理能力现代化”的内在要求和题中应有之义。没有生态文明法律制度的科学制定、切实执行和健全完善，就不可能有生态文明建设实践的发展进步。

完善经济社会发展考核评价体系，把资源消耗、环境损害、生态效益等体现生态文明建设状况的指标，纳入经济社会发展评价体系。建立责任追究制度，建立健全生态环境损害评估和赔偿制度，落实损害责任终身追究制度。建立环保督察工作机制，严格落实环境保护主体责任，完善领导干部目标责任考核制度，明确各级领导干部责任追究情形，对领导干部实行自然资源资产离任审计。

建立健全资源生态环境管理制度，包括自然资源资产产权制度、国土空间开

发保护制度、空间规划体系、资源总量管理和节约制度、资源有偿使用和生态补偿制度、环境治理体系和市场体系、耕地轮作休耕制度、省以下环保机构监测监察执法垂直管理制度等。完善生态环境监测网络，加强生态文明宣传教育，增强全民生态文明意识和社会风气。

设定并严守资源消耗上限、环境质量底线、生态保护红线，将各类开发活动限制在资源环境承载能力之内。建立生态资源的源头保护制度，在全社会制定或形成一切有利于从源头上保护、保障自然生态系统的法律规定，从源头上保护好自然生态系统。建立自然资源用途管制制度，对国土空间的自然资源按照自然资源属性、使用用途和环境功能采取相应方式的监管。通过国土空间的功能区划和环境功能来划定和落实，对土地、水资源、海洋资源、森林等各类自然资源按照科学的方法和规律进行用途划分，进行统一的用途管制和系统修复。建立生态保护红线制度，在提升生态功能、改善环境质量、促进资源高效利用等方面确立最小空间范围与最高或最低数量限值。

建立生态文明的损害赔偿制度，保障资源的有偿使用和生态合理补偿。自然资源属于国家或集体所有，在使用过程中应当付费。资源性产品价格，一方面是市场供求和资源稀缺程度所反映的产品的市场价格，另一方面是资源性产品对生态系统的影响所体现的生态价值。现阶段，我国资源性产品的价格总体偏低，所付费用主要是前者的价格，难以体现生态价值以及资源稀缺状况和开发过程中对生态的损害，这势必导致自然资源的严重浪费。为此，应加快健全和实行资源有偿使用制度，实现资源利用效率的最大化。生态补偿制度是综合运用多种手段建设生态文明的重要路径，是指对损害生态环境的行为或产品进行收费，对保护生态环境的行为或产品进行补偿或奖励，健全和完善生态补偿标准、补偿程序以及监督管理机制，对因生态环境破坏和环境保护而受到损害的人群予以补偿，以激励市场主体自觉保护环境，促进环境与经济协调发展。

建立生态文明的责任追究制度，严格实行责任人赔偿制和领导干部责任追究制。一段时期以来，一些地区在发展经济过程中过分强调自然资源的经济价值而忽视其生态价值，导致在国土空间开发和经济发展活动中发生大量损害、牺牲生态环境的行为。为此，必须严格实行赔偿制度，建立政治素质好、业务能力强的生态环境损害评估机构，及时准确地评估生态环境损害状况；制定科学合理的损害赔偿规章，规定生态环境损害赔偿的范围、赔偿的原则、赔偿的标准、赔偿的数额以及赔偿的程序等，为生态环境损害赔偿提供基本遵循；正确认定生态环境损害责任人，依法依规督促其赔偿。落实生态环保责任的领导干部追究制。我国的生态环境问题与领导干部不科学的政绩观有一定的关联，部分党政领导干部淡化甚至丧失了保护自然资源的责任意识，为实现经济增长牺牲生态环境，过度开发和无端浪费自然资源，当离任或退职时未得到应有的责任追究，留下潜在的生态环境损害和不可逆转的系统性破坏，影响了当地经济社会的可持续发展。因此，应加强领导干部正确政绩观教育，将生态环境保护与干部任期考核、选拔任用相结合，建立生态环境损害责任领导干部终身追究制。

要建立环境治理与生态修复制度。加强生态环境治理力度，落实责任，确保投入；加大宣传，营造氛围，广泛动员全体社会成员共同参与、形成合力；同时要强化检查，严格考核。建立生态修复制度，通过生物、生态及工程的技术与方法，在自然生态系统自身和适当的人为作用下，将被损害的生态系统恢复到或达到接近受干扰前的功能。加快制定生态修复法规、生态修复条例等，逐渐形成完整的生态修复法律体系，促使生态修复有章可循、有法可依，提高生态修复的持续性和实效性。

六、坚持共谋全球生态文明建设

随着人口的增长和社会经济的发展，人类活动对环境的压力不断增大，人地矛盾加剧。尽管世界各国在生态环境生态安全战略建设上已取得不小的成就，但并未能从根本上扭转环境逆向演化的趋势；环境退化和生态破坏及其引发的环境灾害和生态灾难频发，全球变暖、海平面上升、臭氧层空洞的出现与迅速扩大，及生物多样性的锐减等全球性的关系到人类本身安全的生态问题，一次次向人类敲响警钟。

在全力推动生态文明建设的进程中，我国不仅要把自己的事情办好，还要做一个负责任的发展中大国，站在国际和全人类的视角，科学应对日益威胁地球安全的气候变化等全球问题。

当今世界面临着百年未有之大变局，政治多极化、经济全球化、文化多样化和社会信息化潮流不可逆转，资源短缺、气候变化、污染加剧等全球生态环境问题日益严重，对人类生存和发展构成了严峻挑战。党的十八大以来，习近平提出“人类命运共同体”倡议，体现出新时代中国特色社会主义的和平、发展、合作、共赢的理论主张，为实现全球的可持续发展提出了新的重要理论与实践指南。党的十九大报告进一步将“推动构建人类命运共同体”定为新时代中国特色社会主义的基本方略之一，为各国合作解决生态环境危机指明了正确的道路。在新时代生态文明建设中，我们必须坚持“和平发展、互利共赢”和正确的义利观，统筹国内国际两个大局，推动构建人类命运共同体，完善尊崇自然、绿色发展的全球生态体系。

“人类命运共同体”旨在追求本国利益时兼顾他国合理关切，在谋求本国发展中促进各国共同发展。人类只有一个地球，各国共处一个世界，任何国家任何人都无法脱离全球环境而单独存在，传承繁衍、发展进步是人类需要面对的共同利益与需求，在这样的利益与需求面前，“人类整体”就是“人类命运共同体”。

全球环境问题如气候变化是一个典型的公共物品问题，很容易导致解决气候变化所需资源的“供给不足”和治理成果的“免费搭车”，只有世界各国通力合作，才有可能从根本上减缓气候变暖。从“人类命运共同体”角度出发来认识全球环境问题，具有重要的理论价值与实践价值。我国目前是最大的发展中国家，从自身角度来看，面临着经济高速增长与环境问题日益严重的双重考验；从世界视野看，我国已经成为仅次于美国的世界第二大经济体，尽管在人均指标的各个方面还与发达国家有一定差距，但是国际社会对中国的期待也在不断增加。在这种情况下，我国要努力彰显负责任大国形象，在全球生态环境治理中勇于承担国际义务，实施积极应对气候变化国家战略，做出表率和示范，推动和引导建立公平合理、合作共赢的全球生态环境治理体系。

“共同但有区别的责任”原则和“各自能力”原则是我国参与全球气候合作的长期基石，也适用于在此基础上明确自身定位参与和推动全球环境合作。发达国家在工业化过程中对全球生态环境造成了累积性的破坏和影响这一历史事实，决定了其理应承担大部分治理责任。同时，发达国家经过上百年的工业化进程，资金与技术远远超过发展中国家，因此也有责任与义务在环境治理领域对发展中国家进行资金与技术上的援助。我国已成为全球第二大经济体，国际社会地位不断提升，作为资源与能源消费和碳排放大国，在强调发达国家责任和义务的同时，我们应坚持“共同但有区别的责任”原则和“各自能力”原则，坚持发达国家率先减排的立场，根据我国的国情实际及发展需要，强调自主减排、技术减排、相对强度减排和尽早实现绝对减排，做好国际环境合作的积极参与者和推动者，体现大国担当。

由于产业结构、消费结构处于高能耗阶段，加上节能技术水平较低，能源管理漏洞较多，我国的能耗强度和能源效率明显偏低，减排空间大，所以要利用好国际技术合作的潜在优势。相对于发达国家，我国的减排成本比较低，在低碳技术方面还存在较大落差，同时存在较多的低碳技术国际合作机会。《联合国气候变化框架公约》规定发达国家有义务向发展中国家提供技术转让。在全球高度关注气候变化、发达国家承诺要向发展中国家大规模转让温室气体减排技术的背景下，我国作为能源消费和温室气体排放大国，国际技术合作潜在巨大。

在国际环境合作中，我国既要借鉴和利用好现行国际机制中科学合理的部分，积极争取国际环境合作中的资金与技术支持，有效引进、消化、吸收国外的环境友好技术与环保先进理念，又要坚持有利于维护自身发展的立场和宗旨，提高警惕，反对国际过度施压和不合理要求，反对以环保名义设置贸易和市场壁垒，避免陷入绿色博弈的利益陷阱。我国应主动谋求团结众多发展中国家，积极推动国际环境领域的“南南合作”，加强“一带一路”建设进程中的发展中国家环保资金和技术合作。

在国际环境合作中，要以“构建人类命运共同体”思想为指导，引导推进国际社会提升全球生态环境治理能力和治理体系现代化，着力增强在国际环境合作中的话语权，在共同愿景、减缓、适应、资金和技术转让等合作框架内，贡献中国智慧，提供中国方案。在应对全球气候变化行动中，要推动形成公平合理、合作共赢的全球气候治理体系，把应对气候变化融入国家经济社会发展中长期规划，坚持减缓和适应气候变化并重。深度参与全球气候治理，积极承担与我国基本国情、发展阶段和实际能力相符的国际义务，从全球视野加快推进生态文明建设。

思考题：

1. 谈谈学习马克思主义经典著作中对人与自然关系重要论述的体会。

2. 新时代中国特色社会主义生态文明建设的总体要求是什么？

3. 谈谈学习“既要绿水青山，也要金山银山”和“绿水青山就是金山银山”的体会。

4. 如何以绿色发展理念指导生态文明建设？

5. 简述如何推进我国生态文明制度体系的建设和完善。

第十六章

共享发展与改善民生

教学目的和要求

学习和掌握共享发展的基本要求，以人民为中心改善民生的主要方面和与共享发展的关系，深刻理解发展教育、增加就业、建立和完善社会保障制度等在我国社会主义现代化建设中的特殊重要性和主要途径及措施。

教学要点

1. 共享发展的基本要求。
2. 改善民生的主要方面和意义。
3. 教育在改善民生和社会主义现代化建设中的重要地位。
4. 深化教育改革的思路和措施。
5. 我国就业的艰巨性和增加就业的途径及措施。
6. 建立和完善社会保障制度的意义和措施。

社会主义生产的根本目的是不断满足人民日益增长的美好生活需要。而要实现社会主义生产的根本目的，就要坚持以人民为中心的发展思想，贯彻共享发展理念，着力改善民生，让人民群众共享改革发展成果。这体现着改革发展的根本宗旨，也反映着社会主义逐步实现共同富裕的本质要求。

第一节　发展成果人民共享

一、共享发展的内涵和根本要求

共享发展理念是新发展理念之一。共享发展理念的内涵和根本要求主要有四个方面：

一是共享是全民共享。共享发展是人人享有、各得其所，不是少数人共享、一部分人共享。这体现了社会主义的本质要求。

二是共享是全面共享。共享发展就要共享国家经济、政治、文化、社会、生态各方面的建设成果，全面保障人民在各方面的合法权益。全面共享既包括经济发展成果，实现城乡居民收入不断提高、生活水平不断改善，也包括政治发展成果、文化发展成果、社会发展成果和生态文明发展成果。

三是共享是共建共享。共建才能共享，共建的过程也是共享的过程。没有发展就没有共享的物质基础。

四是共享是渐进共享。共享发展必将有一个从低级到高级、从不均衡到均衡的过程，即使达到很高的水平也会有差别。要立足国情、立足经济社会发展水平来思考设计共享政策，既不能裹足不前，也不能好高骛远、寅吃卯粮、口惠而实不至。

共享发展的四个方面是相互贯通的，要整体理解和把握。

二、共享发展是社会主义本质的体现

共享发展理念是社会主义本质的体现。要坚持人民主体地位，顺应人民群众对美好生活的向往，不断实现好、维护好、发展好最广大人民根本利益，做到发展为了人民、发展依靠人民、发展成果由人民共享。要始终把人民利益摆在至高无上的地位，让改革发展成果更多更公平地惠及全体人民，朝着实现全体人民共同富裕不断迈进。要通过深化改革、创新驱动，提高经济发展质量和效益，生产出更多更好的物质精神产品，不断满足人民日益增长的物质文化需要。要全面调动人的积极性、主动性、创造性，为各行业各方面的劳动者、企业家、创新人才、各级干部创造发挥作用的舞台和环境。要坚持社会主义基本经济制度和分配制度，调整收入分配格局，完善以税收、社会保障、转移支付等为主要手段的再分配调节机制，维护社会公平正义，解决好收入差距问题，使发展成果更多更公平地惠及全体人民。

践行以人民为中心的发展思想，体现了人民是推动发展的根本力量的唯物史观。共享理念实质就是坚持以人民为中心的发展思想，体现的是逐步实现共同富裕的要求。共同富裕是自古以来我国人民的一个基本理想，也是科学社会主义的基本原则。按照马克思、恩格斯的构想，共产主义社会将彻底消除阶级之间、城乡之间、脑力劳动和体力劳动之间的对立和差别，实行各尽所能、按需分配，真正实现社会共享、实现每个人自由而全面的发展。

三、践行共享发展，切实改善民生

落实共享发展理念，措施有很多，归结起来就是共建和共享。

共建是充分发挥人民群众的积极性、主动性、创造性，举全民之力推进中国特色社会主义事业，不断把“蛋糕”做大。要引导更多的劳动者参与经济建设。要鼓励创新创业，吸引更多的力量，实现充分竞争，发挥全社会的积极性，提高经济发展的质量。共享是把不断做大的“蛋糕”分好，让社会主义制度的优越性得到更充分的体现，让人民群众有更多获得感。要扩大中等收入阶层，加大对困难群众的帮扶力度，坚决打赢农村贫困人口脱贫攻坚战。共建共享就是要最大限度激发各方力量，形成人人参与、人人尽力、人人都有成就感的局面。

经济发展是前提，是改善民生的物质基础，改善民生必须建立在稳固的经济基础和现实的国家财力之上。这也意味着保障和改善民生必须从客观条件出发，尽力而为又量力而行。而改善民生也有利于经济的长远发展。在经济发展的基础上持续不断地改善民生，既能有效解除人民大众的后顾之忧，又能增强人们的消费能力、释放人们的消费潜力进而拉动内需，形成新的经济增长点，同时也可以激发人们的积极性，从而在根本上促进经济发展。经济发展需要人人参与，其最终目的是提高全体人民的福祉、改善民生。如果经济发展不能回应人民期待，不能让群众得到实际利益，就会失去意义。要通过各种制度安排保障人民群众参与发展过程，分享发展成果，促进社会公平正义。

贯彻共享理念要落实到保障和改善民生上。要抓住人民最关心最直接最现实的利益问题，既尽力而为，又量力而行，一件事情接着一件事情办，一年接着一年干。坚持人人尽责、人人享有，坚守底线、突出重点、完善制度、引导预期，完善公共服务体系，保障群众基本生活，不断满足人民日益增长的美好生活需要，不断促进社会公平正义，形成有效的社会治理、良好的社会秩序，使人民获得感、幸福感、安全感更加充实、更有保障、更可持续。

践行共享发展理念，切实改善民生，是一个系统工程。优先发展教育事业、提高就业质量和人民收入水平、加强社会保障体系建设、脱贫攻坚、实施健康中国战略、打造共建共治共享的社会治理格局、有效维护国家安全等，都是要着力搞好的工作。

第二节　优先发展教育

一、经济发展、贫困与教育

发展教育是改善民生的重要一环。教育是民族振兴和社会进步的基石，不仅可以提高全民素质，促进科技进步、经济发展、综合国力增强，从而为实现共享发展、改善民生提供战略支持，而且可以为彻底解决贫困问题、实现全民共享奠定坚实的基础。

中国作为一个发展中国家，由于历史等因素，不可避免地存在着贫困问题。尤其是在一些偏远农村地区，贫困已经成为制约城乡均衡发展的重要因素。在现代社会，通过发展教育来反贫困是改善经济状况的根本性因素。我国贫困地区面临的一个重大问题即为教育与经济的相互作用、相互制约问题。经济贫困造成教育经费的缺乏、教育理念的落后和教育质量的低下；教育贫困反过来通过阻碍科技创新、产业结构升级和经济增长方式转变，限制了其他反贫困促发展措施的效果，使得一个地区更容易陷入贫困恶性循环陷阱。优先发展教育则有利于提升贫困地区劳动力供给质量，有利于经济的均衡发展，对于扶助贫困地区脱贫、建立公平的社会制度及统一的劳动力市场有极为重要的价值。

目前我国经济落后地区的教育发展存在多重问题。第一，公民平均受教育年限偏低。第二，教育经费缺额较大。第三，师资力量不足。从长期看，实现共享发展要大力发展教育。措施包括：第一，加大经济落后地区教育的财政投入。尤其是义务教育，作为一种公共产品，政府应当保证每一位适龄儿童享受到入学的权利。此外，政府还应重视教育资金在区域、城乡间的分配问题，确保甚至优先保障农村教育资源的落实。第二，积极引导其他社会资金流入教育事业。目前我国农村教育经费主要以县级财政支出为主，一旦基层政府财政收入受到冲击，农村教育就会进一步受到限制。应拓宽教育经费来源、积极引进民间和社会资本投资兴办教育。第三，加强对农村劳动力的技能培训。对于贫困农村地区的劳动力，针对其劳动方式与劳动特点进行技能培训，有利于促进农业产业化、农业现代化及农业增长方式的转变，是解决“三农”问题的长久之计。

二、教育公平

教育公平的观念源远流长。我国的孔子、古希腊的柏拉图和亚里士多德，都曾提出过类似的思想。联合国在1948年的《世界人权宣言》中明确提出人人都有受教育的权利，基础教育应是免费和义务的，高等教育也应根据个人品质向所有人开放，对于在全世界范围内推动教育公平的发展具有重要意义。

教育公平是社会公平的重要基础，对于经济、政治等其他领域公平问题具有潜在的巨大影响。一方面，教育公平能够提升人力资本的平均水平，教育不平等程度的降低有利于贫困人群进行初等人力资本积累，推动我国经济建设；另一方面，教育公平能够保障公民在教育乃至其他领域更公平地享有资源，是实现再分配的重要途径，对于促进合理的收入流动具有显著作用，有利于构建和谐社会。

教育公平具有三个层次：一是每个公民都有平等享有接受教育的权利和义务；二是为每个公民提供相对平等的受教育的机会和条件；三是教育结果的相对均等。同时，教育公平的要求与内涵也在随着时代的发展不断发生变化。在义务教育尚未普及之时，教育公平重在保障每个公民都拥有接受教育的机会；在义务教育得到普及之后，教育公平重在保障所有公民的基本受教育质量；在社会发展到一定程度时，教育公平重在为更多人提供优质教育。

实现教育公平，就我国现状来看，应当着力做好以下两个方面的工作。首先，通过国家立法使每一位公民平等享有接受义务教育的权利。义务教育的公平意味着平等的教育机会及合理分配教育资源。要坚持教育的公益性和普惠性，普及高中阶段教育、发展学前教育、鼓励普惠性幼儿园发展、办好特殊教育。随着人民生活水平的提高，人民对优质教育资源的需求急剧增长，与优质教育资源的不足和分配不均形成了日益严重的矛盾，对此宜通过建立健全经费保障制度、实行更贴近实情的改革计划、制定合理的分阶段目标逐步解决。其次，注重消除教育的区域差别及城乡差别，逐步实现教育公平。要进行教育资源分配改革，以均衡发展为目标扩大中西部地区及广大贫困农村地区的资源分配占比，通过一定的政策倾斜实现教育资源的转移，力求实现教育在空间上的公平性，以带动经济的均衡发展。

三、调整和优化教育结构

调整教育结构，要着力处理好基础教育、高等教育和职业教育各自的发展以及它们之间的关系。我国的基础教育包括幼儿教育、小学教育及普通中等教育。良好的基础教育是社会成员后期深造学习的先决条件，因而基础教育是整个教育体系的关键部分。目前，基础教育的“量”不再是限制我国教育事业的首要问题，而基础教育的“质”则显得越发重要。《中华人民共和国义务教育法》规定：“义务教育必须贯彻国家的教育方针，实施素质教育，提高教育质量，使适龄儿童、少年在品德、智力、体质等方面全面发展，为培养有理想、有文化、有纪律的社会主义建设者和接班人奠定基础。”随着社会的进步，强调基础教育应当由“应试教育”向“素质教育”转变的呼声越来越高，不再单纯以“为高等教育服务”来衡量基础教育的质量。

目前，随着社会整体文化程度的提高及生产力的快速发展，高等教育已经成为教育体系中极为重要的一环。我国的高等教育包括普通高等教育、高等职业教育、高等教育自学考试、电大开放教育、成人高等教育及远程网络教育等多种形式，高等教育的发展为社会主义现代化建设培养了大量的专业化人才，对经济建设、科技进步及社会发展起到了不可忽视的作用。但高校教育快速发展的同时，一些问题不容忽视：如何稳步提高教育质量、如何解决大学生就业难等。教育投入是消费，也是投资。为实现教育公平，使民众从教育中获益更多，进一步提高国民素质，现阶段政府的教育政策应更重视高中教育的全面普及，而不应过分盲目扩张高等教育的规模。①

职业教育是指让受教育者获得某种职业或生产劳动所必需的知识与技能的教育。职业教育对于国家工业化具有提供专业技能人才尤其是高级应用型技术人才的基础性作用。目前我国越来越注重“精英化”的高等教育，教学多以理论学科教育为主，仅仅依靠传统的基础教育与高等教育很难为社会提供大量具有专业劳动技能的人才。这是近年技术工人短缺问题出现的主要原因。职业教育中，高等职业教育作为一种将高等教育与职业教育结合在一起的教育模式，符合我国社会发展对于人才的实际需求。21 世纪以来我国高等职业教育已经取得了一定发展，但还是落后于国际先进水平，同时在我国自身的教育体系中也是薄弱的一环。所以，要大力发展职业教育，建立现代职业教育体系，开展企业职业技能培训，提高技术工人待遇，解决技术工人短缺问题。

---

① 简必希、宁光杰：《教育异质性回报的对比研究》，载于《经济研究》2013 年第 2 期，第 94 页。

第三节　提高就业质量和人民收入水平

一、就业是民生之本

就业是指在法定年龄内的劳动者所从事的为获取报酬进行的务工劳动。

就业是民生之本，是最大的民生。只有实现就业，劳动者才能获得劳动收入，提高个人和家庭的生活水平和质量。劳动力是经济增长的重要因素，而高技能的劳动力更是经济长期稳定发展的重要推动力。只有实现全社会劳动者的充分就业，才能保证劳动力资源的最优配置，保证经济的可持续发展。

共享发展首先要使更多的劳动者参与到劳动力市场中，参与经济建设，实现充分就业，通过就业使每个劳动者都能获得改革开放和经济发展的红利。为实现充分就业，就要贯彻劳动者自主就业、市场调节就业、政府促进就业和鼓励创业的方针，实施就业优先战略和更加积极的就业政策。引导劳动者转变就业观念，鼓励多渠道多形式就业，促进创业带动就业。

二、加强劳动力市场建设

发达完善的劳动力市场有利于劳动者充分就业，在参与经济建设的过程中分享经济发展的成果。

我国当前劳动力市场存在的主要问题是城乡统一的劳动力市场不够完善，从而影响农村剩余劳动力在城市实现就业转移。自20世纪80年代以来，大量农村剩余劳动力开始逐步向城镇转移，并推动了中国经济的快速增长，形成了数量庞大的农民工群体。根据国家统计局发布的《2015年农民工监测调查报告》，2015年全国农民工总量达到了2.77亿人，其中外出农民工1.69亿人。① 然而，就其获得就业信息的渠道来看，多数外出务工人员还是以自发外出或者由亲友介绍为主，真正通过劳动力市场就业的农民工不多。这表明，虽然阻碍劳动力自由流动的限制已逐步消除，但是劳动力市场作为配置资源的有效渠道还没有充分发挥作用。

我国劳动力市场的发展与城乡二元体制紧密相连。应该看到，当前劳动力市场发育程度已经大大提高，户籍制度改革正在全国各地推进。然而造成劳动力市场扭曲的体制还需要进一步改革，城乡社会保险还没有做到统一衔接，针对外来劳动力的歧视性政策依然存在。规范的农民工就业市场和全国统一的劳动力信息网络还没有建立起来，城镇登记失业率不包括农民工群体的失业。行业素质准入

① 国家统计局：《2015年农民工监测调查报告》，http://www.stats.gov.cn/tjsj/zxfb/201604/t20160428_1349713.html。

（就业资格证或上岗证书等）把一部分劳动力排除在某些就业市场之外，农民工自身素质较低和缺乏技能是其就业的主要障碍。这些均对农民工群体的就业造成了阻碍，影响到他们的就业质量。鉴于此，进一步深化就业体制的改革和创新，构建城乡统一、内外开放、平等竞争、规范有序的就业市场，就显得十分重要。

第一，统一城乡就业市场，使城乡居民享有平等的就业机会和自由择业的权利。政府提供统一的就业管理和就业服务，将农民工的管理纳入城市政府的管理体系，清除对农民工就业的歧视和限制，使其在城市获得市民待遇，并在自愿的基础上逐步实现市民化。

第二，健全有关法律法规，进一步规范对劳动力市场的管理。逐步规范进城务工人员的劳动合同管理，制度上约束用人单位与务工人员签订就业协议，保障农民工的合法权益不受侵犯。强化劳动监察，维护劳动力市场秩序，加强劳动力市场安全防范，做好劳动力市场的管理和服务。落实农民工的基础管理，建立面向农民就业的信息网络体系，实行农民工就业登记制度、失业和社会保障登记制度、劳动合同档案管理制度等，将农民工的管理纳入信息网络。规范农民工中介行为和中介市场，依法取缔非法职业介绍组织，清理整顿违规经营的职业介绍机构，遏制职业介绍领域的违法犯罪活动。

第三，提高基础教育和职业技能教育水平，提升低技能劳动者的就业能力。教育资源的公平配置可以有效缓解农村地区教育水平落后的局面，提高农村学生的人力资本水平，使其在未来的就业市场中有一定的竞争力。政府则应当加大公共财政支持农民工技能培训的力度，建立和发展农民工技能培训体系，增强农民工的综合素质和就业能力。

第四，建立农民工社会保障制度。与城市就业人员相比，农民工在失业、工伤、医疗、养老、住房等社会保障方面还存在诸多不平等，全面推进农民工的社会保障工作有利于我国劳动力市场的稳定发展。

第五，放松管制，降低行业和所有制进入壁垒，鼓励劳动力自由流动。劳动力在不同行业、不同所有制部门的自由流动，有利于保证就业的公平竞争，缩小不同行业和所有制部门间的收入差距，实现共享发展。要放松管制，降低行业进入壁垒，允许劳动者进入更多的行业。要加大创业扶持政策力度，通过创业带动更多的就业，实现共同富裕。

关于我国“人口红利”的讨论

三、就业、经济增长与技术进步

经济增长与就业问题紧密相连，而推动经济增长的一个重要因素是技术进步，就业、经济增长与技术进步三者之间相互联系，互相促进。

就业水平是经济增长的条件之一，但不是唯一条件，在现代经济中技术进步也是重要条件。在技术水平和劳动生产率一定的条件下，增加就业会实现更快的经济增长；但在技术进步加快、劳动生产率提高的情况下，技术进步在经济增长中的作用更为突出，在等量投入和一定经济增长率的情况下，技术进步及其广泛应用甚至会减少就业需求。我国是人口大国，实现充分就业一直是经济发展的重要目标。新中国成立特别是改革开放以来，我国经济快速增长离不开投资拉动、技术进步和人口红利，就业状况总体是好的。当前中国经济发展进入新常态，国民经济由高速发展转入高质量发展阶段，技术进步对经济增长起着越来越重要的作用，在这样的条件下，如何开辟更多的就业渠道，实现充分就业，就是迫切需要研究和解决的课题。总的原则是：从实际出发，妥善处理就业、经济增长与技术进步三者之间的相互关系，应做到既有利于充分就业，又有利于科技进步和经济增长。措施包括：要坚持就业优先战略和积极就业政策，实现更高质量和更充分就业。大规模开展职业技能培训，鼓励创业带动就业。提供全方位公共就业服务，促进高校毕业生等青年群体、农民工多渠道就业创业。破除妨碍劳动力、人才社会性流动的体制机制弊端，使人人都有通过辛勤劳动实现自身发展的机会。完善政府、工会、企业共同参与的协商协调机制，构建和谐劳动关系。

四、着力解决结构性失业难题

结构性失业是劳动力需求和供给不匹配造成的失业。结构性失业的典型表现是，需要就业的劳动者因种种原因找不到劳动岗位，而需要劳动者的岗位找不到合适的劳动者。我国劳动力市场出现的“用工荒”和“就业难”并存，就是结构性失业的表现之一。结构性失业不但造成了人力资源的浪费，而且阻碍了经济结构的调整和国际竞争力的提升，也不利于不能就业的劳动者分享经济发展的成果。

在经济发展新常态下，如何应对经济结构调整引起的结构性失业，是需要密切关注并切实加以解决的问题。一种情况是，结构调整和增长动力转换将带来高端、高质量就业岗位的增加，但同时也会使技术技能不高的劳动者面临失业的压力。另一种情况是，随着一部分企业转产甚至关停并转、退出市场，一部分劳动力将面临失业或再就业。要从我国实际出发，在经济发展方式转变和产业结构优化升级过程中，开辟更多就业渠道，增加就业。

为了应对结构性失业对我国整体就业产生的负面影响，政府应当进一步加大对人力资本的投入，进一步改革现有的高等教育体系，调整教育结构，使其更加适应经济社会发展的需求。同时，强化针对农民工的职业培训，培养更多的技术工人。完善就业中介体系，提高就业匹配率。进一步推进经济体制的转变以及就业制度的创新，完善失业保障制度，打破限制农村劳动力在城市就业的各项制度性壁垒，减少劳动力市场分割，实现劳动力供求双方合理对接匹配，增强就业的稳定性和持续性。降低结构性失业水平，实现人力资源的合理配置和充分就业，让每个劳动者都能从经济发展中受益，真正实现共享发展。

五、提高人民收入水平

有关内容在第四章已有论述，需要进一步强调的是，要坚持和发展按劳分配为主、多种分配方式并存的基本经济制度，促进收入分配更加合理、更加有序。

鼓励勤劳守法致富，扩大中等收入群体，增加低收入者收入，调节过高收入，取缔非法收入。坚持在经济增长的同时实现居民收入同步增长、在劳动生产率提高的同时实现劳动报酬同步提高。拓宽居民劳动收入和财产性收入渠道。履行好政府再分配调节职能，加快推进基本公共服务均等化，缩小收入分配差距。

第四节　统筹城乡社会保障体系建设

一、社会保障与经济发展

社会保障是指国家通过立法，积极动员社会各方面资源，保证无收入、低收入以及遭受各种意外灾害的公民能够维持生存，保障劳动者在年老、失业、患病、工伤、生育时的基本生活不受影响，同时根据经济和社会发展状况，逐步增进公共福利水平，提高国民生活质量。一般来说，社会保障由社会保险、社会救济、社会福利、优抚安置等组成。其中，社会保险是社会保障的核心内容。

社会保障是保障人民生活、调节社会分配的一项重要制度。社会保障制度体系的建设，不仅有利于社会总体福利水平的提高，更有利于促进我国经济的长远健康发展。我国社会保障体系的建设近年来取得了重大成就，社会保障体系从无到有发展起来，但仍存在不足与缺陷，其中，城乡社保体系的发展不平衡问题较为突出。在经济新常态的背景下，抓住机遇，统筹城乡社会保障体系，对维护社会公平、保持社会稳定以及促进共享发展都具有重要意义。

社会保障与经济发展是相互影响、相互促进的关系。经济发展水平决定社会保障制度的建立、发展和完善，而社会保障制度又反过来促进或者制约经济的发展。

首先，经济发展对社会保障具有决定性作用。经济发展为社会保障体系的建立和完善提供了坚实的物质基础。社会保障制度是生产力发展到一定阶段的产物。一个国家和地区的社会保障水平与当地的经济发展水平密切相关，社会保障体系的建立离不开生产力发展所提供的雄厚的物质基础。社会保障制度的建设和完善也由经济发展水平所决定。当经济发展水平较低时，社会保障的物质基础较为薄弱，而且低发展水平导致的低收入也抑制了人民对社会保障的需求。当经济发展水平较低时，只能先建立低水平的社会保障，随着经济发展水平的提高，逐步建立多层次、高水平和可持续的社会保障体系。其次，社会保障对经济具有反作用。如果社会保障适应生产力的发展，便会促进生产力水平的提高，反之，则会阻碍生产力的发展。从长期来看，社会保障与经济发展的失调，将不利于经济的持续健康发展。

社会保障制度能够从多个方面促进经济发展水平的提高。首先，社会保障制度作为再分配制度，在一定程度上保证了收入的公平性，为经济的发展提供了稳定的社会环境。社会保障制度利用国家强制力，通过社会保障形式的再分配，调节收入水平，保障低收入群体的基本生活，缓和了社会矛盾，为经济的发展提供了良好的社会环境，并促进了生产力的提高。其次，社会保障制度对劳动者的各项保障措施也提高了劳动者的人力资本，进而促进了经济的发展。社会保障不仅提高了低收入劳动者的收入水平，更通过各种补贴、培训等措施提高了劳动者的人力资本水平，为经济的发展提供了更强劲的动力。此外，生育保险、医疗保险等保障措施在一定程度上保证了劳动力的再生产，为经济发展提供了源源不断的劳动力支持。再次，社会保障能够通过其基金供需变化，缓解经济周期带来的需求变动，保障经济平稳发展。经济萧条时，通过提高补贴等措施刺激有效需求，恢复经济增长。经济高涨时，就业率上升、工资增加又减少了补贴数量，社会保障收入大于支出，有更多的资金在萧条时进行补贴。因此，社会保障基金收支可以通过自动调节稳定经济的发展。最后，社会保障事业的发展能够推动相关的第三产业发展，创造就业岗位，减少失业，进而促进经济的发展。

社会保障制度也可能阻碍经济的发展。首先，如果社会保障制度不能适应经济的发展水平，则可能不利于经济的发展。如果社会保障制度的建设滞后于经济发展水平，则不利于劳动力的合理流动，并导致收入差距过大，影响社会稳定与经济发展。社会保障制度相应的调节经济的作用不能有效发挥，同样也制约了经济的发展。如果社会保障制度的建设超前发展，则可能导致国家财政负担加重，引起严重的财政赤字，制约政府功能的有效发挥。高昂的社会保障支出也会影响社会资本积累，降低社会的经济活力，损害经济的可持续发展能力。其次，社会保障在保证社会公平性的同时也有损于经济效率。从劳动者的角度来讲，社会保障制度可能在一定程度上削弱其工作的积极性，失业救济和补贴可能延长劳动者的失业持续期，并降低劳动参与率。

二、加强城乡社会保障体系统筹

新中国成立以来，我国社会保障体系建设取得了重大成就。进入 21 世纪后，为推进社会保障体系建设，我国又逐步建立了城镇居民医疗保险、新型农村合作医疗保险、城镇居民社会养老保险和新型农村社会养老保险等重要制度，基本建立起社会保障体系框架。经过这一系列制度建设，我国社会保障覆盖人群逐步扩大，社会保障基金增长迅速，社会保障水平逐步提高，向“全覆盖、保基本、多层次、可持续”的社会保障体系目标稳步前进。社会保障制度的建设，使社会保障覆盖人数逐年上升，社会保障基本达到广覆盖的要求，社保基金规模逐步扩大，社会保障水平稳步提升。近些年，我国又不断上调企业退休人员养老金，逐步提高基本医疗保险报销比例和最高支付限额，失业、工伤、生育保险待遇也明显提高。

但是，由于我国社会保障体系建设起步较晚，时间短，任务重，在发展过程中难免存在不完善的方面。而且面临老龄化的压力，仍有很多制度性的问题亟待解决，社会保障体系的建设仍面临较大的压力，表现在以下几个方面：管理体制分割，改革需要深化；全国范围内的社保统筹任重而道远；城乡待遇差别较大；

社会保障基金保值增值压力较大；社会保障相关法律法规不完善。

进一步完善社会保障体系建设有很多工作需要做，其中重点是加强城乡社会保障体系统筹，缩小城乡社会保障差距。我国城乡社会保障制度的差异根源于我国实行的城乡二元分割的体制，为了统筹城乡社会保障体系，让全体人员享受经济发展带来的成果，只靠政策的修修补补是不够的，必须打破传统的城乡分割，为统筹城乡社会保障体系扫清制度障碍；必须提高农村居民收入水平，为统筹城乡社会保障体系打下坚实的物质基础。

首先，完善现行社会保障体系，加快建立完善的农村社会保障体系。我国城乡社会保障的差异，要求加快社会保障制度改革的步伐，着重对农村社会保障体系进行建设，进一步扩大农村社会保障的覆盖面，提高社会保障标准，加速形成全国统筹的城乡一体化社会保障体系。特别是要加快形成包括农村养老保障体系、农村医疗保障体系、农村就业保障体系、农村工伤保障体系、农村生育保障体系、农村社会救助体系、农村社会福利体系和社会优抚体系在内的全方位的社保体系。除了完善农村社会保障体系之外，还需要提高农村地区的筹资水平。政府要加强对农村地区的政策倾斜，给予农村社会保障建设以更多财政支持。同时要加快农村地区改革，着力提高农民收入，建设社会主义新农村，为统筹城乡社会保障体系提供内在动力。

其次，打破传统的城乡分割，为统筹城乡社会保障体系扫清制度障碍。城乡社会保障方面的差异根源在于我国长期实行的城乡二元体制。城乡之间的差距不仅仅是社会保障方面的差距，无论是政策支持，还是实际上的基础设施建设，农村地区都远远落后于城镇地区。因此，要解决城乡社会保障的不公平问题，必须打破原有的城乡二元体制。二元体制的形成不是一朝一夕之事，其彻底解决也需要较长的时间。目前可以从联系城乡的特殊人群——农民工入手。以举家外出人群为重点，推进跨省农业转移人口在流入地落户定居，并引导新增农业转移人口就近就地转移就业，在本地实现市民化。农民工人群的公共服务均等化能够为统筹城乡社会保障提供优秀的经验，加快城乡社会保障统筹的进度。

最后，建立与完善社会保障管理体制。加快建立统一的社会保障管理体制，打破各级政府“各自为政”的管理方式，为统筹扫除制度障碍。加强对社会保障基金的管理和监督，实现社会保障基金的保值和增值。建立全国联网的社会保障信息管理系统。随着社会保障覆盖范围的扩大和保障水平的提高，需要建立全国统一的社会保障信息管理平台，并推行社会保障卡，实现“记录一生、保障一生、服务一生”的目标。[①] 建立全国联网的信息管理系统，可以充分发挥信息资源的整体效益，实现资源共享，并有效防止重复参保行为的发生。

三、实施健康中国战略

人民健康是民族昌盛和国家富强的重要标志。要完善国民健康政策，为人民

① 尹蔚民：《统筹推进城乡社会保障体系建设》，载于《求是》2013年第3期，第23~25页。

群众提供全方位全周期健康服务。深化医药卫生体制改革，全面建立中国特色基本医疗卫生制度、医疗保障制度和优质高效的医疗卫生服务体系，健全现代医院管理制度。加强基层医疗卫生服务体系和全科医生队伍建设。全面取消以药养医，健全药品供应保障制度。坚持预防为主，深入开展爱国卫生运动，倡导健康文明生活方式，预防控制重大疾病。实施食品安全战略，让人民吃得放心。坚持中西医并重，传承发展中医药事业。支持社会办医，发展健康产业。促进生育政策和相关经济社会政策配套衔接，加强人口发展战略研究。积极应对人口老龄化，构建养老、孝老、敬老政策体系和社会环境，推进医养结合，加快老龄事业和产业发展。[①]

思考题：

1. 如何通过改善民生以贯彻共享发展理念？
2. 试述教育在改善民生中的地位。
3. 通过实际调查研究，就改善民生的某一方面如教育改革、增加就业、加强社会保障城乡统筹等提出意见和建议。

---

① 习近平：《决胜全面建成小康社会 夺取新时代中国特色社会主义伟大胜利——在中国共产党第十九次全国代表大会上的报告（2017年10月18日）》，人民出版社2017年版。

第六篇　开放发展与全球治理

第十七章

开放发展与全面提高开放型经济水平

教学目的和要求

学习并理解开放是繁荣发展的必由之路，是引领我国发展的五大新发展理念之一；构建开放型经济新体制的总体要求和主要内容；通过推进贸易强国建设、推进资本和金融市场双向开放、完善对外开放战略布局、深入推进国际产能和装备制造合作、提升利用外资综合质量和对外投资效益及水平、统筹国内国外两个市场两种资源等途径发展更高层次的开放型经济。

教学要点

1. 开放是繁荣发展的必由之路。
2. 构建开放型经济新体制的总体目标和要求。
3. 发展更高层次开放型经济需要把握的要点。
4. 推进贸易强国建设的途径。
5. 推进资本和金融市场双向开放的举措。
6. 完善对外开放战略布局的主要内容。
7. 提升我国利用外资综合质量和对外投资效益水平的措施。

随着经济全球化的发展，我国经济日益走向世界。开放是引领我国发展的五大新发展理念之一，对外开放是我国的基本国策。我国的对外开放取得了巨大成就，但面对中国特色社会主义进入新时代，世界处于百年未有之大变局，进一步加快构建开放型经济新体制，破除体制机制障碍，以对外开放的主动赢得经济发展和国际竞争的主动，以开放促改革、促发展、促创新，推动形成全面开放新格局，发展更高层次开放型经济，仍然是重要任务。

第一节 开放是繁荣发展的必由之路

一、开放与发展

“开放带来进步，封闭必然落后。”[①] 这一论断已为古今中外众多的理论和经济发展实践所证明。

自重商主义开始，西方资产阶级经济学家，包括古典经济学家亚当·斯密（Adam Smith）和大卫·李嘉图（David Ricardo）在内，都曾在理论上阐释过开放对于经济和社会发展的重要作用。亚当·斯密提出一国通过贸易扩大市场，可以实现该国资源和生产能力的充分利用，从而可以促进该国经济增长。他指出：“不管在任何两国之间进行对外贸易，两国全都得到两种不同的好处……通过对外贸易，可以使国内市场的狭小不至妨碍某一工艺或制造部门的劳动分工达到最高的完善境地。通过为可能超过国内消费的一部分劳动产品开辟更为广阔的市场，对外贸易鼓励各国改进自己的生产力，将自己的年产物增至最大限度，从而增加社会的实际收入和财富。对外贸易经常为进行贸易的国家提供这种伟大的和重要的服务。”[②] 大卫·李嘉图则提出“大宗产品出口理论”，认为一国利用原材料或自然资源密集型产品的出口可以增加本国的收入，进而提高该国的储蓄和投资水平，带动整个经济的发展。

马克思继承并发展了古典经济学家的思想，认为国际贸易和世界市场是人类社会进步和经济发展的重要推动力量。马克思指出，“世界贸易则是机器大工业的必不可少的条件”,[③] 可以为工业的发展提供充足的资本、丰富的劳动力以及广阔的市场。马克思在《共产党宣言》中也曾经指出：“资产阶级，由于开拓了世界市场，使一切国家的生产和消费都成为世界性的了。”“过去那种地方的和民族的自给自足和闭关自守状态，被各民族的各方面的互相往来和各方面的互相依赖所代替了。”“资产阶级在它的不到一百年的阶级统治中所创造的生产力，比过去一切世代创造的全部生产力还要多，还要大。自然力的征服，机器的采用，化学在工业和农业中的应用，轮船的行驶，铁路的通行，电报的使用，整个整个大陆的开垦，河川的通航，仿佛用法术从地下呼唤出来的大量人口——过去哪一个世纪料想到在社会劳动里蕴藏有这样的生产力呢？”[④] 这里，马克思讲的“世界市场”“各民族的各方面的互相往来和各方面的互相依赖”及生产力的飞速发展，是对资产阶级统治下开放促进生产力发展的生动写照。

第二次世界大战后，随着经济全球化的推进和各国经济联系日益紧密，开放

---

① 习近平：《在庆祝改革开放40周年大会上的讲话》，载于《人民日报》2018年12月19日，第2版。
② 亚当·斯密著：《国富论》，杨敬年译，陕西人民出版社2011年版，第376~377页。
③ 《马克思恩格斯文集》（第10卷），人民出版社2009年版，第49页。
④ 《马克思恩格斯文集》（第2卷），人民出版社2009年版，第35~36页。

促进发展进一步为世界上越来越多国家和地区的经济发展实践所证实。世界银行1987年发布的《世界发展报告》选择41个发展中国家和地区按照贸易发展战略分成4种类型：坚定外向型、一般外向型、一般内向型和坚定内向型，如表17－1所示，根据一系列经济发展指标对比可以看出，采取开放型（外向型）经济发展战略的国家和地区比采取内向型经济发展战略的国家和地区经济发展的表现更优。世界银行在2008年发布的另一份报告中也指出，全球有13个经济体实现了持续25年以上的高速增长，而它们的共同特征就是都实行了对外开放。①

表17－1　按贸易战略分组的41个发展中经济体的工业化特征　　单位：%

贸易战略	制造业实际增加值年平均增长率		农业实际增加值年平均增长率		制造业增加值占GDP的平均比重		工业劳动力在总劳动力中的平均比重		制造业就业的年均增长率	
	1963～1973年	1973～1985年	1963～1973年	1973～1985年	1963年	1985年	1963年	1980年	1963～1973年	1973～1984年
坚定外向型	15.6	10.0	3.0	1.6	17.1	26.3	17.5	30.0	10.6	5.1
一般外向型	9.4	4.0	3.8	3.6	20.5	21.9	12.7	21.7	4.6	4.9
外向型（平均）	10.3	5.2	3.7	3.3	20.1	23.0	13.2	23.0	6.1	4.9
一般内向型	9.6	5.1	3.0	3.2	10.4	15.8	15.2	23.0	4.4	4.4
坚定内向型	5.3	3.1	2.4	1.4	17.6	15.9	12.1	12.6	3.0	4.0
内向型（平均）	6.8	4.3	2.6	2.1	15.2	15.8	12.7	14.1	3.3	4.2

资料来源：The World Bank，World Development Report 1987，Oxford University Press，P. 87.

开放促进发展在中国表现得尤为突出。自新中国成立特别是改革开放以来，我国逐步实现了从贫穷落后到目前世界第二大经济体的飞跃发展。开放之所以能发挥如此巨大的作用，就是因为它符合利用深化分工、扩大市场、发挥优势推动经济发展的要求。特别是在经济全球化深入发展、各国经济联系日益紧密的当今时代，只有打开国门搞建设，把一国发展置于广阔的国际空间来谋划，才能获得推动经济发展所必需的资源、市场、资金、技术和人才，也才能充分发挥比较优势和竞争优势，推动经济发展和社会进步。可以说，开放是国家繁荣发展的必由之路，中国正是走上了开放的道路，才逐步实现了经济腾飞。

① 任理轩：《坚持开放发展——“五大发展理念”解读之四》，载于《人民日报》2015年12月23日，第7版。

二、适应引领经济发展新常态的迫切需要

随着改革开放的发展，中国特色社会主义进入新时代，我国社会主要矛盾已经转化为人民日益增长的美好生活需要和不平衡不充分发展之间的矛盾。我国稳定解决了十几亿人的温饱问题，总体上实现了小康，人民美好生活需要日益广泛，不仅对物质文化生活提出了更高要求，而且在民主、法治、公平、正义、安全、环境等方面的要求也日益增长。同时，我国社会生产力水平总体上显著提高，社会生产能力在很多方面进入世界前列，更加突出的问题是发展不平衡不充分，这已经成为满足人民日益增长的美好生活需要的主要制约因素。我国经济发展也进入了新常态，经济从高速增长转为高质量发展，经济结构不断优化升级，同时经济增长动力逐步从要素驱动、投资驱动向创新驱动转换。在这一转换过程中，我国发展不平衡、不充分、不协调、不可持续问题仍然突出，主要表现在以下几个方面：发展方式粗放，创新能力不强，部分行业产能过剩严重，企业效益下滑；城乡区域发展不平衡；资源约束趋紧，生态环境恶化趋势尚未得到根本扭转；基本公共服务供给不足，收入差距较大，人口老龄化加快，消除贫困任务艰巨等。面对经济发展的新常态，加快经济发展方式转变和提高经济发展质量效益的任务更加艰巨而紧迫。而要适应和引领经济发展新常态，则必须要用进一步的高水平开放来推动经济高质量发展。要不断以新思路、新举措发展更高水平、更高层次的开放型经济；既要立足国内，充分发挥我国在制度、市场以及国家治理体系等多方面的优势，同时又要更好地利用国际国内两个市场、两种资源，不断以开放促改革、促发展、促创新，从而与世界各国共享发展成果，实现互利共赢。

三、顺应世界发展潮流，深度融入世界经济

2008 年国际金融危机以来，世界经济进入深度调整期，国际经济合作和竞争的格局发生了深刻变化，出现了逆经济全球化潮流和形形色色的贸易保护主义、霸凌主义，对世界和平发展构成严重威胁，世界经济面临的不确定性和潜在风险不断增加。在这一过程中，美国不断挑起针对中国和世界多国的经贸摩擦，不仅对中国经济发展构成威胁，而且也给世界经济发展带来了灾难。新冠肺炎疫情爆发以来，美国更是变本加厉，将疫情政治化，对我国百般刁难，将摩擦由贸易领域扩大到科技、人才、金融等多个领域，给世界带来了更大的不确定性和灾难。面对这种复杂多变的国际环境，世界各国需要携手应对经济全球化进程中出现的各种挑战，坚决反对单边主义、贸易保护主义和霸权主义。作为世界第二大经济体和世界经济增长的重要引擎，我国肩负着更多的国际责任和期待。要坚定不移地进一步发展更高层次的开放型经济，更好地顺应和平、发展、合作、共赢的世界潮流，积极引领经济全球化的正确方向和健康发展，维护世界经济的开放性，不断增强全球经济应对挑战和走出困境的信心，从而为世界发展不断注入新动力。要与国际社会一道，努力构建互利共赢、公平合理的国际经济新秩序，推

动经济全球化不断朝着均衡、普惠、共赢的方向发展。同时，我们必须实行更加积极主动的开放战略，推动对外开放不断朝着优化结构、拓展深度、提高效益的方向转变，全面推进双向开放，完善对外开放战略布局，构建互利共赢、多元平衡、安全高效的开放型经济体系。

第二节　构建更高水平开放型经济新体制

一、构建开放型经济新体制的总体要求

新形势下我国构建开放型经济新体制的总体目标是：加快培育国际合作和竞争新优势，更加积极地促进内需和外需平衡、进口和出口平衡、引进外资和对外投资平衡，逐步实现国际收支基本平衡，形成全方位开放新格局，实现开放型经济治理体系和治理能力现代化，在扩大开放中树立正确义利观，切实维护国家利益，保障国家安全，推动我国与世界各国共同发展，构建互利共赢、多元平衡、安全高效的开放型经济新体制。

《中共中央　国务院关于构建更加完善的要素市场化配置体制机制的意见》

为实现这样的目标，我们要坚持使市场在资源配置中起决定性作用，更好地发挥政府作用，坚持改革开放和法治保障并重，坚持引进来和走出去相结合，坚持与世界融合和保持中国特色相统一，坚持统筹国内发展和参与全球治理相互促进，坚持把握开放主动权和维护国家安全。同时，主动适应经济发展新常态，并与“一带一路”建设和实施国家外交战略紧密衔接，科学布局，选准突破口和切入点，发挥社会主义制度优势，把握好开放节奏和秩序，扬长避短、因势利导、有所作为、防范风险、维护安全，积极探索对外经济合作新模式、新路径、新体制。具体来说，构建开放型经济新体制的总体要求主要包括以下几点：

《海南自由贸易港建设总体方案》

一是要建立与社会主义市场经济要求相适应的资源配置新机制。促进国际国内要素有序自由流动、资源全球高效配置、国际国内市场深度融合，加快推进与开放型经济相关的体制机制改革，建立公平开放、竞争有序的现代市场体系。

二是要形成经济运行管理新模式。按照国际化、法治化的要求，营造良好的法治环境，依法管理开放，建立与国际高标准投资和贸易规则相适应的管理方式，形成参与国际宏观经济政策协调的机制，推动国际经济治理结构不断完善。同时要推进政府行为法治化、经济行为市场化，建立健全企业履行主体责任、政府依法监管和社会广泛参与的管理机制，健全在对外开放中有效维护国家利益和安全的体制机制。

《深圳建设中国特色社会主义先行示范区综合改革试点实施方案（2020～2025年）》

三是要形成全方位开放新格局。坚持自主开放与对等开放，加强“走出去”战略谋划，实施更加主动的自由贸易区战略，赋予自由贸易试验区更大改革自主权，深入推进自由贸易港建设，拓展开放型经济发展新空间。实行对内开放和对外开放相结合，继续实施西部开发、东北振兴、中部崛起、东部率先发展的区域发展总体战略，推进“一带一路”建设，实施京津冀协同发展战略和长江经济带

战略，推动东西双向开放，促进基础设施互联互通，扩大沿边开发开放，形成全方位开放新格局。

四是要形成国际合作竞争新优势。巩固和拓展传统优势，加快培育竞争新优势。以创新驱动为导向，以质量效益为核心，大力营造竞争有序的市场环境、透明高效的政务环境、公平正义的法治环境和合作共赢的人文环境，加速培育产业、区位、营商环境和规则标准等综合竞争优势，不断增强创新能力，全面提升在全球价值链中的地位，促进产业转型升级。

二、创新完善外商投资管理体制

《中华人民共和国外商投资法》

不断创新完善外商投资管理体制是构建开放型经济新体制的一项重要内容。要继续落实完善外资管理法律法规，改善投资环境；改革外商投资市场准入制度和管理方式，不断完善准入前国民待遇加负面清单的管理模式；进一步完善外商投资监管体系。

《中华人民共和国外商投资法实施条例》

第一，继续落实完善外资管理法律法规，改善投资环境。2020 年 1 月 1 日，《中华人民共和国外商投资法》和《中华人民共和国外商投资法实施条例》正式实施，确立了外商投资准入、促进、保护、管理等方面统一的基本制度框架和规则。我们要深入贯彻落实外商投资法及其实施条例，及时清理与外商投资法不一致的相关法规、规章及规范性文件，不断对外商投资法的相关原则规定进行细化，健全完善配套的可操作、可执行的具体法规和规章制度。同时，《优化营商环境条例》已于 2020 年 1 月 1 日正式实施。要继续按照市场化、法治化、国际化的改革方向，不断营造规范的制度环境，保持外资政策的稳定性、透明性和可预期性，努力打造内外资公平竞争的市场环境，保持外商投资规模和速度的稳定性，不断提高引进外资质量。

《2020 年全球营商环境报告》

第二，改革外商投资市场准入制度和管理方式，不断完善准入前国民待遇加负面清单的管理模式。消除对市场准入不合理的限制措施和隐性壁垒；在做好风险评估的基础上，以服务业为重点开展进一步放宽市场准入试点，推进金融、教育、文化、医疗等服务业领域有序开放；在维护国家安全的前提下，对于交通、电信等基础设施以及矿业等相关领域也要逐步减少对外资的准入限制，取消或放开制造业和服务业一些领域外商投资股比限制。

《市场准入负面清单（2019 年版）》

第三，进一步完善外商投资监管体系。按照扩大开放与加强监管同步的要求，依据我国基本国情和国际通行的经贸规则加强对外商投资事中和事后监管，建立健全外商投资信息报告制度和外商投资安全审查制度，充分发挥企业信用信息公示系统的平台作用，形成各政府部门信息共享、协同监管、社会公众参与监督的外商投资全程监管体系，不断提升外商投资监管的科学性、规范性和透明度。

《外商投资准入负面清单（2020 年版）》

三、健全对外开放合作体制

构建开放型经济新体制，实现开放发展，需要不断健全对外开放合作体制，以我国的发展促进地区和世界共同发展，不断扩大同各方利益的汇合点，在实现本国发展的同时兼顾其他国家的正当关切。在此基础上，要进一步完善法治化、国际化、便利化的营商环境，不断健全有利于合作共赢、同国际投资贸易规则相适应的对外开放合作体制机制。为此，需要进一步营造公平竞争的市场环境、高效廉洁的政务环境、公正透明的法律政策环境和开放包容的人文环境；进一步提高自由贸易试验区和自由贸易港建设质量，深化在服务业开放、金融开放和创新、投资贸易便利化、事中事后监管等方面的先行先试，在更大范围推广复制成功经验；贯彻落实外商投资基础性法律法规，保护外资企业合法权益，完善外商投资国家安全审查制度，创新外资监管服务方式；完善境外投资发展规划和重点领域、区域、国别规划体系，健全备案为主、核准为辅的对外投资管理体制，健全对外投资促进政策和服务体系，提高便利化水平，建立国有资本、国有企业境外投资审计制度，健全境外经营业绩考核和责任追究制度；建立便利跨境电子商务等新型贸易方式的体制，全面推进国际贸易单一窗口、一站式作业、一体化通关和政府信息共享共用、口岸风险联防联控；健全服务贸易促进体系，发挥贸易投资促进机构、行业协会商会等的作用；加强知识产权保护和反垄断执法，深化执法国际合作。

四、强化对外开放服务保障

在实现开放发展、构建开放型经济新体制过程中，政府需要不断强化对外开放服务保障职能。一是推动同更多国家签署高标准双边投资协定、司法协助协定、税收协定，争取同更多国家互免或简化签证手续。二是构建高效有力的海外利益保护体系，定期发布重大国别风险评估报告，及时警示和通报有关国家政治、经济和社会重大风险，提出应对预案和防范措施，维护我国公民和法人海外合法权益。三是健全反走私综合治理机制，完善反洗钱、反恐怖融资、反逃税监管措施，完善风险防范体制机制。四是提高海外安全保障能力和水平，完善领事保护制度，提供风险预警、投资促进、权益保障等便利服务，完善境外安全风险预警机制和突发安全事件应急处理机制，及时妥善解决和处置各类安全问题，切实保障公民和企业的境外安全。五是强化涉外法律服务，建立知识产权跨境维权援助机制等。

第三节　发展更高层次的开放型经济

一、推进贸易强国建设

首先，拓展进出口双向贸易协调发展。改革开放以来，我国对外贸易取得了长足发展，在2009年超过德国成为世界第一货物贸易出口大国，并于2013年超过美国成为世界第一货物贸易大国，2019 年货物贸易进出口总额达 4.58 万亿美元。但长期以来，我国的外贸发展更侧重于促进出口，进口贸易的发展则相对不足。这在一定程度上使得我国进出口贸易顺差不断积累，经济增长对出口也形成了较大依赖。这种依赖出口的增长模式可能符合原来我国的实际需要，但在新形势下，这种增长模式的局限性不断显现。从出口方面看，近年来我国在生产成本和资源等方面的比较优势正在减弱，环保、工人福利等方面的压力不断加大，对外贸出口的过度依赖会造成我国受到外部冲击而加剧经济波动的风险，而且长期大量的外贸顺差也容易引起与贸易伙伴的贸易争端和摩擦，同时对人民币汇率及国内物价等宏观经济因素产生重大影响和冲击。因此，在新形势下建设开放型经济体系，应当全面推进双向开放，坚持出口和进口并重，推动外贸发展向优质优价、优进优出转变，加快建设贸易强国。强化贸易政策和产业政策之间的协调，形成以技术、品牌、质量和服务为核心的出口竞争新优势。特别是我们在通过推动出口市场多元化、鼓励发展新型贸易方式、发展出口信用保险以及强化贸易摩擦预警等措施促进出口的同时，要积极扩大进口，优化进口结构，更多进口先进技术装备和优质消费品，举办好中国国际进口博览会，通过进出口贸易双向协调开放促进国民经济的健康发展。

其次，提升全球价值链分工地位。经过改革开放 40 多年的发展，加工贸易已经成为我国对外贸易中举足轻重的力量，为推动我国外贸和经济发展发挥了重要的作用。但是，总体来看，我国的加工贸易仍处于国际分工产业链的低端，传统的劳动密集型行业仍然占据着主导地位，核心技术、软件支持、产品设计、关键零部件配套、关键设备和模具以及品牌等环节多数被国外跨国公司的母公司所控制。因此，在今后我国发展加工贸易的过程中，要以创新引领，不断引进跨国公司的核心技术，逐步提升国内配套能力，并依靠自己的创新实现技术创新和进步，通过发挥政策引导和市场调节作用、推动加工贸易区域协调发展、建立支持服务体系、提升产业价值链等方式，不断促进加工贸易的转型升级和创新发展，实现加工环节较大的价值增值。

再次，大力发展服务贸易。与货物贸易的发展相比，我国服务贸易发展相对滞后，而且自 1995 年以来我国服务贸易一直处于逆差状态，且近年来逆差不断扩大，发展水平与发达国家相比仍存在较大差距，我国服务贸易整体上仍缺乏比较优势和竞争优势。2019 年，我国服务贸易逆差达 2611 亿美元，服务贸易逆差与 GDP 之比达 1.8%。我国服务贸易逆差主要来自旅游、运输、知识产权使用费等项目。当前我国服务贸易出口以旅游、运输、建筑等传统服务贸易为主，高附加值服务行业有待进一步发展。因此，我国在今后需进一步确立一手抓货物贸易、一手抓服务贸易的战略思想，实现服务贸易与货物贸易的有机结合，充分发挥服务贸易高附加值、低能耗、低污染的优势，大力发展服务贸易，特别是发展金融、保险、计算机和信息咨询服务等高附加值服务贸易的出口，并且以发展服务贸易提升货物贸易的发展质量，在货物贸易和服务贸易协调发展中带动国民经济可持续发展。

最后，不断培育外贸发展新业态新模式。坚持鼓励创新、包容审慎的原则，逐步完善对外贸易监管制度、政策框架和服务体系，支持跨境电子商务、市场采购贸易、外贸综合服务等新业态新模式健康发展，不断打造新的外贸增长点。

二、推进资本和金融市场双向开放

2015年11月30日，国际货币基金组织（IMF）正式宣布将人民币纳入特别提款权（special drawing rights，SDR）货币篮子，SDR货币篮子相应扩大至美元、欧元、人民币、日元、英镑五种货币，这五种货币在SDR货币篮子中的权重分别为41.73%、30.93%、10.92%、8.33%和8.09%。新的SDR货币篮子于2016年10月1日生效。这是IMF首次将我国货币作为国际储备货币，这一方面将大大提升人民币在国际货币中的地位，促进人民币国际化，另一方面也有助于提升包括中国在内的新兴经济体和发展中国家在国际货币金融领域的话语权，改变美欧日等发达国家和地区垄断国际货币金融体系的格局，从而促进国际货币金融体系改革朝着更加公平、公正、包容、有序的方向发展。我们应以此为契机，逐步、有序地实现人民币资本项目可兑换、可自由使用，稳步推进人民币国际化，推进人民币资本走出去。同时，逐步建立外汇管理负面清单制度，放宽境外投资汇兑限制，改进企业和个人外汇管理；放宽跨国公司资金境外运作限制，逐步提高境外放款比例。进一步推进资本市场双向开放，提高股票、债券市场对外开放程度，放宽境内机构境外发行债券，以及境外机构境内发行、投资和交易人民币债券的限制。提高金融机构国际化水平，加强海外网点布局，完善全球服务网络，提高国内金融市场对境外机构开放水平。

11条金融业对外开放措施

三、完善对外开放战略布局

在当前新形势下，建设和提升开放型经济体系还要求我们将对内和对外开放统一起来，通过扎实推进"一带一路"建设、不断深化沿海开放、加快内地开放、提升沿边开放来进一步完善对外开放战略布局。

（一）扎实推进"一带一路"建设

我国于2013年提出共建"丝绸之路经济带"和"21世纪海上丝绸之路"（简称"一带一路"）的重大倡议，受到国际社会广泛关注。共建"一带一路"旨在促进经济要素有序自由流动、资源高效配置和市场深度融合，推动沿线各国实现经济政策协调，开展更大范围、更高水平、更深层次的区域合作，共同打造开放、包容、均衡、普惠的区域经济合作架构，建立一个包括欧亚非大陆在内的陆海内外联动、东西双向开放，世界各国政治互信、经济融合、文化包容的利益共同体、命运共同体和责任共同体。"一带一路"建设是我国在新的历史条件下实行全方位对外开放的重大举措、推行互利共赢的重要平台。

自"一带一路"倡议提出以来，我国实施了一系列政策措施积极推动"一带一路"建设并已取得初步成效。丝路基金和亚洲基础设施投资银行（Asian Infrastructure Investment Bank，AIIB）分别于2014年和2015年正式成立，中巴经济走廊、渝新欧大动脉、巴基斯坦瓜达尔港、希腊比雷埃夫斯港、印度尼西亚雅万高铁、马尔代夫中马友谊大桥、中老铁路、肯尼亚蒙巴萨—内罗毕铁路等一大批惠及长远的重大互利合作项目已陆续启动开工建设或完成。2017年和2019年分别在北京举办了两届“一带一路”国际合作高峰论坛，与会各方就高质量共建“一带一路”达成广泛共识，取得了丰硕成果。据统计，2013～2019年，中国同“一带一路”沿线国家进出口贸易总额接近8万亿美元，对“一带一路”沿线国家直接投资累计超过950亿美元。截至2019年底，中国已同150多个国家和国际组织签署共建“一带一路”合作协议199份，在沿线国家推进建设138个境外经贸合作区，已累计投资340亿美元，大大推动了贸易和投资自由化、便利化，将沿线各国紧密地联系在一起。共建“一带一路”合作倡议还先后于2016年11月、2017年3月和2017年5月被载入联合国决议、联合国安理会决议和联合国亚洲及太平洋经济社会委员会（简称“联合国亚太经社会”）决议。可以说，“一带一路”建设是中国引领各国合作共享发展的积极探索，通过秉持“和平合作、开放包容、互学互鉴、互利共赢”的丝绸之路精神，中国不断扩大与“一带一路”沿线国家的合作共识，已经推动共建“一带一路”由规划设计蓝图方案变为各方积极参与的实际合作行动。已取得的一系列丰硕成果表明，“一带一路”倡议顺应时代潮流，适应发展规律，符合各国人民利益，具有广阔的发展前景。

在新形势下，为进一步推进“一带一路”建设，我们需要处理好以下几方面的关系。

首先，要处理好我国利益和沿线国家利益的关系。要在发展自身利益的同时，更多考虑和照顾其他国家的利益。要坚持正确的义利观，以义为先、义利并举，不急功近利，不搞短期行为。要统筹我国同沿线国家的共同利益和具有差异性的利益关切，寻找更多利益交汇点，调动沿线国家积极性。推动与沿线国家发展规划、技术标准体系对接，推进沿线国家间的运输便利化安排，开展沿线大通关合作。推动中蒙俄、中国—中亚—西亚、中国—中南半岛、新亚欧大陆桥、中巴、孟中印缅等国际经济合作走廊建设，推进与周边国家基础设施互联互通，共同构建连接亚洲各次区域以及亚欧非之间的基础设施网络，从而以我国发展为契机，让更多国家搭上我国发展快车，帮助这些国家实现发展目标。

其次，要处理好政府、市场、社会的关系。既要发挥政府把握方向、统筹协调的作用，又要发挥市场的作用。政府要在宣传推介、加强协调、建立机制等方面发挥主导性作用，同时要注意构建以市场为基础、企业为主体的区域经济合作机制，广泛调动各类企业参与，引导更多社会力量投入“一带一路”建设，建立以企业为主体、以项目为基础、各类基金引导、企业和机构参与的多元化融资模式，努力形成政府、市场、社会有机结合的合作模式，形成政府主导、企业参与、民间促进的立体格局。

再次，要处理好经贸合作和人文交流的关系、对外开放和维护国家安全的关系以及务实推进和舆论引导的关系。要真正建成“一带一路”，必须在沿线国家民众中形成一个相互欣赏、相互理解、相互尊重的人文格局。民心相通是“一带一路”建设的重要内容，也是“一带一路”建设的人文基础。要坚持经济合作和人文交流共同推进，注重在人文领域精耕细作，尊重各国人民的文化历史、风俗习惯，加强同沿线国家人民的友好往来，广泛开展教育、科技、文化、体育、旅游、环保、卫生及中医药等领域的合作，构建官民并举、多方参与的人文交流机制，为“一带一路”建设打下广泛的社会基础。要加强同沿线国家在安全领域的合作，努力打造利益共同体、责任共同体、命运共同体，共同营造良好的环境。要重视和做好舆论引导工作，通过各种方式，讲好“一带一路”故事，传播好“一带一路”声音，为“一带一路”建设营造良好的舆论环境。

最后，要处理好国家总体目标和地方具体目标的关系。“一带一路”建设既要确立国家总体目标，也要发挥我国各地方的积极性。地方的规划和目标要符合国家总体目标，服从大局和全局。要把主要精力放在提高对外开放水平、增强参与国际竞争的能力、倒逼转变经济发展方式和调整经济结构上来。要立足本地实际，找准位置，发挥优势，取得扎扎实实的成果，努力拓展改革发展新空间。

总之，“一带一路”建设是中国对创新开放和国际合作新模式的积极探索。要在吸取和借鉴历史经验的基础上，以创新的理念和创新的思维，坚持共商共建共享原则，围绕政策沟通、设施联通、贸易畅通、资金融通、民心相通，不断健全“一带一路”双边和多边合作机制，畅通“一带一路”经济走廊，共同打造开放、包容、均衡、普惠的区域经济合作架构，与有关国家和地区实现互利共赢，努力将“一带一路”建设成为和平之路、繁荣之路、开放之路、绿色之路、创新之路、文明之路、廉洁之路。

《共建“一带一路”倡议：进展、贡献与展望》

（二）推动形成全方位的区域开放新格局

我国对外开放从沿海起步，由东向西渐次推进。进入21世纪特别是党的十八大以来，中西部内陆地区和沿边地区开放取得了长足发展，但总体上还是我国对外开放的洼地。内陆和沿边地区劳动力充裕，自然资源丰富，基础设施不断改善，特别是随着“一带一路”建设和自由贸易区战略加快推进，中西部地区逐步从开放末端走向开放前沿，开放型经济发展空间广阔。在新形势下，我国东部沿海发达地区要“承外启内”，全面参与全球经济合作和竞争，利用好全球新一轮产业转移的机遇，创造更加宽松便利的环境，大力吸引承接先进制造业、高新技术产业、现代服务业和跨国公司地区总部，推动对外开放上层次、上质量、上水平；要以开放促创新，提升产业技术水平，努力掌握核心技术和关键技术，促进产业结构升级；要进一步强化辐射和扩散效应，发挥珠江三角洲、长江三角洲和环渤海地区的对外开放门户作用，率先对接国际高标准投资和贸易规则体系，培育具有全球竞争力的经济区，形成三个东西一体、分工合理的对外开放带。内陆地区则要通过改善投资环境、优化政策措施、完善配套设施，加快对外开放的步伐；要切实增强利用外部资金、技术和资源的能力，积极承接国外和我国东部沿海发达地区劳动密集型产业特别是加工贸易的梯度转移，既发挥自身劳动力充足、产业基础好的优势，也为沿海发达地区腾出新的开放空间；要大力培育有区域特色和竞争优势的产业，增强对资源性产品的深加工和精加工能力，努力建设

《中共中央 国务院关于新时代推进西部大开发形成新格局的指导意见》

一批资源产业基地、特色产业基地和现代农业基地；要以内陆省会、中心城市和城市群为依托，打造开放平台，形成若干产业集聚度高的区域性开放中心和开放战略支撑带。沿边地区要充分发挥自身优势，着力提升对外开放的规模与水平；要利用区域经济合作机制，加强与周边国家的联系，拓展周边市场空间；要根据不同地区的资源能源和市场情况，建设和提升进口资源加工区、边境出口加工区、大型边境贸易中心、跨境经济合作区等，作为实施沿边开放的重要载体；要规范贸易秩序，加强整顿和治理，进一步完善与周边国家贸易磋商机制，引导边贸企业规范经营，为边境贸易健康、稳定发展创造良好的软环境。总之，我们要在深化沿海开放的同时，推动内陆和沿边地区从开放的洼地变为开放的高地，形成陆海内外联动、东西双向互济的开放格局，进而形成区域协调发展新格局。

四、深入推进国际产能和装备制造合作

近年来，我国装备制造业持续快速发展，产业规模、技术水平和国际竞争力大幅提升，在世界上具有重要地位。同时，全球产业结构加速调整，基础设施建设方兴未艾，特别是发展中国家大力推进工业化、城镇化进程，为推进国际产能和装备制造合作提供了重要机遇。在这样的背景下，推进国际产能和装备制造合作，是我国推动新一轮高水平对外开放、增强国际竞争优势的重要内容，是形成我国新的经济增长点、保持我国经济中高速增长和迈向中高端水平的重大举措。

深入开展和推进国际产能和装备制造合作，要坚持突出重点、有序推进的原则。以钢铁、有色、建材、铁路、电力、化工、轻纺、汽车、通信、工程机械、航空航天、船舶和海洋工程等制造能力强、技术水平高、国际竞争优势明显、国际市场有需求的领域为重点，根据不同国家和行业的特点，有针对性地采用境外投资、工程承包、技术合作、装备出口等方式，推动装备、技术、标准、服务走出去，促进国内经济发展和产业转型升级。在此过程中，要以企业为主体、市场为导向，按照国际惯例和商业原则开展国际产能和装备制造合作，企业自主决策、自负盈亏、自担风险。政府则要加强统筹协调，制定发展规划，改革管理方式，提高便利化水平，完善财税、金融、保险、投融资平台、风险评估等服务支撑体系，营造良好环境，为企业“走出去”创造有利条件。①

五、提升利用外资综合质量和对外投资效益与水平

（一）提升利用外资综合质量

改革开放以来，我国敞开大门吸引外资，利用外资规模和领域不断扩大，对于促进我国经济发展发挥了重要作用。但是，近年来由于世界经济复苏乏力等原

① 2015年5月国务院发布了《国务院关于推进国际产能和装备制造合作的指导意见》，为我国开展国际产能和装备制造合作提供了行动指南。

因，外国来华直接投资增速呈现出放缓趋势。在新形势下，为提高中国开放型经济水平，需要进一步创新利用外资方式，不断提高利用外资的综合质量，充分发挥利用外资在推动自主创新、产业升级、区域协调发展等方面的积极作用。为此，要继续优化引进外资的软硬件环境建设，加快完善外资基础性法律法规；扩大开放领域，放宽准入限制，全面实行并不断完善准入前国民待遇加负面清单管理制度；积极有效地引进境外资金和先进技术，鼓励外商进行并购投资，引导跨国并购向优化产业结构方向发展，鼓励外资投向高端制造业、高新技术产业、现代服务业、新能源和节能环保产业等领域和中西部及东北地区；继续鼓励跨国公司在华设立地区总部和研发中心等各类功能性机构，切实加强知识产权保护，支持外资研发机构与中国企业和科研单位开展合作，更好地发挥外资在技术共享、合作研究、人才交流等方面的溢出效应；鼓励跨国公司在中国设立外包企业承接本公司集团和其他企业的外包业务，从而提高中国承接国际服务外包的水平；推动引资、引技、引智的有机结合，切实提高利用外资的综合优势和总体效益。

（二）提高对外投资效益和水平

随着对外开放步伐的加快，我国企业对外投资进入快速发展时期。对外投资形式逐步多样化，由单一的绿地投资向跨国并购、参股、境外上市等多种方式扩展。对外投资领域也不断拓宽，对外投资层次和水平不断提升。对外投资使中国企业通过国际化经营不断发展壮大，国际竞争力得到极大增强。2020 年，中国（含香港地区）进入《财富》500 强的公司数量达 124 家，历史上第一次超过美国（121 家）。[①]

近年来我国对外直接投资的存量和流量均大幅增长，增速远高于其他国家和地区。根据联合国贸发会议《世界投资报告》的统计数据，我国对外直接投资存量由 2002 年的全球第 25 位跃升至 2018 年的第 3 位，流量由第 26 位跃升至第 2 位，在全球外国直接投资中的地位和作用日益凸显。2002 ~ 2018 年，我国年均对外直接投资额达 750 亿美元，为 1982 ~ 2001 年年均投资额的 43.3 倍。但是，与中国吸引外资相比，中国的对外投资仍然滞后，特别是投资收益率仍存在较大差距。据统计，2005 ~ 2018 年，我国对外金融资产年平均投资收益率仅为 3.3%，而同期外国来华投资年平均收益率则达 6.0%。2019 年，我国对外投资收益率为 2.9%，而外国来华投资收益率为 4.7%。[②]

因此，今后需要进一步大力提高对外投资的效益和水平，对外投资和合作方式也需要进一步创新。为此，应进一步完善对外投资的法律法规和服务体系，简化各类审批手续，落实企业境外投资自主权；健全风险防范机制，支持有条件的企业对外投资和跨国经营，特别是鼓励金融机构和企业在境外融资，开展跨国并购，有效提高企业在研发、生产、销售等方面的国际化经营能力和水平，深度融

① 《2020 年〈财富〉世界 500 强排行榜》，财富中文网，http：//www.fortunechina.com/fortune500/c/2020-08/10/content_372148.htm。若加上中国台湾地区的企业，2020 年中国共有 133 家企业进入《财富》全球 500 强榜单。

② 国家外汇管理局：《2019 年中国国际收支报告》，2020 年 3 月 27 日。

入全球产业链、价值链、物流链，在全球整合资源链，培育一批中国的具有世界水平的跨国公司和国际知名品牌；鼓励企业开展境外加工贸易，建立境外经济贸易合作区和研发机构，积极搭建对外投资金融和信息服务平台，在政策、资金、配套服务等方面支持有条件的国内大企业与海外跨国公司结成战略联盟，更好地实施“走出去”战略；同时要有序推动中国对外间接投资，以国家外汇投资公司等方式不断拓展境外投资渠道，逐步扩大以企业和居民为主体的对外间接投资，最终形成“引进来”和“走出去”有机结合的双向对外开放格局。

六、统筹国内国外两个市场两种资源

面对新时代和世界百年未有之大变局，要提升开放型经济水平，首先还是要抓住时机，提高自身实力。发展是硬道理。只有经济保持持续快速稳定发展，经济实力和综合国力不断提高，才能在国际经济和世界舞台拥有更多的话语权，也才能更好地实现开放发展。为此，我们要切实贯彻“创新、协调、绿色、开放、共享”的新发展理念，坚持“质量第一、效益优先”，建设现代化经济体系，努力实现更高质量、更有效率、更加公平、更可持续的发展。在此基础上，要进一步统筹国内国外两个大局，充分利用国内国外两个市场和两种资源，加快构建以国内大循环为主体、国内国际双循环相互促进的新发展格局。一方面我国物质基础雄厚、人力资本丰富、市场空间广阔、发展潜力巨大，但另一方面我国也存在发展方式粗放、创新能力不强、资源约束趋紧、人口老龄化加快、生态环境恶化趋势尚未得到根本扭转等突出问题。全方位对外开放是新时期我国经济实现可持续发展的必然要求。应奉行互利共赢的开放战略，坚持打开国门搞建设，既立足国内，充分利用我国在制度、资源、市场等多方面的显著优势，坚持扩大内需这个战略基点，又要重视国内国际经济联动效应，积极应对外部环境变化，更好地统筹利用两个市场、两种资源，不断提升开放型经济水平，促进国内国际双循环，协同推进与世界各国的战略互信、经贸合作、人文交流，努力形成深度融合的互利合作格局，从而实现互利共赢、共同发展。

思考题：

1. 联系实际说明“开放带来进步，封闭必然落后”。
2. 新时代我国建设更高水平开放型经济新体制的总体目标是什么？有哪些总体要求？
3. 发展更高层次的开放型经济需要把握哪些要点？
4. 如何提升我国利用外资综合质量和对外投资效益水平？

第十八章

完善全球治理和推动构建人类命运共同体

教学目的和要求

学习和把握经济全球化的内涵、表现、动因、本质以及当前所面临的新课题，世界百年未有之大变局中的机遇和挑战，全球治理的内涵、原则和中国的全球经济治理观，人类命运共同体的内涵、时代意义和推动构建人类命运共同体的中国方案。

教学要点

1. 经济全球化的主要表现、动因。
2. 经济全球化作用的双重性和面临的新课题。
3. 世界百年未有之大变局中的机遇和挑战。
4. 完善全球治理的要求和中国的全球治理观。
5. 推动构建人类命运共同体的意义、目标和中国方案。

人类社会进入21世纪，在经济全球化、世界多极化、文化多样化、社会信息化深入发展，新科技革命方兴未艾的同时，世界也面临一系列新的问题，处于百年未有之大变局。面对新形势，完善全球治理，推动构建人类命运共同体，已成为摆在全世界面前的重大课题。

第一节 经济全球化与世界百年未有之大变局

一、经济全球化及其表现

经济全球化是指随着生产力不断发展、科技不断进步、生产的国际化程度不断提高，世界各国、各地区的经济活动越来越超出一国或地区的范围而相互联系、相互依赖的过程。

经济全球化的萌芽可以追溯到很早。从公元前139年西汉时期汉武帝派遣张骞出使西域开始，中国的丝绸就源源不断地运往罗马等国家，这就是最早的“丝绸之路”。丝绸之路从一开始就是古代中国与亚欧互通有无的商贸大道，是促进中国与亚欧各国友好往来、沟通东西方文化的友谊之路。“丝绸之路”是一个统称，汉朝之后开辟了多条通往世界各国的通道，不断增强中国和世界各国的友谊和交流。有西汉张骞开通西域的“西北丝绸之路”；有北向蒙古高原，再西行天山北麓进入中亚的“草原丝绸之路”；有西安到成都再到印度的山道崎岖的“西南丝绸之路”；还有从广州、泉州、杭州、扬州等沿海城市出发，从南洋到阿拉伯海，甚至远达非洲东海岸的海上贸易的“海上丝绸之路”等。到明朝，从1405年开始，郑和七次远航西太平洋和印度洋，到达30多个国家和地区，最远曾到达非洲东部、红海。郑和的航行比葡萄牙、西班牙等国的航海家如麦哲伦、哥伦布、达伽玛等人早了将近100年，是名副其实的“大航海时代”的先驱。特别需要指出的是，中国先人在长期的实践中发明的指南针及其在航海上的应用，对地理大发现和海上贸易发挥了极大的促进作用，对经济全球化的形成和发展做出了重要贡献。对此，马克思指出：“火药、指南针、印刷术——这是预告资产阶级到来的三大发明。火药把骑士阶层炸得粉碎，指南针打开了世界市场并建立了殖民地，而印刷术则变成新教的工具，总的来说完成科学复兴的手段，变成对精神发展创造必要前提的强大的杠杆。”① 中国先人的科技发明和开放壮举，促进了世界各国的交流和共同发展，为经济全球化的孕育做出了贡献。但是在近代，由于制度原因和统治者的没落，加上外敌的入侵，中国参与经济全球化的程度则越来越低。

西方资本主义制度的确立和发展，使经济全球化有了快速发展。“资产阶级既然榨取全世界的市场，这就使一切国家的生产和消费都成为世界性的了。”② 20世纪80年代末90年代初，随着冷战的结束和以信息技术为代表的新科技革命的推动，各国之间的经济联系日益密切，相互合作、相互依存大大加强。中国的改革开放，特别是加入世界贸易组织，使一个拥有14亿人口的大国昂首挺胸走向世界，与世界各国一起，推动了经济全球化的更快发展。

经济全球化主要表现在以下几个方面：一是生产的全球化。从事跨国经营的企业在全球范围内建立分支机构，并借助母公司与分支机构之间各种形式的联系，在组织和管理体制上突破民族国家疆域的限制，逐步建立跨国生产和投资体系，形成跨国产品价值链。二是贸易的全球化。国际贸易迅速扩大，商品和服务在全球范围内自由流动。三是金融的全球化。表现为资金流动的全球化、金融机构的国际化和金融市场的全球化。随着信息通信技术的高度发达和广泛应用，全球金融市场已经开始走向金融网络化。四是国际分工的深化。国际分工体系由传统的产业间分工，逐步演化为产业内分工甚至产品内分工。

---

① 《马克思恩格斯全集》（第47卷），人民出版社1979年版，第427页。
② 《马克思恩格斯全集》（第4卷），人民出版社1958年版，第469页。

二、经济全球化的动因

历史地看，经济全球化是社会生产力发展的客观要求和科技进步的必然结果。导致经济全球化不断发展的主要原因如下：

第一是科技革命所推动的产业革命为经济全球化提供了物质基础。随着科学技术的迅猛发展，人类的生产生活方式发生了巨大变化，经济在全球范围内的运转也不断加速。

第二是各国经济体制的变革为经济全球化创造了体制条件。经济全球化赖以存在和发展的经济机制是市场经济。从 20 世纪 70 年代末 80 年代初开始，世界各国都相继进入了经济体制大变革、大调整时期。一些主要发达国家为了摆脱经济滞胀的困境，开始进行经济政策与经济结构的大调整，使资本主义市场经济体制进一步在全球范围拓展。同时，一些原先实行计划经济的国家，也向市场经济体制转型。

第三是跨国公司的全球扩张成为经济全球化的主要推动力。跨国公司是经济全球化的微观层面的具体组织者和主要驱动力量，跨国公司的全球生产、经营活动是经济全球化的主要载体，在推动经济全球化发展中发挥着重要作用。

从发展过程看，经济全球化一方面是社会生产力发展的全球化过程，另一方面是社会经济关系的全球化过程。从社会生产力发展的角度看，经济的全球化是生产社会化发展的更高阶段。在经济全球化过程中，社会总资源的配置是通过世界市场实现的，商品、资本和劳动力的流动跨越了国家的界限，市场经济日益具有国际性，国际价值规律成为调节生产过程的主要规律。经济全球化是生产社会化发展的必然趋势，对于生产力的发展发挥了巨大的推动作用，提高了全世界资源配置的效率，导致了社会财富的日益增长。从社会经济关系角度看，由于经济全球化在人类社会处于资本主义阶段得到了快速发展，资本主义发挥了重要作用，因此，在相当长时期内的经济全球化，实际上是资本主义生产方式在世界范围内的扩张过程。在资本原始积累时期，资本主义制度的扩张是通过对殖民地的征服来实现的；在自由竞争时期，资本主义制度的扩张是在武力征服和不平等贸易的共同推动下完成的；进入垄断阶段后，资本的输出成为资本主义制度全球扩张的主要工具，通过对外投资，资本主义生产关系直接输出到广大发展中国家，资本主义生产方式在全球得到推广。

正因如此，经济全球化的作用是双重的，在推动生产的社会化和世界经济发展的同时，又给世界经济的发展带来了许多新矛盾。但是，这种资本主义主导的经济全球化是历史性的，而绝不可能是永恒的。

三、经济全球化的影响

经济全球化是一把“双刃剑”，有积极影响，也有消极影响。经济全球化对发达国家的积极影响主要表现在：首先，在对外贸易和投资渠道上，发达国家的出口贸易空间随着经济全球化得到了极大的扩展，并借助投资自由化，为其国内过剩资本找到了获取高额垄断利润的投资场所，从中获取多重经济利益。其次，经济全球化游戏规则的制定从根本上反映和代表着发达国家的利益，为其对外经济扩张带来了更为广阔的活动空间和潜在的经济利益。最后，经济全球化带动了发达国家的产业结构变迁，使其获得国际分工深化的巨大经济利益。但是，经济全球化也容易造成发达国家资金的充溢和流动性泛滥，国际“热钱”的过度投机会加大金融市场的不稳定性。但从总体上看，在经济全球化背景下，发达国家仍然是最大的受益者，其通过不对等的国际制度和发展优势可以获得更大的利益，却承担较少的成本，这就进一步加强了其优势地位和对国际制度的主导权。

对于发展中国家而言，经济全球化既给它们带来了发展机遇，也使它们面临诸多风险与挑战。

经济全球化给发展中国家带来的机遇主要体现在：首先，可以利用国内国外两种资源、两个市场来改善本国资金、技术和管理经验不足的局面，以发展本国经济。其次，经济全球化有利于发展中国家实现产业结构的调整与优化，发展中国家可以利用本国劳动力资源丰富的比较优势，承接发达国家转出的劳动密集型产业，扩大就业，提高居民收入，加速工业化、城镇化的进程。再次，经济全球化推动了发展中国家对外贸易的扩大，在增加外汇收入的同时，也为进入发达国家市场提供了机会。最后，发展中国家参与全球经济合作，也为自身在国际经济中争得一席之地，在一定程度上有利于维护自身的权利和利益。

经济全球化给发展中国家带来的风险与挑战主要表现在：第一，国外资本的过度流入可能造成对外国资本的过度依赖，从而加大了发展中国家的金融风险。第二，如果盲目承接发达国家劳动密集型、高能耗、高污染产业转移，容易导致本国资源过快枯竭、环境污染和抑制本土企业发展，损害本国经济可持续发展能力。第三，发达国家通过规则制定、技术垄断等方式，将发展中国家限制在价值链的低端，只能实现“不发达的发展”，却难以真正追赶发达国家。第四，经济全球化对民族国家传统的宏观经济管理能力和控制能力构成严重挑战，使发展中国家的经济主权、经济安全遭到威胁。所以，面对全球化，发展中国家应采取正确的政策，趋利避害、妥善应对，这样才能抓住机遇更好地发展。

客观地看，经济全球化的发展，为世界经济增长提供了强劲动力，促进了商品和资本流动、科技和文明进步、各国人民交往。但也要承认，经济全球化是一把“双刃剑”。当世界经济处于下行期的时候，全球经济“蛋糕”不容易做大，甚至变小了，增长和分配、资本和劳动、效率和公平的矛盾就会更加突出，发达国家和发展中国家都会感受到压力和冲击。由于存在这些问题，所以在经济全球化过程中出现反经济全球化的呼声是可以理解的，这种呼声反映了经济全球化进程的不足，值得我们重视和深思。但是，不能就此把经济全球化一棍子打死，而是要适应和引导好经济全球化，消解经济全球化的负面影响，让它更好地惠及每个国家、每个民族。

习近平在世界经济论坛2017年年会开幕式上的主旨演讲

四、世界百年未有之大变局

进入21世纪，在经济全球化进程中，世界经济发展面临新的形势。一方面，和平与发展仍然是时代主题，科技革命方兴未艾；另一方面，2008年由美国次贷危机引发的全球金融危机爆发，给各国带来严重影响，其后世界经济复苏缓慢，世界面临的不稳定性、不确定性突出，世界经济增长动能不足，贫富分化日益严重，地区热点问题此起彼伏，恐怖主义、网络安全、重大传染性疾病、气候变化等非传统安全威胁持续蔓延，人类面临许多共同挑战。

面对新形势，2018年习近平提出："我国处于近代以来最好的发展时期，世界处于百年未有之大变局，两者同步交织，相互激荡。"① 此后，又在国内外不同场合反复强调"世界处于百年未有之大变局"。这一重要论断，对于认清当前全球经济政治大格局以及中国建设社会主义现代化强国所处的世界环境具有重要的意义。

"世界处于百年未有之大变局"，是指国际格局和国际体系正在发生深刻调整，全球治理体系正在发生深刻变革，国际力量对比正在发生近代以来最具革命性的变化。其具体表现如下：

第一，新一轮科技革命和产业革命正在兴起，必将极大地推动生产力发展，世界格局将发生重大调整。从蒸汽时代，到电气时代，再到信息时代，人类社会已经经历了三次科技革命和产业革命，每一次革命都引起了旧国际社会的革命性变革。由于科技革命和工业革命极大地促进了生产力的发展，所以抓住工业革命机遇的一些西方国家崛起并领先于世界，而与科技革命和工业革命失之交臂的包括中国在内的众多发展中国家长期处于落后状态。在新一轮科技革命和工业革命全面展开之时，发达国家与发展中国家处于共同的起跑线之上，这无疑为发展中国家提供了实现并驾齐驱甚至赶超发达国家的历史机遇。

第二，中国等发展中国家和新兴市场国家国际影响力不断增强，国际力量对比更趋均衡。根据国际货币基金组织的数据，按照购买力平价计算，2019年亚洲国家GDP的全球占比为34%，而美国与欧盟GDP合计的全球占比为31%。这意味着自16世纪起所形成的"西强东弱"格局已经逐步转变为"东西平视"的情况。并且，中国等新兴大国对世界经济增长的贡献越来越大，因此从发展的角度来看，国际力量的对比势必向着更加均衡的方向演进。

第三，经济发展道路的多样性更加彰显，开放包容与多元互鉴越发重要。近年来，一些发展中国家的快速发展，原来居于世界中心位置的西方大国却暴露出越来越多的经济社会问题，影响力不断下降。这使得人们不得不反思现代化的道路是否具有多样化的选择。事实上，世界各国的历史文化和发展条件不同，面临的问题与困难也不同，因此不可能要求所有的国家都按照同一种模式实现发展。

① 《坚持以新时代中国特色社会主义外交思想为指导，努力开创中国特色大国外交新局面》，载于《人民日报》2018年6月24日。

因此，国家之间要开放包容，尊重对方的制度选择与道路选择，并且重视学习互鉴、取长补短，携手同行、共同发展。

第四，新冠肺炎疫情突如其来，对世界各国人民的生命安全和世界经济发展构成严重威胁，人类正在经历第二次世界大战结束以来最严重的全球公共卫生突发事件。世界各国对新冠肺炎疫情的应对如何，不仅将严重影响世界经济的走势，而且也将对世界格局产生深远的影响。

面对世界百年未有之大变局，习近平指出："我们今天开放发展的大环境总体上比以往任何时候都更为有利，同时面临的矛盾、风险、博弈也前所未有，稍不留神就可能掉入别人精心设置的陷阱。"①

第二节　完善全球治理

一、全球治理

面对世界百年未有之大变局，推进全球治理体系的改革和建设，完善全球治理，是各国共同的责任和使命。

全球治理是顺应世界多极化趋势，对全球事务进行的共同管理。全球治理的核心要素包括：一是全球治理的价值，即在全球范围内所要达到的应当是反映全人类共同要求的目标。二是全球治理的规制，即维护国际社会正常秩序，实现人类共同目标的规则体系，包括用以调节国际关系和规范国际秩序的所有跨国性的原则、规范、标准、政策、协议、程序等。三是全球治理的主体，即制定和实施全球规制的组织机构，主要有各国政府及其部门、正式的国际组织、非正式的全球性组织。四是全球治理的客体，指已经影响或者将要影响全人类的、很难依靠单个国家解决的跨国性问题，主要包括国际经济、全球安全、生态环境、气候变化、跨国犯罪等。五是全球治理的效果，涉及对全球治理绩效的评估，集中体现为国际规制的有效性，具体包括国际规制的透明度、完善性、适应性、政府能力、权力分配、相互依存和知识基础等。

全球治理的模式有三种：一是国家中心治理模式，即以主权国家为主要治理主体的治理模式。二是有限领域治理模式，即以国际组织为主要治理主体的治理模式。三是网络治理模式，即以非政府组织为主要治理主体的治理模式。

完善全球治理，源于世界的变化和国际力量对比的变化。当今世界，随着国际力量对比消长变化和全球性挑战日益增多，加强全球治理、推动全球治理体系朝着更加公正合理的方向发展，符合世界各国的普遍需求，是大势所趋。新兴市场国家和一大批发展中国家快速发展，国际影响力不断增强，是近代以来国际力量对比中最具革命性的变化。经济全球化深入发展，把世界各国利益和命运更加

① 习近平：《深入理解新发展理念》，载于《求是》2019年第10期，第14页。

紧密地联系在一起，很多问题不再局限于一国内部，很多挑战也不再是一国之力所能应对的。世界上的事情越来越需要各国共同商量着办，全球性挑战越来越需要各国通力合作来应对。建立国际机制、遵守国际规则、追求国际正义成为多数国家的共识。

二、全球治理的基本原则

推动全球治理，要坚持共商、共建、共享的原则。共商，即关于全球治理体系变革的主张要讲究民主，由各国共同商量，形成各方共识，形成一致行动。什么样的国际秩序和全球治理体系对世界好、对世界各国人民好，要由各国人民商量，不能由一家说了算，不能由少数人说了算。共建，即关于全球治理体系变革，要各国平等参与决策，共同参与建设，更要坚持主权平等，推动各国权利平等、机会平等、规则平等，不能搞“一国独霸”或“几方共治”。共享，即世界命运应该由各国共同掌握，国际规则应该由各国共同书写，全球事务应该由各国共同治理，发展成果应该由各国共同分享。

纵观近代以来的历史，建立公正合理的国际秩序是人类孜孜以求的目标。从370多年前《威斯特伐利亚和约》确立的平等和主权原则，到150多年前《日内瓦公约》确立的国际人道主义精神，从70多年前《联合国宪章》明确的四大宗旨和七项原则，到60多年前万隆会议倡导的和平共处五项原则，国际关系演变积累了一系列公认的原则。这些原则应该成为推动全球治理体系变革的基本遵循。

完善全球治理并不是对原有的全球治理体系推倒重来，另起炉灶，而是与时俱进、创新和完善。适应新形势，全球治理体系变革要更好地反映国际格局的变化，更加平衡地反映大多数国家特别是新兴市场国家和发展中国家的意愿和利益；坚定维护以《联合国宪章》宗旨和原则为核心的国际秩序和国际体系；维护和巩固第二次世界大战胜利成果，积极维护开放型世界经济体制；推动建设和完善区域合作机制，加强国际社会应对全球性挑战的能力。

三、中国的全球经济治理观

随着时代的不断发展，国际社会对变革全球治理体系的呼声越来越高。党的十八大以来，中国抓住机遇、主动作为，坚决维护以《联合国宪章》宗旨和原则为核心的国际秩序，坚决维护中国人民以巨大民族牺牲换来的第二次世界大战胜利成果，提出“一带一路”倡议，发起成立亚洲基础设施投资银行等新型多边金融机构，促成国际货币基金组织完成份额和治理机制改革，积极参与制定海洋、极地、网络、外空、核安全、反腐败、气候变化等新兴领域治理规则，推动改革全球治理体系中不公正不合理的安排。特别是在经济领域，中国基于为世界经济指明方向、为全球增长提供动力、为国际合作筑牢根基的目标，全面阐释中国的全球经济治理观，主张构建创新、活力、联动、包容的世界经济。

第一，加强宏观经济政策协调，合力促进全球经济增长、维护金融稳定。应结合本国实际，采取更加全面的宏观经济政策，使用多种有效政策工具，统筹兼顾财政、货币、结构性改革政策，努力扩大全球总需求，全面改善供给质量，巩固经济增长基础。应该继续加强政策协调，减少负面外溢效应，共同维护金融稳定，提振市场信心。

第二，创新发展方式，挖掘增长动能。调整政策思路，做到短期政策和中长期政策并重，需求侧管理和供给侧改革并重。各国需要携手并行，通过创新、结构性改革、新工业革命、数字经济等新方式，为世界经济开辟新道路，拓展新边界。要沿着这一方向坚定走下去，帮助世界经济彻底摆脱复苏乏力、增长脆弱的局面，为世界经济迎来新一轮增长和繁荣打下坚实基础。

第三，完善全球经济治理，夯实机制保障。不断完善国际货币金融体系，优化国际金融机构治理结构，充分发挥国际货币基金组织特别提款权的作用。完善全球金融安全网，加强在金融监管、国际税收、反腐败领域的合作，提高世界经济抗风险能力。

第四，建设开放型世界经济，继续推动贸易和投资自由化便利化。保护主义政策如饮鸩止渴，看似短期内能缓解一国内部压力，但从长期看将给自身和世界经济造成难以弥补的伤害。中国要坚决避免以邻为壑，做开放型世界经济的倡导者和推动者，恪守不采取新的保护主义措施的承诺，加强投资政策协调合作，采取切实行动促进贸易增长。应该发挥基础设施互联互通的辐射效应和带动作用，帮助发展中国家和中小企业深入参与全球价值链，推动全球经济进一步开放、交流、融合。

第五，落实2030年可持续发展议程，促进包容性发展。实现共同发展是各国人民特别是发展中国家人民的普遍愿望。关注世界发展不平衡问题，采取措施有效降低世界基尼系数，通过支持非洲和最不发达国家工业化、提高能源可及性、提高能效、加强清洁能源和可再生能源利用、发展普惠金融、鼓励青年创业等方式，减少全球发展不平等和不平衡，使各国人民共享世界经济增长成果。

第六，加强国际合作，全力搞好疫情防控。面对新冠肺炎疫情挑战，世界各国要坚持以民为本、生命至上，加强国际合作，团结一致，全力搞好疫情防控。坚决打好新冠肺炎疫情防控全球阻击战。国际社会应该加紧行动起来，坚决遏制疫情蔓延势头，有效开展国际联防联控。积极支持世界卫生组织发挥领导作用，制定科学合理的防控措施，尽力阻止疫情跨境传播。加强国际宏观经济政策协调。维护全球产业链供应链稳定畅通，尽力恢复世界经济。

中国将秉持共商、共建、共享的全球治理观，倡导国际关系民主化，坚持国家不分大小、强弱、贫富一律平等，支持联合国发挥积极作用，支持扩大发展中国家在国际事务中的代表性和发言权，继续发挥负责任大国作用，积极参与全球治理体系改革和建设，不断贡献中国智慧和力量。

《2030年可持续发展议程》

第三节　推动构建人类命运共同体

一、人类命运共同体

人类命运共同体是指人类社会是一个相互依存的共同体，每个民族、每个国家的前途命运都紧紧联系在一起，应该风雨同舟，荣辱与共，努力把全人类建成一个和睦的大家庭，把世界各国人民对美好生活的向往变成现实。

构建人类命运共同体要求：经济上，要同舟共济，促进贸易和投资自由化便利化，推动经济全球化朝着更加开放、包容、普惠、平衡、共赢的方向发展。政治上，要相互尊重、平等协商，坚决摒弃冷战思维和强权政治，走对话而不对抗、结伴而不结盟的国与国交往新路。安全上，要坚持以对话解决争端、以协商化解分歧，统筹应对传统和非传统安全威胁，反对一切形式的恐怖主义。文化上，要尊重世界文明多样性，以文明交流超越文明隔阂、文明互鉴超越文明优越。生态上，要坚持环境友好，合作应对气候变化，保护好人类赖以生存的地球家园。人类命运共同体这一超越民族国家和意识形态的“全球观”，表达了中国追求和平发展的愿望，体现了中国与各国合作共赢的理念，得到了国际社会的广泛认同。

二、构建人类命运共同体的时代意义

建立在利益共同体之上的人类命运共同体，适应时代发展的潮流，适应世界发展的需要，反映了多数国家谋求发展的心声。在世界经济遭受金融危机、主权债务危机，迟迟难以走出阴霾的背景下，构建人类命运共同体不仅可以为中国经济发展创造良好的外部环境，同时也为其他国家的经济发展以及经济全球化的推进指明了方向。因此，人类命运共同体作为重要的理论创新，将成为指导中国外交政策以及推进全球治理与国际经济秩序构建的理论基石。

突破不平衡与不平等的国际经济关系，将“自由人的联合体”从民族国家内部扩展至世界范围，构筑起一个人类社会的命运共同体，将是全新国际经济秩序发展的方向。实现全世界、全人类共同富裕，让不同国家、不同种族的人们都可以获得全面自由的发展，就必须探寻一种共赢的经济全球化模式，打造共同利益的基础，逐步缩小并消除彼此之间的经济发展差距。构建人类命运共同体有利于帮助发展中国家逐渐摆脱落后的地位，实现真正意义上的经济发展，从而逐步缩小与发达国家的差距，促进世界经济的平衡发展与平等。当然，国家之间的关系错综复杂，不仅发达国家与发展中国家存在着不平衡与利益冲突，而且发达国家之间以及发展中国家之间也同样存在着不平衡与利益冲突。这就增加了促进世界经济格局与运行改变的难度。但是，人类命运共同体则强调求同存异，首先从具

有利益共识的领域做起，通过累积量变争取促成质变。因此，人类命运共同体概念的提出，是马克思主义政治经济学在结合当代资本主义发展以及中国特色社会经济建设实践的基础上的一个重要理论创新。

三、坚持和平发展道路，推动构建人类命运共同体

习近平在党的十九大报告中呼吁："各国人民同心协力，构建人类命运共同体，建设持久和平、普遍安全、共同繁荣、开放包容、清洁美丽的世界。"[①] 这反映了人类社会共同的价值追求，符合中国人民和世界人民的根本利益。

坚持和平发展道路，推动建设新型国际关系，是构建人类命运共同体的基本途径。

坚持对话协商，建设一个持久和平的世界。维护和平是每个国家都应该肩负起来的责任。只要坚持沟通、真诚相处，"修昔底德陷阱"就可以避免。大国对小国要平等相待，不搞唯我独尊、强买强卖的霸道。任何国家都不能随意发动战争，不能破坏国际法治，要完善机制和手段，更好化解纷争和矛盾、消弭战乱和冲突，要共同维护比金子还珍贵的和平时光。

坚持共建共享，建设一个普遍安全的世界。世上没有绝对安全的世外桃源，一国安全不能建立在别国不安全之上，别国面临的威胁也可能成为本国的挑战。要坚持以对话解决争端、以协商化解分歧，统筹应对传统和非传统安全威胁，反对一切形式的恐怖主义。

坚持合作共赢，建设一个共同繁荣的世界。发展是第一要务，适用于各国。各国要同舟共济，而不是以邻为壑。各国特别是主要经济体要加强宏观政策协调，兼顾当前和长远，着力解决深层次问题。要抓住新一轮科技革命和产业变革的历史性机遇，转变经济发展方式，坚持创新驱动，进一步发展社会生产力、释放社会创造力。要维护世界贸易组织规则，支持开放、透明、包容、非歧视性的多边贸易体制，构建开放型世界经济。搞贸易保护主义、画地为牢，损人不利己。

坚持交流互鉴，建设一个开放包容的世界。人类文明多样性是世界的基本特征，也是人类进步的源泉，交流互鉴则是文明发展的本质要求。世界上有200多个国家和地区、2500多个民族、多种宗教。不同历史和国情，不同民族和习俗，孕育了不同的文明，使世界更加丰富多彩。文明没有高下、优劣之分，只有特色、地域之别。文明差异不应该成为世界冲突的根源，而应该成为人类文明进步的动力。每种文明都有其独特魅力和深厚底蕴，都是人类的精神瑰宝。不同文明要取长补短、共同进步，让文明交流互鉴成为推动人类社会进步的动力、维护世界和平的纽带。

坚持绿色低碳，建设一个清洁美丽的世界。人与自然共生共存，伤害自然最

---

① 习近平：《决胜全面建成小康社会 夺取新时代中国特色社会主义伟大胜利——在中国共产党第十九次全国代表大会上的报告》，人民出版社2017年版。

终将伤及人类。空气、水、土壤、蓝天等自然资源用之不觉、失之难续。工业化创造了前所未有的物质财富，也产生了难以弥补的生态创伤。人类不能吃祖宗饭、断子孙路，用破坏性方式搞发展。绿水青山就是金山银山。因此，生态文明建设关乎人类未来，建设美丽家园是人类的共同梦想。要牢固树立尊重自然、顺应自然、保护自然的意识，解决好工业文明带来的矛盾，以人与自然和谐相处为目标，实现世界的可持续发展和人的全面发展。倡导绿色、低碳、循环、可持续的生产生活方式，采取行动应对气候变化，构筑尊崇自然、绿色发展的生态体系，保护好人类赖以生存的地球家园。

四、为构建人类命运共同体贡献中国智慧和力量

习近平于2013年提出了共建丝绸之路经济带和21世纪海上丝绸之路重大倡议，成为推动构建人类命运共同体的中国方案。

“一带一路”倡议秉持和遵循共商、共建、共享原则，努力实现政策沟通、设施联通、贸易畅通、资金融通、民心相通，是发展的倡议、合作的倡议、开放的倡议。这一倡议的核心内涵是促进基础设施建设和互联互通，加强经济政策协调和发展战略对接，促进协同联动发展，实现共同繁荣。这一倡议要实现的最高目标就是在“一带一路”建设国际合作框架内，各方携手应对世界经济面临的挑战，开创发展新机遇，谋求发展新动力，拓展发展新空间，实现优势互补、互利共赢，不断朝着人类命运共同体方向迈进。

“一带一路”建设跨越不同地域、不同发展阶段、不同文明，是各方共同打造的全球公共产品。要尊重彼此主权、尊严、领土完整，尊重彼此发展道路和社会制度，尊重彼此核心利益和重大关切，把“一带一路”建成和平之路；聚焦发展这个根本性问题，释放各国发展潜力，实现经济大融合、发展大联动、成果大共享，把“一带一路”建成繁荣之路；打造开放型合作平台，维护多边贸易体制，解决经济增长和平衡问题，把“一带一路”建成开放之路；坚持创新驱动发展，优化创新环境，集聚创新资源，把“一带一路”建成创新之路；以文明交流超越文明隔阂、文明互鉴超越文明冲突、文明共存超越文明优越，把“一带一路”建成文明之路。

共建“一带一路”是经济合作倡议，不是搞地缘政治联盟或军事同盟，不针对谁也不排除谁；是开放包容进程，不是要关起门来搞小圈子或者“中国俱乐部”；是中国同世界共享机遇、共谋发展的阳光大道，不以意识形态划界，不搞零和游戏。只要各国有意愿，我们都欢迎。

经过几年的努力，“一带一路”建设完成了总体布局，取得了令人瞩目的成就。今后将聚焦重点、深耕细作，坚持开放、绿色、廉洁的理念，追求高标准、惠民生、可持续的目标，推动共建“一带一路”沿着高质量发展方向不断前进。

思考题：

1. 经济全球化的表现、动因和影响是什么？
2. 谈谈对世界处于百年未有之大变局的认识。
3. 完善全球治理的必要性和途径是什么？
4. 阐述推动构建人类命运共同体的意义和基本途径。

阅读参考书目

［1］马克思：《资本论》，引自《马克思恩格斯文集》（第5卷、第6卷、第7卷），人民出版社2009年版。

［2］毛泽东：《论十大关系》，引自《人民日报》1956年12月26日。

［3］《邓小平文选》（第2卷、第3卷），人民出版社1993年版、1994年版。

［4］江泽民：《全面建设小康社会，开创中国特色社会主义事业新局面——在中国共产党第十六次全国代表大会上的报告（2002年11月8日）》，人民出版社2002年版。

［5］胡锦涛：《坚定不移沿着中国特色社会主义道路前进　为全面建成小康社会而奋斗——在中国共产党第十八次全国代表大会上的报告（2012年11月8日）》，人民出版社2012年版。

［6］习近平：《决胜全面建成小康社会　夺取新时代中国特色社会主义伟大胜利——在中国共产党第十九次全国代表大会上的报告（2017年10月18日）》，人民出版社2017年版。

［7］《中共中央关于经济体制改革的决定》，人民出版社1984年版。

［8］《中共中央关于建立社会主义市场经济体制若干问题的决定》，人民出版社1993年版。

［9］《中共中央关于完善社会主义市场经济体制若干问题的决定》，人民出版社2002年版。

［10］《中共中央关于全面深化改革若干重大问题的决定》，人民出版社2013年版。

［11］《中共中央关于坚持和完善中国特色社会主义制度　推进国家治理体系和治理能力现代化若干重大问题的决定》，人民出版社2019年版。

［12］《中华人民共和国宪法》，中国民主法制出版社2018年版。

［13］马克思主义政治经济学概论编写组：《马克思主义政治经济学概论》，人民出版社2011年版。

［14］洪银兴：《中国特色社会主义理论体系构建》，经济科学出版社2016年版。

［15］张宇等：《中国特色社会主义政治经济学》，高等教育出版社2017年版。

［16］逄锦聚等：《中国特色社会主义政治经济学概论》，经济科学出版社2018年版。

［17］程恩富等：《现代政治经济学》，上海财经大学出版社2006年版。

［18］刘诗白：《构建面向21世纪的中国经济学》，西南财经大学出版社2001年版。

［19］谷书堂：《经济学在中国的发展路径之探讨》，经济科学出版社2001年版。

［20］吴宣恭：《马克思主义产权理论与西方产权理论比较》，载于《经济学动态》1999年第1期。

［21］凯恩斯著：《就业、利息和货币通论》，魏埙译，陕西人民出版社2004年版。

［22］阿瑟·刘易斯著：《二元经济论》，施炜等译，北京经济学院出版社1989年版。

［23］［英］海韦尔·G. 琼斯著：《现代经济增长理论导引》，郭家麟等译，商务印书馆1999年版。

［24］罗伯特·吉尔平著：《全球政治经济学——解读国际经济秩序》，杨宇光、杨炯译，上海世纪出版集团2006年版。

［25］罗伯特·海尔布隆纳著：《马克思主义：赞成与反对》，马林梅译，东方出版社2016年版。

［26］托马斯·皮凯蒂著：《21世纪资本论》，巴曙松等译，中信出版社2014年版。